青藏高原发展论坛

（第一辑）

扎洛　主编

乡村振兴

实践探索与经验分享

中国藏学出版社

编 委 会

序一

第二届青藏高原发展论坛开幕式致辞

郑堆

本届论坛的主题是“全面推进乡村振兴战略”，这是继2020年在青海省祁连县召开首届青藏高原发展论坛后，再次聚焦西藏和涉藏州县推进乡村振兴战略工作。党的十九大提出实施乡村振兴战略，这是以习近平同志为核心的党中央着眼党和国家事业全局，深刻把握现代化建设规律和城乡关系变化特征，对“三农”工作做出的重大决策部署。实施乡村振兴战略是全面建设社会主义现代化国家的重大历史任务，是新时代做好“三农”工作的总抓手。2018年，中央按照产业兴旺、生态宜居、乡风文明、治理有效、生活富裕的总要求，编制下发《乡村振兴战略规划（2018—2022年）》，正式启动了乡村振兴战略。2021年中共中央、国务院出台了《关于全面推进乡村振兴加快农业农村现代化的意见》（以下简称《意见》），指出全面建设社会主义现代化国家，实现中华民族伟大复兴，最艰巨最繁重的任务依然在农村，最广泛最深厚的基础依然在农村。解决好发展不平衡不充分问题，重点难点在“三农”，迫切需要补齐农业农村短板弱项，推动城乡协调发展；构建新发展格局，潜力后劲在“三农”，迫切需要扩大农村需求，畅通城乡经济循环；应对国内外各种风险挑战，基础支撑在“三农”，迫切需要稳住农业基本盘，守好“三农”基础。《意见》强调新发展阶段“三农”工作依然极端重要，须臾不可放松，务必抓紧抓实。中央的要求就是我们的行动指南，我们必须学深悟透中央精神，并转化为行动自觉。

西藏和涉藏州县党委政府闻令而动，积极响应，结合发展基础，编制出台了符合各地方特色的乡村振兴规划。整体看，4年来西藏和涉藏州县统筹推进乡村振兴战略与脱贫攻坚成果巩固，充分发挥“四不摘”（即摘帽不摘责任、摘帽不摘政策、摘帽不摘帮扶、摘帽不摘监管）政策效应，严密监测边缘户收入动态，防止出现大面积返贫现象。实践证明，有中央的特殊扶持政策、各对口援藏省市的无私帮助，有当地广大干部群众的辛勤工作，西藏和涉藏州县经济社会发展，在受到新冠疫情严重影响的条件下，依然取得了可喜的成绩：2021年，西藏自治区国内生产总值突破2000亿元，同比增长6.7%，城乡居民人均可支配收入同比增长13%和14%，在西部地区排名靠前；2021年，青海省国内生产总值同比增长5.7%，居民人均可支配收入同比增长7.8%；其他涉藏州县的发展也势头不减，高歌猛进。

西藏和涉藏州县在实施乡村振兴战略的过程中，积累了丰富的成功经验，也面临许多亟待破解的理论和实践难题。我国藏学研究队伍肩负为西藏和涉藏州县的发展与治理提供理论咨询的重要使命，藏学界必须始终聚焦中心工作，胸怀“国之大者”，强化责任担当。当前，西藏和涉藏州县乡村振兴战略正向纵深推进，学术界应坚持以新发展理念为指引，以高质量发展为统揽，深刻领会中央第七次西藏工作座谈会、中央民族工作会议、全国宗教工作会议精神，广泛交流各地成功经验，深入研讨实际工作中面临的挑战难题，通过思想碰撞，集中攻坚，在学术探索上取得突破，为实际工作提供理论支撑，使理论与实践相互促进、相得益彰。

从中央提出乡村振兴战略以来，中国藏学研究中心针对性地设立了《西藏与涉藏工作重点省实施乡村振兴战略若干重大问题研究》课题，与西藏自治区政府签订协议，在西藏7个地市设立9个长期观察点，认真开展全样本问卷调研并做定期发展信息追踪。中央第七次西藏工作座谈会之前，根据相关部署，中国藏学研究中心在广泛调研基础上提交了有关乡村振兴战略的专题报告，相关内容已经被吸收到中央文件中。2020 年，我们设计了“青藏高原发展论坛”学术交流平台，决定每年选择一个实施乡村振兴战略成绩优异的县份，召开全国性学术讨论会，目的是凝聚全国藏学研究力量，共同研讨理论和实践难题，关注发展前沿。2020 年中国藏学研究中心与青海社会科学院在青海省祁连县联合召开了“首届青藏高原发展论坛暨青藏高原实施乡村振兴战略的理论与实践”学术讨论会，会后正式出版了论文集。第二届青藏高原发展论坛，由中国藏学研究中心与青海师范大学联合举办，原计划 2021 年秋天在青海省贵德县举办，因为新冠疫情爆发，会期一推再推，只好改为线上举办。相信线上会议同样能充分交流意见，深化议题研讨，撞出智慧火化，凝聚学术共识。

郑堆（中国藏学研究中心总干事）

2022 年 6 月 11 日

序二

在“第二届高原发展论坛暨西藏与涉藏州县全面推进乡村振兴战略学术研讨会”开幕式上的致辞

曹广超

6月的青藏高原碧草青青，清爽怡人。鉴于疫防的需要，原本线下举行的本次论坛，现以线上线下结合的方式举行。学校党委书记毛学荣因重要公务无法参会，在此向各位深表歉意。

脱贫攻坚谋出路，乡村振兴促发展。应时代之召唤，呼社会之所需，由中国藏学研究中心联合我校举办的“第二届青藏高原发展论坛暨西藏与涉藏州县全面推进乡村振兴战略学术研讨会”在大家的大力支持下，今天正式开幕了。我们相聚云端，共克时艰，共谋发展，共同品鉴纯甄浓厚的高原学术盛宴。我受毛学荣书记委托，代表青海师范大学向参加会议的领导和专家学者表示最热烈的欢迎和美好的祝愿。

青海师范大学是一所具有教师教育、民族教育和高原地域特色的文理工管法多学科协调发展的省属重点大学。现有教职工1300余人，其中，高级职称558人，博士生导师100余人，有享受国务院政府特殊津贴专家、百千万人才工程国家级人选及青海省高端人才创新计划等国家级、省部级人才近300人。在校学生近15000人，其中，硕士博士研究生近2900人。学校有4个国家级特色专业，9个国家级一流专业，1个国内一流学科，13个省级重点学科。学校有 4 个一级学科博士学位授权点，21 个一级学科硕士学位授权点，10 个专业硕士学位授权类别，中国史、地理学 2 个博士后科研流动站。学校是首届“全国文明校园”、教育部“卓越教师培养项目单位”、国家民委“全国民族团结进步创建示范单位”及全国培养高水平运动员试点院校，2012 年伦敦奥运会田径女子 20 公里竞走冠军切阳什姐就是我校学生的杰出代表。建校 66 年来，为高原地区培养各类人才十余万名，有力服务和支撑了高原区域社会经济的发展。

近年来，为适应教育改革新形势，全面提升办学实力和服务地方社会能力，学校主动融入国家和青海省委重大决策部署，与北京师范大学、山东大学、兰州大学等 5 所著名高校建立“团队式”对口支援合作关系；与南方科技大学等 9 所知名高校达成战略合作协议，与新加坡南洋理工大学、美国普渡大学、韩国国立顺天大学等境外高校建立长期合作与交流关系。学校设有青海省人民政府与北京师范大学共建的高原科学与可持续发展研究院、“两弹一星”精神研究院、藏族地区历史与多民族繁荣发展研究省部共建协同创新中心等 29 个研究机构。有 1 个藏语智能信息处理及应用省部共建国家重点实验室，1 个国家级实验教学示范中心，2 个教育部重点实验室。

各位领导、专家，新时代引领青藏高原乡村振兴新前景，党的十八大以来，习近平总书记三次踏上青藏高原考察，多次对高原区域社会经济发展作出重要指示，这是对我们的鼓励，更是鞭策。近年来，各位专家紧紧围绕总书记指引的方向，广泛展开各领域学术研究，在生态保护、脱贫攻坚、乡村振兴、灾害救助、民族团结、法治建设、文化传承等方面取得了显著成果。2016 年以来，学校受国务院扶贫办委托，组建了一支精准扶贫成效第三方评估队伍，完成了陕、甘、新、青、宁等西北五省 50 多个县的成效评估和退出评估工作；2021 年 10 月，还完成了青海省巩固拓展脱贫攻坚成果评估工作，评估结果起到了质检仪和助推器的作用，学校被国务院扶贫办授予精准扶贫第三方评估优秀单位的荣誉。

青藏高原素有“中华水塔”之称，是国家重要的生态屏障、水源涵养地和民族团结高地，物产丰富，文化脉络绵长，虽与全国同步打赢脱贫攻坚战，但因其区位特殊性，仍处于欠发达状态，乡村振兴任务异常艰巨。这就需要我们进一步深化合作，主动发挥研究优势，加强关键性、前瞻性、战略性重大问题研究，推动脱贫攻坚与乡村振兴的有效衔接，持续探索乡村振兴高原模式，为扎实推进共同富裕和中华民族伟大复兴提供学术支撑和区域样本。

今天的研讨会是对各位专家以往成果的总结和对未来研究的规划。我们相信通过此次研讨，各位专家学者定能广结良缘，增进友谊；定能发表高见，集思广益；定能善听善取，促成共识，为今后各领域合作奠定良好基础，共同推动高原可持续发展与乡村振兴理论问题和实践研究向更深更广的领域推进，促进高原社会治理水平再上台阶。

曹广超（青海师范大学副校长）

2022 年 6 月 11 日

目 录

第一部分 铸牢中华民族共同体意识

第二部分 产业振兴

第三部分　文化振兴

第四部分　生态振兴

第五部分　组织建设与乡村振兴

| 第一部分 |

铸牢中华民族共同体意识

铸牢中华民族共同体意识之必由路径

——以西藏精准扶贫与乡村振兴衔接为例

边巴拉姆　刘荣飞

一、问题提出

铸牢中华民族共同体意识能够增进民族认同感、促进民族团结，为国家长治久安和实现中华民族伟大复兴注入强大的精神力量。习近平总书记在第三次中央新疆工作座谈会上强调，要以铸牢中华民族共同体意识为主线，不断巩固各民族大团结，让中华民族共同体意识根植心灵深处。铸牢中华民族共同体意识对于更好地推进新时代西藏工作也具有至关重要的意义。习近平总书记在中央第七次西藏工作座谈会上强调，要深刻认识到中华民族是命运共同体，促进各民族交往交流交融。其中最重要的一条，就是必须坚持党的领导，长期坚持、全面落实新时代党的治藏方略是做好西藏工作的根本遵循。2020 年 9 月中共中央发布的《中国共产党中央委员会工作条例》也提出过明确要求，尤其是作为基础性条件"集中统一领导"，该条例在多处予以明确规定，如第一章第四条中规定"坚持党对一切工作的领导，确保党中央集中统一领导"，第二章

第六条以及第八条也从不同的方面对坚持党的领导作出明确规定。①

中国少数民族地区的大量例子充分表明，树立强烈的民族共同体认同“符合各民族的共同愿望”，它充分体现了各民族对美好生活的向往和追求，与人民的美好愿望和幸福生活密切相关。从根本上讲，人们对美好生活的需求正在被注入中国社区的意识中。②而且，实践证明，民族地区各项工作，只有在党的集中统一领导下才能最终取得实质性进展和突破，而持续有效推进精准扶贫与乡村振兴的衔接则是铸牢中华民族共同体意识的集中统一路径的最佳典范与生动实践。

西藏工作的有效推进重中之重在于以维护祖国统一、加强民族团结为着力点。这不仅是党领导人民长久以来治藏稳藏兴藏的成功经验，更是新时代党的治藏方略的重要内容之一。党的十八大以来，以习近平同志为核心的党中央提出将社会的持续健康发展、全面稳定作为新时期重要任务，从各方各面进行统筹工作，综合发力，把反分裂斗争的主动权紧紧抓在手中，夯实西藏民族团结的各项基础，充分发挥中华民族凝聚力。铸牢中华民族共同体意识、坚持维护祖国统一和加强民族团结是不可分割、相互统一的一个整体，各族人民团结一致，西藏的和谐稳定才能得以维护、繁荣进步才能得以加强。

---

①《中国共产党中央委员会工作条例》第二章第六条：党中央统揽伟大斗争、伟大工程、伟大事业、伟大梦想，统筹推进“五位一体”总体布局、协调推进“四个全面”战略布局，全面领导改革发展稳定、内政外交国防、治党治国治军等各领域各方面工作，对党和国家事业发展重大工作实行集中统一领导；第二章第八条：全党各个组织和全体党员必须自觉服从党中央，向党中央看齐，坚决维护党中央权威和集中统一领导，自觉在思想上政治上行动上同党中央保持高度一致。

② 石硕：《铸牢中华民族共同体意识是人民美好生活的需要》，《中央民族大学学报（哲学社会科学版）》2020 年第 6 期。

二、集中统一：铸牢中华民族共同体意识的根本保障

铸牢中华民族共同体意识作为中国特色社会主义事业的重要内容，其根本保障就是坚持中国共产党在民族工作中的集中统一领导地位。坚持党的集中统一领导，不仅是遵循根本法、保障宪法实施的要求，也是西藏和平解放后巩固国家统一、维护民族团结历史实践的成功经验。进入新时代以来，为中国特色社会主义事业布新局、开新篇，更加需要坚持党的集中统一领导。

（一）坚持党的集中统一领导是宪法的根本要求

首先，坚持党的集中统一领导是宪法的根本要求。作为根本法的宪法不仅仅是治国安邦的总章程，而且集中体现了党和人民的意志，是各种法律法规以及规章制度、政策制定的总依据。宪法序言中开宗明义地指出，党将继续领导中国人民，实现中华民族的伟大复兴。这是对坚持党集中统一领导的背景性叙述，强调历史上是在坚持中国共产党的集中统一领导的基础上才完成了现代统一多民族国家的建构、完成了许多历史性的成就，而且在未来进行各项事业，包括铸牢中华民族共同体意识在内的过程中，中国共产党的集中统一领导依然是根本性的保障。而在宪法总纲中则对党的集中统一领导进行了制度性规定，宪法第一条中规定中国特色社会主义最本质的特征是中国共产党领导，[①] 从法律层面明确党的领导地位。

中国共产党作为我国执政党，在政治生活中居于集中领导地位，其中央委员会统一领导各级党组织和各级国家机构、各级爱国统一战线组织，特别是在民族工作中，在对地方的领导和支持发展的过程中发挥着集中统一的领导作用。总之，在西藏的乡村振兴事业中，推进铸牢中华民族共同体意识过程中坚

① “中国共产党领导是中国特色社会主义最本质的特征”在宪法中的表述，是从社会主义本质属性的高度来确定党在国家中的领导地位，把党的集中统一领导贯彻落实到国家政治生活和社会生活的各个领域，实现全党全国各族人民思想上、政治上、行动上的统一。

持党的集中统一领导，是我国宪法的根本要求。

（二）坚持党的集中统一领导是历史成功经验

坚持党的集中统一领导，是西藏进一步觉醒中华民族意识和成功实现跨越式发展的历史经验。20 世纪 50 年代，在推进人民解放战争进程下，西藏各族人民对于党的信任不断加强，更加热烈拥护党的集中统一领导地位，初步奠定了中华民族共同体意识在西藏地区不断增强的重要基础。1959 年在中央的坚强领导下，平息西藏反动上层集团的叛乱和解散噶厦政府，为西藏自治区筹备委员会来协调组建集中统一领导的社会主义新政权创造了条件。在党的集中统一领导下，西藏百万农奴翻身解放，在西藏人民中更加深了对中华民族身份的认同。1965 年，党中央依据社会发展形势，在《关于在西藏进行社会主义改造问题的复示》中，为各级党委和政府逐步在西藏进行社会主义改造提供了政策指导。从此之后，在党中央的集中统一领导下，西藏地区的经济得到了迅速发展，渐渐与其他地区一道迈向了社会主义现代化的道路。

自 1978 年开始，西藏工作的座谈会的陆续召开，党中央为西藏做了顶层设计和宏观战略谋划。1984 年，第二次西藏工作座谈会在党中央的领导下召开，确立了“两个长期不变”的西藏社会经济政策。1994 年的夏天，第三次西藏工作座谈会召开。确定了西藏发展至关重要的诸多事项。2001 年，第四次西藏工作座谈会召开，此次会议主要就实现西藏的跨越式发展和长治久安进行了部署。[①] 党中央召开的一系列西藏工作会议为西藏各方面工作掌舵定向，体现了党对西藏的集中统一领导，并为改革开放后西藏的发展提供了重要引领。西

① 郭孟伟、黄丽筠、袁晓慧：《改革开放以来中央关于发展西藏指导思想的演进》，《教育教学论坛》2019 年第 13 期。

藏各项社会事业发展突飞猛进，各族人民的生活有了很大的提升和改善，凝聚力不断增强。坚持党的集中统一领导，增强各民族对中华民族共同体的拥护和认同，从而实现西藏地区跨越式发展，这是经过历史实践证明的成功经验。

（三）坚持党的集中统一领导是新时代的必然要求

坚持党对民族工作的集中统一领导，不仅对增进民族团结、维护国家统一方面有着重要的作用，更是我党根据不同民族、地区特点深化具有中国特色社会主义制度的重要措施。坚持党中央集中统一领导，有效地保证了民族地区的社会稳定和人民安全，切实为各民族同胞提供了物质生活保障和思想引领，使得中华民族共同体意识愈发牢固。西藏地区社会主义现代化建设的首要前提在于国家要开好头、起好步，必须有一个和谐稳定的国内环境，即必须巩固民族团结和国家统一。因此必须在党中央集中统一领导下，带领西藏地区摆脱贫困、共奔小康，实现各族人民共同发展的民族伟大复兴。

党的十八大以来，在习近平总书记“治国必治边、治边先稳藏”[①]的科学论断和党中央的治藏方略的指导下，西藏自治区坚决做到“两个维护”，坚持和完善党的领导制度体系。与此同时，西藏自治区党委、政府以铸牢中华民族共同体意识为工作主线，以加强民族团结作为重点，开创新时代西藏发展新局面、新势头。[②]

三、扶贫衔接振兴：铸牢中华民族共同体意识集中统一路径的典范

铸牢中华民族共同体意识要在坚持党的领导下，将持续有效衔接精准扶

① 中共中央文献研究室编：《习近平关于全面建成小康社会论述摘编》，中央文献出版社，2016 年，第 99 页。

② 杨丹：《中国共产党与西藏治理体系、治理能力现代化》，《西藏大学学报（社会科学版）》2020 年第 2 期。

贫与乡村振兴作为集中统一路径的着力点和切入点，从消除绝对贫困、解决深度贫困与乡村振兴三个重要方面，分别突破、层层深入、渐次推进，以夯实建设中华民族共同体的物质基础，提升对于中华民族共同体的情感认同。精准扶贫衔接乡村振兴是利用新思路、新方法集中统一铸牢中华民族共同体意识的发展路径。

（一）消除绝对贫困夯实中华民族共同体的物质基础

习近平总书记在宁夏考察时强调："中华民族是多元一体的伟大民族。全面建成小康社会，一个少数民族也不能少。"[①] 全面建成小康社会的最低门槛和最基本的要求就是彻底消除绝对贫困，满足人民基本的物质需求和精神需求，从实质层面真正激发少数民族地区对中华民族共同体的认同。

一方面，经济增长为推动中华民族共同体建设提供物质保障。形塑经济—利益共同体建设是中华民族共同体的重要内容之一。通过消除绝对贫困建立经济—利益共同体，成为西藏建设中华民族共同体的重要路径。改革开放后，西藏各方面工作在中央召开的 7 次西藏工作座谈会的指引下，形成了不同时段的工作指导思想，制定了多种特殊优惠政策，从资金、人力、技术等方方面面给予西藏发展支持，极大解放和发展了社会生产力，达成了经济—利益共同体的形塑。2010 年以来，西藏经济总量持续增长（见图 1）。

① 光明日报评论员：《全面建成小康社会，一个少数民族也不能少》，《光明日报》2020 年 6 月 14 日。

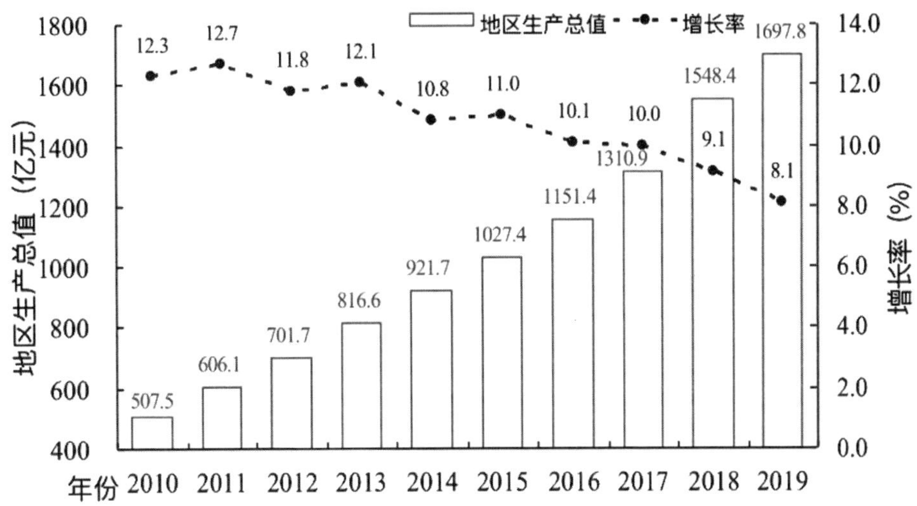

图 1　2010—2019 年西藏地区生产总值及增长速度①

经济的快速增长离不开不同生产要素之间的充分交流和融合，这也促进了各民族间的发展与交流。马克思指出："各民族之间的相互关系与每一个民族的生产力、分工和内部交往的发展程度密切相关。"②中华民族作为一个整体，生产力发展水平的高低决定了民族结构以及民族内部如何与外部交往的结构和发展程度，与此同时，体现生产力发展的经济结构也是多民族社会发展变化的决定性因素。③有效解决深度贫困的根本举措在于推动经济高速增长，全国各省市与西藏进行的广泛的经济合作和经济互助为中华民族共同体的建设提供了路径，这对于铸牢中华民族共同体意识也具有极为深刻的价值。同时资源配置

① 陈凡、索林、尹分水主编：《中国西藏新农村建设绿皮书：西藏乡村振兴发展报告（2020）》，西藏藏文古籍出版社，2020 年，第 4 页。

② ［德］卡·马克思、［德］弗·恩格斯：《德意志意识形态》上册，社会科学文献出版社，2015 年。

③ 麻国庆：《民族研究的新时代与铸牢中华民族共同体意识》，《中央民族大学学报（哲学社会科学版）》2017 年第 6 期。

的市场化为深度贫困地区的经济发展提供更为有效的制度保障和激励机制，表现为有利于贫困人口脱贫的增长方式。

另一方面，中华民族共同体的建设重要任务之一便是脱贫攻坚。西藏脱贫攻坚工作取得了全面胜利（如图 2、图 3 所示），使贫困地区的人民全面脱贫，解决了其生产生活发展难题，满足他们对于幸福生活的追求和向往，这不单单是新时期全面建成小康社会的目标，也是铸牢中华民族共同体的重要基础之一。

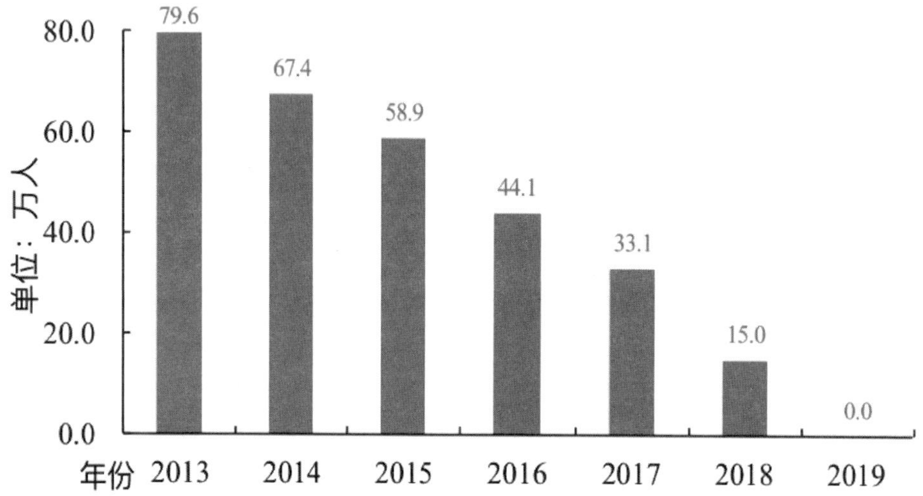

图 2　2013—2019 年西藏农村建档立卡贫困人口年底存量变化图[①]

① 徐伍达、妮妮美朵、孙焕明：《西藏决战决胜脱贫攻坚发展报告》，《新西部》2020 年 Z1 期。

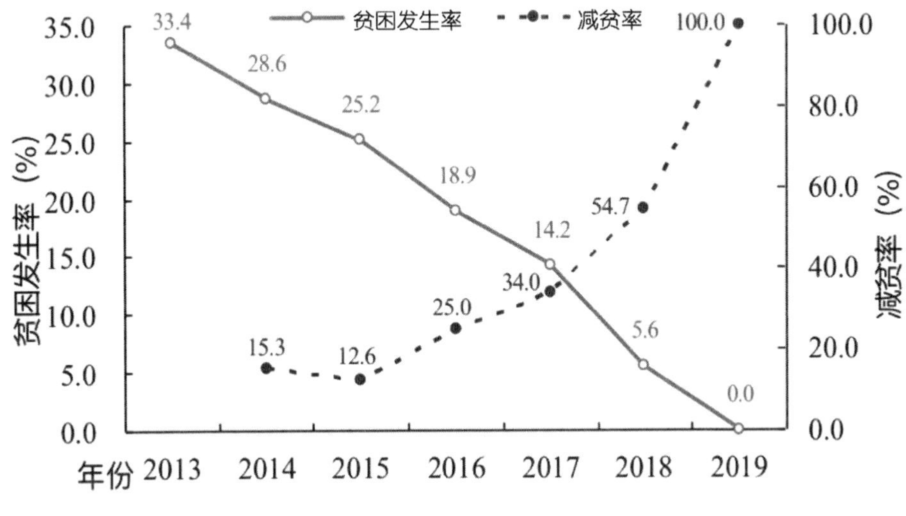

图 3　2013—2019 年西藏农村脱贫成效变化图[①]

综上所述，西藏和平解放以来，西藏坚持党的集中统一领导为脱贫攻坚的胜利提供了根本保障。消除绝对贫困工作的有效开展，是更好地稳固中华民族共同体物质基础的生动实践。数据显示：2010 年以来，西藏农牧民人均可支配收入连续 17 年保持两位数增长并突破万元大关，2019 年达到 12951 元（见图 4）。

我国宪法规定："国家建立健全同经济发展水平相适应的社会保障制度"。循此思路，西藏在经济增长的基础上，全心全意努力实现社会事业的全面进步，社会保障制度得以建立健全，绝对贫困得以消除，人民群众的获得感和幸福感进一步增强。建设基础和公共服务设施对于提升贫困地区的教科文卫等有巨大推动作用，近年来西藏农村居民恩格尔系数不断下降（见图 5），居民的生活条件有了极大改善，物质条件不断提高，更使西藏地区人民群众拥护和支

① 徐伍达、妮妮美朵、孙焕明：《西藏决战决胜脱贫攻坚发展报告》，《新西部》2020 年 Z1 期。

持中华民族共同体建设。

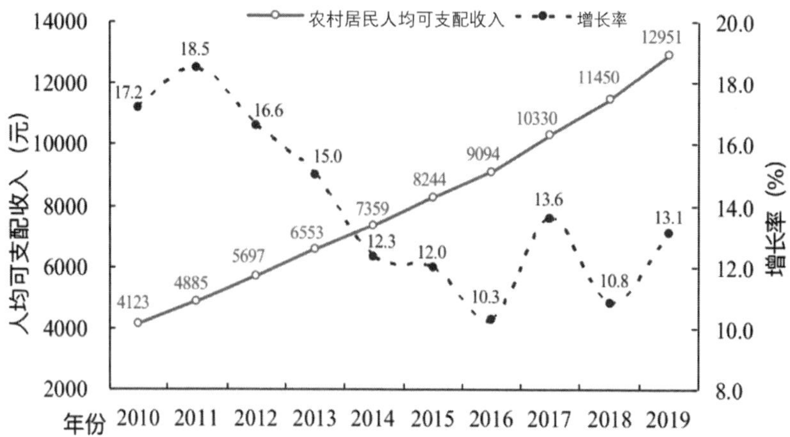

图 4　2010—2019 年西藏农村居民人均可支配收入和增长速度①

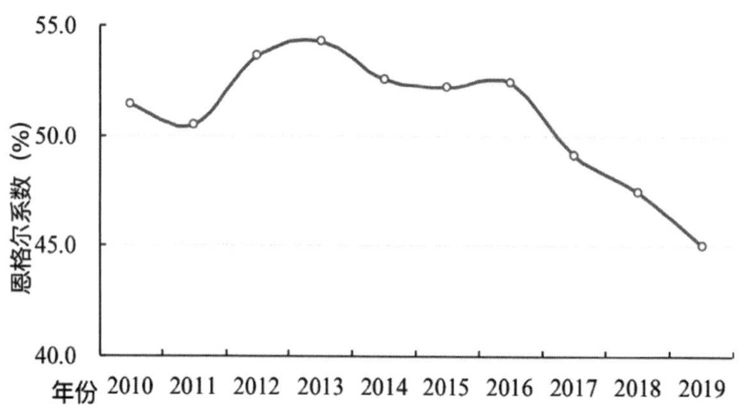

图 5　2010—2019 年西藏农村居民恩格尔系数变化图②

① 徐伍达、妮妮美朵、孙焕明：《西藏决战决胜脱贫攻坚发展报告》，《新西部》2020 年 Z1 期。

② 徐伍达、妮妮美朵、孙焕明：《西藏决战决胜脱贫攻坚发展报告》，《新西部》2020 年 Z1 期。

（二）解决深度贫困加强中华民族共同体的情感认同

精准扶贫作为中国农村扶贫的主要方式，是抵消经济减贫效应下降的必要措施。[①] 从特殊区情出发，结合地区发展实际，西藏在贯彻落实中央的各项决策中，努力促进脱贫攻坚工作的有序进行，脱贫攻坚工作取得了巨大成就。西藏通过一系列强有力的措施解决了深度贫困问题，加强了西藏各族人民对于中华民族共同体的意识觉醒和情感认同。

一是强化主体责任、加强组织领导。首先，脱贫攻坚工作始终坚持党委领导、政府主导，在中国特色社会主义制度的框架内，利用制度的特有优势；其次是在党的集中统一领导的基础上，推进脱贫攻坚各项工作的落实，并且完善相应的问责机制，特别是明确了党委对于脱贫攻坚的领导责任；最后是培育了一批开展脱贫工作的优秀队伍，实现帮扶力量对于贫困地区的全覆盖。在党的集中统一领导下，落实脱贫攻坚主体的责任，为铸牢中华民族共同体意识提供了领导核心和组织基础。

二是强化顶层设计、完善相关政策。在新的时代背景下，打赢脱贫攻坚战的顶层设计要考虑系统性、整体性、协同性，跟上时代的步伐推动理论、制度及实践的创新，形成一系列完整的政策保障体系。上层建筑对于经济基础具有重要的反作用，因此完善的政策保障体系也是打赢西藏脱贫攻坚战的重要战略阵地。西藏与时俱进地制定了有关脱贫攻坚的一系列配套文件和配套规划，形成了多层次、全方位的政策体系，为落实西藏脱贫攻坚的各项工作提供了正确指引，更是在理论层面提供了稳固的制度基础和保障。

三是深化精准帮扶，克服脱贫攻坚弱项。加强有针对性的援助，加强反贫困斗争中的薄弱环节。针对不同情况下的贫困村和贫困户，准确实施产业开发、移民搬迁、生态补偿等精准扶贫措施。

---

① 汪三贵、郭子豪：《论中国的精准扶贫》，《贵州社会科学》2015 年第 5 期。

四是强化资源整合、创新资金投入体系。自从扶贫工作开始以来，政府投入一直是主要渠道。脱贫攻坚也离不开其他各地资源的流入和重新整合，在各民族共同发展的进程中，地区之间的互补与互助是一个非常关键的因素，只有这样东西部的差距才能缩短，才能发展和繁荣民族地区的经济。[①] 动员各方力量积极参与西藏的反贫困斗争，深化援助西藏脱贫合作，增强各民族对中国社会的强烈认同和深厚感情。

五是强化扶智扶志、激发脱贫内力。长期以来，教育始终是我国民族地区扶贫开发体系中的重要组成部分。[②] 脱贫攻坚工作开展以来，西藏首先坚持扶贫与扶志、扶智相结合的思想教育方式，脱贫攻坚组织的内在动力和精神力量是在精神层面铸牢中华民族共同体意识的直接路径。同时通过营造良好的创业环境、开发特色的优势产业、提升贫困主体自身的致富能力等措施，对精准扶贫工作由被动性到主动性的转变产生了积极影响，是解除深度贫困工作的重要出发点和落脚点。

总而言之，西藏在完成脱贫攻坚任务中，从投入规模、重视程度到工作要求、政策保障都取得了长足的进步，更是从根本上改变了西藏地区贫穷落后的状态，一定意义上能够促进我国整体发展水平的提高，从而更高效地实施乡村振兴战略，使全面建成小康社会的质量更上一个台阶。

四、衔接乡村振兴丰富中华民族共同体的建设路径

十九届五中全会提出“要实现巩固拓展脱贫攻坚成果同乡村振兴有效衔接”。而且，“从脱贫攻坚到乡村振兴的历史性转移”，[③] 不仅为乡村振兴提供了

① 麻国庆:《民族研究的新时代与铸牢中华民族共同体意识》,《中央民族大学学报（哲学社会科学版）》2017 年第 6 期。

② 李祥、曾瑜、宋璞:《民族地区教育精准扶贫：内在机理与机制创新》,《广西社会科学》2017 年第 2 期。

③ 郑风田:《脱贫攻坚与乡村振兴有效衔接的两个关键》,《中国青年报》2021 年 4 月 19 日。

精准的指导，而且丰富了中华民族共同体的建设道路。因此，铸牢中华民族共同体意识的集中统一路径的丰富，应以《中共中央国务院关于实现巩固拓展脱贫攻坚成果同乡村振兴有效衔接的意见》中明确的 6 个方面 24 项具体措施为重要指引，将铸牢中华民族共同体意识的目标与要求等融合式嵌入持续有序衔接脱贫攻坚成果和乡村振兴的具体工作中。

首先，攻克深度贫困区为乡村振兴奠定良好基础。共同繁荣的基础在于社会公平，这就要求改革开放的成果各民族都能共享。经济差异目前依然存在于民族地区和其他地区之间，这样的短板和难点也是全面建成小康社会必须要克服的。[①] 巩固深度贫困地区综合开发成果，推进绿色发展，助力乡村振兴。

其次，加快基础设施建设为乡村振兴提供物质保障。改善民生以提供幸福感，正如费孝通先生所言要实现“安其所、遂其生”的“心态秩序”。[②] 改善民生的一个重要手段就是加强基础设施建设，满足现代化需求，统筹城乡均等化发展，缩小公共服务差距，这是实现乡村振兴的基础性和保障性工程。

再次，发展乡村产业为乡村振兴提供产业支撑。通过各项举措使得低收入群体的收入较高增长、低收入群体共同享受乡村产业发展的胜利果实，才能真正激发群众对于中华民族共同体的情感认同，从而有效平衡各地收入水平。

又次，开展精神扶贫为乡村振兴提供动力支持。将乡村振兴的精神扶贫与铸牢中华民族共同体意识教育有机结合起来，从而使中华民族共同体意识具备充沛的精神源泉。必须统筹推进西藏的物质发展和精神发展，立足于乡村精神文明建设的特点和难点，加强社会主义核心价值观教育工作。

最后，坚持党的领导为乡村振兴提供根本保障。乡村振兴是铸牢中华民族共同体意识的重要路径，坚持党的领导则是乡村振兴的根本保障。乡村治理与

① 麻国庆:《民族研究的新时代与铸牢中华民族共同体意识》,《中央民族大学学报（哲学社会科学版）》2017 年第 6 期。

② 费孝通:《中国城乡发展的道路——我一生的研究课题》,《中国社会科学》1993 年第 1 期。

基层党组织加强的有机结合，使乡村振兴具备更强劲的发展势头，从而促进中华民族共同体的铸牢和稳固。西藏各地区党组织要坚持以《中国共产党农村基层组织工作条例》为理论指导，全面落实乡村振兴的工作机制，坚持自治区内县乡村联动，提高党的乡村治理能力，筑牢党在西藏农村的执政基础。

五、结语

坚持党的集中统一领导是铸牢中华民族共同体意识的重要基础和根本保障，党的领导不仅是宪法的根本要求，也是党在长期的民族工作实践中得出的宝贵历史经验，同时还是新时代推进中华民族共同体建设的必然要求。集中统一、依法有序地推进乡村振兴是铸牢中华民族共同体意识集中统一路径的典型范例，通过消除绝对贫困、解决深度贫困，并与乡村振兴相衔接，夯实中华民族共同体的物质基础，激发中华民族共同体的情感认同，并在此基础上建构法治型民族事务治理模式，以法治保障民族团结，[①] 从法律的层面为中华民族共同体建设奠定坚实的基础和强有力的保障。

边巴拉姆，中国社会科学院亚太与全球战略研究院研究员，西藏大学政法学院兼职硕士生导师；刘荣飞，西藏大学政法学院硕士研究生。

① 朱碧波：《论中华民族共同体的多维建构》，《青海民族大学学报（社会科学版）》2016 年第 1 期。

铸牢中华民族共同体意识视域下迪庆州的民族团结与乡村振兴

冯智　和春燕

习近平总书记指出："实现中华民族伟大复兴的中国梦，就要以铸牢中华民族共同体意识为主线，把民族团结进步事业作为基础性事业抓紧抓好。"[①]总书记又强调："增强民族团结的核心问题，就是要积极创造条件，千方百计加快少数民族和民族地区经济社会发展，促进各民族共同繁荣发展。"[②]迪庆藏族自治州（简称迪庆州）深入学习贯彻和践行习近平总书记关于加强和改进民族工作的重要思想，以创建全国民族团结进步示范州为契机，突出"铸牢中华民族共同体意识"主线，以民族团结进步创建助推脱贫攻坚和乡村振兴战略，成效显著。截至2020年年末，迪庆州贫困人口全部脱贫，3个贫困县（市）全部脱贫摘帽，147个贫困村全部出列。在"三区三州"深度贫困地区中率先实现整州脱贫，建档立卡贫困人口动态清零，[③]脱贫攻坚战取得决定性胜利，与此同时乡村振兴战略有效持续推进。

① 2019年9月27日，习近平总书记在全国民族团结进步表彰大会上发表的重要讲话，见署名文章：《共享民族复兴的伟大荣光——习近平总书记关于民族团结进步重要论述综述》，《人民日报》2021年8月25日。

② 2014年3月4日，习近平总书记在参加全国政协十二届二次会议少数民族界委员联组会时发表的重要讲话。

③ "云南这十年"——迪庆专场发布会，云南省人民政府网，2022年8月8日。

一、脱贫攻坚与民族团结进步

云南省迪庆州辖香格里拉市、德钦县、维西县三个县（市），共29个乡镇，193个村（居）民委员会，总人口40万，总面积23870平方千米。迪庆州是云南省脱贫攻坚的主战场，属于全国“三区三州”深度贫困地区之一。2013年，全州共有16.2万贫困人口，贫困发生率高达40%。到2015年末，贫困发生率降至24.95%，[①] 少数民族贫困人口占全州贫困人口的93%，“直过民族”贫困人口占全州贫困人口的54%，贫困面广、贫困程度深。

迪庆州大面积和深度贫困的原因，主要有以下两个方面：

第一，为世界自然遗产“三江并流”腹心区，集民族、山区、美丽、高寒于一体。是云南省海拔最高、氧气最稀薄、生态环境保护任务较重的地方。因此，一方面自然生存环境恶劣，地质和自然灾害频发，生态十分脆弱，一旦破坏，恢复能力极弱。另一方面，人地矛盾突出，境内山地面积超过90%，70%以上的地方不适宜栽种农作物，耕地面积贫乏。再者，区域划入禁止开发区，生态环境保护与经济社会发展矛盾突出。

第二，社会发育程度底下，经济基础薄弱，产业发展滞后，许多地方生产生活方式落后。迪庆州从上述州情实际出发，牢记习近平总书记“决不让一个兄弟民族掉队，决不让一个民族地区落伍”的指示精神，坚持把发展作为促进民族团结进步的总钥匙。将脱贫攻坚与民族团结进步并重推进，主要做法和特点体现于几个方面。

一是深入贯彻中央、云南省委有关会议精神，把脱贫攻坚作为提升边疆民族地区治理能力，促进民族团结和边疆巩固的重要抓手。尤其是作为培养干部的主战场，从2015年至2020年间，累计选派工作队长514人、下派驻村工作队员4363名，从脱贫攻坚一线选拔干部408名，为涉藏州县社会稳定和推进

① 《赞！这就是脱贫攻坚迪庆答卷》，《云南日报》2021年2月28日。

新时代迪庆发展奠定了坚实的干部基础。[①]

二是始终把铸牢中华民族共同体意识作为民族工作的主线和涉藏工作的战略性任务。在云南省率先成立铸牢中华民族共同体意识研究教育实践中心[②]、民族团结进步协会，把民族团结与社会经济发展并重，与脱贫攻坚和乡村振兴并举，作为一项长期工作抓紧抓好。

三是修订《云南省迪庆藏族自治州民族团结进步条例》，深入推进“学前学会普通话”活动，在“直过民族”和宗教教职人员中全面推广普及国家通用语言文字，十八大以来培训人员 1.6 万人次，18 至 45 岁少数民族中会说普通话的人数从 93.3% 提高到 99.4%，累计投入 3 亿元实施三轮民族团结进步“十百千万”示范引领建设工程[③]。2021 年 1 月，迪庆州成功创建成为“全国民族团结进步示范州”。

四是深入践行新时代党的治藏方略，牢牢抓住稳定、发展、生态和边疆稳定四件大事，建立“五个第一”机制，开展“拥护核心，心向北京”、民族团结进步创建“九进”及全国首个“千名干部进村入户促民族团结进步”等主题实践活动，实现了民族团结与脱贫攻坚“双推双促”，促进了各族群众在脱贫攻坚中交流交往交融，及“共同团结奋斗，共同繁荣发展”的思想基础。

迪庆州在民族团结进步创建这面旗帜下，有力推进脱贫攻坚工作，同时多民族共学、共处、共享的特点十分突出。如我们在调研中看到：维西县巴迪乡少数民族移民安置点真朴新村，是因华能集团在澜沧江修建乌弄龙水电站而将附近三个村民小组集中搬迁的移民村。移民村内藏族、傈僳族、纳西族共同居住生活，大家虽来自不同地方、不同民族，却成为“像石榴籽一样紧紧拥抱在一起”的生动写照。近年来，村里全面加强基础设施建设，农贸市场、道路硬

① 《赞！这就是脱贫攻坚迪庆答卷》，《云南日报》2021 年 2 月 28 日。

② 该中心挂牌落户于迪庆州藏学研究院。

③ 即“十县百乡千村万户”示范创建工程。

化亮化、饮水渠系、污水处理、民族文化广场、体育设施等项目建设以及医疗条件提升等惠民工程让老百姓的日子越来越舒适。为进一步提高少数民族群众生活质量，巴迪乡还开展劳动力转移就业培训，鼓励群众就近创业和务工。我们看到新村房间宽敞整洁、树木成林、花草繁茂，村道干净卫生，非常宜居。

迪庆州 2016—2019 年实施易地扶贫搬迁 3601 户 13879 人（建档立卡 2794 户 10729 人），全州 73 个集中安置点和 37 个分散安置点于 2019 年末完成搬迁建设任务。此外，来自州外各方对迪庆的对口支援工作，也有声有色地推动了脱贫攻坚、民族团结进步和民族交往交流交融。2012 年以来，上海市嘉定区、宝山区、闵行区等累计投入帮扶资金 8.6 亿元，历届上海市委、市政府和三区主要领导多次到迪庆开展指导帮扶工作，先后选派 7 批 27 名干部、26 批 204 名支医支教工作队和 89 名青年志愿者深入迪庆开展扶贫工作，接收迪庆州 4166 名干部、教师、医技人员到上海培训和挂职锻炼。三峡集团积极帮扶迪庆州“人口较少民族”（普米族），南方电网公司电商扶贫成效明显，中国旅游集团推动香格里拉的知名度大力提升。昆明市、曲靖市、玉溪市累计投入对口帮扶资金 3.565 亿元。云南省委统战部、省发改委、省财政厅等 15 个省级部门投入大量人力、财力、物力支持迪庆脱贫攻坚工作。

二、乡村振兴的机遇、路径与民族团结

（一）迪庆州乡村振兴的机遇

随着国家“一带一路”倡议、长江经济带建设、乡村振兴等国家战略全面推进，迪庆州认真贯彻落实中央第七次西藏工作座谈会和云南省委第三次涉藏工作会议精神，全面推进“全国民族团结进步示范州”建设工作。迪庆地处滇、川、藏三省（区）交界处，是云南通往西藏和四川涉藏州县的北大门，从近处看内连成渝地区双城经济圈、滇中城市群，向外辐射西藏东部和川、青涉藏州县，是滇西、大香格里拉旅游环线轴心区。迪庆州路网、航空网、能源保

障网、水网和互联网五大基础网络建设快速推进，高速公路、高速铁路即将全面通车，迪庆由川藏入滇向东南亚和由滇入藏向南亚大通道的区位优势愈加突显，生产要素跨区域迅速流动、聚集和转移的条件日益完备，为迪庆州特色、生态、有机产品“走出去”创造了便利的条件。目前，脱贫攻坚目标任务已圆满完成。党中央、国务院部署实现巩固拓展脱贫攻坚成果同乡村振兴有效衔接的重大战略，明确打赢脱贫攻坚战、全面建设小康社会后，设立 5 年过渡期，严格落实脱贫摘帽不摘责任、不摘政策、不摘帮助、不摘监管要求，保持财政投入、兜底救助、民生保障、产业就业、东西部协作等主要帮扶政策总体稳定。2021 年 4 月 15 日至 16 日云南省委、省政府召开迪庆现场办公会，就全面贯彻落实习近平总书记考察云南重要讲话精神、中央第七次西藏工作座谈会精神展开讨论，提出妥善处理“反分裂斗争与做好自己工作；尊重民族特色与铸牢中华民族共同体意识；促进经济社会发展与凝聚人心；保护生态环境与发展经济”四对关系，围绕实现长治久安和高质量发展，作出了全面安排部署。从民族团结、宗教和谐、社会和谐、经济发展、生态文明五个方面给出了新目标和任务，提出了迪庆要努力成为民族团结进步示范区的标杆，世界的“香格里拉”的发展定位。①

国家战略、中央政策、云南省委省政府涉藏工作方针以及迪庆州委州政府的各项举措，都为迪庆州接续推进脱贫地区发展，加大农村低收入人口帮扶力度，提升农村欠发达地区基础设施和基本公共服务水平，巩固拓展脱贫攻坚成果，全面推进乡村振兴带来重大机遇。

（二）迪庆州乡村振兴路径与民族团结进步创建

迪庆州在乡村振兴战略中积极开展民族团结进步创建工作，突出组织引

① 2021 年 4 月 15 日至 16 日，云南省委省政府召开迪庆现场办公会，《云南日报》2021 年 4 月 17 日。

领，夯实民族团结进步“强根基”，实现了党建与乡村振兴“双推双促”。

1. 党的建设是乡村振兴的领头雁。迪庆在推行脱贫攻坚成果与乡村振兴战略衔接中，以党的建设和推进民族团结进步来积极引领。例如以“党支部 + 村团支部”“党支部 + 村妇代会”“党支部 + 合作社”等“党支部 + 党建引领模式”，扎实开展民族团结进步创建活动。同时，开展“感党恩、听党话、跟党走”系列教育活动，按照“新时代、新迪庆、新征程”要求，对照省委省政府迪庆现场办公会确定的把迪庆建设成为“民族团结示范区”的标杆和“世界的香格里拉”定位①，集中开展“永远跟党走”脱贫攻坚感恩教育主题实训活动，讲好小康故事、讲好迪庆故事，并结合“抓稳定防疫情固脱贫促团结”“七一”专项活动契机，开展巩固拓展脱贫攻坚推进乡村振兴政策宣讲 176 场次，干部群众受训达到 3680 人次。动员党组织和党员结对帮扶贫困户，培养党员致富能手 2000 多名，培养 1700 名致富能手成党员，培养 550 多名党员致富能手成村组干部。涌现出“带领群众致富的红色连”和乡村振兴的先锋模范；无数党员和干部起着火车头和领头雁的作用。例如，维西县叶枝镇同乐村党总支书记和政国，为激发群众内生动力，改变“等靠要”思想、“慵懒散”习气，每天早起挨家挨户敲门，催促群众起床劳动，带领大家种药材、养山羊，发展集体经济，被群众亲切地称为“敲门书记”。②

2. 生态文明是乡村振兴的“绿色屏障”。迪庆属于“三江并流”世界自然遗产腹心地带，是我国长江、澜沧江上游重要的生态安全屏障，全州生态保护红线占到了国土面积的 67.29%。迪庆坚持把生态扶贫、生态保护及乡村振兴结合起来，走乡村宜居、文化和谐、生态良好的发展路径，开展最美城市、最美集镇、最美村庄、最美家庭“四美”创建活动，实施好青山行动、蓝天行

① 2021 年 4 月 15 日至 16 日，云南省委省政府召开迪庆现场办公会，《云南日报》2021 年 4 月 17 日。
② 来自作者对实地调研材料的分析和整理。

动、绿水行动、净土行动“四大行动”，积极创建了普达措国家公园、虎跳峡国家公园等一批生态旅游开发景点景区，并对景点景区内的农户特别是贫困户以“分红”“生态效益补偿金”等方式进行生态效益反哺，实现了生态环保与乡村振兴“双推双促”。迪庆州将生态文明建设作为乡村振兴的重要一环和标准紧抓不放。一是建立了生态护林员制度，设立河湖管护员，调动群众保护生态环境的积极性。生态林业资源管护从“没人管、管不住”到“山有人管，林有人护，责有人担”，实现了端上“生态碗”，吃上“绿色饭”的目标。二是全州各族群众自发成立 64 支“感恩服务队”帮助村民义务建房、带头发展产业、修桥补路、清理环境卫生，涌现出带领群众致富的“红色连”和乡村振兴的先锋模范。

3. **产业发展是乡村振兴的致富途径**。迪庆州在乡村振兴工作中，注重各族群众内生动力的培养和激发。例如，把产业培育和转移就业作为强化“造血功能”的抓手，实现贫困群众持续稳定增收。着力发展乡村旅游，以及葡萄、中药材、特色畜禽、食用菌、青稞、蔬菜、木本油料 7 个高原特色农业产业，实施“一县一业、一乡一特、一村一品”产业培育，实现有产业发展条件建档立卡贫困户 1—2 项增收产业全覆盖，545 家新型经营主体与贫困群众建立了利益联结机制，产业多样，民生改善。实现了产业发展与乡村振兴“双推双促”。

近年来，迪庆州委州政府着力推进“把维西县塔城打造成为乡村振兴示范点、乡村旅游示范点、旅游扶贫示范点、保护与开发示范点”工作，厚植生态、文化、基层治理、组织、人才五个基础，培育打造健康生活目的地和绿色食品“两个品牌”，通过引进企业开发建设，民房变民宿、资产变资源、村民变股民、田园变公园，拓宽了群众增收致富的渠道。截至目前，塔城镇有 1 个 3A 景区（香格里拉维西滇金丝猴国家公园）、1 个旅游名镇、1 个国家重点旅游村，开发文化体验、自然风光、度假养生、体育运动、科研科考

5条旅游线路，建成腊普茸旅游专业合作社游客接待中心，有特色农家乐及餐厅饭馆近180家、以漫寻记和哈布达云谷为代表的精品民宿26家，及以松赞塔城、四鸣精舍、达摩筱园等为代表的精品客栈29家，共有床位568个，直接间接旅游从业人员近605人，年经济收入近1500万元。[①] 荣膺“云南省脱贫攻坚先进集体”“云南省文明乡镇”，被评定为“云南省民族文化特色乡镇”“云南省民族团结示范镇”，被确定为全省100个乡村振兴示范乡镇之一，启别村被定为全国乡村旅游重点村，巩固和拓展了脱贫攻坚成果与乡村振兴的有效衔接。

4. **感恩教育是乡村振兴的内生动力。**迪庆始终把感党恩教育作为脱贫攻坚与乡村振兴有效衔接的根本途径，通过开展“拥护核心·心向北京”主题教育，通过“乡镇党校”“万名党员进党校”等培训，不断增强广大干部、党员和各族群众的“五个认同”，发挥了典型示范和引领作用，群众感党恩的内生动力不断强化。实现了感恩教育和脱贫攻坚“双推双促”。在这一活动的影响下，产生了一支特殊的队伍——“感恩连”。他们由贫困户、基层干部群众、农村产业带头人自发组成，带头宣讲政策、发展产业、义务修桥补路、清理环境卫生、帮扶困难群众，引导群众知党恩、感党恩、听党话、跟党走。如今，“感恩连”在全州已经发展到64支队伍。

德钦县升平镇和社区感恩连的健康服务组，为老年人及婴幼儿提供24小时上门服务，并对社区范围内的大病户、重病户进行监护，出现异常情况第一时间与医院联系处理。维西县叶枝镇同乐村“感恩连”的种植能手技术服务排，从种子选育到田间管理，从储藏加工到包装营销全程服务，既出技术又出劳动力，带着村民干、帮着村民想，并通过“斗药”等方式，不断增强村民的积累意识、计划意识、竞争意识。香格里拉市金江镇车轴村“感恩连”通过举

① 作者实地调查获取的材料。

办书法培训班、建设文化园、邀请文化名人讲座等方式，促进红色文化、老区精神代际传承，教育群众幸福思源。“感恩连”是民族团结与乡村振兴的催化剂，是社会稳定的润滑剂，是民族“三交”的黏合剂。

5. **非遗保护是乡村振兴的有力抓手**。迪庆积极探索和实践“非遗 + 特色产业”“非遗 + 品牌产品”“非遗 + 红色记忆”等模式助力乡村振兴。早在2010年，迪庆被命名为国家级民族文化生态保护实验区，为迪庆非物质文化遗产保护和传承创造良好的环境和条件。近年来，迪庆充分挖掘区域内的非遗工艺项目资源，培养了一批能工巧匠，在脱贫攻坚和乡村振兴工作中，充分重视非遗与未脱贫地区人民群众生产生活的密切联系，以市场潜力大、带动就业多的藏族服饰、尼西土陶、香格里拉藏香、香格里拉藏刀等传统工艺项目为依托，以手艺精湛的代表性传承人为扶贫带头人，培训贫困群众掌握非遗技能从事非遗产品生产，激发内生动力，实现非遗保护、脱贫攻坚和乡村振兴的对接融合。“十三五”期间，迪庆非遗产业直接或间接共带动 2 万人脱贫。同时唤醒更多的乡村“守艺人”，将传承置于乡村振兴战略的重要环节，以产业振兴、文化振兴带动乡村振兴。

迪庆在非遗文化特色产业助推乡村振兴方面，具有一定实践经验和成果，其中藏香生产就是其中代表性特色项目之一。在藏香制作技艺被纳入云南省非物质文化遗产名录后，迪庆成立了“香格里拉松林文化旅游文化传播有限公司”，建设藏香制作厂房 600 平方米，改造藏香文化基地展厅 1500 平方米，改造省级非遗项目“迪庆藏香制作技艺”传承基地 1000 平方米，为游客提供实地参观与体验服务，让更多的游客和广大群众了解藏香文化，从而推动藏香技艺的保护和传承。2020 年，前来体验藏香制作工艺的游客人数达 32217 人次，接待本地人达 16420 人次，年增长 30%，[①] 同时利用自身平台

① 源自作者的实地考察和对相关材料的整理。

推广藏族文化。目前，迪庆藏香在云南大理也开了分店，总面积 3000 多平方米，总投入 200 多万元，2020 年每天人均客流量达 2000 余人次，2021 年体验人数达 17856 人次。迪庆还研制出独具特色的“防疫熏香”“线香”等藏香品牌，实现了由单纯礼佛产品向养生产品的市场转换，推动藏香产品向生活、休闲、居家、商务、旅游等更宽领域拓展，并成功将产品远销法国、意大利、瑞士、印度、尼泊尔等国。在抗击新冠疫情期间，迪庆藏香陆续向武汉市和云南部分地区抗疫一线的医务人员捐赠精装版的防瘟熏香 15000 盒，价值达 1485000 元。迪庆藏香产业也是脱贫攻坚成果与乡村振兴有效衔接的重要载体，在“十三五”期间，迪庆藏香直接带动 200 多人的就业，间接带动 2000 多人次的就业，其中解决 20 余残疾人就业，带动弱势群体及家庭就业。

三、结论和建议

迪庆州以铸牢中华民族共同体意识为主线，推动民族交往交流交融，持续开展民族团结进步创建活动，有力助推脱贫攻坚和乡村振兴战略的实施。总结归纳，可见其有以下几个特点。

第一，创新工作机制，一体化推进民族团结、脱贫攻坚和乡村振兴工作。迪庆州围绕党的治藏方略，将各项一体化推进工作落实和细化到具体举措或活动中，如实施“千促”（千名干部驻村）帮扶，制定“一揽子”脱贫攻坚和乡村振兴政策措施，压实干部责任，发挥党员先进性和领头雁的引领作用。

第二，切实贯彻落实中央第七次西藏工作座谈会精神，抓好“四件大事”。例如，抓好生态这件大事，将“生态立州”战略融进脱贫攻坚和乡村振兴工作，提出“宁可牺牲一点发展速度，也要坚守和保护生态”的理念。十八大以来，1.6 万余名贫困群众当上了护林员，全州每年兑现森林生态效益补偿金 1

亿元。

第三，在一体化推进中，用足用好国家政策、资金支持和定点、对口支援等力量，[①] 同时充分激发各族群众的内生动力，把人才看作是乡村振兴的第一资源。“小康不小康，关键看老乡”。迪庆在民族团结进步创建、脱贫攻坚、乡村振兴和生态文明建设一体化推进实践中，产生了许多既接地气，又为各族群众乐于接受和参与的积极做法。例如，迪庆州维西县被列为国家“三区三州”深度贫困县，该县在脱贫攻坚和乡村振兴工作中，制定并落实提升农村人居环境的“激、拆、围、清、建、引、产、治”的“八字要求”，激发各族群众内生动力。所谓“激”，就是激发内生动力，如该县精心打造了10个干部群众教育实训基地，建立了63个“四美之家”爱心超市等。“拆”，就是转变群众观念，如组建269支“红旗服务队”和34支“精准扶贫感恩连”，全力协助村民拆除影响村容村貌的私围乱建。“围”，就是改造群众的私围（如小菜园、小鸡圈），变废为宝。“清”，就是整理环境卫生。“建”，就是改变农村风尚，建设健康的公共服务区域。“引”，就是汇聚各方力量，参与乡村振兴。“产”，就是突出产业就业，保障安居乐业。“治”，就是强化综合治理，使各族群众真正成为乡村振兴和治理的主体。

总之，迪庆州积极创新工作机制，将民族团结示范创建与脱贫攻坚助推乡村振兴相结合，加强民族交往交流交融，铸牢中华民族共同体意识，不断增强各民族群众的安全感、获得感和幸福感。

迪庆州的脱贫攻坚成果显著，民族团结助推乡村振兴也探索出了一些切合实际的开发模式，但是因迪庆州曾长期处于特殊类型的贫困区域，尤其在巩固脱贫攻坚成果与乡村振兴有效衔接工作中，还存在一些困难不容忽视，且今后

---

① 如15个省级单位和122个州级及驻迪庆单位参与定点扶贫，上海市对口支援，南方电网等三家央企和省企结对帮扶。昆明市、曲靖市、玉溪市对口帮扶等。

的工作任重道远。因此，我们就有关工作提出如下对策建议。

1. **脱贫群众自我发展能力不强、返贫风险大**。贫困地区普遍存在产业发展滞后、组织化程度低、收入渠道单一等问题。部分脱贫群众文化教育水平低、专项技能缺乏、自身财力有限、发展基础差、自我发展能力较弱，在短时间内改善自我发展水平和居住环境难度很大，加上部分贫困群众自我发展意识不强，等靠要思想依然存在。鉴于此，我们建议，有关政府部门应高度重视，进一步做好脱贫之后的舆情调查，及时摸排，掌握实情，制定相应政策和措施。舍得投入，加强培训力度，抓好教育，推进扶志扶智工作。

2. **稳定增加收入的产业就业支撑不牢固**。目前迪庆州农业体量小，农产品品种多；特色产业“有特无量”，市场竞争力弱，特色品牌优势不明显。“双绑”利益联结不紧密。龙头企业、合作社实力较弱，带动能力不足，加之自然灾害和市场风险的双重压力，持续增收的压力依然较大。因此建议进一步加大政府的扶持和支持力度，加强风险防控，保证特色产业的健康稳收。

3. **乡村基础设施和公共服务仍然薄弱**。乡村人才结构性短缺的问题仍然十分突出，教育、卫生、文化产业发展急需的高层次人才紧缺，存在“引不进、留不住”的现象。农村防洪排涝设施、生活垃圾处理、污水治理、村庄消防等基础设施薄弱。因此建议加大投入，加强农村教育、卫生、文化等公共服务保障建设，加强和完善乡村水利、道路、能源、网络等配套设施建设工作。

4. **守护高原生态环境任务仍然艰巨**。迪庆州属于“三江并流”世界自然遗产腹心地带，是我国长江、澜沧江上游重要的生态安全屏障，属于生态环境脆弱敏感地区。全州生态保护红线占国土面积的 67.29%，退化草地占可利用草地面积的 70% 以上，水土流失面积占全州国土面积的 16.71%，局部区域水环境总磷和 COD（化学需氧量）超标，纳帕海湿地水质仍存在季节性劣 V 类问题，城镇污水收集处理能力较低等。因此，建议相关政府部门要进一步加强生态文明建设，依据发展实际和国家政策，制定更加切实可行的政策和措施，加大保护力度。

冯智，中国藏学研究中心图书馆副馆长、研究馆员；和春燕，迪庆州藏学研究院高级研究员。

西藏边境旅游目的地建设与铸牢中华民族共同体意识研究*

徐宁　图登克珠

一、问题提出

边境地区往往是毗邻国家之间通过有形或者无形的边界线划分的地理范围。通常情况下，我们到与国际边界有关的地区旅游手续烦琐，Dallen J Timothy（1995）将这一系列烦琐的集合称作是游客对边境作为旅游目的地的感知距离[①]。这种感知距离有正面感知和负面感知，负面感知即边境被认为是旅游者的障碍，这种障碍来自旅游者本身居住地与边境地区的距离感知。传统意义上看，边境本身的功能是限制毗邻国家的民众接触和交往，限制经济社会发展，充当军事防御的工具[②]，充当着抵御外来侵略和不稳定因素的隔离器。无论是战争、政治不稳定、领土冲突、社会和（或）经济冲突，边境是一个敏感的政治话题，是一个国家旅游的终点。正面感知即旅游者对边境地区跨境体验感知，跨越边界（国门）、海关检查等相对自豪且兴奋。由于边境地区边民和跨境民族的不同生活习俗、异域风情的神秘感，丰富多彩的文化，旅游者往往

* 2018 年度国家社科基金项目（项目编号：18BMZ095）、2022 年度“西藏铸牢中华民族共同体意识专项研究”课题一般项目（项目编号：2022-TFSCC-15）、西藏民族大学西藏文化传承发展协同创新中心 2019 年招标课题（项目编号：XT-ZB201911）阶段性成果之一。

① Dallen J Timothy. Political boundaries and tourism: borders as tourist attractions[J]. Tourism Management, 1995, 16（7）：525-532.

② 张广瑞：《边境旅游：国际的实践与经验》，《旅游研究与实践》1996 年第 4 期。

期望到边境地区旅游，感受本国国威、体验异域风情。随着经济社会的发展，尤其是经济一体化和全球化的进程加快，跨境旅游、贸易、文化及人员交流等活动增多，使得毗邻国家之间的交流越来越密切，人们可通过边境口岸，跨越国界进入另一国度，边境又成了旅游活动的重要连接点[①]。因此，从边境地区多元包容的人文文化和社会元素到品质高且集中的自然生态景观，边境地区是“天然的旅游目的地”。笔者曾经撰文[②]指出，对边境旅游目的地的认识需要从边缘到中心思维的转变，这种转变具有偶然性也具有必然性。

在边境地区中华民族共同体意识的研究中，徐黎丽（2018）认为在中国陆路边境地区少数民族或者跨境民族创造出的多元包容文化，构成了中国多元文化的组成部分，多元文化则是中国不同区域民众能够生活下去的精神支柱[③]。罗惠翾（2020）认为边境地区多民族的交往、交流、交融是铸牢中华民族共同体意识的必要保障[④]。徐黎丽等（2021）认为边境区域民众的中华民族共同体意识包括山河恋（界山、界河）、国家情（边境民众祖辈生活之地）、中国心（言行中对国家的态度）、邻国缘（与中国陆地边境相邻的 14 个国家）四个层次的主要内容[⑤]。高永久等（2021）认为边境地区铸牢中华民族共同体意识面临安全、稳定与发展的基本问题，边境地缘区位关系到边防稳固和边境安全，影响着铸牢中华民族共同体意识的国家认同问题；民族文化区位关系到社会稳定和长治久安，影响着铸牢中华民族共同体意识的民族团结问题；牧区经济区位关系到兴边富民和绿色发展，影响着铸牢中华民族共同体意识的共同繁

① 张广瑞：《边境旅游：国际的实践与经验》，《旅游研究与实践》1996 年第 4 期。

② 徐宁、图登克珠：《从边缘到中心：边境与边境旅游目的地探析》，《中国旅游评论》2021 年第 1 期。

③ 徐黎丽、那仁满都呼：《现代国家“边境”的界定》，《中国边疆史地研究》2018 年第 3 期（总第 28 期）。

④ 罗惠翾：《边境地区铸牢中华民族共同体意识的几个关键问题》，《西北民族研究》2020 年第 2 期。

⑤ 徐黎丽、赵海军、马曼丽：《铸牢陆地边境民众中华民族共同体意识初探》，《北方民族大学学报》2021 年第 1 期。

荣问题[①]。祖国的山河湖泊、人民的家国情怀、边境地区的守边卫国精神、异域民族风俗等均可以看作是边境旅游的正面感知内容，也是铸牢中华民族共同体意识的重要内容。

在旅游与共同体建设的研究中，孙九霞等（2019）认为，在旅游发展较为成熟的民族地区，表现出一种既强调构建地理联结又关注文化特性的多主体新型共同体，即后地方共同体[②]。孙九霞认为，构建旅游体验共同体即指将研究视角从关注旅游世界到兼顾日常生活世界，再到旅游世界与日常生活世界的一体化认知。杨宏浩等（2020）认为，构建文旅共同体要强调共同文化[③]的基础和纽带作用，要发挥旅游交流的媒介作用[④]。也有学者认为，在构建区域性共同体时，要认识到旅游的作用[⑤][⑥]，要大力开展旅游外交[⑦]。因此，研究边境旅游目的地与铸牢中华民族共同体意识之间的关系意义深远，价值极高。

二、边境旅游地概念及其含义

（一）边境旅游目的地概念解析

旅游地也称为旅游目的地（Tourism Destination），或旅游胜地。国外对旅游地的研究始于20世纪70年代，我国对旅游地的研究始于20世纪90年

① 高永久、赵子昕：《边境牧区各民族铸牢中华民族共同体意识的问题聚焦与路径优化》，《贵州民族研究》2021年第4期（总第42期）。

② 孙九霞、罗婧瑶：《旅游发展与后地方共同体的构建》，《北方民族大学学报》（哲学社会科学版）2019年第3期。

③ 释意：共同文化是区域凝聚力和区域共同体形成的文化基础，是推动区域一体化和全球一体化的内在动力。

④ 杨宏浩、张红喜：《发展共同文化旅游，缔造东亚文旅共同体》，《旅游学刊》2020年第7期（总第35期）。

⑤ 宋瑞：《构建人类命运共同体旅游可发挥重要作用》，《中国旅游报》2018年第3期。

⑥ 杨劲松：《建设亚太命运共同体旅游将有更大作为》，《中国旅游报》2018年第3期。

⑦ 王洋：《以构建人类命运共同体为指引　大力开展主动旅游外交》，《中国旅游报》2018年第1期。

代，以保继刚等国内学者的研究为先导，旅游地研究逐渐细化。N. Leiper（1979）认为旅游目的地是人们旅行的地方，是人们选择逗留一段时间以体验某些特色、特征或某种感知吸引力[①]。保继刚（1993）认为“一定地理空间上的旅游资源同旅游专用设施、旅游基础设施以及相关的其他条件有机地结合起来，就成为旅游者停留和活动的目的地”[②]。旅游地是一种具有特殊功能的社区，一般在空间上可以分为两个部分：一是旅游活动区，是旅游资源所在区；二是旅游接待区，是旅游服务设施集中区[③]。旅游地根据空间分布又可分为两种类型：一种是以旅游业为主要产业的旅游地，旅游活动区和旅游接待区构成了旅游土地利用的主体；另一种是旅游业只是重要产业之一，其土地利用结构反映这一社区的其他功能[④]。从文化地理学的角度来说，边境旅游地是边境地区空间、地点和景观的有机组合，使得旅游文化和地理从区域性到全球性普遍地联系在一起，因此，边境旅游地应从区域一体化或者全球化的视角去解释，这是重点，也是难点。Roman livandovschi（2017）认为边境地区作为旅游目的地有“边界共享、客源地不同”的特殊特征，边境目的地拥有更丰富的自然条件、历史文化遗产等旅游资源，有些旅游资源可能是双方共有的，因此边境旅游目的地之间的跨界合作是可期的、可持续的旅游集群[⑤]。

罗明义（2010）提出了旅游地是可以跨越国家界线的一种旅游目的地[⑥]。那么对边境旅游地的认识，笔者认为这是一个比较特殊的旅游地域，是在边

① N. Leiper. The framework of Tourism:Towards a Definition of Tourism. Tourist and the Tourist Industry, 1979（04）.

② 保继刚、楚义芳、彭华：《旅游地理学》，高等教育出版社，1993 年。

③ 保继刚、楚义芳、彭华：《旅游地理学》，高等教育出版社，1993 年。

④ 保继刚、楚义芳、彭华：《旅游地理学》，高等教育出版社，1993 年。

⑤ Roman livandovschi. Cross-Border Tourism and its Significance for Tourism Destinations[J]. Eastern European Journal of Regional Studies, 2017, 3（1）.

⑥ 罗明义：《旅游经济分析：理论、方法、案例》，云南大学出版社，2010 年。

境地区特殊的地理空间内，对边境旅游资源进行开发，吸引旅游者驻足游览观光体验或参与旅游活动的目的地。随着旅游活动及其内涵的不断丰富，边境旅游地成为旅游业发展不可忽视的内容，尤其是在中国特色社会主义建设的新时期，在不断满足人们对美好生活向往的同时，更要注重旅游业发展的区域不平衡性和不充分性的问题。虽然边境或边境旅游地受到交通、住宿和其他服务等基础设施薄弱的限制，但从功能上看，边境旅游地形成了旅游活动区和服务接待区的综合体，具备满足游客需求的服务和设施中心，比如说边境城镇、口岸或者边境村落等。

（二）边境旅游目的地划分

边境旅游地即是边境旅游目的地，马茨内特（Matznetter）勾勒了三种边境与旅游景区的类别。戴伦 · J · 蒂莫西（*Dallen J. Timothy*）认为边境与旅游存在三种新关系：1）边境是旅游障碍；2）边境是旅游目的地；3）边境是旅游调节器[①]（详见图 1）。这里就提到了边境是一种旅游目的地，认为不同级别的边境能提供一种独特的人文景观，扮演着旅游吸引物的角色。边境的宽度及其对边境地区的影响也会产生经济、法律和文化上的差异，从而在许多地方演变成重要的吸引物[②][③]。

① Timonthy d j.Tourism and Political Boundaries[M]. New York: the Taylor & Frsncis Group, 2001.

② 陈永涛：《边境与旅游的关系及边境旅游概念分析》，《昆明冶金高等专科学校学报》2013 第 4 期（总第 29 期）。

③ 陈永涛：《边境旅游研究无法绕过的命题——边境旅游资源》，《红河学院学报》2013 年第 3 期（总第 11 期）。

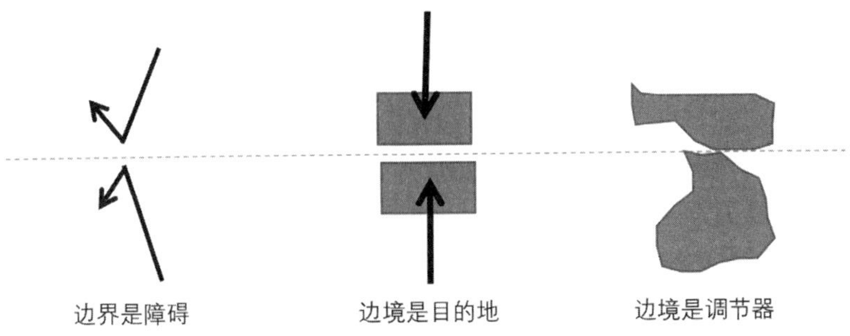

图 1 边境与旅游的三种关系

戴伦 · J · 蒂莫西又在 2016 年提出了边境与旅游目的地的四种新关系：人类流动和跨界旅游发展的障碍、旅游目的地和景点、可改造的边境目的地景观、过境空间或区域的边界（见图 2）。此时，蒂莫西完全将边境地区视为旅游发展的目的地，尤其是从障碍到过境空间的跨越，旅游业在经济社会发展中起着润滑剂的作用，而对边境地区旅游资源的跨境开发成为边境与旅游发展的最高形式。

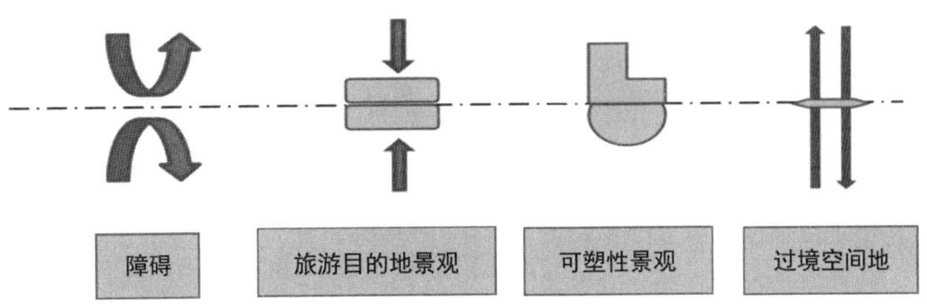

图 2 边界与旅游的四种关系

将边境地区作为旅游目的地，本身就超越了边境地区敏感意识形态的影响或者是毗邻国家之间的关系。边境地区发展旅游是一个组织和引导边民在边境地区行动和行为的过程，旅游运输、旅游行政管理、签证办理、旅游经营者、导游等，都在某种程度上引导边民和游客在边境地区开展合理正常的旅游活动。那么，边境地作为旅游目的地，笔者认为存在三种形式，这三种形式是递进的，也是边境一体化过程中重要的内容。

表 1　边境旅游目的地的三种形式①

名称	内容	旅游形式
各自存在式旅游目的地	各自存在式旅游目的地在于边界双方各自发展各自的旅游业，边界作为一种实际的障碍物，使得边境地区的人民和文化相互分离，至少在形式上是如此。	游客在其边境领土范围内进行旅游观光和体验，由于受到严格的边界管控，游客在本国边境地区游览后再折返回居住地或者其他国内旅游目的地。此时的边境地区是国内旅游目的地建设的一种形式，毗邻国家之间不存在跨境旅游合作。
可跨越的他国旅游目的地	这种形式的边境旅游目的地，在边界线之外，毗邻边界（边境）的地区也可能成为旅游目的地，可感受不受干扰的自然或有趣的异域文化。	这是一种合作中的目的地，双方对边境线路的相互设计，双方均可到各自规划的边境区域进行旅游观光与体验，边民之间社会隔阂和文化隔阂在不断地淡化，国家之间对边境地区管控开始放松，主要表现在往返签证的便利化，双方根据自身的治理情况设计游览路线。这种形式的旅游目的地建设往往会使得边境口岸地区成为跨境旅游的聚集区，带动了边境城镇的发展。边境城镇旅游业、跨境购物、异域餐饮、异域民俗风情演艺、色情业等相对发达。
跨境旅游目的地建设区	这种形式的目的地建设是最理想的状态，毗邻国家商议设定边境旅游合作区和跨境旅游合作区，联合开发边境地区的旅游资源。	这个区域内人们可以自由流动，经济高度发达，旅游基础设施环境优越，免税购物、跨境医疗、度假休闲成为该旅游目的地建设的重要内容，在对方边境地区进行深入体验游，感受异域民俗等。

① 徐宁、图登克珠：《从边缘到中心：边境与边境旅游目的地探析》，《中国旅游评论》2021 年第 1 期。

三、铸牢中华民族共同体意识的边境旅游共同体意识

边境地区是我国铸牢中华民族共同体意识的重要区域，习近平总书记高度重视边疆地区的发展，提出“治国先治边”“加快边疆发展”等系列重要思想。加强边境地区各民族的团结进步，将铸牢中华民族共同体意识作为边疆地区民族工作的主线，对我国全面铸牢中华民族共同体意识具有重要的战略意义。罗惠翾（2020）认为对人和社会的治理是边境治理的重点[①]。杨亚雄（2021）认为边境地区要探索“五位一体”的多元化治理路径，推动铸牢中华民族共同体意识的持续和健康发展[②]。笔者通过在西藏边境地区调研，认为边境地区旅游资源富集且品质高，可以分为边境地区生态文化资源、民俗人文资源、边境口岸资源（详见表2）三类，通过梳理可分为地区域、社会域、生态域三个维度，形成边境地区旅游共同体建设的稳固三角体态模型（详见图3），并成为铸牢中华民族共同体意识的重要组成部分。

表2　西藏边境地区旅游资源分类[③]

资源分类	主要资源
生态文化资源	珠穆朗玛峰、希夏邦马峰、南迦巴瓦峰、冈仁波齐峰、马卡鲁峰、洛子峰、卓奥友峰、纳木那尼峰、珠峰国家公园、希夏邦马峰国家公园、希夏邦马冰川、阿扎千年冰川、卡若冰川、绒布冰川、纳木错、羊卓雍错、玛旁雍错、拉昂错、佩估错、多情错国家湿地公园、易贡国家原始森林、下亚东原始森林、雅鲁藏布江大峡谷、吉普大峡谷、卓木拉日雪山、开热瀑布、象泉河、狮泉河、拉萨河、尼楚河、喜马拉雅“六沟”……

① 罗惠翾：《边境地区铸牢中华民族共同体意识的几个关键问题》，《西北民族研究》2020年第2期。

② 杨亚雄：《铸牢西北边境地区民众中华民族共同体意识的理路思考》，《北方民族大学学报》2021年第6期。

③ 徐宁、图登克珠、蒙媛、卓嘎措姆：《“一带一路”背景下西藏边境旅游扶贫开发思路及模式研究》，《中国藏学》2017年第4期。

续表

资源分类		主要资源
民俗人文资源	历史民俗	拉萨古城、江孜古城、日喀则古城、萨迦古城、罗布林卡、穹隆银城堡、东嘎皮央洞密遗址、贡塘王朝遗址、扎达土林、古格王朝遗址、亚东海关旧址、日土岩画、珠峰登山大本营、马卡鲁峰登山大本营、林芝桃花村落、夏尔巴民俗风情园、达曼村、蕃尼古道、大唐天竺使出铭、吉普园、帕拉庄园……
	寺院古迹	布达拉宫、大昭寺、小昭寺、扎什伦布寺、托林寺、绒布寺、科加寺、曲德寺、噶举寺、卓玛拉康、古如甲寺、尼玛寺、东嘎寺、强巴寺、帕巴寺、萨迦寺、白居寺……
边境口岸资源	口岸资源	樟木口岸、吉隆口岸、亚东口岸、日屋口岸、陈塘口岸、普兰口岸、里孜口岸、中尼友谊桥、热索桥、仁青岗市场、日屋边贸市场……
	山口通道	外通道 312 条，其中常年性通道 44 条，季节性通道 268 条；分布在中尼边境 184 条，中印边境 85 条，中印边境锡金段 8 条，中不边境 18 条，中缅边境 5 条，涉克什米尔地区边境 12 条。

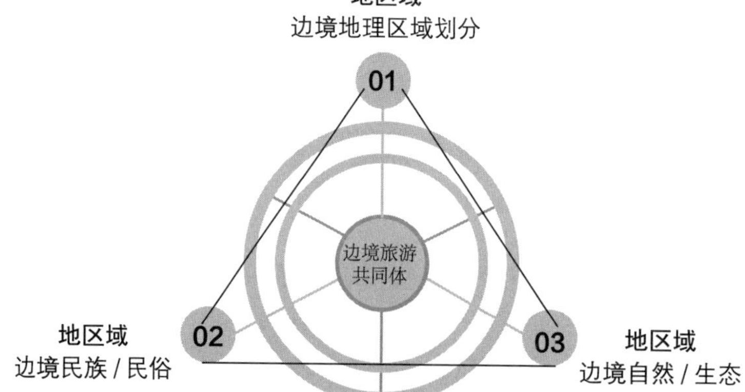

图 3　边境地区旅游共同体建设示意图

（一）地区域视角—边境地理区划

通过区域视角研究边境旅游共同体建设，为铸牢中华民族共同体意识形成了基础地理区位概念。2021 年 10 月 23 日颁布的《中华人民共和国陆地国界法》明确："陆地国界是指划分中华人民共和国与陆地邻国接壤的领陆和内水的界限。陆地国界垂直划分中华人民共和国与陆地邻国的领空和底土。中华人民共和国陆地国界内侧一定范围内的区域为边境。"[①] 徐黎丽（2022）认为边境民众中华民族共同体内容包括个人、社会、国家 3 个层次[②]。笔者认为，讨论边境旅游共同体必须要从边境这个地理视域去看，边境"是人类国家中心与边疆的关系视域中的边境，是不同国家之间相互边疆和边界之间的边境"[③]。那么，边境地理区域如何区划？边境地区是特定的地域空间及氛围空间的高度整合[④]。该区域依托特殊的区位条件，独特的资源基础，以及不同国别的法律政治和经济环境的差异，使得其成为内地难以相竞争的特殊旅游目的地。对于边境地区旅游发展的市场分析，图登克珠、刘雅静（2010）认为传统的边境客源市场是基于边境旅游区的一级客源市场，而边境旅游合作是两国在边境地区进行资源和客源共享的过程，在边境旅游合作区内人力、物力、财力、信息等是互通的[⑤]。根据图登克珠等（2010）对边境地区旅游客源市场的划分，以及对奥斯卡 · J · 马丁内斯（Oscar J. Martinez）的四种边境互动模式和马茨内特（Matznetter）的边境与旅游景区三种不同类别的借鉴，可将边境旅游市场进一步拓展为"三区域、四市场"。根据边境旅游的地理区域以地理空间距离和人文氛围感觉度作为划分指标，"三区域"即指微观边境核心区、中观边境辐射区、宏观边境腹地区三部分；根据三区域和边境外围，我们梳理三区域内的资

① 《中华人民共和国陆地国界法》，新华网，http://www.news.cn/legal/2021-10/23/c_1127988963.htm。

② 徐黎丽、于洁茹：《论铸牢陆地边境民众中华民族共同体意识的内容》，《云南民族大学学报》（哲学社会科学版）2022 年第 2 期（总第 39 期）。

③ 徐黎丽、那仁满都呼：《现代国家"边境"的界定》，《中国边疆史地研究》2018 年第 3 期（总第 28 期）。

④ 陈桂秋：《广西边境旅游的发展和实践研究》，《广西教育学院学报》2004 年第 2 期。

⑤ 图登克珠、刘雅静：《中尼边境负责任旅游合作开发与展望——以西藏日喀则地区樟木镇为例》，《西藏大学学报》（社会科学版）2010 年第 1 期。

源与市场，形成了对应的“四市场”假说，即边境旅游合作市场可分为：一级核心市场、二级辐射市场、三级腹地市场和四级外围或域外市场，相对应的四级市场之内也有相应的共享资源的划分[①]，详见图 4 和表 3。

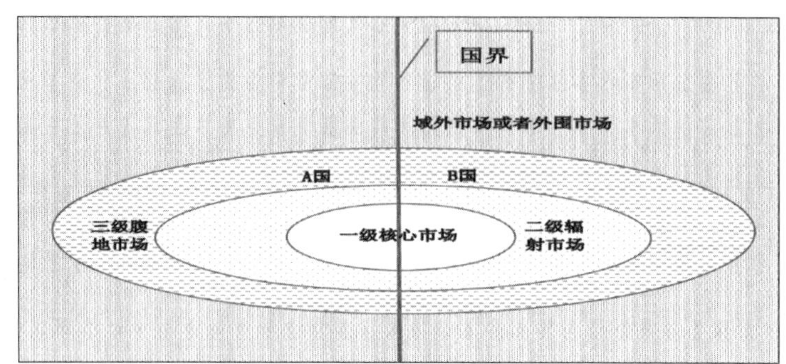

图 4　边境旅游合作市场划分

表 3　边境旅游“三区域、四市场”

边境区域	市场划分	资源划分	范围
微观边境核心区	一级核心市场	一级资源	毗邻国家边境县域区域
中观边境辐射区	二级辐射市场	二级资源	毗邻国家边境市域区域
宏观边境腹地区	三级腹地市场	三级资源	毗邻国家边境省域区域
——	四级域外市场	四级资源	非边境省区或者第三国家

注：边境旅游的地理区域以地理空间距离和人文氛围感觉度作为划分标准

（二）社会域视角—边境民族 / 民俗

边境地区是一个多元民族融合、多元文化交融的特殊地缘区域，边境地区铸牢中华民族共同体意识需要从社会域视角去分析边境民族 / 民俗。王晓艳

① 徐宁:《边境旅游合作模式与路径——以中国西藏与尼泊尔边境为例》，社会科学文献出版社，2021 年。

（2022）认为铸牢中华民族共同体意识需进行的家族历史和族群身份的建构，不仅要有从宏观的自上而下的政策导向思考，更应该要有自下而上地探索各民族自觉推进中华民族共同体建设的内生动力。[①] 根据徐黎丽（2022）对我国边境 99 个口岸地区的田野调查，口岸所在地共有 31 个民族，有 10 类 60 种职业身份[②]。根据表 4 所示，边境地区是我国少数民族聚居的重点区域，西藏和广西少数民族占比已经达到 80% 以上，黑龙江占比最少为 5.59%，其余省区均在 20% 以上。边境地区多元的民族分布，形成了独有的边境民族文化，成为边境旅游目的地建设重要的旅游资源，也成为铸牢中华民族共同体意识的重要内容。依据国家标准《旅游资源分类、调查与评价》（GB/T18972-2003），9 个边境旅游目的地（边境省区）共有人文旅游资源单体 1992 个，占边境地区旅游资源总体的 61.05%[③]。

表 4　2017 年边境地区少数民族人口及占比 [④]

单位：万

边境省区	少数民族人口	年底总人口	少数民族占比
辽宁	39.15	173.45	22.57%
吉林	47.43	193	24.58%
黑龙江	16.4	293.18	5.59%
内蒙古	60.66	184.71	32.84%

① 王晓艳、蒋梅:《跨境民族铸牢中华民族共同体意识的文本叙事——基于滇缅边境龙安村景颇族家谱的解读》,《民族论坛》2022 年第 1 期。

② 徐黎丽、于洁茹:《论铸牢陆地边境民众中华民族共同体意识的内容》,《云南民族大学学报》（哲学社会科学版）2022 年第 2 期。

③ 钟林生、张生瑞、时雨晴、张爱平:《中国陆地边境县域旅游资源特征评价及其开发策略》,《资源科学》2014 年第 6 期。

④ 徐黎丽、于洁茹:《论铸牢陆地边境民众中华民族共同体意识的内容》,《云南民族大学学报》（哲学社会科学版）2022 年第 2 期。

续表

边境省区	少数民族人口	年底总人口	少数民族占比
甘肃	0.51	1.21	42.15%
新疆	381.17	536.58	71.04%
西藏	34.63	39.79	87.03%
广西	217.53	267.67	81.27%
云南	410.73	683.14	60.12%
合计	1208.22	2372.72	50.92%

以西藏边境为例，社会域视角的中华民族共同体意识包括多元的民族结构、多元包容的民族/民俗文化、多元丰富的人文历史资源，这是建设边境旅游目的地的先天条件。2017年10月28日，习近平总书记给西藏隆子县玉麦乡牧民卓嘎、央宗姐妹回信，高度评价她们父女两代接力为国守边的精神，感谢长期为守边固边忠诚奉献的同志，勉励广大牧民群众扎根雪域边陲，守护好国土，建设好家乡。因此，边境地区铸牢中华民族共同体意识要充分利用社会域视角资源，一方面要充分研究口岸资源、国门、界碑、边境经济合作区、边民互市贸易点、友谊村（友谊桥）、传统村寨（建筑）、传统节日（服饰）等，归纳总结新时期边境地区共同体意识的维护祖国边疆领土安全的固边精神、筑路工人开辟新程的筑路兴边精神、边民守护家园国土的爱国守边精神等，有效利用“边界与标志”“边政与外事”“边防与战争”“边贸与物产”“边民与聚落”等丰富边境旅游资源①，赋予新时期“共识/认同”新内涵；另一方面要充分挖掘跨境民族（小少数民族和未识别民族群体）的深厚文化底蕴，门巴族、珞巴族、僜人、夏尔巴人、达曼人等跨境小少数民族和民族群落的团结景象，在边境地

① 李庆雷、杨培韬、娄阳：《边境旅游资源的概念界定与分类框架研究》，《大理大学学报》2017年第3期（总第2期）。

区全面进入小康社会的新时期，通过继续巩固脱贫攻坚成果，积极引导提升跨境民族的自我发展能力，丰富“国家、民族、文化”认同的内涵机理。

（三）生态域视角—边境自然 / 生态

生态域视角的共同体建设是边境地区铸牢中华民族共同体意识的另一层内容。习近平总书记一直十分重视生态环境保护，十八大以来多次对生态文明建设作出重要指示，在不同场合反复强调，“绿水青山就是金山银山”。习近平总书记强调，“良好生态环境是最公平的公共产品，是最普惠的民生福祉”，将生态建设纳入民生福祉，强调生态环境与人民生活息息相关的重要意义。我们边境地区有 12 个国家重点生态功能区，而其中有 4 个生态功能区处于退化状态[①]（详见表 5），生态功能区特殊性表现在大力开发和人类活动对生态的破坏性较大，生态修复难度大，成为我国生态环境保护的重点区域。但近年来，边境地区生态环境面临诸如边境贸易、边境旅游、边境渔猎、排污倾废、界山界水开发利用、蓄意侵权（筑高河岸等）、交通运输、森林火灾、物种入侵、空气污染、沙尘暴以及危险废物跨境转移、珍稀动植物非法贸易等系列问题[②]，严重影响边境地区经济社会发展和边民生产生活。

表 5　边境地区生态功能区表

边境段	重要生态功能区	生态状况
东北边境	长白山森林生态功能区	健康
	三江平原湿地生态功能区	健康
	大小兴安岭森林生态功能区	健康

① 窦红涛、齐亚楠、贾若祥：《支持边境地区加快发展的思路和对策》，《中国发展观察》2020 年第 21 期。

② 林灿铃：《边境地区环境问题的法治之道》，《政法论丛》2017 年第 2 期。

续表

边境段	重要生态功能区	生态状况
北部边境	呼伦贝尔草原草甸生态功能区	健康
	浑善达克沙漠化防治生态功能区	退化
	阴山北麓草原生态功能区	脆弱
西北边境	阿尔泰山地森林草原生态功能区	健康
	塔里木河荒漠化防治生态功能区	退化
西藏边境	藏西北羌塘高原荒漠生态功能区	退化
	藏东南高原边缘森林生态功能区	健康
西南边境	川滇森林及生物多样性生态功能区	健康
	桂黔滇喀斯特石漠化防治生态功能区	退化

边境地区铸牢中华民族共同体意识需要牢固把握生态建设的思想基础。党的十八大以来，以习近平同志为核心的党中央高度重视生态文明建设，广大干部群众切实把思想和行动统一到生态建设的决策部署上来，自觉主动地贯彻落实生态文明理念。如表 5 所示，在我国边境地区 12 个生态功能区中，4 个功能区退化，1 个功能区脆弱，生态退化率达 33%。边境地区环境问题很多而且日趋严重，生态环境保护迫在眉睫。因此，边境旅游目的地建设需要注重生态文明建设铸牢中华民族共同体意识，在边境旅游目的地建设过程中要注重人居环境的保护和改善，一方面要结合边境民族的传统生态消费观①，加强生态文明理念认同，严守生态功能区红线，做好边境地区生态环境的保护工作，改善边民居住的自然环境；另一方面要加强边境地区生态保护的技术支持，进一步做好生态文明创建工作，广大边境地区群众干部要深入践行绿水青山就是金山银山

① 徐宁、马会参：《初析西藏生态文明建设中的生态消费理念》，《劳动保障世界》2016 年第 26 期。

的理念，实行最严格的生态环境保护制度和美丽边境小康村的创建制度，加大边境地区财政资金投入并灵活利用中央财政转移支付政策，实现巩固拓展脱贫攻坚成果同美丽边境小康村有效衔接，通过环境保护来提升边境地区高质量发展的动力和后发优势，改善边民生产生活环境。

徐宁，博士后，延安大学经济与管理学院讲师；图登克珠，西藏大学科研处处长，西藏经济文化研究中心主任，教授。

第二部分

产业振兴

以县城为依托助推西藏边境地区乡村振兴研究

狄方耀

一、西藏边境地区县城的基本状况与特点

（一）基本状况

西藏位于我国西南边疆，自东向西分别与缅甸、印度、不丹、尼泊尔等国及克什米尔地区接壤，约占我国陆地相邻国家数量的1/4；边境线长约4000公里，占我国陆地边境线总长度的1/5。在西藏7个地市的74个县（区）中就有5个地市的21个县、200多个乡镇、600多个行政村位于边境地区，边境地区的总面积达39万多平方公里，约为西藏总面积的1/3①。

从以上情况可以看出，位于约4000公里边境线以内的21个县的土地，从边境线算起平均宽度不足100公里，这个狭长地带我们可以将其称为“边境地带”。

（二）西藏边境地区县城的主要特点

根据以上所阐述的西藏边境县基本状况，并将这21个县的县城与西藏腹心地区的县城相比，这些边境县城具有以下8个方面的鲜明特点。

1. 地理与生态环境特殊性

西藏边境地区的县城，基本上是沿着喜马拉雅山脉走向而分布的，是世界

① 这是调研人员对21个边境县面积进行简单加总得出的。

上地理条件最为复杂的地区。主要情况如下：

首先，气候多样。西藏边境地带几乎集中了全球最为典型的多样性气候条件。该地区居民生产生活的海拔从 1000 米以下的墨脱县，到海拔 5000 米左右的定日、定结、岗巴、仲巴、日土等县，地球上几乎所有的气候类型（条件）——热带、亚热带、温带、寒带、干旱等，都能够在这里找到。

其次，地质复杂。喜马拉雅山脉地区地质条件多样，自然灾害频发（地震、雪崩、暴雨、洪涝、泥石流等），对县城的经济社会发展经常带来无法预计的影响。

最后，生物多样。由于低纬度、气候多样、地质条件复杂等因素，西藏边境地区的县城具有多样性的生态环境，生物呈现出多样性、独特性和珍贵性。正因为如此，这里基本上都处于国家划定的各类自然保护区范围之内，是中央确定的“国家重要的生态安全屏障”有机组成部分，承担着极其重要的生态保护战略任务。

2. 人口城镇化进程缓慢性

由于历史、客观自然条件和周边国家政治环境等多重因素的综合影响，西藏边境地区经济社会发展相对滞后，城镇化或城市化、现代化进程缓慢。具体情况是，西藏的边境县城要么处在喜马拉雅山谷地带，要么处在海拔较高的草原地区，交通与物流非常困难，使得各个村庄之间以及乡村地区与外界的联系极不方便，运输成本很高，经济与社会活动的内容和空间有限，经济与社会效益比较差，县城人口聚集的规模及城镇化率都是比较低的，因而导致该地带县城经济社会发展水平相对于西藏腹心地区的县城而言低一些。比如，2021 年全国所有县平均城镇化率为 30%，西藏 21 个边境线的城镇化率仅仅为 22.54%。

3. 民族文化多样性

根据我们对 2020 年末相关人口统计资料的简单加总，可知西藏边境地区

21 个县居住着约 48 万人口，占西藏总人口的近 1/7。这些人口中除藏族和纳西族之外，我国的较少民族——门巴族、珞巴族，以及夏尔巴人、僜人、达曼人等，以及西藏的 9 个民族乡，都位于边境地区，而县城就汇聚了该县多样性的民族成分，意味着县城具有民族文化的多样性。这种情况为铸牢中华民族共同体意识提供了极其丰富的文化元素和支撑，也为乡村振兴过程中繁荣和传承民族文化、发展旅游文化产业提供了条件和抓手。

4. 交通物流枢纽性

枢纽性，是指西藏边境地区县城处于中国与南亚地区经贸合作与旅游文化交流的重要通道位置。西藏地区的边境线长、接壤国家多，从古至今形成了众多对外经贸和文化交流的通道与口岸。截至 2021 年末，西藏边境地带拥有 3 个国际性口岸（吉隆口岸、普兰口岸、樟木口岸），3 个双边性口岸（亚东口岸、日屋—陈塘口岸、里孜口岸）。有些口岸（或边境贸易市场）就在县城（比如普兰口岸、亚东口岸）或县城附近（比如日屋口岸、樟木口岸、吉隆口岸）等。这些条件为西藏与周边国家进行经贸合作与旅游文化交流奠定了良好基础，当然也为这一地带的居民群众提供了珍贵的发展机遇。尤其是中国政府提出“一带一路”合作倡议以后，在国家的大力支持下，随着“孟中印缅经济走廊”和“环喜马拉雅经济合作带”的持续推进，以边境县城为龙头和重要节点的西藏与周边国家经济合作与旅游文化交流势头良好。

5. 空间分布稀疏性

由前面所讲的地理、生态环境及特殊历史因素等影响，导致了西藏边境地区的各个县城之间及各个县城与地区主要城市之间的空间距离比较大（见表 1），相互之间联系所花费的时间、精力、成本都比较大。

表 1　相关县城与日喀则市城区计表距离

单位：公里

县城名称	康马	亚东	岗巴	萨迦	定结
距离	138	303	163	147	230
县城名称	定日	聂拉木	吉隆	萨嘎	仲巴
距离	237	441	490	448	614
平均距离					
321					

6. 商品与物资集散性

西藏边境地区的许多县城兼有国内贸易和国际贸易的双重功能，既是我国与周边国家进行商品贸易交流的重要集散地、人文交流的重要通道，也是县城与周边乡村进行工业品下乡、农副产品进城的集散地和周转站，更是县域内乡村居民群众进城从事购物和销售农副产品的重要场所或唯一目的地。

7. 国土前沿门户性

通过我们获得的相关资料显示，西藏边境地区的 21 个县城，距边境线的平均距离只有 65 公里，其中距边境线最近的只有一二十公里。比如，聂拉木县城距中尼边境线 10 公里、亚东县城距中印边境线 11 公里、察隅县城距中缅边境线 16 公里、普兰县城距中尼和中印边境线 25 公里等。这种紧邻边境线的特殊情况，使这些县城具有中华人民共和国国土门户性的重要特点，是守护国土、巩固边疆的重要前沿要地。以下是我们对西藏 21 个边境县城距边境线距离的统计（见表 2）。

表 2　西藏边境地区县城距边境线距离（直线距离）

单位：公里

边境县名称	县政府驻地距边境最短直线距离
察隅	16（中缅）、103（中印）
墨脱	124（中印）
米林	166（中印）
隆子	162（中印）
错那	36（中不）、128（中印）
洛扎	39（中不）
浪卡子	96（中不）
康马	37（中不）
亚东	11（中印）、18（中不）
岗巴	21（中印）
萨迦	148（中尼）
定结	47（中尼）
定日	74（中尼）
聂拉木	10（中尼）
吉隆	26（中尼）
萨嘎	73（中尼）
仲巴	50（中尼）
普兰	25（中印尼）
札达	57（中印）
噶尔	75（中印）
日土	72（中印）
平均距离	65

说明：

1. 边境地形复杂，道路崎岖，出山口较多，故表中的数据为边境县政府驻地到最近边境直线距离，测量软件为百度地图；

2. 平均距离 =21 边境县到最近边境直线距离之和 /21；若某一地存在多个相邻国家，则选取最短边境距离计算。

8. 战略地位重要性

西藏是我国西南边疆的重要门户，战略地位十分重要。南亚地区 8 个国家中，就有印度、尼泊尔、不丹及克什米尔地区和东南亚地区的缅甸与西藏毗连。目前，这些国家和地区的政治环境极其复杂且敏感，经常性地影响到我国西南边境稳定和国防安全。尤其是，中国与印度的关系就是当今国际社会比较重要的双边关系，同时又是比较敏感、比较复杂的双边关系。比如，2017 年、2020 年中印两国边防军队分别在边境地带发生了严重的军事对峙事件，在一定程度上影响到了西藏边境地区县城各族居民正常的生产与生活。

目前，不丹是唯一没有与我国建立外交关系的周边国家，而且两国之间也存在部分领土及边界争议的问题。

以上情况必然使西藏的边境地区在国家安全与边防巩固战略中具有极其重要的地位。比如，邓小平同志非常重视西藏的战略地位，他认为“西藏地处我国的西南边疆，战略地位十分重要”。以习近平同志为核心的党中央根据国内外形势的新变化，统筹谋划西藏的发展稳定大局，科学总结我党治理西藏几十年的经验，对西藏工作作出过一系列重要指示。2013 年 3 月，习近平总书记在参加十二届全国人大一次会议西藏代表团审议时，提出了“治国必治边、治边先稳藏”的重要思想，在我党的历史上第一次深刻、透彻、全面地阐明了治国、治边与稳藏的内在关系。2020 年 8 月，习近平总书记在中央召开的第七次西藏工作座谈会上发表讲话时强调指出：“确保边防巩固和边境安全。”

以上是我们对西藏边境地区县城归纳出来的 8 个具体特点，这既是与西藏腹心县城相比而体现出来的个性特征，更是与全国一般县城相比具有的鲜明特殊性。

二、充分发挥西藏边境县城对推进乡村振兴的积极作用

从以上西藏边境地区县城的特点及其所具有的功能出发，充分发挥其对本

县域乡村振兴的重要积极作用。

（一）充分发挥县城对乡村振兴的人才培养与集聚作用

由以上特点所决定，西藏边境地区的县城基本上就只有一所中学（大多是初级中学，个别的县城有高级中学）。所以，县城就成为当地民众子女就学的唯一选择。除此之外，各县举行的一些有关农牧民技术培训、文化提升等活动，基本上都是在县城进行的。由以上情况看，县城发挥着为乡村培养人才的重要作用。

另外，随着我国城镇化进程的推进，西藏边境县城所具有的一些特殊性、相对发达和完善的社会条件（教育、医疗、商业、服务等公共设施相对较好），以及县城距离地区中心城市空间距离较远等客观现实，县域内乡村人口今后的流向，肯定会有很大的比例是向县城集聚，这是必然的趋势。西藏《十四五规划》就有这样的相关内容：区域经济布局更加优化，核心增长及带动能力显著增强，新型城镇化水平进一步提高，人口和各类要素持续向交通便利、气候适宜、基础较好的河谷地带和城镇集聚，边境地区人口持续增加，城镇化率达到40% 以上，每个地（市）建成一个特色核心园区，县域经济实力明显提高，城乡融合发展体制机制初步建立，农村产权保护交易制度框架基本形成，乡村振兴取得阶段性成果。

（二）充分发挥县城对乡村振兴的商品与物资集散作用

2018 年中央在《关于实施乡村振兴战略的意见》中指出："乡村振兴，产业兴旺是重点。"市场经济条件下的农村产业发展、产业兴旺，其中的重要含义就是乡村要为城镇及外部市场生产出更多、更好的商品（农牧产品）。乡村产品的首选输出地就是县城，并以此为集结地和中转站再走向外部市场（包括国外市场）。由前面第六个特点所决定，县城是城乡结合部，是县城与外部商品及物资集散的重要大平台，是县域内农副产品集散地，也是工业品和服务下乡的重要中转站和原发地。所以，边境地区县城就要发挥县域内农副产品集散地和中转站、工业产品下乡等重要作用。

（三）充分发挥县城对乡村振兴的物流与交通枢纽作用

西藏边境地区的乡村由地理环境所决定，生产生活条件具有明显的地域封闭、交通不便等情况。乡村与外部的交通与物流往往只能与县城对接。对此，在该地区今后的乡村振兴过程中，充分发挥县城的交通与物流枢纽作用就显得尤为重要。

（四）充分发挥县城对乡村振兴的金融支持作用

由于特殊的地理环境、人口聚集规模、交通与物流便利程度和经济社会发展状况等因素，西藏边境地区的乡镇大多都没有设置常规的金融机构，在县域范围内为数不多的常规金融机构只能设在县城（农村信用社等）。故此，县城就必然要肩负起为乡村振兴提供金融服务并发挥支持作用。

（五）充分发挥县城对乡村振兴的民族文化保护与引领作用

如前面的第三个特点所反映的，边境县是西藏地区内较少民族集中居住地，这些人口较少的少数民族或人群（夏尔巴人、僜人等），都具有各自的特色文化。由于县城的特殊地位和功能，县城所拥有的图书馆、文化馆、群众艺术馆、展览馆及各类的文艺表演活动等场所，天然的就具有传承和发展民族特色文化的重要作用，同时也具有向乡村传播社会主义先进文化的重要职责。

（六）充分发挥县城对乡村特色经济发展的引导与调节作用

西藏《十四五规划》指出：以规划建设边境特色产业带为抓手，依托边境地区特色资源，构建以沟域生态经济区、河谷流域经济走廊、农牧产品生产加工基地、全国旅游重点村为重点的边境产业发展格局。坚持市场导向，发挥资源优势，支持边境乡（镇）积极发展高原特色农畜林产业、绿色生态、旅游文化、民族手工制作等特色产业。位于西藏边境地区的乡村，虽然在地理环境、交通与物流、公共基础设施等方面具有不利于经济发展的情况，但是，每一个县域内的乡村都拥有只属于自己的特色资源，为发展相关特色产业——特色种植业、特色养殖业、特色民族文化产业、特色手工业、边境贸易、边境及乡村旅游业观光业等奠定了坚实基础。要推动这些产业的发展，县城具有提供餐饮与住宿、交通与物流、仓储与商品流通等方面的平台作用，以及市场引导、价格调节和技术指导等作用。

（七）充分发挥县城对乡村振兴的生态文明建设示范作用

在前面阐述了西藏边境县城具有生态多样性的特点，由此也肩负着“国家重要的生态安全屏障”的重要战略任务。习近平总书记在第七次西藏工作座谈会上指出：“守护好高原的生灵草木、万水千山，把青藏高原打造成为全国乃至国际生态文明高地。”2021 年 7 月，习近平总书记在庆祝西藏和平解放 70 周年之际到西藏考察调研时强调：加强边境地区建设，抓好稳定、发展、生态、强边四件大事。由于县城所拥有的社会环境、经济条件、基础设施、人力资源、政治资源及行政执行能力等方面均优于乡村，这是县城天然所具有的辐射与带动功能。为此，必然要求县城在生态环境保护和生态文明建设过程中，为乡村起到积极的示范与引领作用。

（八）充分发挥县城对乡村振兴的安全护卫作用

在 2020 年 8 月下旬召开的第七次西藏工作座谈会上，习近平总书记郑重地向世人提出了中国共产党新时期的治藏方略，并强调要确保祖国西南边疆的

“边防巩固和边境安全”。在县域范围内，县级党委与政府的各职能部门及武装警察机构等都设在县城，这对处于边境地带的乡村会发挥极其重要的安全护卫作用，能够确保县域乡村民众正常的生产与生活，为乡村振兴保驾护航。

2022 年 5 月 6 日，中共中央办公厅、国务院办公厅出台《关于推进以县城为重要载体的城镇化建设的意见》，聚焦县域主城区，将中国县城分为重点生态功能区县城等五大类。本文结合西藏边境地区县城的实际情况，集中探讨了边境县城所具有的鲜明特点，并在此基础上简要阐述了县城对于乡村振兴所具有的 8 个方面的重要作用。

狄方耀，西藏民族大学南亚研究中心教授，博士生导师。

西藏新发展格局下县域经济协调发展分析*

丁赛　王鑫淼

一、引言

县域是乡村振兴、城镇化和城乡融合发展的着力点和关键。县城作为乡村与城市的联结与过渡空间，兼具乡村与城市的生产、生活、文化特点且与其相互影响、相互交融。大中城市带动乡村发展和特色小镇建设都离不开县域、县城的发展。2019 年，我国县级行政区（港澳台、市辖区和林区除外）创造了约占全国 35% 的生产总值，县域范围零售商品总额占全国比重也超过了 50%，集中了全国大部分的购买力[①]。从全国而言，2010—2019 年，受城镇化和撤县设区等影响，县域人口密度下滑，县域总人口从 7.21 亿人逐步减少到 6.86 亿人；与此同时，县城人口占县域总人口比重从 2010 年的 19.24% 稳步提高至 23.13%[②]。在全面推进乡村振兴的进程中，特别是推动城乡融合发展体制机制的完善离不开县域经济的协调发展。目前县域经济社会发展的总体水平与城市的差距，以及不同县域之间发展的不平衡问题依然明显，在当前全国经济下行压力加大的背景下如何提振县域经济受到了广泛关注。

2020 年西藏自治区城镇人口比重是 35.73%，远低于全国 63.89% 的平均水

* 本文是中国社会科学院重大科研规划项目《铸牢中华民族共同体意识重大问题研究》（2020ZDGH017）的阶段性成果。

① 郭爱君：《“双循环”格局下县域经济发展的新思路》，《人民论坛 · 特别策划》2021 年第 2 期。

② 苏红键：《推进高质量县域城镇化重在增强“四力”》，《领导参阅》2021 年第 34 期。

平[①]；相应的县域城镇人口占比更低。在西藏自治区十四五规划中明确提出，形成“一核一圈两带三区发展新格局”；推进大县城和边疆明珠小镇建设工程。十四五末城镇化率达到40%以上，县域经济实力明显提高。在此目标下，分析西藏县域经济发展现状、研判未来全区县域的协调均衡发展更具有现实意义。

近年来，围绕西藏县域经济发展的研究成果不断涌现，并主要从县域经济发展水平、存在问题和挑战以及新时代新发展格局下的新思路等方面展开。陆志伟等（2018）以孟中印缅经济走廊为背景，分析了日喀则市边境9个县的县域经济发展水平低于非边境县，存在产业结构趋于优化但任务艰巨，发展缺乏动力，财政问题突出，人力资源不能满足当前边境地区经济建设需求，基础设施建设滞后五大问题，并提出了相应的对策建议[②]。卜洁文等（2021）基于西藏2001—2017年6个地级市和1个地区共计73个县的县域面板数据，考察了干部援助、转移支付援助和金融优惠援助这三种援藏政策对西藏各县社会经济发展的影响。主要结论为：各县援藏干部人数增加可以显著提高县域经济水平、消费水平和收入增速，转移支付金额增加可以显著提高县域经济水平和就业水平，金融优惠援助金额增加可以显著提高县域经济水平和医疗水平[③]。其另一篇围绕西藏县域综合实力的研究，通过构建综合经济实力指标体系，计算了各县综合实力，发现西藏自治区各县域之间综合实力差距较大，地区发展不平衡较为明显，西藏县域2000—2017年持续表现出高—高聚集和低—低聚集的二元分布特征[④]。除此之外，也有学者对西藏边境县扶贫攻坚中贫困群体的结构性特征、经济生活状况进行了分析，并探

① 国家统计局：《中国统计年鉴2021》，中国统计出版社，2021年。

② 陆志伟、林圆圆：《孟中印缅经济走廊建设背景下西藏边境县域经济发展研究——以日喀则边境9县为例》，《时代农机》2018年第6期。

③ 卜洁文、汤龙：《援藏政策对西藏县域社会经济发展的影响研究》，《西藏民族大学学部（哲学社会科学版）》2021年第4期。

④ 卜洁文：《西藏县域综合经济实力变化与政策思路探析》，《经济地理》2021年第4期。

讨了西藏县域生态经济可持续发展的路径[①]。

与上述研究成果相比，本文主要聚焦于西藏自治区县域，将各市下辖区剔除后，基于2013—2019年西藏66个县的人均GDP和各县一般公共预算收支数据，分析探讨农业县、牧业县、半农半牧县、粮食基地县、边境县、一江两河县共6大类型和7个地级市县域的经济发展现状、财政收支水平，并分析县域经济发展的不均衡程度，最后给出相应的政策建议。

二、西藏不同类型和不同地区县域的经济发展

伴随着我国城镇化进程加快，有序撤县设市对于推进城镇化持续健康发展具有重要意义。党的十八届三中全会将具备行政区划调整条件的县有序改市，作为全面深化改革的重要任务；"十三五"规划纲要中明确提出以提升质量、增加数量为方向，加快发展中小城市，符合条件的县和特大镇可有序改市的目标任务，将培育形成一批功能完善、特色鲜明的新生中小城市作为新型城镇化建设重大工程之一[②]。西藏自治区撤地设市、撤县建市进程也在2014年后明显加快，将撤县（市）设区作为中心城市扩容的主要途径。2014—2017年，林芝市的林芝县、山南市的乃东县、那曲市的那曲县、昌都市的昌都县分别被改为了巴宜区、乃东区、色尼区和卡若区；日喀则市辖区当时为县级日喀则市，现为桑珠孜区；拉萨市的堆龙德庆县改区，达孜县改区[③]。撤县设区不是简单的行政区划变化，而是区域经济发展达到一定程度的必然结果。因此，为了便于更科学地比较不同县域的发展水平，上述区域未包括在县域分析范围之内。

西藏自治区2021年的行政区划共分为7个地级市，下辖8个市辖区，66

① 旦正才旦：《西藏边境县域贫困群体结构性特征及其经济生活状况调查》，《中国藏学》2020年第1期；马鸿譞：《西藏县域生态经济可持续发展状况评价指标体系构建——以西藏日喀则市昂仁县为例》，《西藏民族大学学报（哲学社会科学版）》2019年第5期。

②《民政部有关司局负责同志就撤县设市答记者问》，《中国社会报》2017年5月17日。

③ 摘自西藏自治区发改委相关资料。

个县。全区县域具体包括农业县29个，牧业县14个，半农半牧县23个。其中边境县21个，“一江两河”开发县13个；粮食基地县11个，其中含农业县10个，半农半牧县1个。西藏2010年至2018年人口增加了10.18%，其中66个县域人口从2010年的218.41万人增至2018年的254.76万人，人口增长16.64%，明显高于全区平均水平，占比从2010年的72.75%小幅升至2018年的74.1%[①]，说明县域是西藏全区人口分布最集中、增长最快的区域。西藏自治区2022年政府报告中强调要加快县域经济发展，促进城乡融合、区域联动。

本文对西藏2021年行政区划中66个县域经济的分析，将聚焦于2013年至2019年，其原因一是十八大后西藏经济社会发展进入了快车道，二是西藏各县生产总值统计数据均是从2013年开始公布，更便于比较分析。此外，本文选择人均生产总值而非生产总值作为分析西藏自治区县域经济状况的指标，也是由于西藏人口规模小，不同县域的人口规模不同，人均生产总值更能体现实际经济状况，也便于横向和纵向比较。因个别县域相关年份的统计数据缺失，为便于比较，缺失数据的县域不包括在分析范围内。

表1　西藏自治区2013—2019年不同类型和地区县域人均GDP与全区人均GDP的比较

单位：%

	2013年	2014年	2015年	2016年	2017年	2018年	2019年	2013—2019年均值	样本量
西藏自治区	100	100	100	100	100	100	100		
全区县域	64.08	64.3	60.34	60.8	62.88	60.9	61.22	62.07	64
不同类型县域									
农业县	71.5	73.22	69.64	70.97	71.76	70.64	71.11	71.26	29

① 根据历年《西藏统计年鉴》相关数据计算。

续表

	2013年	2014年	2015年	2016年	2017年	2018年	2019年	2013—2019年均值	样本量
牧业县	54.27	54.2	54	54.43	55.45	52.97	53.98	54.19	12
半农半牧县	58.95	57.32	51.31	50.78	54.95	52.33	52.15	53.97	23
粮食基地县	70.99	72.28	68.16	68.84	69.09	69.37	69.16	69.70	9
边境县	72.99	73.18	69.64	71.89	77.02	73.96	75.98	73.52	20
"一江两河"开发县	74.2	76.58	68.02	71.71	72.07	71.02	64.7	71.19	13
不同地区县域									
拉萨市	102.19	105.47	88.64	90.96	93.13	92.41	70.7	91.93	5
日喀则市	53.64	54.01	51.56	53.74	55.07	52.45	51.83	53.19	16
昌都市	52.76	51.28	47.42	44.96	47.7	46.67	48.31	48.44	10
林芝市	115.3	115.53	117.2	116.2	119.3	117.6	124.3	117.9	6
山南市	77.49	81.31	76.67	82.16	86.32	85.26	94.51	83.39	11
那曲市	46.06	44.1	42.82	42.53	42.94	40.86	43.91	43.32	9
阿里地区	63.49	63.96	62.18	61.07	62.44	58.79	63.82	62.25	7

注：根据历年《西藏统计年鉴》和历年《中国县域统计年鉴》相关数据计算。

根据上表中数据显示，2013—2019年西藏自治区66个县中除日喀则市的萨嘎县和那曲市的双湖县因个别年份统计数据不全故而剔除外，余下的64个县有完整统计数据作为分析对象。64个县的人均GDP与全区人均GDP相比，从64%波动下滑至61.22%，表明县域人均GDP同全区人均GDP的差距小幅扩大。在农业县、牧业县和半农半牧县三类县域中，农业县的人均GDP显著高于牧业县和半农半牧县；2013—2019年，农业县和牧业县的人均GDP和全区平均水平相比小幅波动但总体变化不大。半农半牧县的人均GDP与全区的比值2019年较2013年下降了近7个百分点。"一江两河"开发县该比值下降幅度是6种县域中下降程度最大的，约9个百分点。粮食基地县该比值窄幅波动；边境县的人均GDP与全区平均水平相比波动上升，虽然只上升了3个百分点但却是6类不同的县域中唯一增长的县域。

在7个不同地区中，林芝市下属的6个县域在2013—2019年人均GDP始终超过了全区人均GDP，山南市下属县域的人均GDP水平与全区人均GDP差距逐渐缩小。拉萨市的5个县人均GDP与全区人均GDP相比，从超出到低于，两者差距变化较大，尤其是2019年变化显著，2019年同2013年相比下降了29个百分点；日喀则市、昌都市、那曲市的县域都是小幅波动中略有下降；阿里地区7个县域在2013—2019年虽有波动但基本保持平稳。

表2　西藏自治区2013—2019年不同类型和地区县域人均GDP的年增速

（上年=100）单位：%

	2014年	2015年	2016年	2017年	2018年	2019年	2013—2019年增长幅度	样本量
西藏自治区	9.0	8.8	7.6	7.0	6.7	6.2	60.47	
全区县域	8.92	0.09	8.09	13.83	7.14	5.94	51.86	64
不同类型县域								
农业县	11.17	1.44	9.32	11.29	8.90	6.09	58.09	29
牧业县	8.40	6.27	8.12	12.12	5.67	7.41	58.10	12
半农半牧县	5.55	−4.53	6.15	19.12	5.33	5.01	40.60	23
粮食基地县	10.52	0.57	8.33	10.47	11.06	5.07	54.85	9
边境县	8.83	1.50	10.72	17.92	6.23	8.27	65.46	20
“一江两河”开发县	12.04	−5.27	13.08	10.63	9.00	−3.99	38.61	13
不同地区县域								
拉萨市	12.03	−10.36	10.07	12.69	9.76	−19.37	9.97	5
日喀则市	9.29	1.81	11.80	12.80	5.36	4.13	53.58	16

续表

	2014 年	2015 年	2016 年	2017 年	2018 年	2019 年	2013—2019 年增长幅度	样本量
昌都市	5.50	-1.37	1.70	16.78	8.21	9.10	45.54	10
林芝市	8.77	8.22	6.29	13.06	9.00	11.42	71.37	6
山南市	13.90	0.57	14.94	15.65	9.26	16.81	93.86	11
那曲市	9.70	3.57	6.53	11.13	5.27	13.25	51.51	9
阿里地区	9.35	3.69	5.36	12.53	4.15	14.40	59.78	7

注：根据历年《西藏统计年鉴》和历年《中国县域统计年鉴》相关数据计算，表中增速计算已用历年西藏居民消费价格指数进行了调整。

上表中 2013—2019 年西藏全区县域人均 GDP 的增长速度相对于全区人均 GDP 的平稳增速，呈现了明显的起伏变化的下降趋势。在 6 种不同类型的县域和七个市或地区的下属县中也表现出同样的态势。波动最为强烈的时间点为 2015、2017 和 2019 年；此外，增速出现负值的有半农半牧县、“一江两河”开发县和拉萨市、昌都市的县域。2013—2019 年扣除物价因素后的实际增幅，西藏自治区人均 GDP 增幅为 60.47%，全区县域人均 GDP 增幅低于全区人均 GDP 增幅近 8 个百分点。在 6 种不同类型县域中，超过全区人均 GDP 增幅的只有边境县；“一江两河”开发县的增幅最小，低于全区增幅近 22 个百分点；其次是半农半牧县，与全区增长水平相差 20 个百分点；农业县、牧业县和粮食基地县低于全区增长幅度在 5 个百分点之内。在 7 个不同区域中，山南市和林芝市下属的县域增幅都远超全区增幅 33 个百分点和近 21 个百分点；而拉萨市所属县域的增长幅度不到 10 个百分点，是 7 个区域中与全区增幅差距最大的。日喀则市、昌都市、那曲市和阿里地区所辖县域在 2013—2019 年增幅也均低于全区增幅。

从各地区的县域经济发展看，林芝市下属县域因经济起点高，近年来文旅产业发展迅猛，其经济发展表现出整体高位、快速增长的态势。拉萨作为西藏的发展中心，整个拉萨市的人均 GDP 无论是绝对值还是与全区人均市 GDP 的相对值都明显超出，是 7 个市地中最高的。2013 年，拉萨全市人均 GDP 为 49807 元，是全区人均 GDP 的 1.9 倍，2019 年该相对值下降为 1.55 倍[①]。考虑到拉萨市县域人均 GDP 增幅下降程度，说明拉萨市区的经济发展动力增强，其引领能力持续提升，但县域经济水平却表现出下滑态势。同时也证实了十三五时期，西藏自治区重点推进的拉萨山南经济一体化工作，在山南下辖县域层面的确起到了很大的促进发展作用。

总体上，西藏自治区县域经济发展水平较低，还有待提升，是当前县域经济高质量发展亟待解决的问题。

三、西藏自治区不同类型和不同地区县域财政收支

西藏自治区曾是全国唯一的集高寒、边疆、少数民族和省级集中连片特殊贫困地区于一体的省份，也曾是国家层面唯一被整体划为深度贫困的省份[②]。中央财政支持和对口支援是西藏完成脱贫攻坚和建成全面小康社会的重要支撑。我国在特定历史时期针对不发达地区、重大工程建设移民、受灾地区的发展而建立起来的对口援助，是中国特色社会主义的一种实践[③]，这一方式有利于控制和缩小地区发展差距，实现区域协调发展、民族团结和边疆稳定[④]。20 世纪 80 年代至今，中央财政对西藏的转移支付和全国对西藏的援助已成为长期政策措施。根据统计数据计算，1992—2019 年国家财政补助收入占西藏一般预算财

① 根据历年《西藏统计年鉴》相关数据计算。

② 王延中主编：《民族发展蓝皮书——中国民族发展报告（2020）民族地区决胜全面小康》，社会科学文献出版社，2020 年。

③ 胡茂成：《中国特色对口支援体制实践与探索》，人民出版社，2014 年。

④ 任维德：《中国区域治理研究报告 2017：对口支援政策》，中国社会科学出版社，2018 年。

政支出的比例均值为 91.7%[①]。习近平总书记在中央第七次西藏工作座谈会上强调，中央支持西藏、全国支援西藏，是党中央的一贯政策，必须长期坚持，认真总结经验，开创援藏工作新局面[②]。

财政收支包括一般公共预算收支、政府性基金收支和国有资本经营收支三个方面。一般公共预算是以税收为主体的财政收入，安排用于保障和改善民生、推动经济社会发展、维护国家安全、维持国家机构正常运转等方面的收支预算。由于只能获得西藏自治区县域一般公共预算收支数据，故以此分析县域的财政收支状况。

表 3　不同类型和地区一般公共预算收入占一般公共预算支出的比例[③]

单位：%

	2013 年	2014 年	2015 年	2016 年	2017 年	2018 年	2019 年	2013—2019 年均值	样本量
西藏自治区	9.37	10.48	9.93	9.82	11.05	11.69	10.15	10.36	
全区县域	9.08	11.20	6.63	5.50	7.74	12.18	6.10	8.35	56
不同类型县域									
农业县	10.11	10.00	7.57	5.84	8.94	16.49	7.64	9.51	26
牧业县	7.71	8.44	5.08	4.81	6.36	6.68	4.91	6.28	12
半农半牧县	8.43	14.52	6.26	5.37	6.90	9.26	4.74	7.93	18
粮食基地县	8.64	8.42	6.29	3.20	6.07	5.42	5.99	6.29	6
边境县	8.10	7.19	5.85	4.35	5.53	19.78	4.37	7.88	19
“一江两河”开发县	13.09	14.01	9.75	7.26	12.01	12.25	12.13	11.50	12

① 根据历年《西藏统计年鉴》相关数据计算。

②《习近平在中央第七次西藏工作座谈会上强调全面贯彻新时代党的治藏方略建设团结富裕文明和谐美丽的社会主义现代化新西藏》，《人民日报》2020 年 08 月 30 日。

③ 国家统计局编：《中国统计年鉴 2021》，中国统计出版社，2021 年，第 220 页。

续表

	2013年	2014年	2015年	2016年	2017年	2018年	2019年	2013—2019年均值	样本量
不同地区县域									
拉萨	22.88	27.80	18.35	20.67	22.15	26.00	25.30	23.31	5
日喀则市	6.44	11.84	4.49	2.92	4.90	12.78	3.21	6.65	16
昌都市	6.19	5.91	5.07	5.11	6.74	4.66	3.73	5.34	9
林芝市	3.73	11.85	7.87	9.84	10.26	5.98	5.55	7.87	6
山南市	12.03	11.41	8.54	7.57	7.11	25.70	6.81	11.31	6
那曲市	3.44	3.37	2.73	2.65	3.79	3.36	2.77	3.16	7
阿里地区	6.16	7.41	5.59	3.71	5.20	23.68	3.66	7.92	7

注：根据历年《西藏统计年鉴》《中国县域统计年鉴》《中国人口和劳动就业统计年鉴》相关数据计算。

上表中西藏全区县域的一般公共预算收入与一般公共预算支出的比值，在2013—2019年出现两次起伏波动并呈现了下降的趋势，且总体上低于西藏自治区的水平。在6类不同县域中也是同样的态势，其中边境县的一般性公共预算支出中有95.63%要依赖转移支付。相比较而言，“一江两河”开发县的下降幅度略低，但比值略高于全区水平。这说明西藏大部分县域的财政收入能力低于全区水平并持续下降。

在7个不同地区的县域中，首府拉萨市和经济发展最快的林芝市下属县域的一般性财政收入与一般性财政支出的比值在波动中增加，表明这两个地区的县域财政收入能力和自我发展能力有所提升，特别是拉萨市下属县域的一般性财政收入与一般性财政支出比值在2013—2019年的均值高出全区13个百分点，体现了在县域层面拉萨市依然是经济增长中心的地位。日喀则市、昌都市、山南市、那曲市和阿里地区的县域财政收入能力依然持续下降。那曲市下属县域是 7 个地区中财政收入能力最弱的，2013—2019 年一般性财政收入与一般性财政支出的比例均值只有 3%，也就意味着近 97% 的财政支出来自财政转移支付。

表 4　不同类型和不同地区县域的一般公共预算支出增速

单位：%

	2014 年	2015 年	2016 年	2017 年	2018 年	2019 年	2013—2019 年增幅	样本量
西藏自治区	16.9	16.5	14.9	5.9	17.2	11.0	89.20	
全区县域	21.43	41.16	45.81	−17.69	19.26	23.38	206.70	56
不同类型县域								
农业县	20.68	38.65	54.53	−19.47	20.52	19.06	196.64	26
牧业县	20.01	44.47	23.84	−0.48	14.78	26.76	214.98	12
半农半牧县	23.37	42.74	47.00	−23.79	28.75	27.58	216.21	18
粮食基地县	18.78	38.61	105.26	−45.21	25.10	6.41	149.73	6
边境县	26.07	38.37	83.16	−24.88	−0.35	21.61	201.51	19
“一江两河”开发县	19.62	38.64	58.29	−28.40	21.67	15.09	166.66	12
不同地区县域								
拉萨市	14.97	29.27	10.54	14.40	14.31	19.42	155.92	5
日喀则市	29.91	39.56	94.33	−33.21	13.19	13.72	202.17	16
昌都市	22.34	43.51	11.18	−2.72	46.26	34.47	272.52	9
林芝市	17.79	28.80	−0.37	24.79	38.01	2.24	165.50	6
山南市	24.00	47.64	10.75	7.01	−7.62	89.46	159.24	6
那曲市	25.38	53.83	18.68	−4.06	35.05	11.93	231.15	7
阿里地区	6.35	64.89	121.86	−49.99	10.43	46.49	214.00	7

注：根据历年《西藏统计年鉴》《中国县域统计年鉴》《中国人口和劳动就业统计年鉴》相关数据计算，表中增速计算已用历年西藏居民消费价格指数进行了调整。

上表中数据显示，2013—2019 年不同县域一般公共预算支出的年增幅波动大，全区县域和不同类型县域在 2017 年都是断崖式负增长，这可能是由于 2015、2016 年财政支出显著增加后的调整。6 类县域 2019 年的一般性公共预算支出较 2013 年增加幅度在 1.5—2.2 倍，远远高于西藏自治区一般性公共预算支出在该时段 89.2% 的增幅。在 6 类县域中，半农半牧县和牧业县的一般性公共预算支出的增加程度位居前两位，粮食基地县和“一江两河”开发县位居最后两位。

7 个不同地区县域一般公共预算支出也明显高于全区的一般公共预算支出，其增长幅度在 1.6—2.7 倍。增长幅度最快的是昌都市下属县域，这也和表 3 中昌都市县域的一般公共预算收入与一般公共预算支出比例不断下滑相对应。西藏经济增长核心的拉萨市县域和经济增长快速的林芝市县域，相应的一般公共预算支出的增幅位居最后两位。

四、西藏县域经济发展的不均衡性分析

西藏自治区发展不平衡不充分的问题目前仍较突出，相应的各县经济发展的差异性也已被研究证实[①]。为此，在十三五时期西藏自治区就开始推进区域发展布局。拉萨市和山南市人均生产总值远高于全区平均水平，两市财政总收入占全区总量的 58.8%，且两市经济总量约占全区的 1/2。从产业结构看，拉萨市现代服务业较为发达，金融、商贸物流辐射藏中南地区；且集中了全区大部分的加工制造企业。山南资源丰富，是藏中南清洁能源基地和全区农副产品重要产区，面向全区市场的民族手工业发达，开发潜力巨大[②]。西藏十四五规划中明确指出要做大做强拉萨增长极，以拉萨为中心，辐射日喀则、山南、林芝、

① 卜洁文：《西藏县域综合经济实力变化与政策思路探析》，《经济地理》2021 年第 4 期。

② 西藏自治区政府：《推进拉萨山南经济一体化发展规划——西藏自治区“十三五”时期重点区域经济发展规划》，2018 年 2 月。

那曲，促进拉萨山南经济一体化[①]。2022年政府工作报告再次强调做大做强拉萨核心增长极，提升首府城市首位度。夯实日喀则面向南亚开放前沿基础，打造林芝改革开放先行区，发挥昌都连接藏青川滇枢纽作用，巩固那曲、阿里生态功能区地位。推动“两江四河”河谷经济带建设。推进拉萨山南一体化发展，建设“五城三小时经济圈”。加快县域经济发展，促进城乡融合、区域联动。上述区域协同发展布局是为了拓展发展空间，优势互补、良性互动、减少分化、共同壮大。但在协同发展中必然有引领核心与外围参与的主次之分，发展过程是否会减少地区差异可衡量出区域协同发展的质量和效果，也是本文分析的核心所在。在区域差异研究中，选择不同的时间序列、不同的变量指标、不同的差异测度方法和不同尺度的地理区域，所得出的结论不尽相同（WeiYehuan，1999）[②]。在研究方法上，既有经济学的聚类分析、主成分分析、泰尔指数[③]、基尼系数[④]、回归分析、双重差分法等；也有地理学中的地理加权回归法、总体和局部空间自相关、DEA等方法。

本文以西藏自治区各县人均GDP为衡量县域经济发展水平指标，以基尼系数、泰尔指数和五等分组[⑤]中最高组和最低组均值比例，分析全区县域经济发展的不均衡程度，同时根据7个地市中最高人均GDP和最低人均GDP的比值，进行地市发展不均衡和县域发展不均衡的比较分析。

---

① 西藏自治区政府：《西藏自治区国民经济和社会发展第十四个五年规划和二〇三五年远景目标纲要》，2021年。

② Wei Yehua, “Regional Inequality in China”, Progress in Human Geography, Vol. 23, No.1, 1999, p.49-59.

③ 泰尔指数也是衡量个人或地区间收入差距的指标。泰尔指数的最大优点是，它可以衡量组内差距和组间差距对总差距的贡献。

④ 基尼系数是国际上通用的，用以衡量一个国家或地区居民收入差距的常用指标。基尼系数的实际数值只能介于0–1之间，基尼系数越小表明收入分配越平均，基尼系数越大表明收入分配越不平均。

⑤ 五等分组是衡量收入差距的方法之一，将收入从低到高排列，按等距分为五组，即20%低收入组、20%中间偏下收入组、20%中间收入组、20%中间偏上收入组和20%高收入组。

表 5　西藏县域人均 GDP 的不均等状况

	包括 7 个地市各区在内的县域		剔除地市各区后的县域			7 个地市
	基尼系数	泰尔指数	基尼系数	泰尔指数	五等分组中最高组和最低组比值	人均 GDP 最高和最低比值
2013 年	0.2565	0.1077	0.2384	0.0935	3.10	3.31
2014 年	0.2724	0.1200	0.2496	0.1017	3.28	3.18
2015 年	0.3074	0.1716	0.2520	0.1089	3.32	2.89
2016 年	0.3118	0.1739	0.2601	0.1166	3.42	2.77
2017 年	0.2993	0.1592	0.2516	0.1042	3.30	2.62
2018 年	0.3165	0.1763	0.2591	0.1107	3.45	2.59
2019 年	0.3172	0.1807	0.2556	0.1103	3.35	2.53

注：表中数据根据历年《西藏统计年鉴》、《中国县域统计年鉴》《中国人口和劳动就业统计年鉴》相关数据计算得出。

根据上表数据显示，2013—2019 各年中西藏自治区包括 7 个地市下属各区的 73 个县域的基尼系数和泰尔指数均高于 66 个县中有完整统计数据的 64 个县域的基尼系数和泰尔指数。其原因是地市下辖区的人均 GDP 高于其他县域的人均 GDP，故而剔除后衡量不均衡的基尼系数和泰尔指数均有所下降。总体上，64 个县域的不均衡情况是现实存在。从不均衡的变化看，剔除地市下辖区后，县域人均 GDP 在 2013—2019 年的差距略有扩大。

和 7 个地市相比，县域人均 GDP 从低至高分为五组，20% 最高组和 20% 最低组的比值在 3.1—3.45 之间波动，也就是最高组人均 GDP 是最低组的 3 倍左右。同 7 个地市中最高人均 GDP 和最低人均 GDP 的比值相比，只有 2013 年县域比值低于 7 个地市，其余年份县域该比值都高于 7 个地市的比值。这也说明县域之间的不均衡程度大于 7 个地市之间的不均衡程度。

在已知西藏自治区不同县域经济发展不均衡的基础上，本文利用泰尔指数分解方法分析发展不均衡的构成和原因，也就是探究县域经济发展不均衡究竟在多大程度上缘于不同群组之间的不均衡（与之相对的是组内不均衡）。使用泰尔指数的优点是分解结果不取决于是先计算组间贡献还是组内贡献，而且所用权数的和为 1，当使用其他不平等指数时这些优点就会丢失[①]。泰尔指数实际上是一组参数不同的指数。本文只使用了参数为 0 值的指数，它又被称为平均对数离差（MLD）。具体公式为：

$$I(y)=\frac{1}{n}\sum_{i}^{N}\log\left(\frac{y_i}{\mu}\right)$$

其中 y_i 为第 i 县域的人均 GDP，μ 为全部 64 个县域的人均 GDP 的均值，n 为全部 64 个县域样本量。

根据 Shorrock（1984）的证明，MLD 指数可以分解为组内差距和组间差距，即可以用以下公式表示为：

$$I(y)=\sum_{g}^{k}\frac{n_g}{n}I_g+I\ (\mu_1 e_1,\dots,\mu_k e_k)$$

其中 Ig 是第 g 组的组内差距，n_g 是第 g 组的样本量，μ_g 是第 g 组的收入均值，ek 是一组数值为 1 的向量。由此可以看出，上式右边由两项组成，第一项是各个组内差距之和，第二项是组间差距。

西藏自治区的县域从生产方式上可分为农业县、牧业县和半农半牧县三类。另一方面，边境县的建设直接关系到边防巩固和边境安全；为此可从地理区位上将自治区内的县域分为边境县和非边境县。通过泰尔指数分解，得到不同类型县域各组之间和各组内部的不均衡情况。

① Shorrocks, A. and G. Wan, "Spatial Decomposition of Inequality", Journal of Economic Geography, 2005, 5（1）, pp59-82.

表6　西藏不同类型县域人均GDP历年泰尔指数的分解结果

	2013年	2014年	2015年	2016年	2017年	2018年	2019年
农业县、牧业县、半农半牧县三类县域的泰尔指数分解结果							
泰尔指数	0.0935	0.1017	0.1089	0.1166	0.1042	0.1107	0.1103
组间距	0.0091	0.0114	0.0109	0.0133	0.0107	0.0121	0.0116
泰尔指数占比	9.73	11.18	10.06	11.41	10.27	10.92	10.53
组内距	0.0844	0.0903	0.098	0.1033	0.0935	0.0985	0.0988
泰尔指数占比	90.27	88.82	89.97	88.59	89.73	88.98	89.57
组内距分解							
其中：农业县组内距	0.0594	0.0612	0.0701	0.075	0.064	0.0667	0.068
泰尔指数占比	63.53	60.18	64.37	64.32	61.42	60.25	61.65
牧业县组内距	0.003	0.0036	0.003	0.0037	0.0039	0.0039	0.0022
泰尔指数占比	3.21	3.54	2.75	3.17	3.74	3.52	1.99
半农半牧县组内距	0.022	0.0255	0.0248	0.0246	0.0256	0.0279	0.0285
泰尔指数占比	23.53	25.07	22.77	21.10	24.57	25.20	25.84
边境县与非边境县两类县域的泰尔指数分解结果							
泰尔指数	0.0935	0.1017	0.1089	0.1166	0.1042	0.1107	0.1103
组间距	0.0034	0.0033	0.0037	0.0044	0.0066	0.0057	0.0059
泰尔指数占比	3.68	3.29	3.37	3.75	6.29	5.12	5.38
组内距	0.0901	0.0984	0.1053	0.1122	0.0977	0.105	0.1044
泰尔指数占比	96.33	96.71	96.65	96.24	93.73	94.84	94.66
组内距分解							
其中：边境县组内距	0.0211	0.0238	0.0236	0.023	0.021	0.0224	0.0219
泰尔指数占比	22.53	23.39	21.68	19.73	20.14	20.22	19.85
非边境县组内距	0.069	0.0746	0.0816	0.0892	0.0767	0.0825	0.0825
泰尔指数占比	73.80	73.34	74.94	76.51	73.60	74.52	74.81

注：表中数据根据历年《西藏统计年鉴》《中国县域统计年鉴》《中国人口和劳动就业统计年鉴》相关数据计算得出。

上表中2013—2019年农业县、牧业县、半农半牧县三组之间的差距对总体泰尔指数的贡献在10%—11%内小幅波动，三个组内的差距对总体泰尔指数的贡献在89%—90%内小幅波动，证实了农业县、牧业县、半农半牧县各自内部差距是总体不均衡的根本原因。在组内差距中农业县内部的不均衡程度最大，半农半牧县其次，牧业县内部的不均衡程度最小；农业县对总体泰尔指数的贡献变化范围是60%—64%，表现出小幅下降；半农半牧县的不均衡程度小幅上升，变动幅度是21%—26%；牧业县是三类县域中最均衡的，其对总体泰尔指数的贡献不足4%。

边境县和非边境县两组之间的差距对总体泰尔指数的影响程度是4%—5%；两类县域内部差距对泰尔指数有94%—97%的决定性影响。边境县组内的差距小幅下降，变化范围是20%—23%；非边境县变化幅度也不明显，但却是引起总体泰尔指数变化的主要影响因素。

五、主要结论和县域经济协同发展的政策建议

2022年政府工作报告提出："推动城乡区域协调发展，不断优化经济布局。推进以县城为重要载体的城镇化建设；推动乡村振兴，确定160个国家乡村振兴重点帮扶县。"西藏当前发展不平衡不充分的问题仍较突出，在西藏2022年政府工作报告中强调要加快县域经济发展，促进城乡融合、区域联动；21个边境县定点帮扶政策开始实施，边境发展进入新阶段。本文基于2013—2019年西藏64个县的人均GDP和各县一般公共预算收支数据，分析探讨了农业县、牧业县、半农半牧县、粮食基地县、边境县、"一江两河"县共6大类型和7个地市县域的经济发展现状、财政收支水平，以及县域经济发展的不均衡程度。主要结论如下：

（一）县域经济发展水平总体较低，且与西藏全区经济发展水平的差距略有扩大；6 类县域和 7 个不同地区县域的经济发展水平差异明显

2013—2019 年，西藏全区县域经济都有所增长但增长幅度低于全区平均增长幅度近 8 个百分点，县域人均 GDP 与全区人均 GDP 的比例从 64% 下滑至 61.22%，这也是县域总体经济发展水平与全区发展水平差距略有扩大的原因。在农业县、牧业县和半农半牧县中，农业县人均 GDP 显著高于牧业县和半农半牧县，位居第一；2013—2019 年农业县人均 GDP 与全区人均 GDP 比值的均值是 71.26%。牧业县人均 GDP 从 2013 年略低于半农半牧县到 2019 年小幅反超 2 个百分点，且两类县域与全区人均 GDP 比值的 7 年均值都是 54%。边境县的人均 GDP 与全区人均 GDP 相比为 73.52%，与全区人均 GDP 的差距在 6 类县域中是最小的，且是 6 类县域中人均 GDP 增速最快的，达到了 65.46%，并超过了全区人均 GDP60.47% 的增速。通过比较分析，一方面证实了农业县与牧业县、半农半牧县在经济发展方面的差距；另一方面，也表现出该时段内西藏自治区对边境县建设的重视，但边境县人均 GDP 仍低于全区人均 GDP 近 26 个百分点，说明今后还有较大的提升空间。

在 7 个市地中，林芝市、拉萨市和山南市下辖县域的经济发展水平遥遥领先，2013—2019 年人均 GDP 与全区人均 GDP 比值的均值分别为 117.9%、91.93% 和 83.39%；那曲市位居最后，该比例仅为 43%。山南市和林芝市下辖县域人均 GDP 的增速分别为 93.86% 和 71.37%，超过了 60.47% 的全区增速；其他 4 个市地下辖县域的人均 GDP 增速均低于全区人均 GDP 增速；此外，拉萨市下辖县域的增速位居 7 个市地的最后。这既表明了拉萨山南一体化进程的加快，且在 2013—2019 年内山南市下辖县域发展优于拉萨市下辖县域发展的现实，也表明了还需要经历一定时期以产业集聚为主的发展过程，才能完成拉萨山南核心区一体化建设并真正实现经济扩散。

（二）西藏县域财政收入能力不足突出，较之全区财政收入和财政支出的差距更显著且在2013—2019年变化幅度较大；6类县域和7个不同市地县域的财政收支状况存在差异

在西藏自治区县域财政收入能力不足的同时，财政支出呈现了不断扩张趋势；财政收入与财政支出的比值从2013年的9%下降至2019年的6.1%，与全区财政收支比例的差距从不足1个百分点小幅扩张至2个百分点。而全区县域财政支出在2013—2019年的增幅为206.7%，超过了全区财政支出89.2%的增幅。这也说明西藏县域财政收入水平持续下降，依赖财政转移为主的县域财政支出刚需不断上升。在6类县域中，农业县的财政收支比例最高，2013—2019年财政收支比例的均值为9.51%。半农半牧县和牧业县的财政收支比例逐渐趋向一致，且在2019年均为5%。边境县的财政收支比例在2013—2019年的均值为7.88%，位于6类县域中第四位，这也证实了西藏自治区在财政支持上对边境县的倾斜。

2013—2019年在六类县域中，牧业县、半农半牧县、边境县的财政支出增幅分别为216.21%、214.98%和201.51%，位居前三，超过了全区财政支出89.2%增幅的水平；在7个市地中经济发展相对靠后的日喀则市、昌都市、那曲市、阿里地区的财政支出增幅都超过了全区水平。同全区财政收支平稳变化相比，县域财政收支的差距变化起伏更大，2015年和2016年县域财政支出分别超过全区财政支出增幅24个百分点和30个百分点，而2017年又低于全区财政支出增幅近24个百分点。在7个不同的市地中，拉萨市下辖的县域是财政收入能力最强的，且是全区水平的2.3倍，其他市地下辖县域的财政收支比例都低于全区水平。拉萨市下辖县域财政收支比例和其他地市县域的差距十分明显，这也再次彰显了拉萨作为核心增长极的地位。

（三）全区县域经济发展的不均衡程度在2013—2019年是扩大的；且不均衡变化幅度超过了7个市地的不均衡程度，县域之间的不均衡主要源于不同类型县域内部自身的不均衡

与之前西藏县域经济实力差异研究结果不同的是，包括7个市地下属各区后的县域人均GDP的基尼系数从2013年的0.2565上升至2019年的0.3172，提高了23.7%；剔除7个市地下属各区后的县域人均GDP的基尼系数从2013年的0.2384上升至0.2556，提高了7.2%。泰尔指数变化和五等分组衡量的不均衡发展程度也都与基尼系数变化幅度保持一致。但县域之间的不均衡程度在2013年和7个市地基本一致，而2019年有所超出。

将全区县域按生产方式划分为农业县、牧业县和半农半牧县三种类型后，发现全区县域不均衡程度的90%是由于各种类型县域内部的发展不均衡所致。而且，农业县内部的不均衡所起作用在60%—64%，其次是半农半牧县，牧业县的均衡程度最好。如果将全区县域分为边境县和非边境县后，非边境县的不均衡程度远远高于边境县，其对全区县域不均衡程度的作用占比为74%—77%。

（四）西藏自治区县域经济发展不平衡是多方面因素长期作用的结果

最主要的因素包括：一是自然地理条件的差异。拉萨、林芝所辖县域之所以在经济发展上遥遥领先，与其相对良好的自然地理条件密不可分。发展较为落后的县域大多处于自然地理条件较为恶劣的高海拔地区，甚至有一些地区被视为不适合人类生存，因而经济发展会愈发困难。二是人口密度不同导致的人力资本积累的差距。不同县域人口分布状况的不同直接影响到经济发展最重要的人力资本要素，通常人口密集度高的县域人力资本状况好于人口密集度低的县域。在信息时代，经济发展特别是生产方式的转变伴随着人口素质和劳动力就业能力的不断提升，也就是需要高质量的基础教育、学历教育和职业技能教育。如果人口密度过低，开展各类教育的成本自然要高，且因

无法保证效果有时不得不有所放弃。三是长期存在的发展差距加强了投资偏好的倾向。考虑到投资收益和项目成效，发展基础好的县域更容易获得大的发展项目，形成产业规模化地区，从而加强了马太效应。

上述三种因素常常相互叠加，如任其发展，势必会使各县域经济发展方面的不平衡情况更趋严重，出现强者愈强，差者愈差。

西藏十四五规划中，强调要全面推进乡村振兴，大力发展县域经济，固边和兴边并重，加快边疆发展、深入推进兴边富民行动，上述重要举措无疑将缓解西藏县域发展不平衡不充分的问题。未来在新发展格局下的顶层设计还应更加突出一盘棋的全局发展理念和思路，在全面推进各类县域经济发展的同时，对自然地理条件差、人口密度低、发展基础差的县域给予特别关注，在加大财政转移支付力度、改善交通和基础教育条件、改善医疗卫生条件、选派驻村帮扶干部、落实对口援藏项目等方面给予适度的政策倾斜，支持和帮助各县域逐步探索发展出与本地自然资源相适宜的优势产业，并形成一定规模，将其与拉萨、林芝所辖县域之间的发展差距有计划地控制在一定范围，力争尽快实现县域经济协调发展。

丁赛，中国社会科学院民族学与人类学研究所副所长、研究员；王鑫森，中国社会科学院大学社会与民族学院硕士研究生。

四川涉藏地区人口特征与乡村振兴战略研究

——基于第七次人口普查数据公报

沈茂英

一、区域概况

四川涉藏地区（以下简称研究区）是指甘孜藏族自治州（以下简称甘孜州）、阿坝藏族羌族自治州（以下简称阿坝州）及木里藏族自治县（以下简称木里县）三个地区。在县级行政单元上包括32个县（市）[①]，面积250494km^2，占四川省土地面积的51.65%，常住人口2052962人，占四川省常住人口的2.45%，人口密度为8人/km^2，是中国乃至全球典型的人口稀疏区之一[②]。研究区在地貌上属青藏高原东缘区，为横断山区的腹心地带，全域均为《全国主体功能区规划》划定的川滇森林及生物多样性生态功能区和若尔盖草原湿地生态功能区，增强生态产品生产能力是其首要任务[③]，核心“重在维护天然生态系统完整性，一体化保护高原高寒地区独有生态系统”。研究区是全国“两屏三带”生态安全战略格局中“黄土高原－川滇生态屏障”的重要组成部分，其中黄

① 在这32个县（市）中，阿坝州有13个县（市）、甘孜州有18个县（市）。其中，阿坝州境内的县级市为马尔康市，是阿坝州的州府所在地；甘孜州境内的县级市为康定市，是甘孜州的州府驻地。两个县级市均为2015年撤县设立的年轻型县级市。

② 戚伟、刘盛和、周亮：《青藏高原人口地域分异规律及“胡焕庸线”思想应用》，《地理学报》2020年第2期。

③ 中华人民共和国中央人民政府：国务院关于印发全国主体功能区规划的通知2010年12月21日，http://www.gov.cn/zhengce/content/2011-06/08/content_1441.htm。

河干流在研究区有165km河段，涉及若尔盖县、阿坝县、红原县和石渠县的少部分区域，其余则是长江上游的重要水源涵养地和长江上游生态屏障的重要地带。

与人口分布稀疏相匹配的是经济总量少和经济密度低。经济密度是每平方千米上的经济总量，经济密度越大经济发展水平越高，反之亦然。2020年，研究区经济总量为876.81亿元，占当年四川省地区经济总量的1.8%（比常住人口占比低0.65个百分点），经济密度为35万元/km^2（为四川省经济密度1002万元的3.5%）。其中，阿坝藏族羌族自治州地区总量为411.75亿元（占研究区经济总量的46.96%，较土地面积占比33.6%高13.36个百分点），经济密度为49万元/km^2；甘孜州经济总量为410.61亿元（占研究区经济总量的46.83%，较土地面积占比61.1%低14.27个百分点），经济密度为27万元/km^2；木里县经济总量为54.5亿元（占经济总量的6.21%，较土地面积占比5.3%高0.91个百分点），经济密度为41万元/km^2。由此可见，甘孜州无论在经济总量、经济密度还是人口密度上，均属于典型的稀疏区；阿坝州则相对较强。总体上看，与非涉藏地区比邻的泸定县、汶川县和茂县，人口密度与经济密度均高于其他涉藏地区县。

研究区一三产业发展良好，第二产业发展偏弱，与《全国主体功能区规划》对重点生态功能区的定位相符。2020年，研究区产业结构呈现出典型的“三二一”特征，一二三产业构成为19.6∶25.9∶54.6（同期四川省为11.4∶36.2∶52.4）。其中，研究区第一产业占比较全省平均水平高8.2个百分点，第二产业占比较全省平均水平低9.7个百分点，第三产业占比较全省高2.2个百分点。研究区第一产业占比和第三产业占比高于全省平均水平，并不能说明产业结构落后或者产业发展水平低，恰恰说明区域发展定位符合主体功能区的定位需求，同时意味着生态产品价值正在得到不断转化，依托生态产品而发展起来的生态旅游是该区域的独特产业优势。

研究区城乡居民可支配收入普遍偏低。城乡居民可支配收入分为城镇居民人均可支配收入和农村居民人均可支配收入，是测量居民生活水平的重要指标。收入虽然不能全部解释富裕程度，但为其中一项极为重要的指标，反映经济发展水平和生态产品的转化能力。从统计数据来看，研究区城乡居民收入均低于四川省的平均水平。从城镇居民人均可支配收入来看，最低的是木里县，为 31151 元，较全省平均水平低 7102 元；其次是甘孜州，较全省评均水平低 1732 元，最后是阿坝州，较全省评均水平低 1242 元。从农村居民人均可支配收入来看，甘孜州较全省平均水平低 1962 元，阿坝州低 390 元，木里县低 3689 元。因甘孜州和阿坝州采用的是平均数，自然有一些偏低县的城乡居民人均可支配收入被平均数所掩盖。

表 1　四川涉藏地区经济和社会发展相关信息（2020 年）

	面积（万 km^2）	人口密度（人 /km^2）	常住人口（人）	经济总量（亿元）	人均 GDP（元）	人均可支配收入（元）	
						城镇居民	农村居民
四川省	48.5	172	83674866	48598.8	58126	38253	15929
甘孜州	15.3	7	1107431	410.61	36993	36521	13967
阿坝州	8.4242	10	822587	411.75	49668	37011	15539
木里县	1.3252	9	122944	54.5	44150	31151	12240

资料来源：根据四川省、甘孜州、阿坝州和木里县的 2020 年国民经济和社会发展统计公报、《四川省统计年鉴 2020》电子版相关数据整理而成。

此外，研究区是全国五大牧区之一的川西北牧区。32 个县（市）均为牧区县，其中有纯牧区县 10 个（其中 7 个县为省际边界县，占纯牧区县的 70%，占省际边界县的 58.3%），半农半牧区县 22 个（其中 5 个县为省际边界县，占半农半牧区县的 22.7%，占省际边界县的 41.7%）；32 个县（市）中，省际边界县 12 个，占全部 32 个县（市）的 37.5%，超过三分之一。研究区不仅有藏族人口，还有羌族、回族和汉族等主要民族人口，是四川境内人口民族成分最复杂、结构最多元的区域，也是自然和社会文化最具鲜明特色的地区[①]，是高（海拔）低（经济）并存的区域。

表 2　四川涉藏地区县（市）农牧分类

	县（市）
纯牧区	松潘县、壤塘县、阿坝县、若尔盖县、红原县、德格县、白玉县、石渠县、色达县、理塘县
半农半牧区	汶川县、理县、茂县、九寨沟县、金川县、小金县、黑水县、马尔康（市）、康定市、泸定县、丹巴县、九龙县、雅江县、道孚县、炉霍县、甘孜县、新龙县、巴塘县、乡城县、稻城县、得荣县、木里县

综上，与典型的地势高耸相匹配的是人口、经济和城镇化发展的低谷；与全域重点生态功能区相适应的是生态产品生产能力的保障和相对偏低的生活水平；与全国城镇化发展已超越 60% 不同，研究区整体城镇化率还只有 34.7%，处于城镇化初期向中期的过渡期内，是城镇化的滞后区。在这个区域，乡村是底色，乡村振兴是发展重点和关键任务。乡村振兴是满足乡村人口发展需求和以乡村人口为主体的振兴，而人口特征是乡村振兴战略必须考虑的重要影响因素。

二、研究区“七普”人口特征

人口是社会存在和发展的基础[②]，是任何社会经济活动的基本要素，也是社会经济发展的目标和归属。人口基本特征对社会经济发展有着举足轻重的作

① 樊杰、王海：《西藏人口发展的空间解析与可持续城镇化探讨》，《地理科学》2005 年第 4 期。

② 秦和平：《清代四川涉藏地区人口状况及发展之认识》，《青海民族大学学报（社会科学版）》2022 年第 1 期。

用，也是乡村振兴战略需要考虑的重点因子。为此，以第七次人口普查数据公报为基础，从城镇化、老龄化、受教育年限、性别比、抚养比、人口密度等维度分述人口特征及其区内差异性。

（一）人口城镇化

人口城镇化是社会经济发展水平的重要测量指标。城镇化水平在一定程度上反映区域人口集中程度和产业结构水平，对于区域人口生活质量也是一种较为重要的表达方式。诺瑟姆（1995）将不同国家和地区城镇化进程的共同规律概括为一条被拉平的“S”型曲线，继而将城镇化进程划分为三个阶段：第一阶段是城镇化水平较低、发展水平较慢的初期阶段；第二阶段是人口向城镇迅速集聚的中期阶段，为城镇化的快速发展推进期；第三阶段是进入高度城镇化后的饱和阶段，城镇化人口增长趋缓乃至停滞。三个阶段对应的城镇化水平分别是30%以下、30%～70%、70%以上。2020年“七普”数据公报表明，国家层面常住人口城镇化率为63.89%，四川省常住人口城镇化率56.93%，研究区常住人口城镇化率为34.7%（滞后于全国平均水平29.19个百分点、滞后于四川平均水平22.23个百分点），研究区刚刚处于城镇化初期向加速发展期的过渡阶段。

研究区内32个县（市）城镇化水平也呈现出极度的不平衡性（见图1）。城镇化水平最高的是甘孜州康定市，城镇化率为55%；城镇化水平最低的是甘孜州石渠县，城镇化率为15.48%，还远未达到城镇化第二阶段的初始点（30%）。最高与最低相差39.52个百分点，差异是非常明显的。具体来看，人口城镇化率超过50%的有5个（占15.6%），分别是康定市、马尔康市、九寨沟县、汶川县、茂县（图1）。在这5个县（市）中，康定市和马尔康市分别是甘孜州和阿坝州的州府所在地，九寨沟县是世界文化遗产地——九寨沟所在地（也是2017年“8·8”九寨沟地震的受灾县），汶川县和茂县距成都较近（也是“5 · 12”汶川特大地震的极重灾区县，灾后恢复重建带来基础设施的巨大提升），也是阿坝州的南大门门户所在。常住人口城镇化率在 50% ~ 40% 的县有 2 个（占 6.3%），分别是泸定县和红原县，前者是具有人口密度大的特点且是甘孜境内距离成都最近的县（甘孜州门户县），后者是以红原大草原为特色且有民用机场的县，也是旅游产业发展相对较快的县。常住人口城镇化率在 40% ~ 30% 的县有 9 个（占 28.1%），分别是理塘县、黑水县、理县、小金县、松潘县、金川县、若尔盖县、丹巴县和阿坝县，其中纯牧区县 4 个。常住人口在 30% ~ 20% 的县有 14 个（43.8%），分别是乡城县、甘孜县、雅江县、巴塘县、德格县、炉霍县、九龙县、壤塘县、得荣县、色达县、稻城县、木里县、白玉县和道孚县，其中纯牧区县 4 个。城镇化水平低于 20% 的县有 2 个（占 6.3%），分别是新龙县和石渠县，全部为纯牧县。

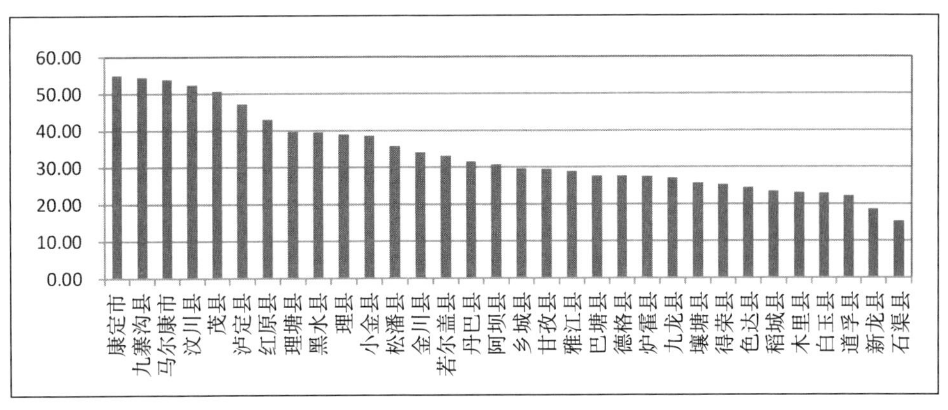

图 1　研究区城镇化发展差异（%）

据此，研究区内 32 个县（市）中的五成是处于城镇化初期，意味着这些县还是以传统农业社会为主导，区域发展的重点是促进乡村社会的转变，以城镇公共服务设施的完善和城镇产业发展诱导人口向城镇缓慢聚集。超过五成的县

（市）开始进入城镇化的加速期，意味着乡村人口将在文化和政治动力的驱动下向城镇转移，转移的重点区域无疑是县城和州府所在地以及部分重点建制镇，但乡村依然是人口的重要分布区，是区域经济社会发展的重要区域。

（二）人口老龄化

人口老龄化是当下最炙热的话题，它是指一个国家或地区老年人口在总人口中的比重不断上升、少儿人口及劳动适龄人口在总人口中的比重不断下降的动态过程①。理论界通常认为，当 60 岁及以上人口占比超过 10%，或者 65 岁及以上人口占比超过 7% 时，就被认为进入老龄化社会；当 65 岁及以上人口占比达到 14% 时，就被视为深度老龄化社会。人口老龄化既是社会经济发展到一定阶段的必然现象，也是社会经济发展和社会文明程度的重要标志。2020 年，全国 65 岁及以上人口占总人口的比重为 13.5%，四川省为 16.93%，已全面进入超老龄化社会。相比而言，研究区人口老龄化程度明显低于四川省和全国平均水平，甘孜和阿坝两州 65 岁及以上人口较全省平均水平分别低 8.57 和 6.12 个百分点，才刚刚进入老龄化社会。而且，与国家层面的老龄化水平相比，32 个县（市）中仅有金川县、理县、丹巴县和泸定县等 4 个县存在超越现象；与四川省的老龄化水平相比，32 个县（市）无一例外是滞后的，有着年龄结构上的优势。

研究区人口老龄化水平在各县市之间是非均衡的，存在区域差异特征，最高值与最低之间相差 9.81 个百分点。在 65 岁及以上人口超过 10% 的县中，岷江上游五县（汶川县、理县、茂县、黑水县、松潘县）位列其中，除松潘县外均为半农半牧区县。将四川省人口老龄化的平均水平一半（8.465%）作为比较标准，有 19 个县在 8% 之上；有 13 个县低于 8%，其中有 3 个县低于 7%（未

① 杨菊华、王苏苏等：《新中国 70 年：人口老龄化发展趋势分析》，《中国人口科学》2019 年第 4 期。

进入老龄化社会）。此外，位于省际边界上的12个县的人口老龄化水平均在10%；除松潘县外的纯牧区县人口老龄化水平也都低于10%。表3是研究区各县市人口老龄化现状。

表3　研究区人口老龄化现状（2020年）

单位：%

分类	65岁及以上人口分布
≥10%（10个）	金川县（15.95），理县（13.95），丹巴县（13.63），泸定县（13.60），小金县（13.17），茂县（12.34），汶川县（12.12），马尔康市（11.47），黑水县（11.44），松潘县（10.75）
10%～8%（9个）	九寨沟县（9.80），得荣县（9.78），道孚县（9.77），九龙县（9.12），炉霍县（8.27），巴塘县（8.24），木里县（8.20），乡城县（8.07），白玉县（8.03）
8%～7%（11个）	康定市（7.97），稻城县（7.85），若尔盖县（7.81），阿坝县（7.72），新龙县（7.38），壤塘县（7.34），雅江县（7.29），甘孜县（7.16），德格县（7.14），色达县（7.10）
≤7%（3个）	红原县（6.94），理塘县（6.18），石渠县（6.14）

（三）受教育程度

受教育年限是“七普”数据公报的主要内容，具体是指15岁及以上人口接受学历教育的年限总和的平均数①。受教育年限越高，表明人口文化素质越高；受教育年限越低，人口素质也相对偏低。目前，我国15岁及以上人口受教育年限为9.91年，其中四川省为9.24年，研究区受教育年限为6.98年，距离全国平均水平相差近3年。

具体而言，在32个县（市）中，15岁及以上人口受教育年限高于全省平均水平的有4个，分别是康定市、马尔康市、汶川县、泸定县，占研究区

① 受教育年限的计算公式为：受教育年限 = 不识字或者识字很少比例 *0+ 小学程度比例 *6+ 初中文化程度比例 *9+ 高中（或者中专）程度比例 *12+ 大专及以上比例 *16。

县级行政区的 12.5%；低于全省平均水平的有 28 个，占 87.5%。9 年是义务教育完成的基本年限，包括初中 3 年和小学 6 年，低于 9 年意味着未完成初中阶段的义务教育。表 4 是研究区各县（市）的受教育年限总结。从表 4 内容来看，有 8 个县未达到小学毕业的受教育年限（6 年），占 25%；受教育年限在 6 年至 7 年的有 8 个县，占 25%；受教育年限在 7 年至 8 年的有 4 个县，占 12.5%；受教育年限在 8 年至 9 年的有 8 个县，占 25%；9 年及以上的有 4 个县，占 12.5%。值得关注的现象是，受教育年限偏低的县，有一个共同特征是位于省际边界线和牧业县，并伴随着人口密度低和城镇化水平偏低等特征。这些县在巩固拓展脱贫攻坚成果与乡村振兴的有效衔接中，将不可避免地面临着人力资本提升的艰巨任务。尽管受教育年限并不能直接与个体的人力资本相等同，但接受并完成 9 年义务教育，对个体有效利用现代通讯工具以及出行，具有明显的帮助。考虑到乡村地区人口乡城转移以及跨区域流动的不均衡性，即年轻群体受教育水平较高，是走出乡村进入城镇的最主要群体，在常住人口普遍低于户籍人口的背景下，留存乡村的人口更多为年龄偏大的群体，对于乡村振兴无疑会带来新的挑战。

表 4　研究区 15 岁及以上人口受教育年限（2020 年）

单位：%

分类	县（市）与受教育年限
≤ 6 年（8）	阿坝县（5.99），白玉县（5.93），木里县（5.71），理塘县（5.70），甘孜县（5.51），色达县（5.31），石渠县（5.12），德格县（4.85）
6 ~ 7 年（8）	若尔盖县（6.51），炉霍县（6.42），得荣县（6.32），雅江县（6.31），红原县（6.28），壤塘县（6.25），巴塘县（6.13），新龙县（6.09）
7 ~ 8 年（4）	九龙县（7.68），道孚县（7.66），稻城县（7.61），乡城县（7.27）
8 ~ 9 年（8）	理县（8.73），九寨沟县（8.50），丹巴县（8.47），茂县（8.46），黑水县（8.31），小金县（8.12），金川县（8.10），松潘县（8.03）
≥ 9 年（4）	泸定县（9.68），汶川县（9.59），马尔康市（9.51），康定市（9.28）

资料来源：根据甘孜、阿坝和木里县第七次人口普查公报数据整理而成。

（四）性别比

性别比是“七普”数据公报的内容之一，也是衡量人口特征的重要指标。性别比是指每 100 位女性所对应的男性人数，包括出生性别比和人口性别比，102 ~ 107 之间是正常性别比范围。2020 年，我国性别比是 105.07，四川省为 102.19，研究区的性别比为 105.98（甘孜）和 107.59，也处于正常范围内。

具体到 32 个县（市），其性别比则呈现出比较大的差异，在 93.96（色达县）到 129.24（雅江县）之间变动，也存在着常住人口性别比失衡的现象。其中，在 102 ~ 107 之外的县市有 18 个，占全部县市的 56%（超过五成）；性别比在正常范围内的有 12 个，占 44%。各县（市）性别比具体数值见图 2。值得关注的是，性别比达到 129.24 的雅江县，似乎存在着比较严重的性别失衡，该县常住人口 51162 人，人口密度仅为 7 人 / km^2，城镇化率为 28.88%；与雅江具有相同人口密度的色达县，性别比为 93.96，是女性人口大于男性人口的县，常住人口 64681 人，其中女性占 51.56%，较男性更多，城镇化率

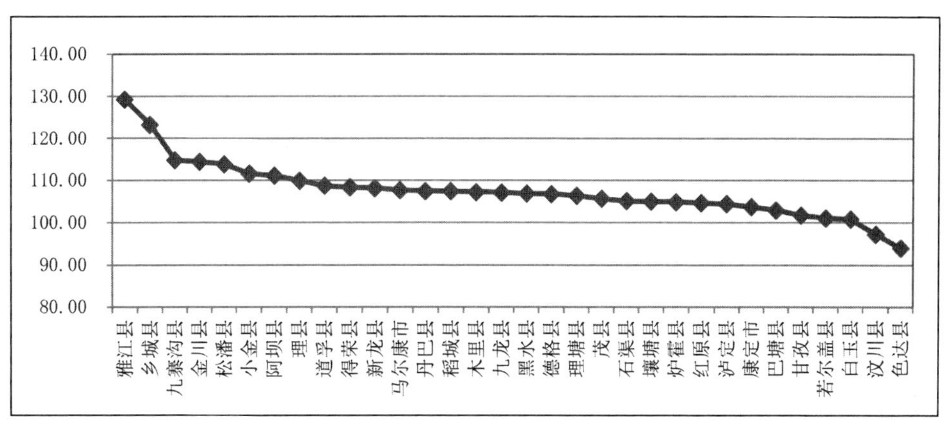

图 2　研究区性别比差异（女性 =100）

24.43%。这两个县均隶属于甘孜藏族自治州。雅江，藏语名“雅曲喀”（音），即“河口”之意，为雅砻江上的重要渡口。雅江男性人口占比较高，与2014年开工的雅江两河口水电工程[①]有关。水电工程建设是技术和资金密集型，工程参与者的男性性别特点突出。2020年，雅江县常住人口占户籍人口的比重为104.4%，意味着人口净流入。女性人口占多数的色达县，位于雅砻江上游，与青海省的班玛县、达日县相接，常住人口占户籍人口的比重为112.7%，是仅次于康定市常住人口占户籍人口的县。在色达县境内，有一所五明佛学院，女性人口占比高于男性的性别构成与该县独特的佛学文化旅游有关。

（五）抚养比

“七普”数据公报并没有抚养比这项指标，但包括了少年儿童、劳动年龄人口和老年人口比重，经过计算可以测算出抚养比。抚养比有少儿抚养比、老年抚养比和总抚养比。少儿抚养比是指少儿人口与劳动年龄人口的比重，该值越大说明未来劳动力资源越丰富，少年儿童未来会转化为劳动力资源；老年抚养比是指60岁及以上人口占劳动年龄人口的比重，该指标反映老年人口负担。总抚养比是指少儿人口和老年人口占劳动年龄人口的比重，也就是少儿抚养比和老年抚养比的加总。

根据“七普”数据公报测算，2020年四川省少儿抚养比为25.6%，老年抚养比为34.5%，总抚养比为60.1%；甘孜藏族自治州少儿抚养比为35.0%，老年抚养比为17.3%，总抚养比为52.3%；阿坝州少儿抚养比为28.2%，老年抚养比为21.5%，总抚养比为49.7%。无论是甘孜还是阿坝，其总抚养比均低于全省平均水平，老年抚养比也低于全省平均水平，仅少儿抚养比高于全省平均

① 两河口水电站位于雅江县境内，距离县城约25千米，为涉藏地区综合规模最大的水电站。水电站坝高295米（为国内第一高土石坝），是雅砻江中下游的“龙头”水库，于2014年10月动工，2021年第一台机组投产发电，2023年全部完工。

水平。这就意味着两州具有劳动年龄人口优势和劳动力储备优势，具有人口红利的潜在开发条件。

但在研究区内，各县（市）抚养比及老年抚养比却呈现明显的区内差异（见表5）。总抚养比最低的康定市（36.3%）与最高的壤塘县（67.9%）相差31.6个百分点；少儿抚养比最低的马尔康市和理县（20.56%）与最高的壤塘县（51.58%）之间相差31.02个百分点；老年抚养比最低的康定市（8.23%）与最高的金川县（31.58%）相差23.35个百分点。再看老年抚养比对总抚养比的贡献，有7个县市超过了50%，均位于嘉绒藏族居住区；有9个县市低于30%，除康定市、新龙县外均为纯牧区县；有6个在40%—50%之间，其中仅有松潘为纯牧区县；其余10个县在30%—40%之间。可见，无论是总抚养比、老年抚养对总抚养比的贡献，还是少年儿童抚养比等，都呈现出非均衡性和内部的巨大差异性。

表5　研究区抚养比构成及其差异

单位：%

	总抚养比	少儿抚养比	老年抚养比	老年抚养比占比
康定市	36.3	28.07	8.23	22.7
泸定县	52.6	25.24	27.36	52.0
丹巴县	49.92	21.95	27.97	56.0
九龙县	55.93	36.25	19.68	35.2
雅江县	41.78	27.51	14.27	34.2
道孚县	52.74	33.13	19.61	37.2
炉霍县	57.01	38.91	18.1	31.7
甘孜县	51.86	36.25	15.61	30.1
新龙县	64.07	47.45	16.62	25.9

续表

	总抚养比	少儿抚养比	老年抚养比	老年抚养比占比
德格县	61.32	45.8	15.52	25.3
白玉县	50.08	34.79	15.29	30.5
石渠县	60.4	48.75	11.65	19.2
色达县	58.5	44.14	14.36	24.5
理塘县	57.63	43.82	13.81	24.0
巴塘县	50.38	33.73	16.65	33.0
乡城县	39.9	23.61	16.29	40.8
稻城县	42.49	26.33	16.16	38.0
得荣县	48.08	28.62	19.46	40.5
马尔康市	41.66	20.56	21.1	50.6
汶川县	43.33	21.07	22.26	51.4
理县	47.6	20.56	27.04	56.8
茂县	49.7	25.04	24.66	49.6
松潘县	47.15	25.52	21.63	45.9
九寨沟县	43.89	24.36	19.53	44.5
金川县	54.25	22.67	31.58	58.2
小金县	48.13	21.54	26.59	55.2
黑水县	43.08	21.86	21.22	49.3
壤塘县	67.9	51.58	16.32	24.0
阿坝县	58.66	42.44	16.22	27.7
若尔盖县	51.63	35.75	15.88	30.8
红原县	56.32	42.02	14.3	25.4
木里县	50.74	33.37	17.37	34.2

资料来源：根据涉藏地区“七普”数据公报计算而成。

再看总抚养比与全省的比较（见图 3），新龙县、德格县、石渠县、色达县、理塘县、壤塘县、阿坝县等地区高于全省平均水平，其中仅新龙县为半农半牧区县，其余均为纯牧区县。而且，这些县的总抚养比高的原因在于少年儿童抚养比较高，意味着这些县有着一定的人口红利优势，未来劳动力资源相对丰富。此外，这些县绝大部分位于省际边界上。

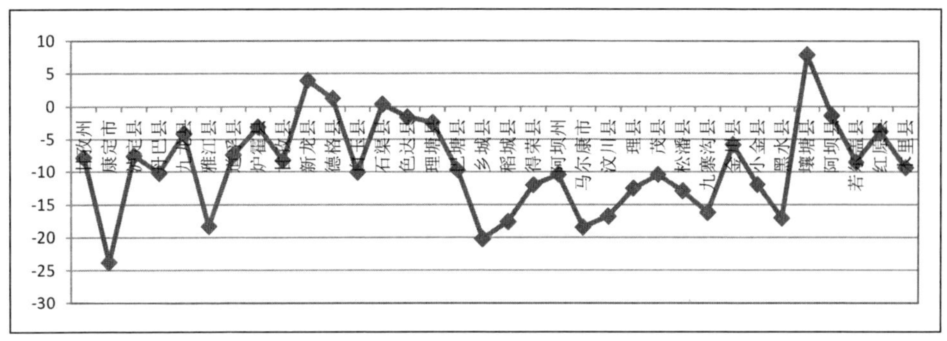

图 3　研究区总抚养比与全省的比较

（六）人口密度

人口密度是指每平方公里土地上的人口数量，是衡量人口空间分布的重要指标。自 1935 年胡焕庸先生提出瑷珲 - 腾冲人口分布线以来，人口地理空间分布的不均衡现象一直存在。四川省人口空间分布非均衡性类似全国，呈现出空间非均衡性，超过 80% 的人口在四分之一的土地面积上集聚，四分之三土地上生活的人口不足 20%。研究区的人口密度为 8 人 /km²，仅为全省平均水平的 4.7%，为成都市人口密度的 0.5%，属典型的人口稀疏区。

具体到各县（市），人口分布密度呈现同样的非均衡性且随着海拔升高而递减。泸定、汶川和茂县等 3 县人口密度超过 20 人 /km²，有 8 个超过 10 人 /km²，有 21 个低于 10 人 /km²。其中，稻城县、新龙县、理塘县、石渠县等只有 5 人 /km²，是人口非常稀疏的区域（见图 4）。人口空间分布与自然环境条件、海拔、气候、经济以及距离中心城市的距离等密切相关。与此同时，人口空间聚集在县域范围内也存在着不平衡现象，人口逐渐向县城、中心镇、集中居住区等聚集。

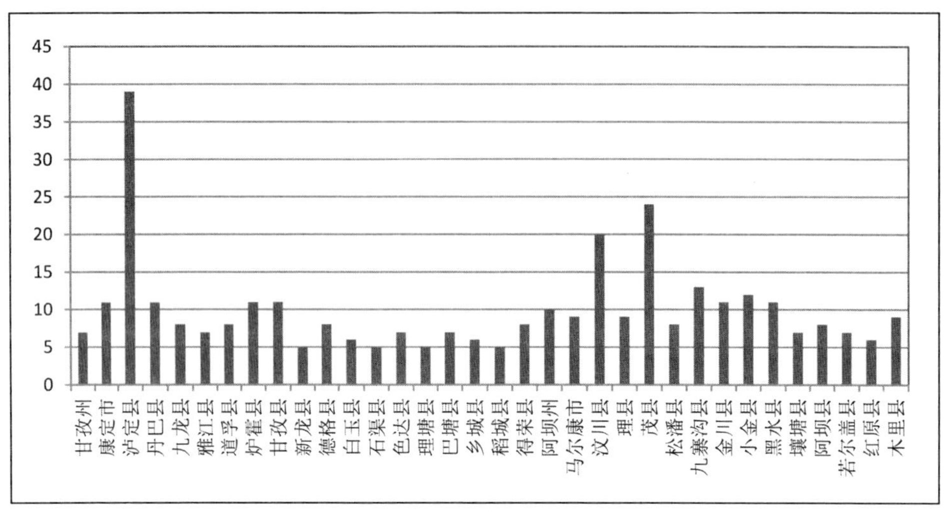

图 4　研究区人口密度差异（人/km^2）

三、研究区乡村振兴战略的重点领域

从“七普”数据公报来看，研究区是四川境内典型的人口稀疏区，也是全省人口城镇化水平最低、人口老龄化程度最低、总抚养比偏低、人口受教育年限最低的区域，与平均海拔 3000 米的高耸地势形成鲜明对照。乡村社会是研究区最突出的特色，乡村发展是研究区最核心和关键的任务。乡村振兴战略，要围绕着人口的基本特征，紧扣城镇化水平低、人口密度低、受教育年限短、人口老龄化低、总抚养比低等特点进行，以“保护好青藏高原生态”① 为核心任

① 2020 年 8 月，习近平总书记在中央第七次西藏工作座谈会上强调指出，保护好青藏高原生态就是对中华民族生存和发展的最大贡献……促进生态保护同民生改善相结合，形成共建良好生态、共享美好生活的良性循环长效机制。

务，以乡村生态产品能力建设为载体一二三产业联动，抓住人口年龄结构优势开发人口红利，推动受教育年限提升并强化乡村人口能力建设，以县城和建制镇为载体集聚乡村人口提升城镇化水平，立足少儿抚养比优势培育储备一批新型农民，强化乡村振兴的性别意识并全面提升乡村女性发展水平。

（一）以生态产品生产为载体，推动一三二产业融合联动

全域重点生态功能区是研究区乡村振兴的底色，乡村人口占比高是研究区城乡人口构成的基本现状且将保持一个相对较长的时段。基于此，乡村振兴战略的重点是从区域主体功能定位和常住人口的乡村性出发，以生态产品生产能力提升和转化为重点，推动一三二产业联动，使乡村生态产品转化为一三二产业的增加值，实现乡村产业的多元振兴。

综合考虑研究区 32 个县（市）城镇化水平、产业结构、受教育年限、区位条件、人口密度等，构建具有县域特色的一二三产业融合发展的乡村产业振兴模式。一是第一产业占比偏高（22% 及以上）的县，重点围绕供给类生态产品的生产和开发利用，以圣洁甘孜、净土阿坝等区域品牌为载体，以自然食物（如野生菌类、药材、虫草）、有机食品、地理标志产品、高原特色农产品等为特色，利用甘孜机场等优势，做优做强第一产业并带动供给类产品为原料的第二产业。二是第三产业占比偏高（60% 及以上）的县，以第三产业为重点带动一二产业发展，共计有 16 个县（占研究区县级行政区的 50%），其中九寨沟县、金川县、稻城县等第三产业占比超过 70%，松潘县则接近 70%。第三产业接近或超过 70% 的县有个共同特点，都是知名旅游目的地（或旅游景点品位高，松潘 - 九寨沟是世界文化遗产地，稻城则有亚丁风景名胜区）。三是第二产业占比偏高（30% 及以上），其一三产业同样具有明显优势，可借助第二产业带动一三产业有效融合。据统计，第二产业占比偏离的有 8 个县市（康定市、九龙县、白玉县、乡城县、汶川县、茂县、黑水县、木里县），其中占比

超过 40% 的有 4 个县，九龙县甚至超过 50%。以二产带动一三产业，提升第一产业的加工转化水平，延伸产业链，增加农产品附加值，提升乡村产业发展水平。

（二）立足人口老龄化偏低优势，充分挖掘乡村相对人口红利

人口红利又称“人口机会窗口”，是指人口年龄结构中劳动年龄人口占比扩大和抚养比降低的过程，劳动力年龄人口被产业经济所吸收并转化为经济增长从而有了人口红利。这里的相对人口红利，是指研究区人口老龄化程度偏低、劳动年龄人口占比横向比较具有较大优势，与城镇化进程、乡村劳动年龄人口受教育年限低等相叠加，为乡村产业发展迎来相对充裕的劳动年龄人口。前述人口老龄化部分已证明，研究区 32 个县（市）人口老龄化进程具有明显的分布差异，至少还有 2 个县 65 岁及以上人口占比低于 7%，有 20 个县（市）人口老龄化不及全省平均水平的二分之一。横向比较而言，研究区人口年龄结构优势明显，较其他地区具有更多的劳动年龄人口优势，具备发掘相对人口红利的潜在条件。

乡村人口占比高既是研究区的特色，也是研究区开发乡村人口红利的潜力所在。一是确定乡村人口红利的重点区。以老龄化占比低于 8.46%、受教育年限低于 7 年和第一产业占比大于 20% 为必选条件，同时满足这三个条件即为乡村人口红利的重点区，合计有 14 个（雅江县、炉霍县、甘孜县、白玉县、石渠县、色达县、德格县、新龙县、理塘县、巴塘县、壤塘县、阿坝县、若尔盖县、红原县），占研究区全部县级行政区的 43.75%，也就是说超过 40% 的县级行政区具备相对人口红利优势。二是立足乡村产业发掘人口红利。在上述 14 个县中，除红原县城镇化率超过 40% 外，其余各县都属于城镇化率较低的县，乡村产业是乡村劳动年龄人口依存性产业。结合乡村产业特点及传统文化，利用这些区域海拔高、自然环境优越、农产品纯天然等优势，生产满足都

市中高端消费群体的特色农产品。理塘县的极地蔬菜，多年前就特供香港市场，黑水蔬菜同样走入香港、澳门市场。三是变受教育年限低的劣势为第一三产业发展的优势。无一例外，上述 14 个县受教育年限都在 7 年及以下，存量劳动力特别是乡村劳动力受教育年限更低，跨区域转移的成本高且缺乏非农生产技能和城市生活适应力，留守乡村以农牧业和相应的传统技能为主，可转化为特色农业和现代农业的优质劳动力资源。

此外，充分考虑到研究区受分散居住、生产方式、文化习俗等相关因素的影响，前置乡村人口老龄化的应对措施。根据人口城乡结构、年龄结构、自然环境、居住形态等，制定具有各县特色且又结合传统养老习俗的乡村养老规划，探索形式多样的养老模式。目前，理县桃坪羌寨、丹巴家居藏寨与中路藏寨、汶川萝卜寨等，村寨内的老年人口借助村寨从事参观带路、寨屋讲解、保洁、餐饮、小商品售卖等服务，以旅游带动老年人口参与，形成游养结合的养老形态①。寺院较多的北部地区，如道孚县、德格县、白玉县、小金县、新龙县等，高海拔地区的村民围寺而居，老人们白天在寺院诵经转经，晚间回家居住，寺院也成为老人们相互照料的重要场地。要结合各地独特的自然环境条件、传统文化和民风民俗、居住形态以及经济发展水平，前置乡村养老问题并探索县域村域特色鲜明、类型多元的养老方式。

（三）借助受教育年限提升行动，推动乡村人口发展能力建设

受教育年限偏低是研究区的短板，也是直接影响到研究区各县城镇化水平的关键因素。而且考虑到城乡人口受教育水平的差距，乡村人口受教育年限毫无疑问会低于城镇。除个别市县（汶川县、泸定县、马尔康市、康定市）等高

① 2021 年 10 月中旬在理县桃坪羌寨调研时，导游余婆婆年愈七旬，带着游客穿梭在寨内各个景点，人均收取 20 元的讲解费；晚间还是自家酒店的服务员，为客人提供开房、查房、结账等服务。寨内 16 位环境服务员也都为年近六旬的低龄老人。

于全省平均水平之外，大部分县的受教育年限都偏低，部分县才刚刚越过小学教育年限。受教育年限尽管并非人力资本的衡量标准，但接受九年义务教育既是义务也是权利，而义务和权利的实现依赖于学校布点、学校基础设施完善及人们对学校教育的认知和接受①。针对各县和各乡镇的人口现状、分布特点，完善九年义务教育的学校布点，缩短学生与学校之间的物理距离，为每一个学龄孩子创造入学条件。而且，来自实证的数据也表明，接受完九年义务教育的人口有更强的自主选择能力。自主选择能力是人口发展的重要内容，而受教育水平对个体扩大自主选择能力尤为关键。2021 年全国农民工监测报告数据显示，全国农民工中未上过学的仅占 0.8%，小学文化占 13.7%，初中文化占 56%②，初中文化就是 9 年义务教育的基本年限，初中文化者是农民工的主力。考虑到城乡差别，不难想象甘孜县、德格县、白玉县、石渠县、色达县等 15 岁及以上常住人口受教育年限不足 6 年，其乡村人口受教育水平一定会更低，文盲半文盲人口会有一个比较大的占比，这对乡村劳动力的流动造成巨大限制。

鉴于研究区各县人口受教育年限的差异性及城乡发展的不平等，提升受教育年限将是未来相当长时间段内的重点工作。一是瞄准受教育年限提升群体，多视角开展学校教育。受教育年限提升的重点群体是 15 岁及以下群体和 15 岁及以上在校中学生，在继续强化“9+3”教育模式同时，将生态保护、非物质文化传承技艺等融入义务教育之中，提高滞留人群在当地就业和传承非物

① 在四川涉藏地区 32 个县（市）中，大部分县（市）距离中心城市远且海拔高，极为分散的居民点为九年义务教学的布点带来一定困难，也造成了一部分家长对孩子教育的忽视。2021 年 11 月，笔者曾经在成都耍都访谈两位从事藏族歌舞演艺工作的“95 后”女性，她们均来自道孚县的格西乡，均未上过学，十年前被带到成都从事歌舞表演时，基本不会讲汉语不会写字，也不会乘坐公交车（看不懂站名），后慢慢学习，可以认识并简单书写汉字，现在能熟练地使用微信定位等功能，也可以相对流利地讲汉语，但交流过程中还是会出现挟带藏语现象。两位姑娘在谈到未上学时，特别提到当年因为学校太远且住校，家长不放心而作罢。在访谈中，她们表示无论如何都会让家里的侄子侄女上学的，不识字没上学就像睁眼瞎。

② 国家统计局网站 .2021 年农民工监测调查报告 [EB/OL]（2022-4-29）. http://www.stats.gov.cn/xxgk/sjfb/zxfb2020/202204/t20220429_1830139.html .

质文化技能的能力。二是借助学历教育和乡村教学点，实施农村人口（存量劳动力）能力建设行动。结合各县乡村产业发展现状与发展趋势，开展大棚农业、初级生态产品持续采集和开发、生态环境保护、河湖林草管护、生态旅游等相关知识培训，多视角提升农村人口发展能力。三是开展乡村非农类产业就业技能培训。在研究区总体呈现人口净流出的客观背景下，依然有石渠县、白玉县、雅江县、色达县、乡城县、稻城县、甘孜县等呈现人口净流入。出现人口净流入的原因之一是这些地方有着比较好的非农产业就业机会，包括商贸服务、基建工程、旅游开发、生态建设等。这类偏远县域能够吸引外地人进入，是有吸引人才的发展机会，而本地人由于受制于认知、文化、技能等方面限制而未能获得这些机会。这些区域可开展针对性更强的技能培训，让更多当地乡村劳动力获得这些非农就业岗位，以提高其受益和发展能力。

（四）抓住少儿人口占比高的优势，尽力为未来乡村储备一批新型农民

在研究区 32 个县（市）中，有 12 个县（市）少儿抚养比低于全省平均水平，还有 20 个高于全省平均水平（见图 5），间接说明研究区劳动力资源储备相对丰富，具有发展乡村新型农民的潜在优势。在九龙、炉霍、壤塘、色达、

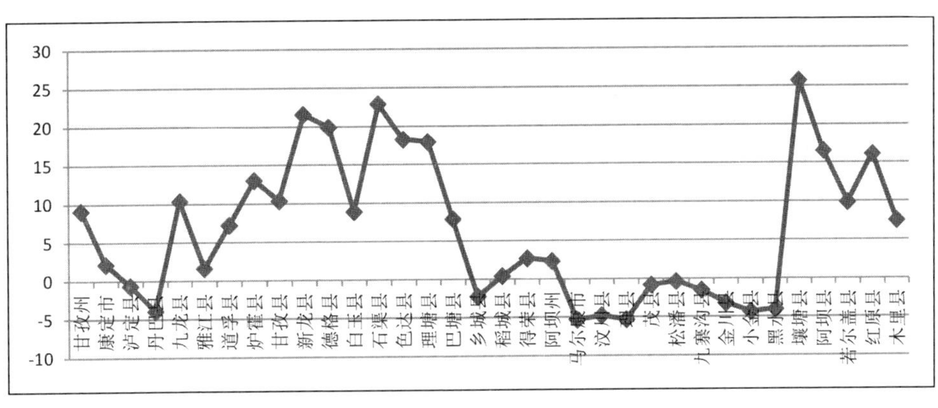

图 5　研究区各县少儿抚养比与全省的比较

石渠、理塘等县，少儿抚养比大幅度高于全省平均水平，而这些县城镇化水平低、受教育年限低、第一产业占比高，未来很长一段时间都将是乡村型社会结构。在前期打赢深度贫困地区攻坚战中，研究区第一产业得到大幅度提升，特色农产品羊肚菌、金山玫瑰、极地蔬菜、高山青稞、甜樱桃、牦牛奶、牦牛肉、川贝母等得到快速发展，炉霍县、甘孜县等还建成了大棚蔬菜基地，大棚蔬菜种植海拔提高了3800米，各类新型农业经营业态均有不同程度发展，对新型农民需求大增。存量劳动力因受教育水平、观念习俗等认知限制，只能以简单劳动形态参与到新型农业经营业态之中，成长为新型农民的机会少且缺乏动力。

目前，四川省农业重心正在从成都平原区向山区丘陵转移，研究区因其独特的自然环境、气候光照、种质资源、产品多样性等而受到消费者偏爱，以圣洁甘孜、净土阿坝为区域品牌的特色农产品在市场受到消费者关爱；以生态旅游、民俗旅游、村寨旅游、农业旅游、牧业旅游等为新形态的旅游产业也呈现出快速增长趋势，后续随着川藏铁路等的开通，更多国家公园的设立以及黄河源区建设，对于新型农牧民的需求也将不断增加。针对少儿抚养比偏高、少年儿童人口占总人口比重偏高等，及多数县（市）农村人口流动率偏低等特点，结合各县城镇体系布局和教育布点，围绕现代农业、旅游农业、高原牧业、生态农业、生态保护等相关产业发展，编制适应适合学校教育和少年儿童特点的相关乡土教材，提高儿童对农业农村的热情和认知，为未来农业农村发展储备一批新型农民，为乡村振兴战略的长远发展提供人才保障。

（五）优化和完善城镇体系，不断提升人口城镇化水平

乡村人口向城镇集聚是社会经济发展的必然规律，从游牧聚落向定居聚落、从散居定居向集中居住、从乡村聚落向城镇聚落转变，既是聚落演化规律也是人口居住形态的必然现象，人口城镇化不会因为人口密度过低而停滞，依

然会存在一个相对较大幅度的提升，人口城镇化必定代表人类文明程度和发展方向。研究区的主体功能定位、产业结构及人口密度等，决定了其城镇化水平难以达到城镇化饱和期的 70%，但超越 40%、50% 乃至 60% 是其基本发展方向。过低的城镇化水平，既是产业发展的结果，更是城镇体系不健全的表现[①]。城镇空间演化呈现“大分散、小聚集”，城镇形成的动力结构呈现为政策推力和援助拉力的自上而下与特色产业、公共服务和中心城镇发展吸力的自下而上的结合[②]，政治动力和文化动力是城镇化发展的主要动力，经济动力是次要动力[③]。县城、建制镇等以服务于广大乡村地区的城镇，成为带动人口集聚的主要形式，依托城镇发展的各类产业园区则促进人口的集聚。

立足于研究区城镇化的动力结构及城镇体系的不太健全等现象，依托各县（市）人口城乡结构，结合既有建制镇、集镇、中心村的布局，合理规划城镇体系，科学设置县城外的次级中心城镇，增强次级中心城镇的综合服务功能，以完善的服务集聚人口。以德格县为例，横亘在县域范围的雀儿山将县域一分为二，雀儿山以东人口难以被县城所辐射，是人口城镇化长期低水平的重要原因之一。科学设置次级中心城镇，完善次级中心城镇的服务功能，对于提高城镇化水平有着重要的促进作用。同时，要降低建制镇设置标准，让更多集镇转变为建制镇，以建制镇完善的教育医疗等公共产品吸引更多乡村人口集聚。再次，建设和完善更多特色小镇，依托农产品交易集中区、农业园区、旅游集散地、传统驿站、风景名胜区、机场、未来的铁路站点等，建设一批各具特色的集镇和建制镇，吸纳周边人口入住。

① 鲍超、刘若文：《青藏高原城镇体系的时空演变》，《地球信息科学报》2019 年第 9 期。

② 李雪萍、丁波：《藏区差异性城镇化动力机制及其二元结构特征——以四川甘孜藏族自治州甘孜县为例》，《中央民族大学学报（哲学社会科学版）》2015 年第 6 期。

③ 丁波：《乡村振兴背景下藏区城镇化动力结构的位序差异——以四川省藏族 G 县为例》，《原生态民族文化学刊》2019 年第 3 期。

（六）强化乡村振兴项目的性别意识，助力乡村女性全面发展

乡村女性是乡村振兴战略实施的重要主体之一，更是前期脱贫攻坚和后期巩固拓展脱贫攻坚成果的受益者和助力者[①]。研究区性别比分布在 129 ~ 93 之间，存在男性为主导和女性偏多的性别轻度失衡，女性在传统文化的建构中承担着较多的家务劳动和农牧业活动，15 岁及以上群体中女性文盲半文盲率一直高于男性群体[②]。根据乡村人口乡城流动的年轻化和男性偏高的特点，乡村人口女性占比高同样不能免俗。据在松潘、丹巴以及小金等地的村落调查表明，中老年女性和老年人口占常住人口的比例更高。在丹巴县 G 村调研时，村内留守人口都是中老年女性和老年人，村支书感叹“白事都找不到人办”；在红原县 X 村调查时，村书记和主任特别强调，牧区女性很苦很累，传统文化赋予女性更多的家务劳动和牧业生产，丈夫帮助妻子做家务是会被耻笑的，只能偷偷地帮忙。村内公共空间的话语，也是被男性所掌控的，女性在村两委中的占比大部分还停留在妇女主任等角色上。

在研究区乡村振兴战略中，强化性别意识，结合乡村女性的传统角色定位、女性受教育水平、居住形态及区位等条件，不断开发适合女性就地就业的各种岗位。其中，生态公益类岗位因其独特的就业益贫而被推广，从最初的护林员拓宽到湿地管理员、草地管理员、村社劝训员、河道守护员及村域保洁员等，在公益岗位的从业中不断规范其行为和技能，加上就业所带来的现金收入，也会提高女性在家庭中的地位。可在各类公益岗位的设置中，在新型农民

① 哈丽云：《精准扶贫与少数民族妇女发展》，《新疆社科论坛》2019 年第 6 期。

② 2000 年第五次人口普查数据显示，阿坝州 15 岁及以上人群女性文盲半文盲率为 28.45%，较男性（13.59%）高 14.86 个百分点；甘孜州女性文盲半文盲率为 57.82%，较男性（39.27%）高 18.55 个百分点。到 2010 年的“六普”时，甘孜州 15 岁及以上群体中女性文盲半文盲率为 42.37%，较男性（30.48%）高 11.89 个百分点；阿坝州为 21.10%，较男性高 10.14 个百分点。尽管 2020 年“七普”公报数据并未显示出男女两性 15 岁及以上文盲半文盲人口占比，但根据部分县受教育年限低于 6 年的事实说明，乡村人口受教育年限会更低，女性人力资本低于男性、低于城镇是客观而普遍的现象。

培育中，在村寨旅游摊位设置中，在大熊猫公园的特许经营中，以及其他乡村振兴项目中，强化性别意识，给女性留下足够的发展空间，增强女性在各类活动中的亮相机会，以提高女性的发展能力。

总体上看，研究区是四川境内地形地貌最为复杂、人口民族构成最为多元、人口密度和经济密度最低的典型人口经济稀疏区，也是四川境内人口受教育年限最低和城镇化水平最低的区域之一，还是全省境内唯一全域国家重点生态功能区。乡村是研究区最基本的社会形态，乡村社会将保持相当长时间甚至会一直保持一种城镇化水平相对偏低的状态，基于此的乡村振兴战略，自然要与常住人口的区域分布、城乡结构、年龄结构、受教育水平、性别结构及抚养比等相结合，立足全域重点生态功能区的基础，以及自然保护地面积占比高的特点，立足生态产品生产推动一二三产业联动、以相对偏低人口老龄化为契机开发乡村人口红利、以受教育年限为契机提升乡村人口发展能力、以少儿抚养比偏高储备更多新型农民、以完善村镇体系为载体推动人口城镇化、以性别意识为导向提升乡村女性发展水平。

沈茂英，四川省社会科学院经济研究所研究员、副所长。

西藏实施乡村振兴战略推进报告 *

徐伍达　邓亚净　妮妮美朵

乡村振兴战略是党的十九大提出的新战略，具有开创性战略意义。“十三五”时期，是西藏全面建成小康社会的决胜阶段。全区坚持农业农村优先发展，持续深化农牧业供给侧结构性改革，大力实施以“神圣国土守护者，幸福家园建设者”为主题的乡村振兴战略，粮食年产量在100万吨以上，农牧业经济继续保持稳中向好、稳中向优的发展态势；脱贫攻坚成果举世瞩目，62.8万农村贫困人口实现脱贫，历史性消除绝对贫困，确保西藏与全国一道全面建成小康社会。但同时也要看到，要达到乡村振兴战略总体要求——“产业兴旺、生态宜居、乡风文明、治理有效、生活富裕”，西藏依然面临着城乡融合、产业发展、人才下乡、公共服务等诸多短板，因此，要以巩固拓展脱贫攻坚成果为主线，全面推进乡村振兴。

一、西藏农业农村结构变化的主要判断

2021年，西藏“三农”工作重心历史性转移到全面推进乡村振兴的新阶段，“三农”工作也站在了发展的新起点，农业进入全面高质量发展转型期，农业科技创新进入突破期，农业农村现代化进入协同推进期，城乡发展进入加速融合期，农牧民持续稳定增收进入攻坚期。由于特殊的自然气候、地理环境

* 本文系西藏自治区社会科学院2022年度课题《西藏全面推进乡村振兴战略研究》的阶段性成果。

及历史原因，西藏农业农村发展长期低于全国整体发展水平，进入新发展阶段的内外部环境将发生深刻变化，“十四五”时期农业农村的结构变化也将进一步凸显。

1. 农业增加值增速和比重将持续收缩。西藏农牧业转向中低速增长阶段，按可比价计算，第一产业增加值的增长速度长期低于地区生产总值和非农产业的增长速度。2006 年以来，西藏产业结构从“三一二”型演化为“三二一”型，第一产业占地区生产总值的比重长期保持在末端。2021 年，西藏三次产业结构为 7.9∶36.4∶55.7，第一产业增加值达到 164.12 亿元，占地区生产总值的比重与“十三五”末持平（见图 1），较 2011 年、2016 年分别降低了 3.5 和 1.5 个百分点。“十四五”时期，随着城乡居民收入水平提高，恩格尔系数将进一步下降；农牧业领域在没有重大技术突破的情况下，投入的边际报酬也将进一步下降；耕地轮作休耕制度化常态化，畜牧和畜禽养殖环保标准提高，不可持续的边际产能逐步退出；随着农民工工资水平的提高和农牧业劳动力机会成本的增加，农牧业生产成本还将持续上升。“十四五”期间，第一产业增加值

图 1　2010—2021 年西藏第一产业发展情况

的年均增长预计在5%左右，将略高于“十三五”时期的年均增长速度，跟农牧区产业扶贫项目逐步成熟后所产生的经济效益相关，在“优化一产、壮大二产、提升三产”产业格局下，到“十四五”期末第一产业增加值占地区生产总值的比重下降至6%左右。

2. 农牧业和乡村的多元价值加速彰显。西藏农牧业和乡村的主要功能是为全社会提供农畜产品，还为经济社会发展提供建设用地、生态屏障和人力资源，农牧业的多种功能、乡村的多元价值将不断得到发现和彰显。2021年，稳产保供水平稳步提升，粮食、青稞、蔬菜、肉奶实现丰产丰收，产量分别达到106.15万吨、80.12万吨、88万吨、81.07万吨，均创历史新高（见图2），其中粮食产量连续7年稳定在100万吨以上；农牧业产业化水平稳步提升，农畜产品加工业总产值63.57亿元，同比增长11.5%；农畜产品加工率20%，同比提高5个百分点；先后打造了鲁朗国际旅游小镇、达东乡村旅游重点村等美丽休闲乡村，全区乡村接待游客近1061万人次，实现收入12.17亿元。山水林田湖草是田园风貌的物质载体，青藏高原独特的自然环境将西藏乡村划分为农区、牧区和半农半牧区等村庄形态。乡村作为生态涵养的主体功能区，人与自然和谐共生，这就决定了乡村是生态文明建设的主战场。2021年，深入实施有条件的地方消除“无树户”“无树村”战略，持续开展“四旁”植树工作，落实重点生态功能区转移支付资金和草原生态保护补助奖励资金，草原综合植被覆盖度达到46.7%；加大农业面源污染治理力度，畜禽养殖资源化利用率达92%，主要农作物化肥农药利用率达41%，秸秆综合利用率达95%以上；启动实施农村人居环境整治提升，整体推进农村“厕所革命”，根据各地差异性和不同区域现状与特点，改造户用卫生厕所4.66万座；村容村貌呈现新变化，全区94.3%的行政村建立了垃圾集中收集点，1737个行政村生活污水得到了有效治理，西藏乡村生态宜居水平不断提升。“十四五”时期，西藏将构建“一圈三区四带”的高原特色农业新格局，重点发展青稞、牦牛、藏羊、蔬菜、奶业、饲草、藏鸡、藏猪、茶等高原特色产业；推进“六村”建设的高原特色农村新格局，营造特色宜居的生活空间和延续人与自然和谐共生的乡村空间。随着人民对美好生活需要的日益增长，交通网络、信息网络、物流体系等支撑手段的日益完善，乡村的生态、居住、文化等功能得到发掘，涌现出休闲农业、创意农业、特色文化等新业态，诞生特色小镇、田园综合体、康养基地等新载体，乡村经济将呈现多元化、精细化、融合化的发展趋势。

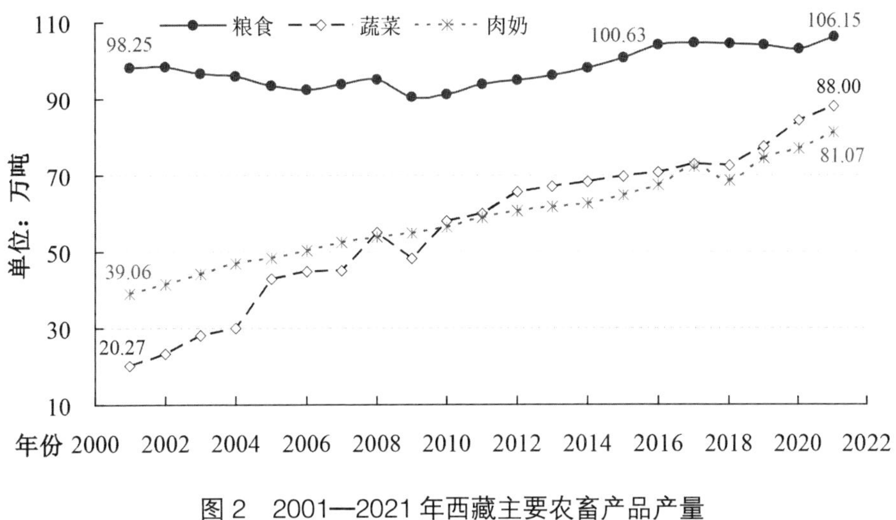

图 2　2001—2021 年西藏主要农畜产品产量

3. 城乡融合问题亟待创新性解决方案。城乡融合的本质是打破城乡分割，促进生产、生活、生态融合化发展。城乡差距是西藏区域发展差异的重要表现，并在一定程度上形成了独特的二元结构。根据第七次全国人口普查数据显示，2020 年底西藏城镇化率仅为 35.7%，较同期全国平均水平低 28.2 个百分点，更是低于西部地区平均水平，跟同属地广人稀的新疆维吾尔自治区相差 20.8 个百分点。在区域内部存在较大差距，作为首府城市的拉萨市城镇化率为 69.8%，跟地处横断山区腹心的昌都市相比高出了 52.3 个百分点；全区人口过

50万人的4个市中，除拉萨市外，日喀则、昌都和那曲等5个市的城镇化率低于全区平均水平；以拉萨市为核心的城市群（主要集中在“一江两河”地区）在城镇化过程中“虹吸”效应较为突出，“一江两河”地区集聚了全区近40%的人口（见表1）。全区有26.6万人从“一方水土养不活一方人”的苦寒之地搬迁到河谷城镇或交通沿线安置。2021年，全区实施了293个易地搬迁后续扶持项目和投入资金30.86亿元，建成配套产业2300个，实现6.2万搬迁人口就近就业或外出务工。生计模式的转变，是制约搬迁人口稳定就业和社区融入的重要因素。如，森布日极高海拔生态搬迁户有相当部分青壮年劳动力仍在原籍从事牧业生产。确保搬迁家庭“稳得住、有就业、能致富”成为后续扶持最紧迫的任务。西藏交通网络日益完善，公路通车里程突破12万公里，乡村公路通达率分别达100%和99.96%，促进了城乡之间的要素流通。“十四五”时期，以拉萨为中心辐射日喀则、山南、林芝、那曲的“三小时经济圈”，将形成设施联通、产业协同、要素流动的区域发展新格局。随着全区交通网络、市场经济、电子商务等方面的发展，城乡生产、生活方式融合趋势越来越明显，破解城乡体制机制的分割不仅涉及扩权强镇，也涉及乡村治理机构设置，还涉及人力资源、资金投入、社会保障等短时间难以解决的短板，特别是缩小边境地区与腹心地区的发展差距和解决极高海拔生态搬迁的后续帮扶。因此，城乡融合的体制机制需要创新性的解决方案。

表1　西藏不同类型县域人口分布状况

单位：个、人、%

项目	个数	2000年		2010年		2020年	
		人数	比重	人数	比重	人数	比重
农业县	35	1424947	55.03	1617500	53.88	2127632	59.15
牧业县	15	398139	15.38	493513	16.44	530680	14.75

续表

项目	个数	2000 年		2010 年		2020 年	
半农半牧县	24	766173	29.59	891152	29.68	1051875	29.24
“一江两河”开发县	18	963573	37.21	1081034	36.01	1431084	39.79
粮食基地县	11	577351	22.30	633884	21.11	755344	21.00

资料来源：据 2000 年、2010 年和 2020 年全国人口普查数据整理得出。

4. 农户分化及兼业程度将进一步提高。实行“三个长期不变”政策以来，农户在逐步分化。截至 2021 年底，全区新型经营主体累计有农牧民专业合作社 12740 家、家庭农牧场 9703 家和各级龙头企业 165 家，推动小农户与现代农业有机衔接。2016 年以来，全区累计培训农牧民人数达到 47.6 万人次，并在整村、整乡及更大区域集中连片开展青稞、小麦等粮食作物农业托管服务试点，农作物耕种收综合机械化率达到 66.1%，有效释放农牧区剩余劳动力并推动在家务农的青壮年外出务工。2021 年，全区农牧民转移就业 69.33 万人次，实现劳务收入 58.1 亿元，创历史新高，其中脱贫人口外出务工 20.4 万人次。农牧业收入占农牧民总收入的比重逐年下降（见表 2），乡村户籍劳动力已有部分转向非农部门，有的农户已将部分或全部的耕地、草场和牲畜等生产资料流转他人经营。如，昌都市针对闲置土地、集体统管土地和农户所承包的荒山荒坡荒田，分区分片规模化开展土地开发整治和高标准农田建设，健全集体耕地、草原等资源性资产的物权管理和土地承包经营制度，完善土地经营权流转服务体系，探索自主经营、租赁、抵押、承包、合股经营等多种方式，全市土地、草场分别流转了 5.1 万亩和 32.8 万亩，为新型经营主体扩大生产规模和农户增加财产性收入创造了有利条件。那曲市立足资源禀赋，正确处理好“人草畜”关系，组建 1640 家农牧民专业合作社和 30 个家庭牧场，入股牲畜 116.79 万头（只）、草场 2.08 亿亩，辐射带动牧户 9.97 万户 45.5 万人。“十四五”时期，受城镇化深入发展、农牧业比较效益下降、农牧民代际更替等因素影响，农户分化程度将进一步加深，部分农户有望扩大经营规模，转型为家庭农场，同时部分农户有望离农退村进城，大部分处于中间状态的农户兼业化程度将进一步提高。

表 2　2011—2021 年西藏农村居民人均可支配收入构成变化情况

单位：元、%

类别 / 年份	可支配收入	工资性收入		经营净收入		财产净收入		转移净收入	
		绝对数	比重	绝对数	比重	绝对数	比重	绝对数	比重
2011 年	4904	1008	20.6	3143	64.1	113	2.3	640	13.1
2012 年	5719	1202	21.0	3679	64.3	127	2.2	711	12.4
2013 年	6578	1475	22.4	4157	63.2	89	1.4	857	13.0
2014 年	7359	1571	21.3	4362	59.3	130	1.8	1296	17.6
2015 年	8244	1873	22.7	4938	59.9	147	1.8	1286	15.6
2016 年	9094	2205	24.2	5238	57.6	149	1.6	1502	16.5
2017 年	10330	2428	23.5	5735	55.5	175	1.7	1992	19.3
2018 年	11450	3037	26.5	5889	51.4	427	3.7	2097	18.3
2019 年	12951	3907	30.2	6365	49.1	436	3.4	2243	17.3
2020 年	14598	4778	32.7	6912	47.3	610	4.2	2298	15.7
2021 年	16935	6086	35.9	7374	43.5	768	4.5	2707	16.0

资料来源：根据历年《西藏统计年鉴》整理得出。

5. 巩固脱贫攻坚成果亟需拓宽增收渠道。2003 年以来，西藏农村居民人均可支配收入连续 19 年保持两位数的增长速度（见图 3），农牧民生活水平稳步提升。2021 年，全区农村居民人均可支配收入达到 16935 元，同比增长 16%，增速位居全国第一，高出全国平均水平 5.5 个百分点。从表 2 可以看到，近年

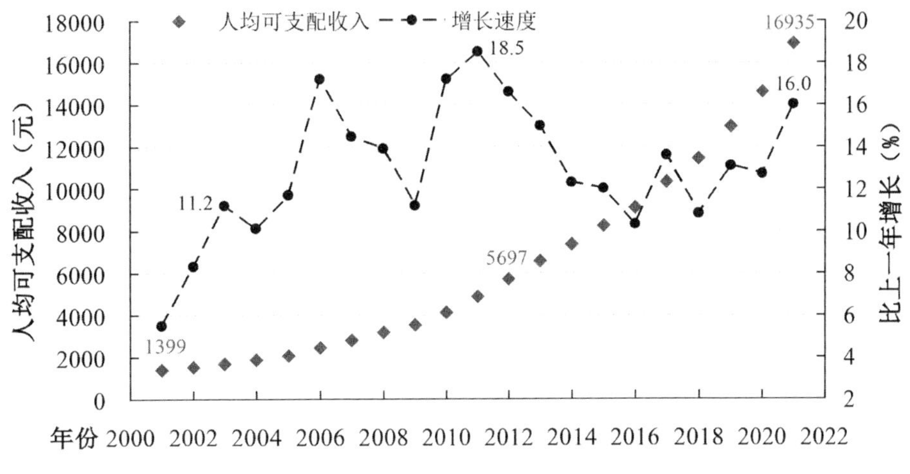

图 3 2001—2021 年西藏农村居民人均可支配收入增长情况

来农村居民人均可支配收入的结构也发生了较大的变化，以农牧业为主的经营净收入对家庭增收的贡献逐年减弱。2020 年，农村居民的工资性收入占可支配收入的比重为 35.9%，较 2011 年提高了 15.3 个百分点；而作为家庭收入主要来源的经营净收入占可支配收入的比重已降至 43.5%，较 2011 年减少了 20.6 个百分点；转移净收入和财产净收入对增收的贡献度还存在较大空间。打赢脱贫攻坚战的主要目标任务是全面消除以“两不愁三保障”为脱贫标准的绝对贫困。2021 年，转入巩固拓展脱贫攻坚成果后，西藏把不发生规模性返贫作为乡村振兴的底线，不断完善防止返贫的动态监测和帮扶机制，累计识别监测对象 6754 户 28167 人。据统计，2021 年脱贫人口人均纯收入达 12082.5 元，相当于全区农村居民平均水平的 70% 多。其中，工资性收入为 6081.7 元，占人均纯收入的 50.3%；经营净收入为 3184.5 元，占人均纯收入的 26.4%；转移性和财产净收入为 2816.3 元，占人均纯收入的 23.3%。脱贫人口的收入结构跟全区农村居民相比，主要来源于工资性收入、转移净收入和财产净收入三个方面，跟帮扶政策“红利”高度相关。农村低保标准从每人每年 4713 元提高到 5060

元，对没有劳动能力的低收入群体进行兜底。“十四五”时期，西藏乡村的贫困特征将发生重大转变，低收入群体将成为贫困主体，集中连片的区域性特征仍是最特殊的区情，农牧民持续增收的新动能和压力较大。进入新发展阶段，以消除贫困实现共同富裕为目标，向强化扶弱济困共富转变，多渠道增加农牧民收入，建立劳务输出精准对接机制和工作协调联系机制，加大农牧民转移就业和有组织的劳务输出力度，扩大中等收入群体。

二、西藏全面推进乡村振兴的基本思路

“十四五”时期，国家层面提出：“坚持把解决好‘三农’问题作为全党工作重中之重，走中国特色社会主义乡村振兴道路，全面实施乡村振兴战略。”从提高农业质量效益和竞争力、实施乡村建设行动、深化农村改革、实现巩固拓展脱贫攻坚成果同乡村振兴有效衔接等方面进行了阐释。西藏打赢脱贫攻坚战后，“三农”工作重心历史性转向全面推进乡村振兴。习近平总书记在中央第七次西藏工作座谈会上强调，要在巩固脱贫成果方面下更大功夫、想更多办法、给予更多后续帮扶支持，同乡村振兴有效衔接，尤其是同日常生活息息相关的交通设施、就医就学、养老社保等要全覆盖。习近平总书记在西藏考察时强调，要坚持以人民为中心的发展思想，推动巩固拓展脱贫攻坚成果同全面推进乡村振兴有效衔接，更加聚焦群众普遍关注的民生问题。这为西藏全面推进以“神圣国土守护者、幸福家园建设者”为主题的乡村振兴提供了根本遵循，必须将“三个赋予，一个有利于”贯穿于乡村振兴全过程，实现农牧业高质高效、农牧区宜居宜业、农牧民富裕富足。

1. 巩固拓展脱贫攻坚成果。“十四五”时期，是巩固拓展脱贫攻坚成果的5年过渡期，严格落实“四个不摘”要求，确保不发生规模性返贫。建立健全防止返贫监测和帮扶机制，加强对贫困人口、脱贫人口、边缘人口进行定期核查、动态管理，持续跟踪收入变化和巩固情况，及时做好脱贫不稳定户、边缘

易致贫户，及因病因灾意外事故等刚性支出较大或收入大幅缩减导致基本生活出现严重困难户的帮扶，逐户逐项整改清零和对账销号，确保易返贫致贫人口动态清零。全面梳理总结脱贫攻坚各项政策举措执行效果，总结推广脱贫攻坚战中积累的行之有效的经验做法，在产业奠基、人才储备、文化引领、生态保护和组织建设等方面为乡村振兴提供经验借鉴。立足当地资源禀赋和区域优势，在现有发展成熟的产业基础上发展特色优质高效的乡村产业，提升产业带贫益贫能力。实施消费扶贫和产品对接援藏，提高社会各界参与度和产品外销力度，减轻疫情灾情对实体扶贫产业的冲击。巩固培训就业、生态扶贫、饮水安全和地方病防治成果，进一步强化易地扶贫搬迁在社会管理、培训与就业和基本公共服务建设等方面的后续帮扶。

2. 提高农牧业质量和效益。深化农牧业供给侧结构性改革，构建现代农牧业产业体系、生产体系和经营体系，推动农牧业高质量发展。围绕“稳粮、兴牧、强特色”，实施高标准农田建设工程，建设一批青稞、牦牛、藏香猪、藏羊等特色农畜产品生产基地，稳定青稞播种面积，加大饲草料保障力度，提升农畜产品供给保障能力。推进城乡物流配送网络一体化，推动商贸流通体系向偏远乡村延伸，支持农产品流通企业、电商、批发市场与区域特色产业精准对接。瞄准城乡居民数量需求得到满足后对品质的新需求，培育绿色食品、有机农产品、地理标志农产品，建立强制性的农畜产品产地合格证和可追溯证明制度，依托高原悠久农耕牧业文化传承讲好品牌故事、打造品牌形象，提升农牧业的品质和品牌溢价。继续大力实施消费帮扶，引导区内外消费者逐步形成“高原农畜产品质优价高”的共识和消费，促进农牧业绿色化发展、规模化经营、品牌化营销，提升农牧业价值创造和市场竞争能力。

3. 全面推进乡村建设行动。“郡县治，天下安。”推进乡村振兴，县域是关键。立足区位条件、产业基础和人力资源，突出县域特色，坚持有所为、有所不为，培育有特色、有优势、有市场、有效益的县域支柱产业，促进农牧区一二三产业融合发展，发展农牧业新型业态，支持农牧产品和农牧区流通体系、家政餐饮等生活服务业发展，加强县域流通体系建设，延伸农牧业产业链和价值链。围绕提升乡村生活品质，统筹县域城镇和村庄规划建设，强化农牧区基础设施建设，进一步推进农村道路、供水、供电、网络等基础设施提档扩容，重点提高到自然村和农户家庭的通达率，因地制宜推进农牧区改厕、生活垃圾处理和污水治理，对有历史文化价值的古村落古建筑全面修缮保护，在物质和文化层面改善农村人居环境。引导大学毕业生、技术人才及医务、教育专业人员到县域择业就业、创新创业，增强人才、科技对县域经济的服务能力。开展农村基本公共服务达标工程，建立农村基本公共服务项目和服务标准清单，通过配置达标、人员交流、待遇倾斜等途径提升农村基本公共服务能力。顺应乡村治理主体和客体的变化，发挥自治、法治、德治在乡村治理中的优势，深入开展平安创建活动，提升乡村社会治理能力。

4. 深化农牧区改革和赋能。坚持“三个长期不变”基本政策，保持土地承包关系长期稳定，严守耕地和草场红线。落实完善农村土地“三权分置”要求，引导农牧区耕地、草场经营权有序流转，鼓励托管经营。大力培育新型农牧业经营主体，做强农牧业产业化龙头企业和合作社，探索符合当地实际的农场模式，发展多种形式适度规模经营，健全农牧业社会化服务体系，实现小农户和现代农业有机衔接。健全城乡融合发展机制，推动城乡要素平等交换、双向流动，依托乡村低密度、低成本优势有选择地承接城镇无污染生产环节的转移，通过设施化、机械化和信息化等改造提升乡村产业的质量和效率。挖掘和释放农牧业的多种功能、乡村的多元价值，瞄准城乡居民对田园生态、乡土文化、乡村风貌等乡村旅游的新需求，大力发展乡村新产业、新业态、新商业模式，实现乡村经济多元化和促进乡村本地就业。

三、西藏全面推进乡村振兴的政策建议

站在新的历史起点上，西藏着力推进“四个创建”、努力做到“四个走在前列”，全面推进乡村振兴，抓好“四件大事”、实现“四个确保”的具体实践，事关建设社会主义现代化新西藏全局。深入推进以“神圣国土守护者、幸福家园建设者”为主题的乡村振兴战略，要在巩固拓展脱贫成果方面给予更多的后续帮扶支持，同乡村振兴有效衔接，促进“人、地、财”等要素在城乡之间自由流动和均衡配置，实现新时代乡村治理现代化，全面推进农业农村现代化。

1. 完善乡村振兴组织体系和人才入乡留乡的激励机制。组织和人才是推动农业农村现代化的关键力量。一是完善乡村振兴组织体系衔接。强化“五级”书记抓乡村振兴，特别是县委书记要当好乡村振兴的“前线总指挥”，把党领导农村工作的政治优势转化为推动乡村振兴的行动优势。结合新发展阶段“三农”工作新形势新任务新要求，充实各级党委农办、农业农村和乡村振兴等部门的工作力量，有效解决缺兵少将及“小马拉大车”“九龙治水”等突出问题，形成组织有力、职责清晰、分工负责、协同高效的乡村振兴工作运行机制和责任体系。各级党委农办组织开展《乡村振兴战略总体规划（2018—2022年）》的实施总结评估，科学编制“十四五”时期全面推进乡村振兴规划。二是加强乡村振兴人才队伍建设。继续选派优秀干部到乡村振兴一线岗位，把农牧区作为培养锻炼干部的广阔舞台，将懂农业、爱农村、爱农民的干部充实到“三农”战线，建设政治、本领和作风都过硬的乡村振兴干部队伍。选优配强村“两委”班子成员，充分发挥第一书记、乡村振兴专干、科技特派员和致富带头人的作用，对巩固拓展脱贫攻坚成果和乡村振兴任务重的村，特别强化第一书记和驻村工作队的选派，提升村级组织凝聚力、号召力和组织力。三是创新乡村振兴人才激励机制。落实好《关于加快推进乡村人才振兴的实施意见》《关于鼓励引导人才向艰苦边远地区和基层一线流动的若干措施》等政策，为

乡村振兴注入人才新动能，培养和留住本土优秀人才，引进外来适用人才。完善各类人才服务乡村振兴的激励约束机制，将农牧区基层工作成绩作为科技工作者、教师、医生职称评定的特殊加分项，保证到基层工作的专业人才获得更多的职称晋升机会。在乡村实际工作中发现和挖掘本地人才，从各个领域遴选乡村发展需要的人才，通过农牧业生产技能的普及性培训建立职业农牧民认证体系，发挥传统工匠等乡土人才的作用，促进传统技艺与新技术的融合创新，为全面推进乡村振兴提供乡土人才支撑。

2. 建立土地资源与城乡间要素流动相适应的配置机制。土地是乡村稳固和发展的基础，以空间功能布局优化和土地整合效率提升为方向，为乡村振兴提供土地资源保障。一是因地制宜全面编制村庄规划。结合县域国土空间规划编制和人口适度规模集中的特点，立足现有基础，保留乡村特色风貌，不搞大拆大建，推进“多规合一”实用性村庄规划编制。采取先创建后认定的方式，分级创建一批乡村振兴示范县、示范乡镇、示范村，梳理推广示范村居、示范乡镇成功经验。二是探索“三权分置”的实现形式。按照“促进利用、防止撂荒”的原则，引导农牧区耕地、草场经营权有序流转，鼓励离农成员将剩余承包期内的土地经营权一次性流转给其他经营主体，发展适度规模经营。探索宅基地“三权分置”途径，开展闲置宅基地复垦试点。保障进城落户农牧民土地（草场）承包权、宅基地使用权、集体收益分配权，鼓励依法自愿有偿转让。三是完善乡村土地利用管理制度。按照城乡融合发展的理念，以县域为单位优化生产、生活、生态空间布局，在保障基本农田和生态用地总量不减、质量有所提升的前提下，合理调整基本农田和生态保护区的区位区块，以农田集中连片整理支持农业现代化生产，以建设用地集聚提高土地利用效率，以土地整治修复改善生态环境。支持农牧区清理，盘活废弃建设用地、闲置宅基地，新增建设用地计划指标，优先保障巩固拓展脱贫攻坚成果和乡村振兴用地需要。

3. 建立与农业农村优先发展相适应的资金投入保障机制。根据巩固拓展脱贫攻坚成果同乡村振兴有效衔接的需要，合理安排资金投入规模，优化支出结构，调整支持重点。一是完善财政涉农资金的使用方式。强化公共预算投入的约束机制，把农业农村作为一般公共预算优先保障领域，进一步加大各级财政资金投入力度，援藏资金主要用于农牧区。完善涉农资金统筹整合长效机制，实施财政支农资金绩效管理，提高资金使用效益。二是提升金融服务“三农”水平。继续发挥财政投入对金融资本的引导作用，大力开展面向农户的小额信用贷款，积极开展保单质押贷款及大型农机具、大棚设施、养殖圈舍抵押贷款业务。鼓励开发更多特色金融产品支持新型农牧业经营主体，提高首贷获贷率、增加信用贷占比。三是发挥农业保险“兜底”作用。完善农业保险政策和落实农业再保险制度，扩大涉农保险覆盖面，做好农业保险保费补贴政策衔接，确保及时足额理赔。因地制宜开发优势特色农产品保险，探索青稞完全成本保险试点，用于抵抗优势特色农产品的不可抗力风险。

4. 构建自治、法治、德治相融合的现代乡村治理体系。乡村治理是国家治理体系的重要组成部分，治理有效是乡村振兴的基础。一是加强农牧区基层党组织建设。按照《中国共产党农村基层党组织工作条例》的要求，加强农牧区基层党组织建设，持续整顿软弱涣散的基层党组织，通过换届选举配齐配强村“两委”班子，把乡村建成反分裂斗争桥头堡和民族团结工作队。管好用好村级组织活动场所，强化村级组织运转经费保障，推进村委会规范化建设。健全村党组织领导下的议事决策机制、监督机制，全面落实“四议两公开”制度，发挥村规民约在基层治理中的积极作用。二是铸牢中华民族共同体意识。在农牧区深入开展“铸牢中华民族共同体意识”专题教育和“中华民族一家亲，同心共筑中国梦”主题宣讲等活动，推动各族群众不断增强“五个认同”。在乡村全面推广普及国家通用语言文字，开展“学文化、学知识、学技术、学政策、学法律”活动，村“两委”班子在使用国家通用语言文字和普法教育上起到模范带头作用。从内地引进种养大户、致富能手和企业到农牧区兴业创业，促进各民族交往交流交融。三是保持农牧区持续和谐稳定。正确处理好“富口袋”与“富脑袋”的关系，把提振农牧民精神风貌作为乡村振兴的重要内容，通过先进人物和文体活动引领乡村新风尚，不断提高农牧民思想道德素质水平。全面启动“八五普法”进乡村，培养“法律明白人”，不断提升农牧民的国家意识、公民意识和法律意识。依法加强农牧区宗教事务管理，教育引导农牧民理性对待宗教，淡化宗教消极影响和负面影响，减少宗教消费、过好今生幸福生活，移风易俗、改变陋习，追求科学文明健康的新生活方式。借鉴“枫桥经验”完善矛盾纠纷多元化解机制，畅通和规范农牧民诉求表达渠道，推进网格化服务管理和双联户社会化服务。深化平安乡村建设和完善治安防控体系，常态化开展扫黑除恶，严厉打击非法侵占农村集体资产、惠农政策资金和侵犯妇女儿童人身权利等违法犯罪行为，维护农牧区社会持续和谐稳定。加强乡村应急管理体系建设，及时应对自然灾害、公共卫生、安全生产等安全隐患，严格落实联防联控、群防群控措施，做好农村可能出现的各类疫情防控工作。

徐伍达，西藏自治区社会科学院农村经济研究所副所长、副研究员；邓亚净，西藏自治区社会科学院农村经济研究所助理研究员；妮妮美朵，西藏自治区社会科学院农村经济研究所研究实习员。

民族地区农业振兴的实践困境与经验启示
——基于西藏 B 村的考察

才项多杰

党的十九大报告提出“实施乡村振兴战略，按照产业兴旺、生态宜居、乡风文明、治理有效、生活富裕的总要求，加快推进农业农村现代化”[①]，其中产业兴旺是重点，生活富裕是根本 。西藏位于高原地区，在实现全面小康后依然面临经济发展仍然滞后，乡村发展后劲不足，尤其在巩固脱贫攻坚成果与乡村振兴战略衔接等领域的巨大挑战。乡村农业振兴是当前西藏实施乡村振兴的首要任务，关乎农民福祉、关乎农村的长远发展。在乡村农业振兴的学理研究上，国内学者已经从产业振兴的总体框架、发展方向、实施思路等领域作了详细的研究，如“构建现代农业产业体系、生产体系和经营体系”（陈锡文，2018 年）[②]、“特色化振兴，农业农村优先发展”（姜长云，2018 年）[③]、“城乡融合发展”（叶兴庆，2018 年）[④]、“产业制度供给”（张照新，2018 年）[⑤]等，也有西藏学者基于乡村振兴的整体推进，对“农业综合开发”（禄树晖，2018）[⑥]、“巩固拓展

① 习近平：《决胜全面建成小康社会夺取新时代中国特色社会主义伟大胜利——在中国共产党第十九次全国代表大会上的报告》，http : / /www.xinhuanet.com / / politics /19cpcnc /2017。

② 陈锡：《实施乡村振兴战略，推进农业农村现代化》，《中国农业大学学报（社会科学版）》2018 年第 1 期。

③ 姜长云：《实施乡村振兴战略需努力规避几种倾向》，《农业经济问题》2018 年第 1 期。

④ 叶兴庆：《新时代中国乡村振兴战略论纲》，《改革》2018 年第 1 期。

⑤ 张照新：《以乡村振兴战略引领新时代农业农村优先发展》，《人民论坛学术前沿》2018 年第 3 期。

⑥ 禄树晖、陈东东：《西藏农业综合开发应对策略研究》，《西藏民族大学学报》2018 年第 3 期。

脱贫攻坚成果、接续乡村振兴”（刘金龙等，2021 年）[①]、“构建乡村振兴指标体系”（杨阿维等，2021 年）[②] 等方面进行了研究。总体上看，以上研究内容多元、针对性强，既有宏观的战略解读，也有微观的理论分析。但是以乡村农业作为研究个案的较为缺少，为了与宏观的战略和微观学理逻辑形成一种对话，笔者选择西藏农业区中具有代表性和典型性意义的村庄，即 B 村作为田野点，通过农业区的个案研究探讨乡村产业发展中面临的问题及相应的解决路径，为广大西藏农业地区的乡村产业振兴提供经验参考。

一、B 村的基本情况

B 村位于日喀则“三县一区”[③] 地带的江孜县，是“西藏粮仓”的集中地带之一，此县依托雅鲁藏布江最大支流年楚河流域的水资源优势，开发了西藏最为重要的农业集中区。B 村位于该县的西南部，是典型的人少地多的行政村，2020 年全村共有 104 户，共计 547 人；行政组织上全村一共分 12 个组，每组设一名组长。该村的主要产业是农牧业，也有部分服务业。农业耕地面积达 2343.7 亩，人均耕地面积 4.3 亩[④]，2020 年耕地率达 99%，年粮食产量为 158 万斤。目前该村的草场总面积为 10716 亩，年末牲畜存栏为 1464 头（只、匹）其中：羊 516 只、山羊 227 只、牛 636 头、马 85 匹。该草场性质属于村集体共有性质，使用权分属于每户，草场补贴从每户实际占有面积中分拨[⑤]。服务业类型多样，有村集体的合作社，也有个体合作社和兼营经济。总体上该村产业发展并不理想，没有在脱贫攻坚和乡村振兴战略实施中走出一条由市

① 刘金龙、时卫平、龙贺兴：《西藏巩固拓展脱贫攻坚成果、接续乡村振兴的战略判断及建议》，《西藏民族大学学报》2021 年第 4 期。

② 杨阿维、李昕、叶晓芳：《西藏乡村振兴指标体系构建及评 价》，《西藏大学学报》2021 年第 5 期。

③ 分别为康马县、江孜县、白朗县、桑珠孜区。

④ 以上数据来自 2020 年中国藏学研究中心社会经济所调研组在江孜县 B 村的 100 户全样本调查数据。

⑤ 以上数据来自 2020 年中国藏学研究中心社会经济所调研组在江孜县 B 村的 100 户全样本调查数据。

场机制、地理优势和民族文化相结合形成的区域发展道路，因此梳理该村在农业振兴上的实践困境，对于新时代背景下西藏乡村农业振兴具有重要的理论价值和现实意义。

二、B 村的农业发展现状与成效

就 B 村的农业发展来看，顶层设计到地方实践的思路基本围绕农牧业和设施农业来开展，其中最为核心的是青稞农业、设施农业、合作社经济、服务业培育，这是推进脱贫攻坚和全面建成小康社会的政策要求，也符合通过农业现代化来推动农牧民增收致富的目标 。以下将对 B 村的农业发展现状和成效进行分析。

（一）青稞农业

对于 B 村来说，农业发展中，青稞种植的占比非常高，从表 1 看，青稞种植面积在总耕地面积中，占比在 60% 以上。

表 1　B 村青稞种植面积在总耕种面积中的比

单位：亩、%

序号	户名	耕地总面积	青稞种植面积	小麦种植面积	油菜种植面积	豌豆种植面积	土豆种植面积	青稞耕种比重
1	L 某	30	18	5	2.5	2.5	2	60
2	Q 某	26.6	18	5	1.5	1.5	0.6	67.7
3	J 某	31	22	4	2	2	1	70.9
4	E 某	17	12	2	2	1	0	70.6
5	P 某	22	15	5	1	1	0	68.2
6	LI 某	25	20	3	1	1	0	80%
7	D 某	64	59	5	0	0	0	92.2
8	B 某	30	20	5	2	2	1	66.7

续表

序号	户名	耕地总面积	青稞种植面积	小麦种植面积	油菜种植面积	豌豆种植面积	土豆种植面积	青稞耕种比重
9	DL 某	30	16	3	2	2	0.7	53.3
10	JL 某	31.9	18	10	1.5	1.5	0.9	56.4

注：来自 2020 年问卷调查数据。

虽然青稞耕地面积在总耕地面积中的占比高，但从表 2 来看其收益比重偏低。

表 2　B 村典型户总收入中的青稞种植收入比重

单位：元、%

序号	户主	人口	农牧经营性收入	其中青稞收入	工资性收入	财产性收入	转移性收入	全年总收入	农牧业经营性收入占比	
									农牧总收入	其中青稞收入占比
1	L 某	9	22900	12000	18000	0	2750	60975	37.6	19.68
2	Q 某	6	10350	7000	35000	0	5300	71440	14.5	9.80
3	J 某	9	11960	8000	210000	1140	5000	238495	5.01	3.35
4	QL 某	6	5400	5000	40000	0	200	59460	9.08	8.41
5	P 某	6	18000	13000	35000	0	400	78330	23	16.60
6	L 某	5	8940	6000	20000	300	1000	51240	17.4	11.71
7	D 某	3	29880	21000	30000	0	10330	138355	21.6	15.18
8	B 某	8	19600	10000	23000	360	2450	68510	28.6	14.60
9	LM 某	7	10400	8000	0	230	1350	18280	56.9	43.76
10	JM 某	4	8400	6000	54000	200	13200	88085	9.5	6.81

注：来自 2020 年问卷调查数据。①

① 选取 B 村的“典型户”来说明其青稞收入在 B 村的总收入中所占之比重。

究其原因，青稞的收入比重与现代经济学意义上的成效有所区别，需要用所在地的生计功能进行分析，具体来说青稞效益体现在两个方面。

一是生产效益 。当地农户通过政府机构的科技指导，播种“青稞 2000”与“喜马拉雅 22 号”种子，由于此种子的增产收益较好，农户通过出售种子来增加现金收入。另外，农户利用青稞的优质饲料喂养牲畜，将畜牧产品（大部分是酥油，牛肉则留给自己使用）进行出售来提高收入，用牛所产的牛粪来解决冬春季取暖问题，部分也充当耕地肥料。

据村民 B 介绍：我家有 26 亩地，2019 年，青稞种植 20 亩，每亩产出 550 斤，良种卖出 4000 斤，每斤 3 元的价格，总收入为 12000 元。主要种植喜马拉雅 22 号，其种子产出较高，一亩地将近产 550 斤，但是作为口粮和饲草，质量差。如果不按良种来出售，一般种藏青 2000 号，其种子一亩地约产 450 斤，作为口粮其糌粑的口感较好，而且长得高，可以充当饲草。饲草料好，奶牛的产出就高，2019 年，我家 5 头奶牛，共产出 400 斤酥油，一斤按 37 元卖，共收入 14800 元。[①]

二是生活效益，青稞作为当地老百姓的主要口粮，一方面是青稞本身的特点[②]使然，另一方面是藏族老百姓在实践中不断进行选择的结果。老百姓利用青稞进行深加工，酿造青稞酒来满足生活需求；也用青稞来满足日常的文化需求，如过年、过节举办的众多仪式均用到青稞糌粑等。

以此分析，青稞农业的成效主要体现在当地的生计和文化生活功能上。此功能在西藏农村中由来已久，其最主要的底层逻辑是“农为牧用，牧为农需”

① 引自对该村村民 B 的深度访谈。

② 青稞属禾本科大麦属作物，是青藏高原具有地域特色和文化内涵的农作物，西藏本土适宜种植的特种作物。主要特点为生育期短、耐寒、耐旱、抗逆性强等。

的需求关系。当地农户在生产和生活中为了保持此平衡关系，试图利用一切内外资源，建立一个在地化的发展模式，通过此模式当地农户既可以享用天然的青稞，又可以吃到新鲜的酥油，还能满足文化的需求。所以青稞农业对于B村来说，其成效主要还是满足自食之需，没有给该村带来额外的经济收益。

（二）设施农业发展

在青稞农业稳定的情况下，政府主推设施农业，开始经营大棚种植。2004年，B村大面积建设大棚，当时共建25个，按照大棚的占亩量，每几户共同经营一个大棚，主要种植大白菜、小白菜、黄瓜、西红柿等，具体技术上由县政府负责派科技员指导，当地农户把蔬菜运到县城出售。在发展初期，大棚的种植效益较好，但是随着科技员的离开，大棚种植中途关闭，2007年大棚种植以失败告终，也意味着B村的第一次尝试宣告终结。

（三）合作社经营

2008年开始，B村着力培育新的经济发展方式，即搞合作社。该村合作社经济发展进程中其主体分为两种：村集体和农户个体 。据调研了解，集体创办的合作社又分三种：1. 农机合作社。该合作社成立于2020年4月，共计入股群众104户，共计104人，总投资186.7021万元（其中国家扶持资金66.0621万元，村民总共入股23.4万元，村集体固定资产折旧97.24万元）。该合作社是政府为了推动土地流转而建立的，因为B村大部分农民不愿意流转土地，政府为了补贴农民，提高土地流转意愿，为他们购置了农业器械，以便租给承包人来获取收入，但从表3看，其收益并不明显，因为农机合作社主要服务于本村，如果在后续的发展中开拓周边村落，其发展后劲还是很足。2. 劳务派遣合作社。该合作社的成立主要是按照西藏自治区层面的政策安排，是覆盖全区的一个发展举措，在全区范围内部分乡村取得了很好的效果。但在B村的劳务派遣合作社没有具体的实施内容，目前只扮演分配生态公益性岗位的角色。

3. 生态合作社。是县一级合作社，只在 B 村开办，目前只处于“名义上的”的合作社，没有实质的进展。

表 3　B 村农机服务农民专业合作社分红预算表

单位：元

序号	姓名	总金额（每股 1000 元）	总股数	预计分红
1	P 某	2000	2	324.34
2	B 某	2000	2	324.34
3	L 某	2000	2	324.34
4	C 某	3000	3	486.51
5	PL 某	5000	5	810.85
6	LL 某	2000	2	324.34
7	N 某	3000	3	486.51
8	PLL 某	2000	2	324.34
9	LLL 某	3000	3	486.51
10	J 某	3000	3	486.51
11	B 某	2000	2	324.34
12	PLLL 某	1000	1	162.17
13	PL 某	2000	2	324.34
14	NLL 某	2000	2	324.34
15	LM 某	2000	2	324.34
16	PM 某	2000	2	324.34
17	D 某	2000	2	324.34
18	X 某	3000	3	486.51
19	Z 某	3000	3	486.51
20	M 某	5000	5	810.85

注：来自 2020 年问卷调查数据。

另外，B 村也有两家个体的合作社，一是江孜县庄园农副产品销售农民专业合作社，该合作社成立于 2015 年，刚开始注册资金为 5000 元，没有股权划分，是该村个体经营的首家合作社，主要经营农副产品加工业（奶渣、酥油、糌粑等）。由于 B 村有着丰富的旅游文化资源，能够吸引游客，带来较大的客流量，政府大力倡导组建农民合作社。据 D 某口述："起初，政府大力支持和倡导，又接近帕拉庄园，所以有了成立合作社的想法。第一年经营较好，盈利 1 万余元，接下来的 4 年时间勉强经营，共收入 2 万元。"之后因负责人怀孕生子，主要精力放在家中，无暇照顾合作社的生意，收入逐年下降，加之 2019 年县政府要求规范经营农民合作社，制定规章制度，成立账户等，D 某认为目前合作社盈利低，建立规章制度较为麻烦，因此决定注销合作社。这也意味着 B 村首家农副产品加工合作社宣告结束。二是优质民族家具加工农民合作社，这是一家依靠传统技艺加工家具的个体合作社，目前来说经营良好，营利性收入达 132700 元。总体而言，合作社经济发展能够适应 B 村的发展，现阶段主要是因为内外市场交困且乏力，很难发挥其优势，但是从下表 4 看来，未来的发展空间会很足。

表 4　B 村合作社 / 村集体经济 2020 年上半年运营情况统计表

序号	合作社 / 村集体经济名称	注册地址（乡村）	经营类别	营业收入	纯利润（万元）	带动就业人数	工资总额（元）	分红人数（元）	分红总金额（元）
1	江孜县庄园农副产品销售农民专业合作社	B 村	6. 农畜产品加工业	0	0	0	0	0	0
2	江孜县江热乡优质民族家具加工农民专业合作社	B 村	3. 民族手工业	132700	3.425	15	98450	3	6000

续表

序号	合作社 / 村集体经济名称	注册地址（乡村）	经营类别	营业收入	纯利润（万元）	带动就业人数	工资总额（元）	分红人数（元）	分红总金额（元）
4	江孜县浩博生态种植农民专业合作社	B 村	9. 其他	4800	0.48	40	4800	40	4800
5	江孜县 B 村农机服务农民专业合作社	B 村	7. 农机类	719100	43.91	26	180000	290	0

注：来自 2020 年问卷调查数据。

（四）非农产业

在 B 村的总收入中，从下表 5 来看，农牧业经营性收入占比并不是很高，而工资性收入占比相对比较高，这说明非农产业对 B 村的农牧民增收是非常重要的。但是 B 村的非农产业中，除了个别的经商户和合作社的经营性收入之外，依靠生态性公益岗位和农牧业补贴收入的占比居高不下。

表 5　B 村典型户总收入中的非农产业比重

单位：元、%

序号	户主	人口	农牧经营性收入	工资性收入	生态公益岗位及其农牧业补贴	财产性收入	转移性收入	全年总收入	工资性收入占比	在工资性收入中生态公益岗位及其农牧业补贴收入比
1	L 某	9	22900	18000	18000	0	2750	60975	29.52	29.52
2	Q 某	6	10350	35000	35000	0	5300	71440	48.99	48.99
3	J 某	9	11960	210000	110000	1140	5000	238495	88.05	46.12
4	QL 某	6	5400	40000	40000	0	200	59460	67.27	67.27
5	P 某	6	18000	35000	35000	0	400	78330	44.68	44.68

续表

序号	户主	人口	农牧经营性收入	工资性收入	生态公益岗位及其农牧业补贴	财产性收入	转移性收入	全年总收入	工资性收入占比	在工资性收入中生态公益岗位及其农牧业补贴收入比
6	L某	5	8940	20000	20000	300	1000	51240	39.03	39.03
7	D某	3	29880	30000	30000	0	10330	138355	21.68	21.68
8	B某	8	19600	23000	23000	360	2450	68510	33.57	33.57
9	LM某	7	10400	0	0	230	1350	18280	0	0
10	JM某	4	8400	54000	54000	200	13200	88085	61.30	61.30

注：来自2020年问卷调查数据。

从上表看，B村的非农产业对政府的依赖性很高，这一方面说明B村的非农产业目前还未形成实质性的基础，另一方面也说明非农产业的依赖路径需要进行调整。另外，B村也有劳动力资源配置下的自我发展，如兼业经营，B村目前有12家小商店，其中8家商店属于兼业经营，从具有代表性的案例来看，收益虽不高，但起着重要作用。

案例一：

E某，今年63岁，家中共有10人，其中上有80岁的老人。儿子是村委会会计，两个女儿在商店帮忙，儿媳妇在耕种青稞，四个孙子在上学。耕地面积有27亩，其中青稞耕种面积为15亩。1977年，他就开始经商，那时没有固定的商铺，主要是将国营的商品带到乡村进行买卖，作为代商。1984年，江热区开建了四家公家商店，当时他被派到国营商店当销货员。月工资为20元。1987年，撤区并乡后，国营商店交给公司经营，一切收入归公司，商品由公司产销。那时的月工资为100元。1990年，商店归江热乡政府所有，注册资金2

万元，剩下的资金，一年3000元归乡政府。2005年，注册资金交给乡政府，由乡政府自主经营，而且其商店的房租全免交给个人，那时一天的毛收入为700—800元，净收入96元，有时30元。现在商店的经营收入是家庭主要收入来源，但是依然种田，因为很多生活物质来源于耕地，而且机械化水平高了以后，减少了劳动成本，依然要进行耕种。

从这个案例来看，他们兼业经营的原因是家里的劳动力多，可以这样配置劳动力。随着机械化水平提高，农牧业需要的劳动力数量下降以后，他们就可以有更多的劳动力从事非农产业了，但对于他们来说，从事农牧业仍然是一个比较合适的选择，因为农牧业的收益相对比较高，而非农产业的就业机会不多。

案例二：

F某，今年49岁，家中共有9口人，耕地面积为45亩，其中28亩用来播种青稞，具体产量为1亩600斤青稞，土豆种植面积为6亩，产量为1亩550斤，豌豆和油菜种植面积为10亩，油菜一亩产量为300斤。2019年，他们出售10000斤青稞，共收入30000元。2000年开始经营了一家商店，那时裁缝和小商品共同经营，生意很好，一天有500元的收入。现在村里商店多了，小商品出售收入有限，主要还是定做服装，经过20年的发展，有固定的客源，订制“氆氇”和“谐玛”衣服的较多。2019年，定制服装收入近30000元，小商品收入为10000元。种田收入和经营收入不相上下，但依然坚持种田，因为如果不种田，所需的日常物资要在市场上进行购买，支出较大，又因现在家里要养牲畜，没有牲畜就没有冬季牛肉、酥油和牛粪，如果没有牲畜，实际支出就会变多，裁缝店只是辅助收入的一种方式，主要还是依靠种田和养畜。

从这个案例看，从事农牧业仍然是一个比较合适的选择，因为农牧业的收益相对比较高，其原因也是B村没有实质性的非农产业。

（五）外部产业投资

B村的外部商业投资较少。2020年，在日喀则市委市政府的推动下，B村开始跟日喀则市高原有机产业发展有限公司签订土地流转协议。这家公司依托日喀则市有利的地理优势、西藏青稞的主产区资源优势、“日喀则－世界青稞之乡”的地理品牌影响优势，打造“雅鲁藏布江年楚河流域有机青稞带”的发展理念，在2019年率先实施了“日喀则市有机青稞集中连片种植项目”，得到了日喀则市政府的大力支持，有机青稞种植基地也首先在日喀则市江孜县正式落成。根据高原有机种植基地发展规划，现已在日喀则市江孜县流转5.66万亩土地（流转期限20年）。其中，在B村涉及耕地流转面积为5000亩，每亩以1000元的流转费来结算，在这1000元中500元是实物，即以饲料形式交给老百姓，当地人实际收到的流转费一亩仅有500元。从这点来看，当地人的收益量很小，目前来说此运作模式不是很成功。

三、B村农业振兴的实践困境分析

从B村的农业发展中，不难看出该村整体产业的发展是国家长期投入大量的人力财力后，当地农户适应这一发展策略而摸索出来的较为稳定的产业发展模式。

其主要经验还是来自政策层面，具体来说，一是国家加大农业现代化的投入和农业技术的力度。B村的农业收益虽低，但是相对稳定，且形成固定的生计模式，这跟国家政策和社会经济发展水平有直接关系。从1959年分产到户到建立人民公社集体耕种，直到1985年再次分产到户以来，当地政府对农业的投入逐年增大，在耕地平整、农业灌溉、安居工程、种子培育、农药化肥补贴、农业机械补贴、良种补贴等项目带动下，当地农户耕种其田，一方面降低投入成本和劳动成本，从而形成了相对稳定的现状；另一方面农业技术的发展在整个年楚河流域较为明显，2000 年至 2020 年的 20 年间，不管是种子筛选、化肥使用、灌溉、收割都有科学规范的方法，而且设专门的科技特派员进行具体指导。二是机械化水平的提高，使得 B 村的每一户都有剩余农机，完全满足其生产需求，减少了劳动力的投入，也有效提升了西藏农业现代化水平。但是，从产业兴旺对于乡村振兴的重要性及农业农村现代化的重要性而言，B 村的农业面临着巨大的发展困境。

（一）农业发展注重量的投入，提升质的因素考虑较少

一是实施大量与农村发展而言效益不大的项目，引进一些外来资本，这些项目的初心虽然很好，但是实际效果不佳。二是发展重点不明确，产业设计不稳定，比如 B 村的设施农业，刚开始收益较为明显，但是随着技术员的离开没能继续而废弃，这也跟产业重点和设计的不稳定性有关。三是单纯依靠技术和机械使用率来提升农业现代化，其发展思路虽有一定的可行性，但在现阶段农业现代化，尤其是基础水平有了质的提升以后，需要转变新的发展思路，在提升质的因素上多加考虑。

（二）内生性力量弱，制约了乡村产业的培育

一是技术能人少，B 村几次农业发展做出的“新尝试”，几乎以“人才流失”而半途夭折，2000 年的设施农业项目大棚种植、合作社经济等均与内部人才和内生性力量弱有关系。再加上 B 村自然资源条件差、农村产业经济效益低、集体经济薄弱，有效盘活集体资源的难度更大。二是 B 村的集体经济和兼营经济目前的态势很好，但大部分集体经济和兼营经济的发展主要是靠政府给予政策和资金支持，实施项目、开展经营活动等也主要是靠政府相关部门推动

和监督管理，尤其是农村集体经济组织的内部治理结构并未有效发挥作用，缺乏合作社经营人才和流动的市场性人才。

（三）外部市场乏力，制约了产业发展的后劲

一是县内产业发展较为缓慢，带动就业、收入的能力较弱，且不能打造比农牧业更能满足当地农户生产和生活所需的产业。加之西藏本地市场缺乏活力，在第二和第三产业上提高收入的能力有限，无法提供更多的农产品进入市场，也不能全产业链上建立农牧业产业加工企业与种植户的纵向联系渠道，制约了当地农户进入市场环境的机会。二是当前西藏及全国其他地方，受经济转型、新冠疫情等多方面因素的影响，经济增速和财政收入增速将进一步“双放缓”，财政收入不可能像原来那样高速增长，依靠政府的大量补贴来增加转移性收入对农民收入增长的贡献受限。

四、B 村农业发展的经验启示

习近平总书记在 2020 年底召开的中央农村工作会议上指出，举全党全社会之力推动乡村振兴，促进“农业高质高效、乡村宜居宜业、农民富裕富足”。这一重要论断深刻阐释了新时代中国特色农业现代化的核心要求，鲜明提出了农业农村发展的方向目标。B 村在现有的基础上，实现“乡村宜居宜业、农民富裕富足”的目标，结合乡村产业的实践困境，既是优势，又是巨大挑战。优势是农业高质高效上已经打下了基础，挑战是“乡村宜居宜业、农民富裕富足”上遇到产业固化的影响，所以对 B 村而言仅仅在农业上实现以上目标是艰难的。它除了政策因素外，还有海拔、气候、土壤等的制约，仅靠农业是不足以让农民的收入得到较大改善的。纵观其他省份的发展，农村和农业的现代化是依靠第二产业和第三产业来发展，如果仅仅依靠发展农业来实现巨大目标是不现实的，而且跟乡村振兴战略的衔接上很难有实质性进展。再说，发达国家

即使实行大规模机械化耕种，农业的劳动生产率也远低于第二和第三产业，即便政府对农民有高额的经济补助措施，农民的收入也赶不上第二第三产业劳动力的收入，所以依靠农业让农民富裕和实现 B 村的农村现代化是很困难的，必须还要考虑各种发展要素问题。

（一）发展现代农业，提高农牧业产品的附加值

江孜县作为一个农业大县，农业发展的潜力巨大。从 B 村的发展经验来看，已经积累了相当丰富的经验，而且现代农业的发展水平较高，具有一定的优势。在未来的发展中，一是大力发展设施农业。虽然该村的大棚种植目前已废弃，但从该村位于江孜县郊区的区位优势来看，该村很容易与县域市场搭建好平台，只要在现有基础上大力发展设施农业，提升蔬菜的自给量和市场供给量来提高农牧业产品的附加值，以此为基础打造和建立现代农业与乡村振兴战略配套衔接完整的产业链条，从纯粹的产品购销合作转变为融合多元的农业生产要素，逐步提高产品附加值，增加收益是完全可能的。二是大力发展社会化农业。目前产业发展的困境是政策引导为主，乡村参与为辅，使得社会上的力量很难进入，B 村完全有能力引进多方力量参与，优势互补，弥补个体经营的局限性或不足，增强和优化农业发展的条件，拓展农业的潜力与功能，共担农业发展的成本与风险，共享收益与价值。三是注意发挥城乡融合发展在乡村振兴中的核心作用，政府要加强对以农业为核心的相关产业发展的规划建设，在产业链的环节中打造自己的特色优势，而这些具体的产业特色及优势的打造，鉴于农民的弱势性，需要政府搭建市场和交易平台来实现，要以保障农民权益为核心，进一步完善产业组织形式，以此搭建新的利益共享机制。

（二）加快发展村集体经济和兼营经济

B 村依赖农业的另一个重要原因就是“农为养牧、牧为养人”的传统生计

依赖，这也是目前来说较为稳定的一种生活方式，可以满足收入和自给自足的生活。在未来的发展中，B 村依然把这种生活方式作为一种基础，这也是“乡村宜居宜业”的要求。但是具体发展上，培育新的产业力量是关键，由于 B 村的非农产业主要依靠政府补贴，不具有可持续性，对未来的产业选择上不能产生借鉴意义。但是从 B 村经济发展的长远考虑，一是需要大力发展有潜力的合作社经济。依托 B 村的历史文化背景，盘活农民手中的资产和当地优势资源，如 B 村依托江孜历史文化名城及其旧“帕拉庄园”和连片的贵族庄园，以合作社的方式，大力发展旅游集体经济，并鼓励当地乡村的兼营力量进入，在大的集体经济运营下多力量共同参与发展，改变集体经济的薄弱环节，盘活农村资源。二是大力发展农村兼营经济。从 B 村现有的乡村发展基础上看，农村兼营经济是一种发展方向，政府在产业扶持时，让其率先进入市场，优先为他们搭建实质性平台，提供政策扶持，充分利用其发展的先导作用。

（三）注重培养农村内生性人才，提高效益

一是培养技术能人，大力培育设施农业和社会化农业的技术能人，让 B 村在蔬菜大棚种植、经济作物种植上加快步伐，早日接轨市场。二是培养合作社管理人才和市场性流动的管理人才，B 村合作社发展的主要瓶颈是缺乏管理人才，建立合作社管理的市场性人才进入农村的机制，同时建立农村有愿望学习管理的人进入市场的机制。三是寻求内生力量与外来力量之间的关系与平衡，培育内生力量，警惕一些外来资本力量的圈地、独享和破坏参与，这些外来力量需要有进入的伦理，这个伦理不仅是承认村民的主体性地位，更要帮助村民培育共同参与的机制，培养村民的主人翁意识和内生活力。这样的进入是全社会共同的责任，也是各方平衡发展和长久共赢的基础。

（四）加大培育非农就业能力和拓宽就业渠道

随着时代的发展，农民的收入来源日益呈现多元化，传统的以农业生产为核心的生产格局已经被打破，以市场需求为导向的非农产业成为农民的主要来源。对于 B 村来说，一是健全非农就业体系，提供就业保障，该村非农就业量少，主要是市场进入机制较差，对于这种情况，就业保障部门应当联合当地政府或村支部与已就业群体签订相关劳务合同，提供更加便捷的就业途径。二是推动相应的扶持政策，提升乡村群体的就业水准，同时也可以拟定能够增进乡村充分就业的产业政策，积极拓展就业工作岗位。三是动员社会组织力量，增加就业方式，如可以结合乡镇政府一月公示一次适合非农就业的工作讯息，建立就业信息公众号，普及就业搜索的方式，加速非农就业信息交流和传达，让其获得更多的非农就业信息，拓宽就业方式。另外，也可以进行培训，对农户的就业观念、就业技能、素质培养、法律维权意识等进行重点培训。

总之，B 村的农业实践困境背后的原因是多方面、多要素组合的结果。如果在乡村振兴战略实施过程中能够认识和平衡这些要素，B 村离实现“农业高质高效、乡村宜居宜业、农民富裕”目标将不再遥远。

才项多杰，中国藏学研究中心社会经济所助理研究员。

乡村振兴视域下甘南州脱贫群众返贫风险及防控机制研究

冯景

贫困与反贫困问题是我国经济社会可持续发展过程中面临的重要问题之一，受到全社会广泛而高度的关注。甘南藏族自治州（简称甘南州）位于青藏高原、黄土高原和陇南山地的过渡地带，是古代丝绸之路的必经之地，是汉、藏文化的交汇融合之处，被费孝通先生称为“青藏高原的窗口”和“藏族现代化的跳板”，被国家确定为生态主体功能区和生态文明先行示范区。但是，受到自然地理、社会历史、宗教文化等因素的综合影响，社会经济发展滞后，农牧民生活水平较低，是国家确定的“三区三州”深度贫困地区之一。近年来，在州委州政府的有力领导下，在全州人民的共同努力下，2019 年提前一年整体脱贫摘帽，2020 年底贫困村全部出列、贫困人口全部脱贫、贫困发生率下降为零[①]，历史性地解决了千百年来影响和制约甘南发展进程的深度贫困问题。精准扶贫解决了甘南地区的绝对贫困问题，实现了全面小康的目标，但是，如何改进扶贫工作、预防治理返贫、巩固扶贫成果，解决相对贫困，使贫困户真正脱贫，实现共同富裕成为摆在我们面前亟待解决的新问题。本文基于乡村振兴视域，结合当前甘南州脱贫攻坚的实际情况，深入挖掘此地区脱贫群众存在的返贫风险及不足，并针对性地提出相应返贫防控机制。

① 苗娟娟、马保真、苏努：《村美 业兴 日子甜》，《甘南日报（汉文版）》2022 年第 1 期。

一、乡村振兴视域下返贫风险相关概念

（一）乡村振兴

由农业、农村、农民所引申出的“三农”问题一直是我国发展的根本性问题，全党、全国、全社会都把农业、农村、农民的“三农”问题作为第一要务。乡村振兴战略是习近平总书记在党的十九大报告中提出的新发展理念，将城乡文明、产业发展、生活富足、生态文明、高效治理作为发展的总目标，逐步打造符合我国城乡发展的融合化体制，为农业农村改革发展指明了航向。实施乡村振兴战略是建设现代化经济体系、实现“两个一百年”奋斗目标、实现中华民族伟大复兴的中国梦，不断提高人民生活水平，决胜全面建成小康社会，开启全面建设社会主义现代化国家的创新举措。需研究、制定、执行与上述体制相符合的政策措施，以此来实现我国农业农村的现代化发展目标。

（二）返贫风险

现阶段我国对返贫风险有明确的定义，即指目前已经顺利脱贫的人民群众，由于政策、灾害、能力等多种因素的影响导致其再度面临生活拮据、生活困难等生存问题，同时各方面的生存指标再次处于我国现行贫困线之下。

（三）贫困恶性循环

在经济学的供需关系层面，有一种对国家贫困的原因解释：贫穷落后的发展中国家在资本的积累以及经济发展过程中，存在着显著的恶性循环，这种循环便被称为“贫困恶性循环”[①]。从供给角度来看，由于民众的低收入及储蓄，形成低资本形态，生产效率、产出效率较低，因而陷入无尽的供给恶性循环之中；从需求角度来看，由于生产者较低的收入，只有较低的购买力，从而导致

① 龙翠红：《中国农村劳动力流动与人力资本投资研究》，南京大学出版社，2012 年。

其投资无力，最终形成低资本、低产出、低收入。综上所述，该概念不仅开创了经济学领域对贫困研究的标准范式，还明确指出治理贫困的关键在于最大限度地提高投资的利润空间，以此来累积资本，最终打破恶性循环的制约，为我国开展乡村振兴、抑制返贫提供了重要的概念及理论参考。①

二、甘南州脱贫群众返贫风险类型

目前，我国的“脱贫攻坚”已经实现了最后的胜利，甘南州群众的生活与之前也有了翻天覆地的变化，可以说“脱贫攻坚”的成果十分显著。因此，依据风险来源及甘南州实际情况，本文对甘南州脱贫群众返贫风险类型进行如下划分。

（一）政策型返贫风险

政策型返贫风险主要是制度所形成的惯性返贫及政策的扭曲型返贫②。

首先，制度惯型返贫是由于制度存在一定的惯性，在贫困户生存情况发生变化后，扶贫政策却没有做出相应且及时的调整，因而扶贫效果不尽如人意，返贫率不断上升。

其次，政策扭曲返贫主要是指政策在制定及执行的过程中与实际情况不相符，甚至产生背离，主要有以下四个方面：一是政策与扶贫对象不相符，二是扶贫政策制定不达标，三是扶贫政策的资源体系不完善，四是扶贫项目出现半途而废的情况。

通过调查发现，甘南州具有政策型返贫风险，部分建档贫困户存在劳动技

① 龙闫雪：《乡村振兴背景下脱贫群众返贫风险及其防控机制研究》，《云南财经大学硕士论文》2021年第9期。

② 龙闫雪：《乡村振兴背景下脱贫群众返贫风险及其防控机制研究》，《云南财经大学硕士论文》2021年第9期。

能不足、家庭成员需要照顾的情况，因而缺乏较为稳定的经济来源，使得收入无法达到脱贫标准。在政策型公益岗位的支持下，他们的收入得到了提升，然而一旦相关政策出现变化，没有其他收入渠道的此部分贫困人员就很容易返贫。

（二）灾难型返贫风险

现阶段甘南州的灾难型返贫风险主要包含市场风险返贫、疫情返贫两部分。

市场的发展是多样的，其不确定的因素多如牛毛，然而随着经济全球化、经济一体化的发展，市场所反映出来的风险对个体的影响也在逐步增加，并且越来越深刻。以 2008 年的金融危机为例，当时的金融危机席卷全球市场，使得甘南州仅有的农村小企业在此阶段破产倒闭，在工厂工作的农牧民被迫下岗，生活难以继续。在此环境之下，农村即便脱贫的群众也会再度返回贫困线之下。根本原因在于人们没有对当下市场的发展形势、市场信息实现妥善的认知与了解，一旦市场环境发生变化，就会导致原先脱贫的群众再度陷入贫困的风险之中。

灾难型返贫的另一方面是疫情返贫。2020 年初，新冠病毒席卷全球，受到疫情的打击，我国各个地区的物资以及外出务工人员的流动性逐步降低。一方面，经济短期内处于下行，企业无法复工甚至出现裁员；另一方面，疫情对农产品冲击巨大，农产品大量滞销，无法运输，特别是甘南州，上述情况尤其突出，极大地增加了脱贫群众的返贫风险。甘南州每年都有组织地培训贫困户并安排其去其他城市务工，由于受到疫情影响，贫困户外出务工机会骤减，收入同样打了折扣。同时本地的农副产品滞销，使得无法外出务工的家庭雪上加霜，许多脱贫群众的人均收入跌至贫困线附近，再次成为重点监测对象。

（三）健康型返贫风险

目前，国内现行的医疗制度尚未达到发达国家的完善阶段，使得边远地区的群众难以承担起医疗费用，这笔必要支出对于刚刚脱贫的群众而言又是一次沉重的打击。看病所需的费用日益增加，对于一心想要脱贫致富的人来说，其生活水平也只是在贫困线上限浮动。特别是甘南州的一些地区，生活条件较为恶劣，患病几率居高不下，许多家庭往往因为病痛花光积蓄。调查显示，甘南州需要医疗支出的家庭医疗开支占家庭纯收入的 35%—50%，这无疑增加了群众的返贫风险。

（四）能力型返贫风险

我国的教育发展水平存在“东高西低”的现象，即东部地区综合教育水平高，西部地区则较低。目前，甘南州的经济、教育水平都落后于东部发达地区，文盲、半文盲在当地农牧村中仍占有相当比例。同时存在信息不对等的情况，当地群众所掌握的就业、发展信息相当有限，渠道较为单一，劳动所得长期处于中下等级。对于甘南州的贫困家庭来说，子女进入高中、大学之后，教育支出成为家庭支出的最大模块。许多家庭由于贫困问题，孩子接受更高等级的教育受到限制，使得教育水平及收入水平处于恶性循环的状态。此外，甘南州还存在一种特殊的情况，即由于受到就业观念、就业市场、宗教习惯等多种因素的影响，不少接受过良好高等教育的本地学生没有找到适合的工作，最终待业家中，靠父母的收入为生，这也增加了当地家庭的负担。对于脱贫家庭来说，这无疑增加了返贫风险。

三、甘南州脱贫群众返贫风险成因

通过上述对甘南州脱贫风险的类型分析，可以得出群众返贫风险的成因。

（一）持续性扶贫政策不完善

目前，甘南州已经完成了“脱贫攻坚”，现阶段的重点问题在于通过什么样的方式能够使贫困地区的脱贫人口实现永久脱贫致富。然而在现实中，刚刚实现脱贫的群众仍然处于“被帮扶”的阶段，政府对于此类贫困人员仍然是将其看成独立、特殊的群体。我国的脱贫工作虽然实现了全面性的胜利，但是倘若对于贫困户的帮扶形式没有改变，政策不进行相应的调整和优化，那么对于自身发展能力较弱的贫困群众，当其再次遇到上述的各类型风险时，极易出现返贫现象。因此，甘南州政府需要及时将关注的重点转移至贫困群众的可持续、长期发展上，调整对贫困户的针对性政策，以适应新需求。

（二）脱贫攻坚与乡村振兴衔接不足

甘南州脱贫攻坚与乡村振兴的衔接不足，主要存在以下情况。

首先，农村居住环境不健全。乡村在布局上没有实现合理的规划，村庄的建设缺少科学指导；群众对村庄环境的保护意识欠缺，同时甘南州乡村的基础建设较为滞后；农村环境的长效机制不够健全，部分地区的“人居”环境还是一个“面子”工程，没有深入到实际。

其次，产业的扶持动力不足。甘南州部分地区选择产业项目时，没有对当地进行充分的考察调研，仅仅是照搬其他地区的发展方式，这不仅浪费基金，更是让产业扶贫项目以失败告终，影响政府的公信力。

（三）社会保障体系不健全

甘南州社会保障体系不健全，主要存在以下情况。

首先，医疗保障机制不健全。现阶段的甘南州，部分贫困群众因为享受医疗报销政策而出现过度医疗的情况，如果政府对其进行“兜底”，可能会出现地区的道德风险，以及公共医疗资源的浪费等情况。

其次，扶贫工作人员仅对贫困户设立电子档案，但是仍然有部分人员处于贫困的边缘，这类边缘群众无法得到政府的相应援助及政策的应对保障。

再次，就业保障机制不健全。目前，甘南州在对脱贫群众的就业管理帮扶过程中，由于本地区没有形成大规模的产业，因而对就业问题的解决能力有一定的限制。同时，农村基本的公共就业信息平台还没有达到目标水平，对于想要外出务工的群众，基层单位无法提供较多完整、实际的就业信息，无法帮助甘南州各个地区的群众实现就业便利。

（四）脱贫群众自身能力不足

甘南州的脱贫群众自身能力不足，主要存在以下情况。

首先，思想观念较为落后。受传统生活习惯的影响，该地区群众思想较为保守，宗教情结较为深厚，仍存在男尊女卑的思想。在“脱贫攻坚”战结束后，部分地区仍然存在义务教育阶段辍学的情况。此外，本地区许多农牧村的少数民族青壮年不愿意外出务工，又由于地理位置和产业化发展的限制，该地区的农业、养殖业发展仍以家庭为单位，没有形成产业链，无法从根本上解决贫困问题。

其次，发展能力不足。目前甘南州部分返贫风险大的地区，群众参与技能培训的情况无外乎两种：一种是完全为了完成工作人员的任务；另一种是由于自身文化不高，因而学习到的技能无法形成竞争能力，导致实际能够完成的工作较少。

四、乡村振兴视域下甘南州脱贫群众返贫风险防控的对策

在乡村振兴视域下，甘南州想要降低脱贫群众的返贫风险，可以从以下对策入手。

（一）推进脱贫攻坚与乡村振兴的有机衔接

推进脱贫攻坚与乡村振兴的有机衔接需要强化农牧村地区的基层党组织建

设，主动承担巩固脱贫成效、推动乡村振兴责任，实现对群众的高效化组织及协调作用；此外，加强对甘南州农牧村的文化建设，提升农牧村文明培育，以此来带动群众移风易俗，改变陈旧、传统、落后的习惯，努力提升自身的文化水平；最后，坚持甘南州的地方特色，充分保护地方特色产业，打造符合本地区的产业形态，推进脱贫攻坚与乡村振兴的有机衔接。

（二）健全返贫群众帮扶机制

建立健全返贫群众帮扶机制需要完善脱贫群众收入的多元增长机制，坚持以甘南州的产业支撑为基础，巩固脱贫人群的稳定性，同时从本地区的实际出发，集中培养具有发展前景的产业，并在此基础上畅通产品的销售渠道。此外，完善甘南州脱贫群众的就业创业机制，需要当地工作人员积极开展有效的就业培训，对接企业吸收本地区贫困劳动人员，最好实现就近就地转移就业及农业内部的转移就业。最后，需要完善脱贫群众的社会保障机制，以此来防止返贫现象的产生。

（三）建立健全返贫风险预警机制

建立健全甘南州返贫风险预警机制，需要对已脱离贫困境况的人口展开监测，分析其生存条件是否发生变化，是否存在风险，且基于设定的贫困标准线对其生存条件展开定性定量的判断，如果发现脱贫人口出现返贫征兆，则发出报警信息，相关部门第一时间采取行动，从根本上阻断返贫的根源，避免脱贫人口重新返贫。

（四）创新贫困治理可持续性机制

创新贫困治理的可持续性机制需要完善贫困治理激励政策，从思想上提升认识，对甘南州处于基层一线工作的人员通过政策讲堂、教育培训等模式，使其充分认识到该项工作的使命性、重要性。此外，健全政策保障机制，需要针对甘南州实际情况，对政策适用性进行分析，对政策的落实进行跟踪，对政策的执行进行可靠监督。最后，建立返贫困监督体系，针对甘南州已经脱贫的群众，采取持续性帮扶的同时，定期对其生活发展进行调研，采取一定的措施进行动态化调整，利用贫困群众数据库实现对贫困情况的监督。

五、结语

我国脱贫攻坚工作的有力开展使得脱贫攻坚成果显著。但是，随着脱贫攻坚成果的巩固及脱贫攻坚向乡村振兴的进一步过渡，越来越多的新问题涌现出来，部分脱贫户出现的重新返贫状态给顺利推进的脱贫攻坚成果巩固工作带来了严重困扰，不仅使得脱贫攻坚工作的效率大大降低，脱贫的质量也成为一个严峻的问题。本文通过分析得出甘南州脱贫群众的返贫风险类型及返贫风险成因，最终依据分析得出结论，探索出乡村振兴视域下甘南州脱贫群众返贫风险防控的对策，以丰富治贫经验，保证脱贫攻坚工作有序进行，避免出现返贫风险，让脱贫工作可以保持稳定性和持久性。

冯景，甘肃民族师范学院法学硕士，讲师，经济与社会发展系副主任，甘肃民族地区经济发展与乡村振兴研究中心副主任。

城市边缘拆迁村庄的乡村振兴实践

——以西宁市陶北村为例

何爱民

乡村振兴是我国在完成乡村扶贫攻坚工作后，为了推进城乡协调发展，实现共同富裕的愿景而实施的重大发展战略。在乡村振兴的战略提出后，很多学者围绕这一重大课题进行研究。一些学者围绕乡村振兴的整体发展战略、内在逻辑、发展模式与机制、影响因素、评价指标等进行了探讨[①]。

由于我国地域广阔，各个乡村的空间分布、资源禀赋、人文环境等存在很大差异，乡村振兴的路径也需要根据不同的情况进行探索。国家乡村振兴战略规划（2018—2022 年）（以下简称规划）也明确指出：要顺应村庄发展规律和演变趋势，考虑到各个村庄的具体条件，“分类推进乡村振兴，不搞一刀切”。很多学者深入乡村振兴的实践之中，探讨适宜各地具体情况的发展策略、路径和产业发展模式。

除了地区差异之外，还要考虑到乡村所处的不同发展阶段和变迁。例如，

① 孔祥智等：《乡村振兴的九个维度》，广东人民出版社，2018 年。
黄祖辉：《准确把握中国乡村振兴战略》，《中国农村经济》2018 第 4 期。
蒲实、袁威：《乡村振兴战略导读》，国家行政管理出版社，2021 年。
陆林等：《乡村旅游引导乡村振兴的研究框架与展望》，《地理研究》2019 年第 1 期。
陶自祥：《乡村振兴的路径：基于云南的考察》，社会科学文献出版社，2021 年。
王思斌：《乡村全面振兴与乡村集体性的发展》，《北京大学学报（哲学社会科学版）》2021 年第 7 期。
林继富：《“空间赋能”：融入乡村振兴的文化生态保护区建设》，《西北民族研究》2021 年第 4 期。

由于城市的扩张，原本处于城市郊区的村庄不断被城市侵蚀，其生存与发展的重要资源——土地被占用，甚至村庄本身也被拆迁。这类村庄有两种发展结果，一种是“村改居”，村庄被合并成为城市的一部分；另一种是被迫搬迁到新的地方重建村庄。这类村庄如何进行乡村建设，实现乡村振兴，需要在实践中探索。

一、城郊拆迁型村庄乡村振兴的实践

西宁城郊的陶北村是一个典型的拆迁型村庄。该村地处西宁市城北区大堡子镇，全村共 487 户 1860 人。因为城市建设的需要，该村的土地经过了三次征用，原有的农业生产用地已经被征用完毕，在 2016 年开始实施的“世界银行贷款青海西宁城市改善交通项目”中，该村的居住地也被拆迁，采取异地安置的方式整体搬迁到新建设的安置小区。

该村的发展面临着有利的条件，由于拆迁，村集体和村民都获得了一笔较大的补偿金，村庄的搬迁也使村民的居住条件和公共设施得到改善，但是也丧失了最为重要的发展资源——土地。如何利用村庄整体搬迁的机遇实现村庄的发展，是摆在村委会和村民面前需要解决的一个难题。

（一）利用基层治理化解拆迁矛盾

拆迁型村庄面临的第一个难题是如何处理拆迁中的矛盾。陶北村在拆迁中有三个主要矛盾需要解决。一是村民住房重建的意愿与安置的土地有限的矛盾；二是实际拆迁面积与拆迁补偿政策的矛盾；三是新房建设与分配中的矛盾。如何处理这些矛盾，考验着村委的治理能力。这些矛盾处理不好，会使人心涣散，导致整个村庄失去凝聚力。

这些矛盾从本质上看是政府和村委会与村民之间的利益博弈。这些问题依靠传统的管理模式是难以解决的，必须建立有效的基层治理与民主协商机制，让相关各方通过合适的途径表达利益诉求，采用协商的方式才能有效地化解矛盾。俞可平认为，治理是一个各方基于己方利益基础上的协商与权力让渡，可以使各方的公共利益最大化。①

政府、村委会与村民的利益诉求并不完全一致。在拆迁的实施阶段，利益的冲突使各方的关系经历了一个紧张到逐渐和谐的过程，基层治理能力也得到了提升。

在拆迁的启动阶段，西宁市政府项目办在村里发布了拆迁公告，采取集中建房的方式进行拆迁安置。村民对此安置方案不太满意，更希望采用一户一宅的安置方式，因为邻近的佐署村就采取这种方式。村民的意愿与项目办产生了冲突。村委会在开始阶段仅仅作为项目办的"传声筒"，简单传达政府的意见，对村民的异议置之不理，并对提出不同意见的村民进行了压制，导致矛盾的激化，拆迁启动工作难以进行。村委会不得不改变工作方法，召开了多次村民代表会和村民大会进行协商沟通，解释了采取集中安置方式的原因。对于个别仍旧不满意并上访的村民，村干部则多次入户解释，并带领他们去考察了安置地点，使他们意识到安置土地面积不足以支持一户一宅的安置方案，并明白集中安置可以节约一部分土地用于发展产业，解决村民的就业问题，这种人性化的处置方式最终得到了村民的谅解。

在拆迁启动后，西宁市项目办对村民的房屋及附属设施进行了测量，并明确规定此次测量的面积是补偿的标准，此后所建设的面积属于违建，不在补偿范围之内。但是，项目启动之后，由于资金无法及时到位等原因，拆迁与安置都暂停下来。在此期间，有部分村民为了获得更多补偿，偷偷在原有住房基础上进行了违建，并逐渐扩大为大多数村民的逐利行为。村委会进行了阻止，但是效果并不好，并与村民产生了冲突。在项目重启之后，如何处理这一部分违

① 俞可平：《治理与善治》，社会科学文献出版社，2000 年。

建面积，就成了项目办与村委会必须面对的问题。如果坚持原有方案并采取强制拆迁的方式，一定会引发激烈的冲突并导致项目的停滞。村委会再次采用集体协商与入户沟通等方式了解村民的诉求，并通过项目办与政府相关部门进行沟通，经过多方会商与协调，制定了合理的方案，即对违建面积进行适当的货币补偿，较好地解决了这一问题。

村民关注的另一个问题是新房的建设资金使用和建筑质量的监督。陶北村建立了三个安置基建财经专管小组，并经党员大会、村民代表会议选出了监管小组的成员，这些小组负责对资金使用和房屋建设进行全方位的监督，并定期向村民公布监督结果。

在新房的分配中，村委会吸取了前期的经验，主动与村民进行协商，制定了合理的分配方案，由残疾村民优先选择，其余村民采用抓阄的方式进行分配，顺利完成了新房的分配。

（二）发展特色产业，实现村庄可持续发展

产业兴旺是乡村振兴最为重要的基础。乡村振兴的落脚点就是要实现农村居民的共同富裕。要实现这一目标的关键就在于发展乡村产业，用产业的兴旺来带动乡村整体的发展。正因为如此，党中央在十九大报告中提到乡村振兴总目标时，“产业兴旺”被放在五个总体要求的首位。

很多学者在谈到实现乡村产业振兴之道时，都谈到要构建现代化的农业产业体系，延长农业产业链，建设城乡联动发展的农业发展之路。但是，对于陶北村这样农田被完全征收的城郊村来说，这条发展之路已经无法实施。土地被征收之后，原来依靠土地生活的大量村民失去了可靠的生计来源，社区也失去了赖以发展的基础。该村的唯一优势就是靠近中心城区的地理区位优势。当然，他们还可以利用的资源就是在拆迁中获取的补偿款，及政府所承诺的一些扶持政策。补偿款是一次性的，如果使用不当，很容易被挥霍一空。如何利用

这些有利条件，实现村庄的发展，为村民找到替代性的长期生计，是村委会必须认真思考的。

该村抓住村庄整体搬迁的契机，在项目的支持下，利用补偿资金和靠近西宁城区的优势，开发了一些产业项目，取得了较好的效益。

1. 发展乡村旅游业，建造陶北民俗文化步行街

陶北村利用新村建设的契机，经过村委会商议，并召开村民代表大会征求村民的意见，在安置小区土地内调整出22亩土地，设计了“陶小堡河湟民俗文化风情步行街”。该步行街主体于2018年3月开始建设，于2019年6月完工，并开始营业。步行街设计了河湟文化演绎、河湟文化特色餐饮、河湟特色土特产、河湟农耕文化人文展示等具有当地特色的项目。该项目积极吸收本村村民，特别是村民入股，参与项目的运营和分红，对促进失地农民就业，发展社区经济起到了很好的作用。

2. 发展合作社，发展特色产业

案例一：建立西宁绿庭蔬菜种植专业合作社

该合作社成立于2015年，是由陶北村150户农民共同组建的农业旅游休闲观光有限公司，2017年该合作社全体成员增加股金继续壮大发展农业，到李家山镇柳树庄村流转土地进行高效农业、花卉种植、乡村农耕文化旅游等农业一、二、三产业的发展。合作社的资金达到3000万元，其中：陶北村委会占总股本的10%，15个股东占总股本的40%，其他150户农户占总股本的50%。该项目建设了一个综合农业旅游观光园区。陶北村将新村的民俗文化步行街与合作社有机融合，转型农业模式，形成综合产业链，打造了一个民俗文化美食步行街+乡村旅游的现代新农村。园区建成后吸纳陶北村失地农民二次创业、就业300人，年收入达2000万元以上。

案例二：建设云谷川印象小镇

云谷川印象小镇是青海桌祺农牧开发有限公司的子项目。该项目于2018年启动，为了解决陶北与陶南这两个村拆迁后的村集体产业发展、村民就业等问题，城北区政府和湟中县政府经过多次沟通，城北区大堡子镇与李家山镇充分对接，采取“政府搭台、企业唱戏、村民参与”的方式，共同开发了这一项目。该项目总占地面积为29.07亩，总投资4800万元。

云谷川印象小镇以云谷川传统民俗生活为场景、以云谷川居民精神文化为内涵、以传承民间手工艺为使命，打造了一个具有河湟文化特色的体验基地。

该小镇的街道建筑以传统古居民建筑为主，在满足功能需求的同时，结合农耕元素设计了丰富的游览空间、休憩空间、体验空间。小镇的建设重视游客的文化体验，融民俗文化、特色餐饮、休闲度假、生态观光和商务会议等多种功能为一体。

云谷川印象小镇自2020年4月承办“青海人游青海”主会场以来，共接待游客30余万人次，旅游收入600万元，经济效益显著。该小镇累计吸收务工人员达到450人次，并吸收28户96个贫困边缘户工作，发放工资260万元。该项目不仅解决了陶北村很多村民就业，还通过“传、帮、带”的方式教会当地村民改变单一的依靠种植业生产的模式，带动村民在家门口就业，拓宽了增收致富渠道，实现共同脱贫致富。同时，项目还帮助柳树庄村集体经济年收入35万元，促进了整个社区的发展。

3. 利用传统文化发展产业，推动女性就业

生活在河湟地区的妇女，在劳动之余喜欢做一些传统的手工艺品，有刺绣（俗称“青绣”）、剪纸等。这些手工艺品制作精美，有着浓厚的地方文化特色。在过去，这些手工艺品仅仅作为家庭的装饰品自用，或者作为妇女之间交流的手段，很少有人将其作为商品出售。

陶北村发掘这一传统文化资源，在村内开设了一个“陶北村‘兰花花’非物质遗产剪纸、青绣制作车间”，聘请了民间艺术家单永武等人担任培训老师，招收村内（也包括外村的）妇女在此学习，提升技艺。在妇女们的技艺提升之后，该村还利用各种机会与平台，展示她们的作品，吸引顾客购买，目前有些优秀作品已经售出，有客商对她们的作品感兴趣，已在洽谈合作。

这些传统手工艺品的制作既可以在固定的地点集中进行，也可以在家完成，有利于那些因为各种原因无法外出打工的妇女（特别是残疾和老年妇女）就业。这些妇女不仅增加了家庭的收入，还提升了自信心，家庭地位也随之得到了提升。

4. 打造“三乡工程”，推动区域经济共同发展

城市交通的快速发展，改善了西宁市特别是城北区和湟中县的交通条件，人们出行更加方便了，也使该地区的各个村庄之间联系更加紧密。

陶北村在城北区、湟中县政府的支持下，通过协商，以陶北村为中心带动周边的陶南、汪家寨、朱南、吴仲、浪吧等村，盘活各自拥有的资源，促进乡村旅游、观光农业、休闲农业、非遗文创等产业共同发展。

该项目吸收村民入股，同时，利用新村建设的酒店、沿街店铺等社区集体资产，鼓励村民承包经营，吸引能人回乡，同时吸引有社会责任感和经济实力的企业到村里投资兴业、延长产业链、提升原有的各种资源价值，促进区域乡村特色产业健康发展。

经过一段时间的建设，陶北村村容村貌得到改善，村民生活水平有了很大的提高。村集体的年收入从 2015 年拆迁前的不足 200 万元，2021 年增长到了近 500 万元，增长了 2 倍多，村民的户均年收入从 51460 元增加到 96645 元，增长了 1.87 倍。

（三）建设宜居乡村，改善村民生活条件

建设宜居乡村是乡村振兴的内在要求。宜居乡村的建设，使乡村成为环境宜人、设施完善、生活便利的生活场域。

对于拆迁重建的村庄来说，村民对搬迁后生活状况的主观认知主要来自两个方面，一是纵向的对比，即和自己过去的生活状况进行对比；二是横向的对比，由于位处城市边缘，他们在评价自己生活状况时的参照群体往往不是那些生活在边远地区的农村居民，而是近在咫尺的城市居民，通过和城市居民的生活状况对比，来衡量自己生活状况。

为了了解这方面的情况，我们对村民进行了调查，设置了 17 个指标，分为 6 个方面：（1）居住状况，2 个指标（居住面积、房屋质量）；（2）社区环境，3 个指标（环境卫生、环境绿化、安全保障）；（3）社区服务，4 个指标（供水、供电、供暖、社区服务）；（4）社区设施，6 个指标（交通、购物、上学、文化娱乐、卫生保健、体育锻炼）；（5）邻里关系，1 个指标（邻里关系）；（6）发展指标，1 个指标（就业机会）。

从整体情况来看，村民搬迁前所有指标评分的均值为 72.83 分，最高的指标是邻里关系，为 84.35 分，其余的指标评价均没有超过 80 分，评分最低的指标是文化娱乐，为 67.74 分。

村民对搬迁后所有指标评分的均值为 88.68 分，超过搬迁前的评分均值 15.85 分。各项指标的评分均超过了 80 分，其中有 6 项指标的评分超过了 90 分。评分最高的是安全保障，为 92.42 分，其次是环境卫生和房屋质量，分别是 91.45 分和 91.42 分，评分超过 90 分的有供电、供暖、供水，分别为 91.29 分、90.97 分和 90.32 分。

搬迁前后得分相差最大的是供暖服务，为 22.9 分，其次是环境卫生，为 20.39 分，再次是文化娱乐和社区服务，分别为 19.84 分和 19.68 分，得分相差超过 19 分的还有日常交通、供水服务，分别为 19.19 分和 19.03 分。具体见表 1。

表 1　搬迁前后生产生活评价评分

	搬迁前得分均值	搬迁后得分均值	得分差
居住面积	78.39	87.71	9.30
房屋质量	74.35	91.42	17.07
环境卫生	71.06	91.45	20.39
环境绿化	72.90	88.39	15.49
安全保障	69.52	92.42	22.9
供水	71.29	90.32	19.03
供电	75.97	91.29	15.32
供暖	68.87	90.97	22.1
社区服务	68.55	88.23	19.68
日常交通	69.68	88.87	19.19
购物	70.81	85.65	14.84
上学	74.50	88.00	14.5
文化娱乐	67.74	87.58	19.84
卫生保健	71.77	86.29	14.52
体育锻炼	73.87	89.19	15.32
邻里关系	84.35	87.90	3.55
就业机会	74.35	81.94	7.59
指标得分平均值	72.83	88.68	15.92

从具体情况来看，村民对搬迁后的社区环境评分最高，各项指标评分的均值为 90.75 分，超过整体指标评分均值 2.05 分。搬迁前这个方面的各项指标评分均值为 71.16 分，搬迁后的评分提高了 19.59 分。

社区环境的 3 项指标中，除环境绿化外，其余两项指标评分都在 90 分以上。这反映了搬迁前后社区环境的变化是非常明显的，搬迁前的村庄由于缺乏整体的规划，住房规划不合理，基础设施不完善，卫生条件差，村民普遍感到环境“脏、乱、差”，而搬迁后的村庄对整体环境进行了合理的规划，完善了基础设施，村容村貌得到了很大的改善。这种变化在整村搬迁的陶北村更加明显。借助搬迁的机会，村里建立了垃圾收集系统，配置了专门的保洁人员，并加大了对村民的卫生宣传和行为引导，村庄变得更加整洁了。另外，各个居住小区和楼门口设立了门禁系统，增设了保安，防止了外来人员的随意进入，使居民的安全感得到了提升，

其次是社区服务，搬迁后 4 项指标评分的均值为 90.2 分，超过整体指标评分均值 1.52 分。搬迁前的这个方面各项指标评分均值为 71.17 分，搬迁后的评分提高了 19.03 分。除社区服务外，其余三项指标评分都在 90 分以上。这说明村民对搬迁后的社区服务普遍感到满意。搬迁前，由于市政设施的落后，村里仅有部分村民家里有自来水，大多数村民家里使用井水。由于地处半干旱地区，地下水位下降，村民自己打的井往往缺水，用水难以得到保障，且由于地下水的污染，又缺乏过滤设施，井水有泥沙，还有一些有害物质，用水安全也难以得到保障，影响村民的健康。在我们进行的前期调查中，村民对此的意见较大，普遍希望能够用上干净的自来水。西宁地处西北地区，冬季必须取暖，过去，村民只能靠自己烧煤炉取暖，但是不可能在每间屋子取暖，因此除了有炉子的屋子温暖之外，其余房间仍然很冷。另外，这种取暖方式还造成了环境污染，一到取暖季节，村子里的空气质量就很差，村民家里往往也有很多灰尘。新的村民小区采用天然气取暖，并在每间屋子里安装了暖气设施，不仅避免了污染，而且保证了每间屋子的温暖，房子里也干净了。集中安置的小区楼房外层还贴上了保温层，既减少了能源的消耗，也保证了整个房屋的温暖。村民对此普遍感到非常满意。

搬迁前，村里的电力设施普遍老化，且供电容量不足，经常出现停电现

象，持续供电受到影响。搬迁后，相关供电设施进行了改造，既避免了电能的大量损耗，也满足了村民由于生活改善对用电的需求，除特殊原因外，基本上没有出现停电现象。

在居住状况方面，搬迁后的两项指标评分均值为 89.57 分，搬迁前的两项指标评分均值为 76.37 分，提高了 13.2 分。搬迁前，村民的住房面积虽然普遍较大，但是都是自建房，各家的经济状况不同，房屋建筑质量参差不齐，户型设计不好，且供水、供电等设施老化，难以满足居住舒适性的要求。陶北村在征求村民意见的基础上，聘请了专业的设计人员针对村民需求进行了设计，建筑安装都采用了高质量的建设公司，保证了房屋的质量，使村民在新居里生活更加舒适。因此，村民对搬迁后的房屋质量普遍感到满意，给出了 91.42 分的高分。

陶北村的宜居乡村建设也得到了更为广泛的认可，荣获“全国一村一品示范村镇”“中国最美休闲乡村”等荣誉称号。

二、对城郊拆迁型村庄乡村振兴的思考

陶北村的乡村振兴建设取得了很大的成果。但是，通过观察，我们发现仍然有些问题需要解决，才能使该村的乡村振兴之路走上可持续的发展之路。

（一）实现基层社会治理的机制化

规划明确指出，乡村振兴中的基层治理目标是：“建立健全党委领导、政府负责、社会协同、公众参与、法治保障的现代乡村社会治理体制，推动乡村组织振兴，打造充满活力、和谐有序的善治乡村。”学者们将乡村治理体制概况为：政府引领，社会参与，制度保障。

政府引领就是政府制定乡村治理的目标和引导方向。这里强调的是政府在乡村治理中的核心作用。在实际的乡村基层治理中，这个方面是执行的最好

的。政府掌握着政治、经济等重要资源，这些资源都是基层所缺乏的。政府通过政治指导、目标引领、项目分配与考核等引导着村两委的工作。村两委为了获取资源，把自己变成了政府下属的执行机构，其行政化倾向也越来越严重。在陶北村的调查中发现，村委会的主要工作是完成上级部门下达的各种任务，及迎接各种检查。在我们到该村所预约的数次调查中，只有一次见到了村支书和村长，其余时间他们都在参加各种会议，其余支委成员也大多不在，只有一个会计在负责村里的日常工作。村民也反映很难见到村干部。这种行政化的倾向使村委会偏离了其基层自治组织的定位。

社会参与是指动员多方面的力量参与乡村治理。各方在表达自己利益诉求的同时，能够形成合力，共同处理好村庄的公共事务。在陶北村拆迁时期，由于矛盾多，拆迁任务重，为了解决问题，村委会采取各种方式听取村民的意见，召开村民大会议决所面临的问题。这一阶段的乡村治理是很有成效的，但是，在村庄的重建完成之后，这种方式就逐渐很少进行了，更多是采取公告的形式传达政府的指示。村民参与社区事务的途径也就减少了。

因此，乡村治理不光要看结果，也要注重治理的动态过程，要让村民与各个利益相关方都能参与进来，建立治理的长效机制，而不是注重简单任务模式的临时动员形式，这样乡村治理才能取得更大的成效。

（二）克服产业模式的同质化

城郊拆迁型村庄利用靠近城市的地利优势开展乡村旅游，是一条很好的乡村振兴之路。但是，西宁市周边的很多村庄都打算采用这一发展路线，且形式雷同，都是以餐饮、购物为主，各村的特色不足。西宁市的人口有限，城市本身的商业也很多，这种高度同质化的产业模式使得竞争十分激烈。在调查中，我们看到在陶北新村的文旅区内，前来游玩的游客人数不多，西区的不少店铺还没有人承租。店主也表示，收入不如预期，有的甚至打算停业。云谷山印象小镇的经营情况稍微好些，但是同样也没有达到最初的预期效果。

要改善这一状况，就必须深入挖掘本地的文化内涵，打造出具有本地特色的项目，增强参与感，满足多层次的服务需求，使前来游玩的城市居民体会到与城市和其他乡村不同的游玩感受，才能使产业可持续发展。

（三）提升经营管理水平

在乡村的文旅开发中，游客的体验感很重要。如果游客的体验感良好，就会吸引更多的游客前来，这样整个项目就会形成良性循环。在对陶北村文旅项目进行的调查中，我们发现其还存在着很多需要改进之处。

首先是设施建设不足，没有从游客的角度思考问题，为其在游玩中提供足够的便利设施。例如：由于到陶北村和云谷川小镇的公共交通工具较少，很多游客只能自驾前来，但是这两处地方的停车位不足，导致停车困难，影响了前来游玩的人数。

其次是同质化经营严重，存在恶意竞争行为，出现相互挤兑、竞相压价及互相贬低的现象，导致服务质量下降，影响长远发展。

再次是很多经营者是由村民直接转换而来，服务意识淡漠，态度不好，甚至出现和游客吵架的现象。由于投诉机制不够畅通，游客的不满难以得到妥善解决，影响了游客的体验感。

这些问题从表面来看是一些小问题，但是却说明在乡村的产业转型中，由于缺乏经验和善于经营管理的人才，导致在产业发展中缺乏服务理念和长期规划。这些都需要在今后的发展中进行改进。

（四）加强人才的引进与培养

人才是乡村振兴的关键因素，也是乡村最为缺乏的资源。城市的发展水平远远高于乡村，造成乡村中的“精英”人才以各种方式离开，在城市中安家立业。人才的流失造成了乡村发展的困境。因此，规划明确指出："实行更加积极、更加开放、更加有效的人才政策，推动乡村人才振兴，让各类人才在乡村大施所能、大展才华、大显身手。"

对于陶北村这样的拆迁型村庄来说，面临着产业的彻底转型，长期的农耕劳作所积累的经验和经营方式必须有所舍弃，新的产业模式需要全新的管理模式和产业发展规划。这些都需要新的各类人才加入其中。很多学者在研究东部发达地区的城郊乡村中发现，这类村庄人才流失不是很严重，甚至由于自身产业的发展，还吸引了不少外来人才的进入。但是，对于西宁这样的西部城郊村庄却不一样，城市的首位度极高，城郊地区的发达程度低，人才流失程度很严重。陶北村的村委会成员在调研中谈到，他们最缺乏的不是资金、项目，而是懂经营管理新产业的人才。

如何吸引人才，是需要从多方面进行考虑的。首先是利用乡愁乡情和情感因素，吸引从本地走出且愿意为本村发展尽力的能人回乡创业，带动本地产业的发展。

其次是建立激励机制，通过减免各类收费、优惠提供经商条件、建立分红机制等方式鼓励和引导各类工商资本和相应的人才到乡村发展。

最后是在吸引外来人才的同时，还要通过各种途径培养本地人才，将头脑灵活、有创新意识、有工作热情的本村村民外派到各级组织与工商企业进行学习和培训，引进各行的专家能人到村里来讲学和进行长短期的指导，开拓村民的视野，提升他们的能力。另外还要给村里的年轻一代提供创业的机会，将他们安排到村里新产业的各类岗位中，使本地人才得到成长。

三、结语

乡村振兴是一个长期的发展战略，需要尊重我国乡村发展不平衡的现实情况，针对不同的村庄所拥有的资源禀赋、空间分布、现实发展条件的不同状况，采取不同的发展策略。对于城郊拆迁型村庄，需要在政府提供各种支持的基础上，鼓励其利用靠近城市的区位优势进行产业转型，与城市融合发展，实现乡村振兴的目标。

何爱民，青海师范大学教师。

西藏民营小微企业融资困境与金融纾困政策

——基于微观企业数据的分析*

宋爽　李威

一、引言

民营小微企业是西藏经济活动中非常活跃和重要的组成部分。截至2021年底，全区民营经济市场主体39.52万户，注册资本12469.71亿元，分别同比增长21.36%、28.33%，民营市场主体占全区市场主体总量的97.18%。同时，民营经济完成纳税308.17亿元，占全区税收总收入的85.53%①。西藏民营小微企业不仅是吸纳社会就业、维持社会稳定的中坚力量，更是巩固脱贫攻坚基础、扎实推进共同富裕的组织保障。

2020年初，新冠疫情对宏观经济造成负面冲击，民营小微企业首当其冲。一直以来，虽然在国家层面和自治区层面上出台了一系列支持民营中小微企业发展的措施和政策，但在疫情"黑天鹅事件"的冲击下，西藏的民营小微企业不可能独善其身。疫情的多次反复给民营经济的发展带来了很大的不确定性。在新冠肺炎疫情发生后，中央和自治区政府迅速反应，陆续出台了一系列支持民营小微企业的纾困措施，从金融、财政、税收、营商环境等方面多管齐下支

* 本文系国家社科基金一般项目"西藏精准脱贫有效衔接乡村振兴的金融创新研究"（20BMZ111）阶段性成果。

① 数据来源：西藏自治区人民政府网站 http://nynct.xizang.gov.cn/xwzx/xzxw/202202/t20220222_285474.html。

持民营小微企业积极应对疫情冲击。2021 年 12 月中央经济工作会议指出，“强化对中小微企业、个体工商户、制造业、风险化解等的支持力度”“引导金融机构加大对实体经济特别是小微企业、科技创新、绿色发展的支持”。

为深入了解新冠疫情对西藏民营小微企业经营和融资的冲击及金融纾困政策的效果，2021 年 1—8 月，我们调研团队分别走访了西藏自治区的主要金融机构、主管政府部门和部分企业，采用实地考察、搜集问卷、半结构化访谈、典型案例研究等方法，对疫情前后西藏民营小微企业的经营和融资情况进行了调研，并重点调研了金融纾困政策及效果，希望对疫情冲击下西藏民营小微企业的高质量发展提供有益的参考。

一直以来，小微企业的融资问题都是学者们关注的热点问题，尤其是疫情发生后中小微企业的融资问题更是吸引了大量学者展开深入研究。首先，从影响结果来看，新冠肺炎疫情作为一个重大突发公共卫生事件，对经济社会带来了深远的影响，特别是抗风险能力较差的民营小微企业所受冲击巨大。（1）企业收入方面。调查发现各省份中小微企业的营业收入低于 2019 年同期的 51%，随着疫情防控应急响应等级的下调，中小微企业的经营状况逐渐转好，但仍存在较大跌幅[①]。（2）经营压力方面。新冠疫情对中国经济的影响体现在：产出下降、消费减少、投资下降、外贸受限、产业发展遭受较大损失、金融机构风险增加、短期内资本市场波动比较激烈等方面[②]。其中，中小微企业面临的最大压力是交通物流阻滞、订单减少客户流失及供应链受到影响[③]。（3）现金流方面。由于受新冠疫情带来的负面影响，七成中小企业现金流仅能维持三个月以

① 王正位：《疫情冲击下中小微企业的现状及纾困举措——来自企业经营大数据的证据》，《数量经济技术经济研究》2020 年第 8 期。

② 何诚颖：《新冠病毒肺炎疫情对中国经济影响的测度分析》，《数量经济技术经济研究》2020 年第 5 期。

③ 张夏恒：《新冠肺炎疫情对我国中小微企业的影响及应对》，《中国流通经济》2020 年第 3 期。

内，中小企业普遍存在资金缺口，面临较大的现金流压力[①]。其次，就影响路径来看，新冠疫情危机在企业层面表现为对需求和供给的双向冲击。从供给方面来看，企业受到国内和国外新冠疫情爆发的双重冲击，世界经济不确定性和不稳定性进一步加剧，国际市场需求严重萎缩[②]，出口压力日益加大[③]。从需求方面来看，国外学者通过对中国中小微企业的调查研究发现，80% 的中小企业经营受到劳动力短缺的波及[④]。此外，重大突发公共卫生事件带来的停工管制使得企业上游原材料供应链中断，导致原材料短缺[⑤]。再次，就金融纾困政策来看，学者们普遍肯定了金融纾困政策的积极作用，并对其进行了研究。（1）政策设计方面。受疫情影响，小微企业对政策的诉求有所变化[⑥]。为尽快缓解新冠疫情的冲击，金融纾困政策应以财政 – 金融协同、复工复产作为着力点[⑦]。（2）政策效果方面。疫情期间的金融政策并没有导致民营企业出现“脱实向虚”现象，反而降低了其金融化水平、提升了资金使用效率[⑧]。此外，尽管政府第一时间出台了相关政策，但是由于执行的时滞及受到银行主体信贷模式的限制，政策效果有待提升[⑨]。通过实证检验发现，税收优惠政策和稳岗政策分别使企业正常经营

① 谢建时、孟晓宇：《新冠疫情下中小企业现金流压力及财税金融政策研究》，《河北金融》2020 年第 4 期。

② 徐玉德、刘迪：《疫情冲击下我国出口企业面临的挑战及应对》，《财会月刊》2021 年第 6 期。

③ 王丽、黄德海：《新冠肺炎疫情对中国外贸出口的影响及应对建议》，《价格月刊》2021 年第 3 期。

④ Ruo-chen Dai, et al:《 The impact of COVID-19 on small and medium-sized enterprises: Evidence from two-wave phone surveys in China 》，《 China Economic Review 》2021（67）. pp.1–14.

⑤ 戴德颐、王春艳：《新冠疫情背景下我国企业供应链参与全球治理的路径探索》，《价格理论与实践》2020 年第 11 期。

⑥ 朱武祥：《疫情冲击下中小微企业困境与政策效率提升——基于两次全国问卷调查的分析》，《管理世界》2020 第 4 期。

⑦ 徐玉德：《疫情时期小微企业纾困的三个着力点》，《红旗文稿》2020 年第 6 期。

⑧ 吕怀立：《金融政策竞争中性与民营企业融资纾困——来自突发公共卫生事件的准自然实验》，《金融研究》2021 年第 7 期。

⑨ 罗掌华、廖战海、唐红祥：《疫情防控常态化下助力广西小微企业纾困发展研究》，《广西社会科学》2020 年第 11 期。

的概率显著提高，而金融支持和租金减免的政策效应不显著[①]。（3）存在的问题。货币政策的实施效果存在边际递减效应，实施传统的扩张性货币政策可能只会虚耗资金，使其在市场中空转[②]。

综上所述，学者们普遍认为新冠疫情对小微企业的冲击是值得关注的，从金融角度缓解这种冲击需要更为细致的研究和更有针对性的政策设计。由于数据资料的限制，大多数研究剔除了西藏地区。西藏作为高速发展中的重要边疆、民族地区，长期以来实施包括低利率在内的优惠金融政策，形成了其特殊的融资格局。在疫情不断反复的背景下，研究疫情对西藏民营小微企业的冲击及金融纾困政策的实施效果在学术层面和现实层面均有重大意义，也可为其他边疆、民族地区提供经验借鉴。

本文首先采用 2019 年第二季度至 2021 年第一季度的企业微观数据研究了疫情对西藏民营小微企业的冲击，并在梳理金融纾困政策的基础上详细分析了疫情前后民营小微企业的融资情况。然后，分别从小微企业成长的动态性、普惠金融发展的动态性和政策传导机制的动态性三个方面对西藏民营小微企业融资存在的问题进行了理论分析。最后，从金融机构、小微企业和政府政策三个层面提出金融支持西藏民营小微企业高质量发展的建议。本文的边际贡献主要体现在三个方面：一是，建立在对 250 家民营小微企业连续八个季度的抽样调研数据之上，能够从微观层面深入揭示民营小微企业疫情前后的变化特征；二是，以西藏地区作为研究对象，弥补了现有文献研究中的不足；三是，研究发现对西藏现有小微企业金融支持政策进行动态调整是必要的，并提出了调整的方向和思路。

① 蔡伟贤：《疫情冲击下财税扶持政策的有效性研究——基于政策类型与中小微企业经营状况的分析》，《财政研究》2021 年第 9 期。

② 姚余栋、李宏瑾：《中国货币政策传导信贷渠道的经验研究：总量融资结构的新证据》，《世界经济》2013 年第 3 期。

二、新冠疫情冲击下西藏民营小微企业的融资现状

（一）疫情对西藏民营小微企业的经营造成负面冲击

从资产负债率来看（图 1），西藏民营小微企业的举债经营能力先升后降，举债经营仍有一定潜力。资产负债率指标是企业负债总额与资产总额的比值，用以衡量企业利用债权人提供的资金进行经营活动的能力。2019 年第二季度到 2021 年第一季度，西藏民营小微企业的资产负债率均小于 0.5，说明大多数企业仍具有一定的举债经营潜力。尤其是在疫情期间，该指标下降至 0.21 的低点，反映出疫情下人们的悲观预期。

从利息保障倍数来看（图 1），西藏民营小微企业的长期偿债能力先升后

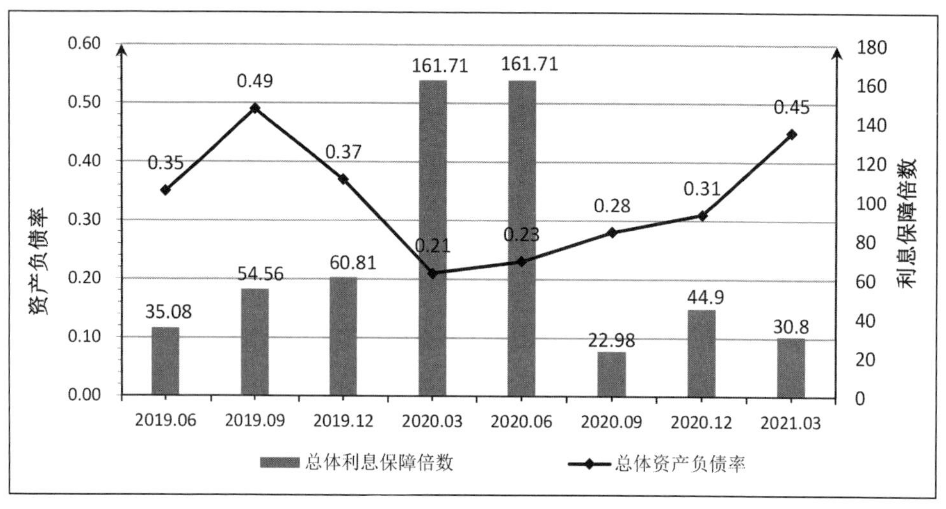

图 1　2019—2021 年西藏民营小微企业的利息保障倍数和资产负债率

降。[①] 2019 年第二季度到 2021 年第一季度，西藏民营小微企业的利息保障倍数呈现倒“U”型走势，2020 年上半年处于高点，但之后迅速降低。这说明，

① 该指标是企业生产经营所获得的息税前利润与利息费用之比，其值与企业偿债能力正相关。

疫情缓解后民营小微企业可能面临着日益增加的偿债压力。

从利润变化情况来看（表 1），西藏民营小微企业的盈利水平下降，大部分出现了亏损的现象，并在较长一段时间没有得到很好的恢复。民营小微企业的盈利状况决定着其能否正常经营以及是否选择进一步扩大经营规模。很明显，疫情对企业盈利产生了负面冲击。在疫情爆发后的 2020 年第二季度，民营小微企业盈利状况急转直下，69% 的民营小微企业发生了增亏或减盈的现象，27% 的民营小微企业盈亏不变，仅有 4% 的民营小微企业出现增盈或减亏。并且在此之后的三个季度，大部分民营小微企业处于与上季度相比利润不变的状态。

表 1　2019—2021 年西藏民营小微企业的利润变化情况（与上季度相比）

各种类型的企业占比	2019 年			2020 年				2021 年
	二季度	三季度	四季度	一季度	二季度	三季度	四季度	一季度
利润不变	57%	59%	67%	76%	27%	63%	54%	60%
利润减少	13%	9%	7%	5%	69%	12%	14%	10%
利润增多	30%	32%	26%	19%	4%	25%	32%	30%

从经营困境的来源看（图 2），疫情发生后民营小微企业的经营压力从需求不足转向成本上涨。从宏观环境来看，西藏民营小微企业的经营压力主要来自人力成本、原材料成本和行业竞争三个方面。疫情发生前，人力成本和原材料成本是经营压力的主要来源；疫情发生后，需求疲软加剧了同行竞争，构成了小微企业经营压力的主要方面。随着疫情的缓解，2021 年一季度之后又恢复到了疫情前的状态。

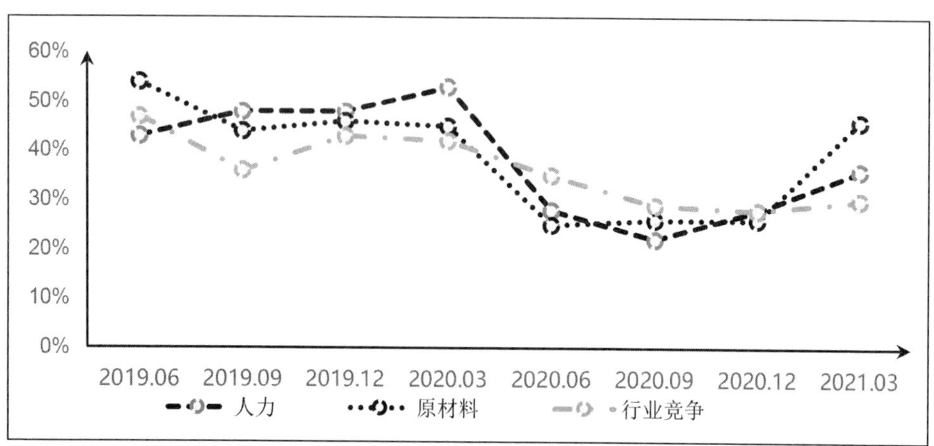

图 2　疫情爆发前后西藏民营小微企业经营压力的主要来源

（二）迅速出台和实施面向小微企业的金融纾困政策

按照具体的做法，可归纳为以下几类。

延长现有的优惠政策。疫情发生后，两项货币政策工具——普惠小微企业贷款延期支持工具①和信用贷款支持工具②，先后延期至 2021 年 3 月底和 2020 年底。随后，国务院进一步将这两项货币政策工具延期至 2021 年底，以缓解民营小微企业的经营压力。2021 年 12 月 15 日，国务院常务会议决定，将普惠小微企业贷款延期还本付息支持工具转换为普惠小微贷款支持工具③，并从 2022 年起将普惠小微信用贷款纳入支农支小再贷款支持计划管理。这两种方式"量价并举"，契合小微企业和个体工商户实际需求。

发放专项再贷款。为支持打赢新冠疫情防控阻击战，人民银行通过专项再

① 普惠小微企业贷款延期支持工具是指对地方法人银行实行普惠小微企业贷款阶段性延期还本付息予以一定激励，对办理贷款延期还本付息期限不少于 6 个月的地方法人银行，按贷款本金 1% 给予激励。

② 信用贷款支持工具是指对发放普惠小微企业信用贷款地方法人银行按贷款本金 40% 给予优惠资金支持。

③ 从 2022 年起到 2023 年 6 月底，人民银行对地方法人银行发放的普惠小微企业和个体工商户贷款，按余额增量的 1% 提供资金，鼓励增加普惠小微贷款。

贷款向金融机构提供低成本资金，支持金融机构向重点企业提供优惠利率信贷支持。从 2022 年起到 2023 年 6 月底，人民银行对地方法人银行按余额增量的 1% 提供资金，鼓励增加普惠小微贷款。此外，从 2022 年起，将普惠小微信用贷款纳入支农支小再贷款支持计划管理，原来用于支持普惠小微信用贷款的 4000 亿元再贷款额度可以滚动使用。

降低存款准备金率。央行通过三次降准，一共释放 1.75 万亿元长期资金，向实体经济提供充足的流动性。2020 年 1 月 6 日，央行第一次下调金融机构存款准备金率 0.5%，释放长期资金 8000 多亿元；2020 年 3 月 16 日，央行再次实施普惠金融定向降准，对考核达标的银行定向降准 0.5 至 1 个百分点，另外对符合条件的股份制商业银行再额外定向降准 1 个百分点，定向降准共释放长期资金 5500 亿元；2020 年 4 月 3 日，央行实施第三次降准，对没有跨省经营的城商行定向下调存款准备金率 1 个百分点，共释放长期资金约 4000 亿元。2022 年 4 月，央行为加大对小微企业的支持力度，对没有跨省经营的城商行和存款准备金率高于 5% 的农商行，在下调存款准备金率 0.25 个百分点的基础上，再额外多降 0.25 个百分点。

（三）金融纾困政策缓解了民营小微企业的融资困境

第一，疫情发生后，民营小微企业的授信户数和融资规模都有所增加（图 3）。从授信户数来看，2019 年第一季度到 2021 年第二季度，西藏小微企业授信户数从 2349 户增加到 5533 户，增长近一倍；从贷款规模来看，虽然经历了疫情期间的短暂下降，但疫情后贷款规模稳步复苏，目前已基本上恢复到疫情前的水平。同期对比来看，2019 年第二季度为 1049.17 亿元，2021 年第二季度为 1047.5 亿元。但值得注意的是，小微企业贷款在西藏地区各项贷款中的比重在疫情后呈现明显下滑态势，从 2019 年第二季度的 22.58% 下降到 2020 年第一季度的 20.97%，之后基本保持不变，2021 年第二季度为 20.35%[①]。可见，相对于大中型企业来讲，疫情后小微企业需要更多的金融支持。

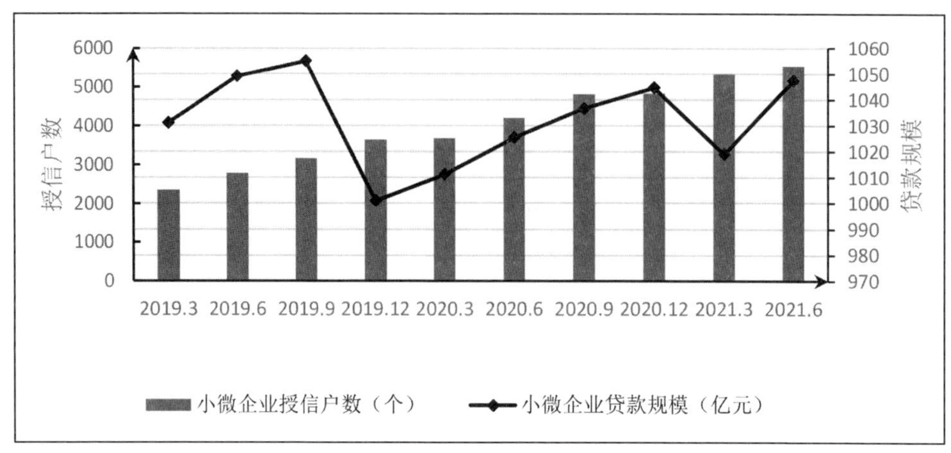

图 3　2019—2021 年西藏小微企业授信户数和信贷规模

第二，疫情发生后，民营小微企业"融资难"问题在一定程度上得到缓解。西藏的金融机构一直致力于解决民营小微企业"融资难"问题，尤其是疫情期间问题解决的效果显著。2019 年第二季度西藏民营小微企业的贷款资质满足率[②]仅有 84%，在疫情爆发后的 2020 年第一季度迅速提升至 95%。同时，抽样调查表明，2019 年第三季度民营小微企业贷款需求满足率[③]仅有 65%；疫情爆发后的 2020 年上半年，民营小微企业贷款需求满足率达到了 100%；随着疫情的缓解，2020 年下半年民营小微企业融资需求满足率有所下降，但仍保持在 90% 左右的水平。这说明，西藏民营小微企业的金融纾困政策确实在短期内发

① 该抽样覆盖了西藏 7 个地市的小微企业，样本数为 250 个，调查区间为 2019 年第二季度到 2021 年第一季度。本文中所指的抽样调查，均是指此次调查。

② 贷款资质满足率，是指满足贷款资质的西藏民营小微企业户数相对于西藏整体民营小微企业户数的比例。

③ 贷款需求满足率，即成功申请到贷款的民营小微企业户数占所有有贷款需求的民营小微企业户数的比重。

挥了显著的支持作用。

第三，疫情发生后，民营小微企业的贷款服务满意率显著提高。① 抽样调查表明，2019 年第二季度西藏小微企业贷款服务满足率为 78%，之后呈单调递增趋势；2020 年底，西藏民营小微企业贷款服务满意率达到了 96%。这说明，在金融纾困政策的引导下，西藏金融“支小助微”的服务质量在疫情发生后得到了显著提升。

此外，西藏地区民营小微企业的融资方式以间接融资为主，主要依赖于从正规金融机构获得的银行贷款，而其他融资方式占比都很小（图 4）。调研中发现，2019 年第一季度到 2021 年第二季度，小微企业通过票据贴现方式进行融资的规模是 238.75 亿元，通过小额贷款公司贷款的规模是 4.61 亿元，而同期银行贷款的规模是 10321.04 亿元。直接融资渠道方面，西藏民营小微企业没有发行过企业债券，2018 年之后有 4 家企业在创业板上市。虽然由于缺乏数据无法准确获知 P2P（意即个人对个人）、民间借贷及典当等融资方式的规模，但从现有数据中仍然可以窥豹一斑：西藏民营小微企业的融资渠道相对单一，对正规银行信贷的依赖程度较高。

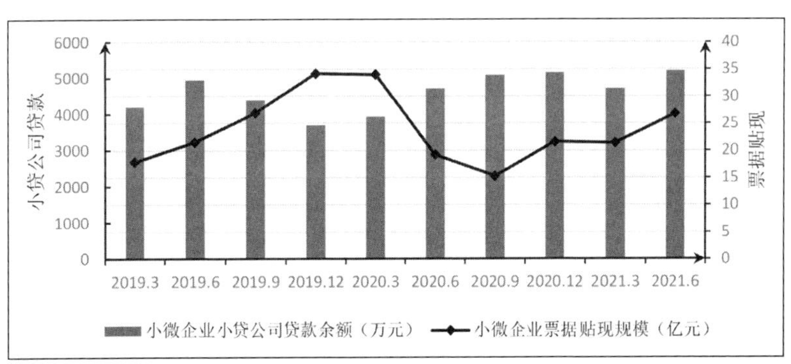

图 4　2019—2021 年西藏小微企业的小贷公司贷款和票据贴现规模

① 贷款服务满意率，即对贷款服务满意的西藏民营小微企业户数占全部贷款的西藏民营小微企业户数的比重。

三、西藏民营小微企业融资存在的问题与理论分析

（一）从小微企业成长的动态性来看，现有金融组织体系多元化程度有待推进

学者们普遍认为，处于成长初期的小微企业往往面临金融排斥。按照融资性质，银行贷款可划分为财务报表型、抵押担保型、信用评分型和关系型，其中前三种交易性贷款建立在企业“硬信息”的基础上，适用于大中型企业；后一种关系型贷款则有赖于银行与企业长期接触过程中所积累的大量难以量化的“软信息”（如企业主品德、声誉及企业真实经营状况等），适用于缺乏“硬信息”的小微企业。根据知识局部溢出理论，“软信息”的获取和使用具有“当地性”特点，扎根于当地、信息传递链条短、经营策略相对灵活的地方中小金融机构在甄别和处理“软信息”方面拥有优势，即所谓的“小银行优势”①。

近年来，西藏金融机构数量稳步增加。单就银行业金融机构来看，一方面，呈现出明显的多元化趋势。衡量西藏金融机构贷款规模集中度的赫芬达尔－赫希曼指数②从2014年的0.210下降至2020年底的0.130（见表2），中信银行、上海浦东发展银行、光大银行、兴业银行、西藏信托有限公司和西藏金融租赁有限公司等金融机构先后进入西藏金融领域开展相关业务，对以国有银行为主的竞争结构形成冲击。另一方面，这种多元化趋势存在显著的异质性。表现在，行业异质性方面，制造业、农林牧渔业等贷款集中度较高的行业与批发零售业、建筑业等贷款集中度较低的行业并存；企业异质性方面，小微企业的贷款集中度比大型和中型企业更为高，尤其是在制造业、居民服务修理和其他服务业、农林牧渔业等行业表现得尤为明显，说明就部分细分行业来看，进

① 刘畅、刘冲、马光荣：《中小金融机构与中小企业贷款》，《经济研究》2017年第8期。

② 赫芬达尔－赫希曼指数的计算公式为：$H=\sum_{j-1}^{n}Z_j^2=\sum_{j-1}^{n}(X_j/X)_j^2(j=1,2,\dots,n)$其中，$X$代表西藏贷款总规模，$Xj$代表企业$j$的贷款额，$Zj=Xj/X$代表第$j$个企业的市场占有率，$n$代表提供贷款的机构数。H指数越大，说明产业集中度越高。

一步推进金融组织体系的多元化发展有利于缓解小微企业融资困境。

表 2　2020 年 12 月西藏主要行业的赫芬达尔 - 赫希曼指数[①]

		大型企业	中型企业	小型企业	微型企业	全部企业
民营小微企业占比超过 10% 的行业	批发和零售业	0.264	0.159	0.182	0.302	0.168
	建筑业	0.259	0.149	0.273	0.380	0.190
	制造业	0.191	0.144	0.701	0.203	0.331
民营小微企业占比 5%—10% 的行业	居民服务、修理和其他服务业	1.000	0.562	0.322	0.453	0.301
	租赁和商务服务业	0.260	0.182	0.377	0.290	0.252
	农林牧渔业	0.429	0.172	0.480	0.435	0.302
	住宿和餐饮业	0.865	0.398	0.397	0.210	0.236
	信息传输、软件和信息技术服务业	0.325	0.216	0.229	0.581	0.235
全部行业	0.148	0.122	0.188	0.163	0.130	

（二）从普惠金融发展的动态性来看，规模扩张与成本增加之间的平衡有待协调

一般认为，弱势群体所面临的金融排斥问题可通过发展普惠金融来缓解。普惠金融以可负担的成本为有金融服务需求的社会各阶层和群体提供适当、有效的金融服务，小微企业、农民、城镇低收入人群等弱势群体是其重点的服务对象。

“十三五”以来，西藏自治区普惠金融得到长足发展，金融服务可得程度增加，数字支付普及率提升，信用体系、支付环境建设稳步推进，农牧区基础金融服务基本实现全覆盖，线上金融服务平台日益完善。截至 2020 年底，西

① 由于篇幅限制，本表仅展示了西藏民营小微企业占比超过 5% 的行业。

藏 701 个乡级行政区的银行网点覆盖率达 75.04%，5479 个村级行政区的金融服务覆盖率达 97.74%。回顾西藏普惠金融的发展历程，可总结出如下特点：以基础金融服务为抓手、以贫困户小额信贷为特色、以信用村（乡 / 镇）评价为依托的超常规发展模式。但当前普惠金融的规模扩张遇到瓶颈，不断拓展的普惠金融边界拉升了金融机构推进普惠金融的边际成本，进一步下沉网点获得的政府补贴无法弥补银行的扩张成本，导致商业银行在商业利益和社会责任之间的权衡越来越倾向于前者。普惠金融在本质上要求坚持商业可持续性。尊重市场规律并正视商业性金融机构的利益诉求，采取更为有效的措施推进普惠金融降本增效，应当成为下一阶段西藏金融工作的要点之一。

（三）从政策传导机制的动态性来看，高效解决银企信息不对称的做法有待突破

长期以来西藏人力资本短缺，民营小微企业主受知识、能力和技术的限制金融素养不高，缺乏财务方面的高水平人才，这导致民营小微企业在充分利用金融工具支持企业发展方面存在短板和不足。以 2021 年第一季度为例，抽样调查显示，86% 的西藏民营小微企业从未申请过贷款，而其中有 15% 可归因于企业的金融素养不足①。许多民营小微企业缺乏完整、可信的财务报表，难以向外界传递可靠信息，从而造成了银行与企业之间的信息不对称，客观上增加了企业的融资难度。即使是通过线上提交融资申请，企业仍然需要进行线下资质审查。为了甄别信贷资质，民营小微企业不得不借助公证、增信、审查等中介服务或担保、保险等金融工具及民间借贷，从而间接导致了综合融资成本的上升。

① 主要包括不了解信贷产品和申请方法、缺少抵押担保或经营财务状况欠佳而不知如何拓展融资渠道等情况。

从优惠金融政策的传导机制来看，破解小微企业信用不充分是融资堵点，快速高效为小微企业增信是融资难点。近期一些研究表明[①]，中国小微企业融资难的主要矛盾在于“获客难”“风控难”，大科技信贷可以利用大数据和机器学习模型进行信用风险评估，为大量小微企业提供信贷服务，从而破解小微企业融资难问题。西藏的金融科技尚处于起步阶段，基于大数据的企业信用评价体系建设已基本建成，可以充分利用后发优势，与大科技公司合作进一步完善并加快推广小微企业的信用数据共享。

四、金融支持西藏民营小微企业高质量发展的建议

（一）金融机构层面

1. 推广高新数字技术，深化普惠金融

在西藏，单纯依靠传统方法推进普惠金融已经进入了瓶颈期，成本高、进度慢、效率低，较高的交易成本使得普惠金融无法真正实现“普惠”。充分利用大数据、互联网、云计算和人工智能等数字新技术来降低普惠金融的交易成本、控制金融风险，是从根本上解决普惠金融“普惠性”和商业银行“商业性”的矛盾，实现普惠金融可持续发展的必由之路。目前，西藏各大金融机构都设立了金融科技部门，数字金融发展进入快车道。基于调研中发现的问题，强调以下几点：面向农牧区的金融 APP 界面应当对藏语使用者更加友好，建议创新使用藏语语音识别、藏汉互译等人工智能技术；金融机构可借助电商体系构建金融生态，拓展普惠金融的应用场景；打通农、工、商与金融行业之间的数据壁垒，借助数据共享、区块链增信等数字金融技术降低融资成本；构建并完善基于数据的风险控制体系，全面提升金融风险控制能力。

① Huang Yiping, et al. Fintech credit risk assessment for SMEs：Evidence from China[R]. Washington: International Monteary, 2020: 20-193.

2. 整合金融服务平台，推进数据共享

（1）整合西藏现有的线上金融服务平台。建议以“西藏自治区中小企业公共服务平台”为中心，以“西藏自治区小微客户融资服务平台”“中征应收账款融资服务平台”和“信易贷”平台为支撑，打破部门藩篱，为小微客户提供更加优质便捷的金融服务.（2）加快大数据征信平台建设，有效降低融资成本。目前西藏已经建成企业大数据征信平台，今后应加快推进新型农业经营主体、个体工商户和农牧户的大数据征信平台建设.（3）推动平台数据资源共享。数据作为生产要素之一蕴含着巨大的使用价值，但目前西藏的数据共享仍存在短板。例如，小微融资服务平台上的相关交易数据并未对包括担保公司在内的全部金融机构开放，导致融资环节出现梗阻。

3. 循序渐进，推进区内利率市场化

从长期来看，稳步、有序推进西藏贷款利率市场化改革有助于缓解金融资源配置扭曲，提高资金利用效率。在贷款利率市场化改革过程中，要注意控制好节奏、把握好风险。建议小幅度、分步骤提高贷款利率浮动上限，在保证对小微企业等领域优惠金融政策不变的前提下，对市场化程度较高、融资主体资信较好的领域采用试点先行，以循序渐进的方式开展利率市场化试点。在此过程中，要谨慎把控可能出现的金融风险，守住不发生系统性金融风险的底线，分阶段稳步推进区内贷款利率市场化。

4. 主动出击，拓展多元化融资渠道

鼓励民营小微企业通过直接融资渠道扩大融资规模。鼓励和支持符合条件的民营企业发行债券等融资工具，主动对接提供金融服务。积极帮扶具备良好发展前景的初创型科技企业，为其借助西藏绿色上市渠道在科创板上市提供金融服务。规范 P2P、小贷公司和典当行等融资渠道，推广票据贴现业务缓解小微企业的短期流动性，鼓励融资租赁业务解决特定行业的融资困境等。从根本上说，还是要进一步构建多元化、多层次的金融组织体系，在合规、合法的要求下打破金融行业进入壁垒，允许并且鼓励各种类型的金融机构深耕西藏市场。

（二）小微企业层面

1. 有意识地主动提升自身的金融素养

企业主自身金融素养不高的现状，制约了企业融资规模的扩大。调研中发现，不少小微企业主由于受教育程度不高，不能及时了解金融产品、金融服务和金融政策等，导致其缺乏主动融资意愿，或者即使想要融资也觉得无从下手。因此，可通过主流媒体加大对小微企业主的金融知识宣传，借助银企对接活动进行金融政策普及，鼓励小微企业主动了解金融产品和服务，在企业发展前景较好或者外部环境较为有利的前提下，积极利用金融杠杆提高企业盈利、扩大企业规模。

2. 潜心锤炼培育企业的核心竞争力

企业短期的流动性困境可以通过融资得以解决，但长期的成长前景仍然依赖于企业的核心竞争力。西藏的民营小微企业大多分布在竞争激烈的行业，核心竞争力的缺乏导致其经营资质不高，进而制约了其融资能力。民营小微企业应潜心锤炼，专注于核心竞争力的培育，从产品质量、品牌培育、供应链管理、营销渠道、技术创新等路径入手，在激烈的市场竞争中争得一席之地。

3. 积极建立健全小微企业的财务制度

在自身能力的承担范围内，企业应聘用专业财务人员以建立健全企业财务制度。完善的企业财务制度有利于民营小微企业做好成本控制和预算，有利于企业在短期内做出经营决策调整，及在长期内做好战略规划。健全的企业财务制度还有利于民营小微企业向外界提供可信的资质信息，有效缓解银企信息不对称问题，降低融资成本。

（三）政府政策层面

1. 协调部门间利益，形成“支小助微”的合力

应当正视部门之间客观存在的利益差异，并采取正确的措施协调部门间利益，凝练“支小助微”合力。（1）区内金融机构之间。区内金融机构之间在线上平台建设、金融生态构建、数据资源共享等方面存在着各自为政的情况，应打破部门藩篱以充分利用网络经济红利。（2）区内与区外金融机构之间。区内的金融市场在一定程度上处于自我封闭的状态，应积极鼓励区内金融机构与区外金融机构进行同台竞争，以打磨区内金融机构的核心竞争力、更好发挥规模经济优势。（3）金融机构与政府部门之间。金融机构、工商联、经信厅及地方政府等容易站在各自视角看待小微企业“融资难、融资贵”的问题，应加强部门之间的沟通和协同。

2. 处理好政府和市场的关系，推动财政金融协同发展

充分发挥有效市场和有为政府的协同作用，利用财政手段引导金融机构的商业行为，处理好政府和市场的关系，形成金融机构和小微企业共生共荣的良好环境。根据调研发现的问题，提出以下几点建议：完善并落实县域风险补偿机制，关注脱贫攻坚政策退出后可能出现的金融风险；明确政府设立的信贷担保机构的风险分担比例和补偿机制，与国家农业信贷担保公司合作以分散风险；在贷款利率市场化改革背景下，完善财政贴息制度，以解决“两项补贴”政策调整后的遗留问题。

3. 引导企业市场预期，降低企业运营成本

2021 年 12 月中央经济工作会议指出，目前宏观经济领域存在三个突出问题：需求收缩、供给冲击和预期转弱。这在我们对西藏小微企业的调研中也都有所表现。一方面，政府应当引导企业预期，做出对未来宏观发展前景的理性判断，稳定市场预期。另一方面，政府应着力降低企业运营成本。主要包括：完善基础设施建设，引入智慧物流，降低物流成本；大力推广人工智能、区块

链、大数据和云计算等数字技术在农业、畜牧业、养殖业、旅游业、制造业的应用，推进全产业链的数据共享，并与金融征信平台连接；扩大公共服务范畴，提高公共服务品质，将小微企业融资需要的公证、担保、保险、认证、登记等纳入公共服务范畴，减免中介服务费。

宋爽，西藏民族大学财经学院教授；李威，西藏民族大学管理学院硕士研究生。

农村普惠金融赋能乡村振兴战略

——基于青海省西宁市的实践*

杨启斐

大力发展普惠金融，既是增进社会公平和和谐的必然要求，也是满足乡村振兴多样化金融需求的重要手段。农村是贫困人口和弱势群体较为集中的地方，因此是普惠金融发展的主战场。近年来，西宁市农村普惠金融发展呈现出金融覆盖面不断扩大、金融可得性不断增强、金融满意度不断提升等特点，但农村普惠金融发展仍存在亟待解决的问题与困难。因此，在总结分析西宁市当前农村金融发展现状及存在问题的基础上，为西宁市农村普惠金融发展提供相关建议，对深化西宁市农村金融改革、促进农村产业发展、缩小城乡差距、实现乡村振兴战略意义重大。

一、西宁市农村普惠金融发展现状

（一）农村金融覆盖面不断扩大

为提高农村金融服务网络覆盖面，西宁市持续加强惠农服务点建设，不断推进惠农取款服务与信息进村入户、城乡社会保障等合作共建，将惠农服务点改造为助农存取款、非现金结算、残缺币兑换、金融消费维权、金融知识宣

* 本文系 2021—2022 年度青海省党校系统重点科研课题《乡村振兴背景下青海省农村合作金融发展研究》（批准号：QSDXKT202105）的阶段性成果。

传、农村电商服务“六位一体”的家门口银行。截至 2020 年末，西宁市共设立惠农金融服务点 1014 个[①]，有效提升了农村金融服务覆盖面。与此同时，西宁市各大商业银行将流动金融服务车作为物理网点、自助银行的有效补充，为偏远乡村提供基础金融服务，进一步扩大了金融服务覆盖面。

（二）农村金融基础设施日趋完善

现代化支付业务在西宁市农村地区全面推进，乡镇地区 POS 机具布放力度持续加大，加强宣传非接消费、云 POS 转账汇款、电子商务等业务，大力推广“云闪付”等现代化支付业务，金融服务便利程度大幅提高。大通县成立了西宁市首个农村普惠金融中心——大通农村普惠金融中心，为改善农村金融服务、激活农村经济、推进产业扶贫和新农村建设提供了农村金融服务的新模式。大通农村普惠金融中心结合农村金融需求，利用微信、手机 APP 等远程通信技术，借助 170 家农村电商站点，将线上线下的金融服务能力有机结合起来，解决了农村范围广、物理网点无法覆盖的难题，为农民专业合作社、家庭农场、专业大户、个体工商户、各乡镇的农户提供了方便快捷、期限灵活、随借随还的金融信贷服务。

（三）农村信用体系建设不断推进

围绕“乡村治理”“乡风文明”主线，西宁市全面推进信用县、信用乡（镇）、信用村、信用户创建工作。截至 2020 年末，全市共创建市级信用县 1 个，信用乡（镇）37 个，信用村 596 个，信用户 151826 户，累计发放信用贷款 56213 笔，余额 40.86 亿元[②]。在信用信息平台打造方面，西宁市依托农户信用信息数据库暨惠农金融服务平台建设工作，加快对家庭农场、农牧民专业合

① 数据来源：西宁市金融办公室统计数据。
② 数据来源：西宁市金融办公室统计数据。

作社等主体的电子信用档案创建工作，健全信用信息评价与共享机制，促进农村地区信息、信用、信贷联动，推行守信联合激励和失信联合惩戒机制。

（四）农村金融服务产品逐渐丰富

西宁市积极开展“两权抵押贷款”试点工作，通过赋予农村承包土地经营权、农村住房财产权的融资功能，使农民利用“两权”设立抵押从银行获得贷款，有效满足了农民的金融需求。大通县推出了“文明信用 + 两权抵押”新型贷款模式。该贷款模式以大通县农村文明信用体系建设工程为基础，将文明信用户信用贷款与农村土地承包经营权抵押贷款相结合，并由乡政府成立抵押贷款评估小组负责土地价值评估，由县农商行作为贷款主办行负责贷款发放工作。湟源县通过打造“担保抵押”和“直接、捆绑抵押”贷款的两种抵押贷款模式，成功唤醒了农村沉睡的资产，实现农户利用自有资源脱贫发展融资的重要一步。

（五）农村金融知识普及取得成效

西宁市在县域加强开展面向学校、基层党政干部的金融知识培训和政策宣传工作，形成了贴近基层的金融宣传和服务网络，同时大力推广“金惠工程”志愿者活动，通过金融知识宣传和指导，增强农牧民了解金融、使用金融的能力，特别加强对贫困群体金融知识的普及、信用意识的唤醒和金融政策的宣传，从而优化西宁市农村地区整体金融生态环境。西宁市联合开展集中性金融知识普及活动，借助教育网站、手机 APP 等平台，实现金融教育常态化、阵地化、数字化，组织各类金融消费者权益保护日活动，借助横幅、展板、宣传册等方式，直观地向群众讲解金融消费权益保护工作，帮助金融消费者提高自我保护能力。

二、西宁市农村普惠金融发展存在的问题

（一）农村金融供给不充分

在西宁市农村地区发挥主要作用的是各类农商银行。一些商业银行虽然设立了三农金融事业部、普惠金融事业部等部门来提升农村金融服务质量和效率，但与“三农”相关的业务还在逐步探索之中，尚未下沉到农村，已设立的网点大多分布在乡镇地区，针对行政村、自然村的金融服务网点依旧缺乏，难以满足农村地区的金融需求。当前农村金融组织体系主要是以银行为主，提供的金融服务主要为抵押贷款和消费贷款，贷款期限较短，对抵押资产的要求较高。证券、保险、信托等金融机构发挥的作用十分有限①。涉农保险在西宁市农村地区重视程度不够，涉农商业性保险品种有限，难以满足农村地区对保险的需求。西宁市在部分农村地区开展了保险扶贫相关业务，但农村商业保险类产品依然较少，各类保险产品在农村地区的普及率与接受程度也并不高。总的来说，虽然在国家及省市政策的引导下，各类金融机构对西宁市农村金融服务有所加强，但与城市经营相比，“三农”获得的金融服务在便利性、可得性方面仍有较大差距，对农村的金融产品和服务供给明显不足。

（二）农村信用体系不完善

农村金融排斥现象产生的一个重要原因，就是农村金融需求主体与金融机构之间的信息不对称，信用体系建设就是解决信息不对称的重要渠道之一，直接关系到金融机构在普惠金融领域信用风险的控制水平和控制成本。西宁市农村信用体系仍然存在着很多不足，如农村征信体系不健全、缺乏效率；征信技术仍采用传统技术，对互联网、大数据、云计算等技术应用较少；信息孤岛问

① 中国人民银行海东市中心支行课题组，马英录：《金融资源配置的困境与反思——以青海省海东市为例》，《青海金融》2019 年第 12 期。

题严重，小额贷款公司、村镇银行等中小金融机构数据未纳入征信系统；商业金融机构获取征信信息成本较高等。

（三）农村居民金融素养有待提高

西宁市农村居民受教育程度普遍较低，直接影响了其对正规金融的理解和认知，大部分农户对使用金融服务自我排斥，将金融作用简单地理解为“存钱，得利息；借钱，还本付息”。只有一少部分农户能够掌握普惠金融政策并充分利用政策贷款扩大生产规模来改善家庭经济状况。金融知识欠缺还体现在农户的信用意识比较淡薄，对信用的概念和意义认识模糊，部分农户认为信用记录对其日常生活影响不大，对于贷款违约并不在意，往往是在日后影响其办理正常金融业务时才意识到良好信用的重要性。在针对非恶意信用不良的贫困户信用修复工作中发现，部分农户就是因为对还款政策不了解，在还款日期和金额方面存在随意性导致信用不良。

（四）农村数字普惠金融发展缓慢

近年来随着云计算、大数据、人工智能与金融行业的深度融合，数字金融产业蓬勃发展。数字金融的发展为西宁市农村普惠金融带来了新动能。一方面各类金融机构通过网上银行、手机银行、微信银行等渠道为农户提供不限空间的 7×24 小时金融服务，在扩大金融服务空间和时间的同时降低了经营成本，这在很大程度上缓解了农村金融的地理排斥。另一方面金融科技助力农村服务模式创新，各类金融机构不断优化升级传统授信方式，充分利用金融科技进行客户识别和风险评估，降低金融机构放贷成本，缓解了农村金融的条件排斥、价格排斥、评估排斥、市场营销排斥①。但是要充分发挥数字金融在普惠领域的

① 罗剑朝、曹璨、罗博文：《西部地区农村普惠金融发展困境、障碍与建议》，《农业经济问题》2019 年第 8 期。

应用，还需要发挥网络与平台的数据优势，目前受限于西宁市农村金融发展水平与农户金融习惯，数字普惠金融的可得性仍然较差。在调研中发现多数农户表示更倾向于进行线下交易，无论购物还是办理金融业务，看得见、摸得着的方式会让他们觉得更安全，数字金融仅仅停留在微信支付与转账。

（五）农村融资方式创新不足

随着科技与金融的结合，新型融资方式也快速发展。“互联网＋农村金融”的模式在满足农村金融需求方面发挥了重要作用，其以互联网为载体，利用金融科技手段更加全面地获取生产、销售等环节的信息，通过大数据和云计算建立风险控制模型进行信用评级和授信，从而更好地满足涉农企业的金融需求。从“互联网＋农村金融”模式衍生出的融资模式有很多，如“农业龙头企业供应链金融模式”，即利用龙头企业来掌握资源信息，满足农业龙头企业上下游客户的资金需求。“电商平台全产业链农村金融模式”，即通过电商平台在农村建立线下服务点获取交易数据和其他外部数据，通过大数据挖掘为客户提供资金。目前，主要有阿里巴巴、京东等电子商务巨头开展农村互联网金融业务。西宁市农村由于缺乏农业龙头企业，农村电商也刚进入起步阶段，在“互联网＋农村金融”方面还鲜有尝试。

三、西宁市农村普惠金融发展的思路

（一）发挥政府和市场双重作用

在农村普惠金融发展中应处理好政府与市场的关系，使市场在资源配置中起决定性作用，同时更好发挥政府作用。在西宁市农村地区，因市场总量小、服务成本高，商业性金融机构缺乏发展普惠金融的动力，在农村金融市场中出现市场失灵的现象。政府需要采取适当的干预措施来解决市场失灵问题，通过补贴、政策引导等方式推动农村普惠金融体系的建设，特别是农村普惠金融基础设施建设、财政和货币政策支持等方面[①]，但也要防止政府的过度介入使农村普惠金融资源配置缺乏效率，从而制约农村经济的发展。与此同时，要充分发挥市场的作用，鼓励适度竞争，推动中小银行、村镇银行、民营银行等进入农村金融领域，及时发现农村金融市场真正的金融需求，以商业可持续为基础，兼顾社会责任。西宁市农村普惠金融发展必须既要明确政府干预的范围、方式及力度，又要充分鼓励竞争发挥市场作用，确定好政府干预和市场作用的有效边界。

（二）构建多元金融服务体系

农商行是西宁市农村金融市场上绝对的主力军，这在一定程度上造成了农村金融市场的垄断，加剧了农村金融供需的矛盾。因此在西宁市农村地区应构建多层次的金融组织，引导不同层次、不同类型的机构，如小额贷款公司、村镇银行和农村资金互助社等组织结合自身特点，找准市场定位，发挥各自优势，建立竞争、多元的农村金融市场环境。要适度降低市场准入门槛，允许多种形式的金融机构，特别是民营金融机构进入农村金融市场。建立健全相关法律制度，保证多种所有制结构的新型金融机构能够在农村长期发展。要特别重视保险公司在农村市场的发展，针对“三农”的需求，推出与“三农”相关的农业保险、养老保险、意外保险和信贷保险等产品[②]。引导保险机构持续加大对农村保险服务网点的资金、人力和技术投入，为农村普惠金融的发展注入新动力。

① 戴序、董亚文：《农村金融发展对农村居民消费影响的实证分析》，《税务与经济》2019 年第 2 期。

② 中国人民银行果洛州中心支行课题组，刘建：《青海省农村消费金融需求分析》，《青海金融》2019 年第 1 期。

（三）加强农村信用体系建设

西宁市农村地区要进一步打造更加完善的信用体系，加强征信系统的包容性和共享性，将村镇银行、农村资金互助社、小额贷款公司等机构的贷款信息纳入征信系统。建立农户和涉农企业信用档案，搭建良好的信息沟通渠道。进一步深入开展“信用户、信用村、信用乡镇”创建活动，支持西宁农商行开展信用评级工作，通过信用创建以点带面，合作共建惠农服务点，全面提高农户金融素养，促进农村信用环境整体好转。建立正反向激励机制，对信用好的农民给予信贷扶持和优惠利率，将存在违约失信的农民列入“黑名单”，从而强化其责任意识，规范金融行为。

（四）提升农村居民金融素养

农村居民对金融服务的自我排斥是其金融素养较低造成的，金融知识的匮乏制约了其有效利用农村金融资源的意愿与能力。因此要强化西宁市农村地区金融知识宣传普及，通过多种途径积极提高农民金融素养。政府要发挥政策引导作用，将金融知识普及贯穿于教育体系当中，通过对金融机构、学校、社会组织等机构统筹协调，全面做好金融知识普及工作。金融知识普及要深入农户，用形式多样、简单有效的方式宣传金融政策，让农户主动参与到金融宣传活动中来。金融机构要积极履行社会职责，加大“金融知识进万家”的活动力度，在金融产品设计中要考虑农村居民的风险偏好与理解能力，使金融产品能够匹配其能力与需求，同时要做好农村金融消费者权益保护。在金融知识普及中应充分发挥新型农业经营主体的带头示范作用，让专业大户或产业带头人用普通农户能理解的方式方法讲解金融知识，用自身行动带动普通农户参与金融活动，从而提高金融宣传成效。

（五）打造农村普惠金融双引擎

从提升效率、降低成本、扩大金融服务的可得性来说，进行金融创新、发展数字金融意义十分重大。数字金融的发展可以促进农村金融机构服务向互联网靠拢，依靠“互联网＋农村金融”模式，充分利用大数据、云计算和人工智能等科技，通过互联网连接银行与龙头农企、龙头农企与中小农企、中小农企和农户，不断提高农村普惠金融发展的效率。但发展农村普惠金融不能过分强调互联网金融而忽视了传统金融的中介作用。农村金融服务面对的群体是大量文化程度较低的农户及留守在农村的老人、妇女和儿童，这些群体受限于自身文化水平、学习能力和风险接受程度，直接通过数字金融来实现普惠金融服务是很难的。因此西宁市在发展数字普惠金融的同时要兼顾这些弱势群体，重视传统金融机构的作用，使数字普惠金融与传统金融机构深度合作，共同提高西宁市农村地区普惠金融发展水平。

杨启斐，中共西宁市委党校经济学教研部讲师。

| 第三部分 |

文化振兴

仪式与社会结构中的“性别”

——以“乃堆”仪式为例

苏发祥　格桑翁姆

在人类学的学科历史中，人类逐渐对仪式研究充满兴趣是在20个世纪30年代左右，之后不同学科的学者使用他们的理论对仪式加以阐释。如人类学古典进化论学派的代表作《金枝》就是一部涵盖仪式研究的著作，弗雷泽善于把仪式和宗教或者神话传说联结起来，试图了解世界背后的规律与形式，抑或是神圣王权与圣物之间的关系，认为仪式是人类了解和探索宇宙的手段。使用功能主义分析仪式的学者有马林诺夫斯基和拉德克利夫·布朗等人，他们认为仪式的功能在于维系王室的神圣权力和社会生活的秩序，即宇宙秩序是王室权威的基础，而仪式的定期举行就是为了维护这种秩序。宗教仪式较为明显的作用是指引人们遵守社会的道德规范，同时也使他们成为能够联结社会组织中的个体。

涂尔干从社会的结构来看待仪式，认为宗教仪式的作用和社会力量并不是不相关的。仪式的表面作用看起来是在加强宗教信仰者和崇拜对象之间的联系，但其背后加强的是个体在社会结构中的归属感，加强了个体与社会的关系。列维·斯特劳斯使用社会整合的视角，主张不能将仪式和神话置于单一的社会文化情境当中，而是应该清楚认识仪式和神话两者间的辩证关系，从而研究社会各部分之间的联系。格尔茨和特纳则擅长通过象征和解释的方式，分析社会中仪式背后的意义，如特纳的仪式理论有以下三个特点：第一，关注仪式过程中的象征符号；第二，强调仪式过程中与其他相关事件或者文化整体之间的互动性联系；第三，注意关注结构与反结构、系统与过程、理性与激情、诗性与科学等辩证关系。①

如今，仪式仍然是人类学研究的一个重要主题，大量的仪式内容和象征体系还在被发掘。在传统的观念中，男性往往是藏族祭祀仪式中的主体，不会因为性别身份的原因被限制参加仪式活动，相反藏族女性只能参与少数祭祀仪式，这种仪式主体的性别结构必然会对认识藏族社会产生一定的影响。所以本文旨在从不同性别主导的两个仪式单元中探析仪式背后的文化内涵，并由此反思藏族的社会结构。

一、东谷乃龙“乃堆”仪式的文化内涵

东谷乃龙（སྟོང་སྐོར་གནས་ནང་།）位于四川省甘孜藏族自治州甘孜县四通达乡境内，因地名东谷（སྟོང་སྐོར།）而得名，其意为“东谷的圣地”。关于东谷地名的由来，有三种不同的说法。其一为“千兽之地”，指东谷的地貌特征多样，水草丰茂，有各类鸟兽栖息。东谷乃龙的圣地志文本中也再现了这种美丽和谐的自然环境：“山上奇异的怪石矗立，犹如甘露的溪水直流而下。各类温顺的动物低头吃着珍宝般碧绿的青草，雄鹰大鹏鸟还有各类飞禽在四处飞旋，追逐天空的尽头。老虎珍禽异兽漫游在万花丛中，虎熊、豹子还有豺狼暂时搁置了忧愤，这是无害的净土。”② 壮丽优美的自然环境为东谷乃龙神山体系的建构加深了影响，也传播了一种自然和谐的生态观念。其二为“千户之地”，因为当

① 王建民：《维克多特纳与象征符号和仪式过程研究——写在〈象征之林〉中文版出版之际》，《中南民族大学学报》2007 年第 2 期。

② 译自《东谷神山志世界极乐太阳》手抄本，原文为 སྨན་གྱི་ཆུ་རྒྱུན་དུ་མ་འབེབས།ཡན་ལག་བཞི་ལྡན་རི་དྭགས་ཚོགས་འཚེ་མེད་རྩྭ་ཡི་མཆོག་ཟ་ཞིང་།ཁྲོད་སོགས་འདབ་ཆགས་མཁའ་ལྡིང་ཚོགས་ཐབས་ཤེས་གཡོག་པ་བསྐྱོད་ནས་ནི།ནམ་མཁའི་པ་མཐའ་བཅལ་བའི་ཕྱིར།ཕྱོགས་རྣམས་ཀུན་ཏུ་འཕོར་ཞིང་རྒྱུམཛེས་པའི་སྟག་ནི་མེ་ཏོག་བཅུད་ཀྱིས་ཚིམས་བྱས་ནས་སྟག་གཟིག་དོམ་དྲེད་འཕར་སྤྱང་སོགས་ཞེ་སྡང་གདུག་པའི་སེམས་སྤང་ནས་གནོད་པ་མེད་པའི་བདེ་བར་རྒྱུ།

地丰富的自然资源，使得定居在此的家户有千户之多。其三为“众人归顺之地”。[①] 在历史上东谷这片区域不仅是霍尔东科（东谷）土司[②] 的辖地，也寓意着后来东谷社区的迅速发展。由地名的含义可见，东谷本身优越的自然条件、特殊的自然景观不仅促成了社区的发展，也为其加深地方“神圣性”创造了更多可能。

“乃堆”（གནས་འདུས།）这个词频繁地出现在《绝妙东谷乃龙》[③]《格松图圣地志》[④] 等圣地志文本中，是藏族神山文化中一个重要的词汇。在本土语境中“乃堆”是指神山、圣湖等场域每 12 年为一个周期、时间长达 1 年的神圣性“汇聚”的状态，如岗仁波齐的“乃堆”为马年，五台山的“乃堆”为鼠年，这个时间是由该区域被建构神圣性身份的年份所决定。传说东谷乃龙是在鸡年被译师毗卢遮那和他的弟子玉扎宁布掘藏发现，从此转化为神山身份。

个案 1[⑤]：

一千三百多年前毗卢遮那和他的弟子玉扎宁布在鸡年开启了东谷乃龙的神山之门，所以东谷乃龙的“乃堆”在鸡年。相传因为东谷乃龙的山势较高，毗卢遮那和玉扎宁布就化作鹰和兔，以便开启各种圣迹和宝藏，这也是神山上有许多鹰、兔、鸡等自显圣迹的原因。每 12 年一次的“乃堆”是东谷乃龙最殊圣的一年，也是朝圣者最多的一年。现在交通发达，朝圣者越来越多，很多人选择在山下搭帐篷，这样既有充分的时间来转山、祭山，也可以休闲玩耍，享

① 《历辈东科尔传》藏文本，原名《历辈夏仲加贝央本生明传 · 珍宝琉璃镜》，中国藏学出版社，2005 年。

② 康定民族师专编写部：《甘孜藏族自治州民族志》，当代中国出版社，1994 年。

③ 《绝妙东谷乃龙圣地志》（手抄本，《ངོ་མཚར་བའི་སྟོང་སྐོར་གནས།》）。

④ 《格松图圣地志》（手抄本，《སྐུ་བསོ་ཐོག་གནས་ཀྱི་དཀར་ཆག》）。

⑤ 被访谈人：LD，男，甘孜县四通达乡人；访谈人：格桑翁姆；访谈时间：2018 年 7 月；访谈地点：甘孜县东谷乃龙。

受自然风光。

不仅是民间的传说，记录东谷乃龙神山的圣地志文本中也多次提及了“乃堆”及其意义：“此时神灵聚集于此，朝拜功德尤为殊胜。”[①]因此在“乃堆”这一年，东谷乃龙被赋予了更多的特殊性，朝圣东谷乃龙的人会比其他时间更多。尤其是在藏历六月初四这天，朝圣者会聚集在东谷乃龙神山，举行转山、祭山、祭鲁等传统祭祀仪式活动。笔者将发生在“乃堆”这个时间范围里的仪式活动统称为“乃堆”仪式，这里主要分析其中较为重要的祭山、祭鲁两个不同的仪式单元。

二、男性空间中的“乃堆”祭山仪式

仪式对空间、时间、人物、形式等都有严格的要求，所以仪式研究者将仪式划分为“1. 仪式空间（ritual space）；2. 仪式对象（ritual object）；3. 仪式时间（ritual time）；4. 仪式声音和语言（ritual sound and language）；5. 仪式确认（ritual identity）；6. 仪式行动（ritual action）”[②]为主的6个方面。仪式往往创造了一个特定时间下的特殊空间场域，其中仪式参与者的行为和状态都是在日常生活中不经常表现的。所以对于观察一个社会群体而言，仪式的每一步都是至关重要的环节。祭山仪式是最常见的藏族传统仪式活动之一，亦是一场精心安排的、半公开性质的展演活动。

2017年正值鸡年，也是东谷乃龙的“乃堆”。在藏历六月初三这天，东谷地区的群众已经在为祭祀仪式做准备，神山脚下每一处空地上都搭建起了各种样式的帐篷，道路两边也停满了小商贩的卡车，叫卖声此起彼伏。六月初四

① 译自《绝妙东谷乃龙圣地志》手抄本，原文为：ལྷ་དང་གཞི་བདག་སྣན་དུ་འདུས་པ་ཡིན།ཕྱག་བསྐོར་མཆོད་པའི་ཕན་ཡོན་ཅི་འདྲ་ལེགས།

② 彭兆荣：《人类学仪式的理论与实践》，民族出版社，2007年。

清晨 8 点左右，四通达村的村民在路边一处高台上燃烧松柏枝丫，散发的白色烟雾洁净、飘渺，好似能将一切污秽都止于神山脚下。9 点钟，在仪式主持者的带领下，仪式参与者们陆续上山。贡布、西绕和桑吉是这场仪式活动的领头人，他们挑着大袋的糌粑和松柏枝，为煨桑做提前准备。到达神山顶后，男性陆续聚集在拉则[①]旁的空地。前排的仪式主持者左手执金刚杵，右手摇金刚铃，高声领读煨桑文“嗟！四洲之最瞻部洲，皑皑大雪之地域，朵康下部之境内，三世佛陀皆适时，是以菩提注其间，如同印度金刚座，在此东谷四通谷，誉为殊胜秘境处，上至天界之广阔，此景如同天之界，太阳光芒颇炫耀，清静明月泛白光”，[②]仪式参与者也齐声诵读，有的人把新的龙达[③]与经幡放在这片“场域”中，通过这场诵经仪式赋予其更多的神圣性。

拉则之旁，贡布将柏树枝丫点燃，把糌粑添在燃烧的火堆里，随后取一柏树枝沾水洒在正冒着烟的糌粑上。之后，每位男性依次重复将煨桑袋里的糌粑倒在燃烧的柏树枝丫上，并不时往火堆里填放松柏枝。煨桑燃烧的白色烟雾在山顶缓缓升起，似一条纽带连接了人与山神。煨桑的火堆旁男人们高声呼喊“拉索”（ལྷ་གསོལ།），随手将印着马与珍宝的龙达抛撒在天空。顷刻间，东谷乃龙烟雾茫茫，五彩的风马在天空飘散，伴随着律动的呼喊，一切就像一场狂欢，在这喧哗声中也有人闭眼沉默。最后，男性将青稞洒在煨桑的火堆中，把经幡挂在拉则上，所有的仪式行为迅速且连贯，仪式者也怀揣着新的期盼离开，乃堆祭山仪式正式结束。

① “拉则”（ལ་རྩེ།）意为山顶，是祭山仪式的空间场域。

② 译自煨桑文，原文为：ཀྱཻ། །གླིང་གི་མཆོག་གྱུར་འཛམ་གླིང་གི །ཁ་བ་ཅན་གྱི་ཡུལ་ལྗོངས་སུ། །མདོ་ཁམས་སྨད་ཀྱི་ས་ཡི་ཆ། །དུས་གསུམ་སངས་རྒྱས་ཐམས་ཅད་ཀྱི། །བྱང་ཆུབ་ཐུགས་ཆུ་ཆད་པའི་གནས། །རྡོ་རྗེ་གདན་དང་མཚུངས་པ་ཡི། །སྟོང་སྐོར་བསྒོ་ཐོག་ལུང་པའི་དབུས། །རྒྱལ་བའི་དབེན་གནས་ཞེས་གྲགས་པས། །སྟེང་གི་ནམ་མཁའི་ཁྱོན་དེ་ནི། །ལྷ་ལྗོངས་མཛེས་པ་དྲང་བ་ཡི། གཉེན་གྱི་ཚ་ཟེར་འཁྱེད། །བསིལ་ཟེར་ཅན་གྱི་འོད་དཀར་འཕྲོ། །

③ “龙达”（རླུང་རྟ།）这里指一种印有马、珍宝等图案的纸张，常用于藏族传统祭祀仪式，意为顺利吉祥，又译为风马。

个案 2[①]：

每隔几天，我们都会在家里面朝神山方向煨桑，以此来祭祀山神。在每年藏历一月初三、六月初四及一些重要的节庆日，同一村的男人会集体去东谷乃龙进行祭山仪式。今年是东谷乃龙每 12 年一次的“乃堆”，这时来东谷乃龙的人数多，仪式往往也更隆重。按照传统观念，男人才能去神山举行祭山仪式，因为我们的仪式对象是男性神山，传统的活动也都是由男性团体举行。

虽然女人不能在拉则祭山，但可以去转山，也会提前准备好祭山仪式所需的物品，比如糌粑、松柏枝及龙达和经幡。我们家的龙达和经幡都是自己买布料通过木版印刷印出来的，有时好几户人家会一起制作。虽然这种手工艺花费的时间和精力比较多，但是作为悬挂在神山上是最好、最干净的。经幡不但可以挂在拉则上，还会挂在更高处的树木上，四通达乡里的人彼此都熟悉，大家也会互相帮忙悬挂经幡。当我们煨桑将龙达抛撒在空中，高声呼喊“拉索”（ལྷ་གསོལ།）的时候，我们期盼东谷乃龙的山神会莅临到仪式现场享用供品，这样一年会风调雨顺，被“央”[②]围绕。

通过以上内容可以看到，女性在东谷乃龙“乃堆”祭山仪式中因为性别身份只是参与了转山的环节，并不能作为仪式参与者进入拉则这个特殊的空间场域之中，也被限制参与仪式活动。相反，男性则是整场仪式的主要参与者也是仪式者本身，其中主持者作为仪式双方的媒介控制了整场仪式活动的内容与进度，祭山仪式在主持者念诵煨桑时正式展开，随后完成了燃烧柏树枝丫、煨桑、洒净水、撒龙达等仪式活动，在这里仪式主持者的动作行为在一定程度上充当了典范。仪式参与者通过重复、模拟整个过程，从仪式参与者过渡到了仪

① 被访谈人：ZD，男，色达县人；访谈人，格桑翁姆；访谈时间：2018 年 7 月；访谈地点：甘孜县东谷乃龙。

② 央（གཡང་།）指福禄。

式者本身，并通过仪式活动后的观想正面缔结了与神山互换所需的“契约”关系。同时这个祭山仪式也使男性社会成员之间形成了一种稳定的互助关系，让男性确认了自己性别社会中的“成员”身份，也认识了这种身份在社会结构中的特殊性。

虽然在男性群体性的祭山仪式活动中女性只能作为仪式观察者，不能直接参与仪式，但当男性在拉则上呼唤山神、抛撒龙达的时候，有些女性则出发开始了乃堆仪式中的另一个仪式活动——祭“鲁”仪式，在这个仪式活动中女性是最重要的仪式参与者，从仪式准备到仪式结束无不有她们的身影。女性团体在仪式活动中进行互动与分享，创造了一个凸显自我身份与共同情感的空间，并积极参与活动。随着仪式的进阶，女性也逐步与仪式对象形成了更为相似且密切的“契约”关系。

三、女性主导的祭“鲁”仪式

“鲁”(ཀླུ) 在《藏汉大词典》中被翻译为“龙，梵音译作那伽。佛教典籍中所说八部众中一类水栖的人首蛇身的畜生”。[①] 格勒博士在《论藏族的神》一文中提到“藏族苯教经典《白、黑、花十万龙经》中，把世界分为三个部分，即天、地、水（地下）。这三个部分各有其神主，这就是年、地、（鲁）三神，年神居天空，地神居地上，（鲁）神居水中”。[②] 传说中如果冲撞年和地神会招致可怕的自然灾害，而鲁神控制着人世间流传的几百种疾病。一些在传统藏族社会里无法应对的不治之症往往被认为是触犯了“鲁”，由此也不难了解“鲁”在藏族传统文化中的地位。

“鲁”在藏文语境中没有一个具体的形象，所以并不能将其称为一种图腾

① 丹珠昂奔:《藏族神灵论》，中国社会科学出版社，1990 年。
② 格勒:《藏学、人类学论文集》，中国藏学出版社，2010 年。

动物。在藏族人的观念中，“鲁”的化身无处不在，就如《藏族神灵论》中说：“藏籍中早期的（鲁）所指较为模糊，仿佛泛指地下的，尤其是水中的动物，不但形象模糊，而且居住地也纷纷繁繁。”《十万龙经》中就叙述了鲁的生存空间：“有生活在小溪、大海、长江源、泉眼、湖泊里的鲁；有在山和岩石中容身的鲁；有附生在大地和树木之中的鲁；有寄居在池与沟渠中的鲁；亦有天上的鲁和数不清的在陆面栖身的鲁。”①但“鲁”有个共同的特点是它们大都与“水”相关。其中有的是具象的动物，如水里的青蛙，游走的蛇。有的则是依附在自然物树木、石头、水池上，无法用肉眼看到的意象物体。对“鲁”的畏惧也影响了藏族人对食物的洁净观，所以青蛙、蛇等动物是被忌讳伤害和食用的。除此之外，禁止污染水源、跨越泉眼，不得随意砍伐木材、破土动石也是因为敬畏“鲁”而产生的的禁忌习俗。祭“鲁”是从敬“鲁”的习俗观念中衍生出的仪式活动，但随着各种文化因素的变化，这已然不是一个主流的仪式活动，甚至在许多地方消失殆尽。在东谷乃龙的神山文化中有许多关于“鲁”的形象与圣迹，也因其本身存在的神山特性让东谷乃龙的“鲁”也成了能力持有者，所以东谷地区的祭“鲁”仪式仍在开展，且时间也多与祭山仪式重叠，仪式活动的内容与内涵也丰富多样。

（一）仪式准备

祭“鲁”的物品种类繁多，可将其分为食品、树木、彩绳、仪式工具类。1. 食品包括：（1）三类白食与三类甜食（དཀར་གསུམ་མངར་གསུམ།）分别是牛奶、酸奶、酥油和红糖、白糖、蜂蜜。祭鲁文中也有对此功能的描述：“三白三甜之

---

① 译自《十万龙经》，原文为：ཀླུ་ཆུ་ལ་གནས་ཆུ་ཐྲན་དང་། རྒྱ་མཚོ་དང་། འབྲི་མིག་དང་། ཆུ་མིག་དང་། མཚོའུ་ལ་གནས་པའི་ཀླུ་ཡོད་དོ། །ཀླུ་རི་བོ་དང་རི་བྲག་ལ་གནས་པའི་ཀླུ་ཡོད་དོ། །ཀླུ་ས་གཞི་དང་། ཤིང་རི་ལ་གནས་པའི་ཀླུ་ཡོད་དོ། །ཀླུ་རང་དང་ཡུར་བ་ལ་གནས་པའི་ཀླུ་ཡོད་དོ། །ནམ་མཁའ་ལ་གནས་པའི་ཀླུ་ཡོད་དོ། །དེ་ལྟར་ན་སྐམ་ལ་གནས་པའི་ཀླུ་བསམ་གྱིས་མི་ཁྱབ་བོ།།

口粮，还原食物之丰盛。”[①]（2）“鲁岗”（ཀླུ་སྣང་།）：手掌大小的面饼 13 个。（3）“余查”（ཡོས་ཁྲ།）：炒熟的青稞。（4）五谷：青稞、豌豆、小麦、荞麦、米。（5）不同动物的奶水：红色母牛的牛奶、黄毛犏乳牛的牛奶、山羊的羊奶。2. 树木需要以松柏类为主的 5 种灌木。3. 彩绳：以白色羊毛绒为材料染色编织而成的红、黄、蓝、绿、白的 5 种彩绳。4. 法事工具包括宝瓶、“鲁曼”（ཀླུ་སྨན།）[②]、朵玛、铜质的器皿、酥油灯、藏香、煨桑的糌粑。土观 · 确吉尼玛所著《焚香献祭仪轨 · 吉祥妙言》中说“如白色大食子是献给喜欢（白净）的神，如鲁”。由于“鲁”本身的形象与生活习性，所以仪式活动中最多的祭祀物品是食物，且必须为素食，所以祭“鲁”仪式中的前期准备都是由女性完成。

个案 3[③]：

以前祭鲁所带的物品都必须按照“三白三甜”的规定严格准备，但现在所有的物品和流程都变得更简单了。老人们说市场上买的甜食可能有荤食的成分，这样就触犯了“鲁”的忌讳，所以我们家不会买饼干等零食替代“鲁岗”，而是按照传统用小麦面来烧制手掌大小的“鲁岗”，当然村里也有人不明白、不忌讳。

现在每家每户养的牛羊都少了，找到颜色不一的牛就更难了，所以有的时候我们只能用市场上的牛奶代替，我们村里只有几户在高山牧场上养有少量的羊，羊奶和羊毛就需要请他们提前为我们留一些。关于彩绳的制作以前都是用羊毛编织然后用各种颜色的染料来染色，现在几乎都是用市场上五彩毛线来代替。

① 译自祭鲁文，原文为：དཀར་གསུམ་མངར་གསུམ་ཁ་ཟས་ཀྱིས།། ཁ་ཟས་ཉམས་པ་སོས་གྱུར་ནས།།
② 由各类药材混合而成，用于祭祀“鲁”。
③ 被访谈人：SLBM，女，甘孜县四通达乡人；访谈人：格桑翁姆；访谈时间：2018 年 4 月；访谈地点：甘孜县东谷乃龙。

除了“鲁曼”和铜质的法钵是由祭祀的仪式者带来，其他的东西都需要我们自己准备。我也不太了解“鲁曼”中有什么成分，但据我了解这是一种药，西藏藏医学院和地方上的藏医馆就有卖的，是仪式中必不可少的，据说“鲁”需要通过“鲁曼”来维持健康。

通过访谈来看，相比传统的祭鲁仪式，现在的仪式过程、用品都被仪式参与者不断简化，其中“鲁曼”作为一个重要的仪式用品，到底有什么样的成分与功能？带着这个问题笔者翻阅了祭鲁文，虽然没有看到“鲁曼”但发现了一些并未在现代祭祀仪式上呈现的重要祭祀物品，其中包含草药、矿石、珍宝等。“砸巴达等诸元素，且能复兴鲁之头；天眼珠与海沫石，智退失明皆复原；恩巴拉与海蚌壳，恢复鼻与喉之能；黄丹朱砂等物质，恢复强壮血与肉；红色蚕丝与扇贝，还原舌与齿之能；螺贝壳与藏红花，复原骨与觉之能；五色彩绳与药果，恢复皮肤与心智；卡玛雄协（一种草药）治肾脏，蜡果雄协治愈肺，鲸鱼佛手与爪子，恢复手与指之能；恰仓噶贝（一种草药）与皱胃，甘松药草复戒律，琥珀石与朵具石（一种矿石），康复神经与肌腱；勒这（一种草药）草与协德钙（一种草药），复原肠管触之能；阿如绕（一种青果）之内脏，当无嘎然（一种药草）此等草，复兴住所之繁华。”[①] 以上所述的动植物、矿物都是稀有、特殊的藏药成分，这与“鲁曼”混合各种药草和矿物的药用特性吻合，所以我们由此断定“鲁曼”之所以由仪式主持者携带且需在仪式中被多次

① 译自祭鲁文，原文为：ཛྭ་ཧྲི་པ་ལའི་རྫས་འདི་ཡིས། །ཀླུ་ཡི་མགོ་ཉམས་སོས་གྱུར་ཅིག །གཟི་དང་རྒྱ་མཚོ་ལྦུ་བ་ཡིས། །མིག་དང་གླད་ཉམས་སོས་གྱུར་ཅིག །ཨུཏྤལ་དང་ཉ་ཕྱིབས་ཀྱིས། །སྣ་དང་འགྲམ་པ་ཉམས་པ་སོས། །ལི་ཁྲི་དང་ནི་མཚལ་དག་གིས། །ཤ་ཁྲག་ཤམས་པ་སོས་གྱུར་ཅིག །ལེ་བརྒྱན་དར་དང་འགྲོན་བུ་ཡིས། །ལྕགས་དང་སོ་ཉམས་སོས་གྱུར་ཅིག །དུང་དང་གུར་གུམ་རྫས་དག་གིས། །རུས་པ་ཉམས་དང་དྲིས་ཉམས་སོས། །ཙནྡན་དཀར་པོས་ཚད་ནད་དང་། །ཆུ་བྱའི་མདངས་ཀྱིས་མདངས་ཉམས་ཞི། །དར་མཚོན་ལྔ་དང་སྙིང་ཞོ་ཤས། །པགས་པ་དང་ནི་སྙིང་ཁམས་སོས། །མཁལ་མ་ཞོ་ཤས་མཁལ་མ་དང་། །གླ་གོར་ཞོ་ཤས་གློ་བ་སོས། །ཆུ་སྲིན་སེ་མོར་དབང་ལག་གིས། །སེན་མོ་ལག་པ་ཉམས་པ་སོས། །ཆག་ཚང་ཀུ་བས་གྲོད་པ་དང་། །སྤང་སྤོས་ཚུལ་ཁྲིམས་ཉམས་པ་སོས། །སྤུ་ཤེལ་རྡོ་དང་རྡོ་རྒྱུས་ཀྱིས། །རྩ་རྒྱུས་ཆུ་རྒྱུས་སོས་གྱུར་ཅིག །སླེ་ཏྲེས་དང་ནི་ཅི་ཏྲ་ཧང་ཀས། །རྒྱུ་མ་རེག་བྱ་ཉམས་པ་སོས། །ཨ་རུ་ར་ཡིས་ནང་གྲོལ་དང་། །འདམ་བུ་ཀ་རའི་རྫས་འདི་ཡིས། །གནས་ཁང་ཉམས་པ་སོས་གྱུར་ཅིག

运用，是融合了以上的成分并与其特殊功能有关。

不同于其他祭祀仪式，祭鲁仪式的祭祀物品相对复杂多样且更日常化，各种食品类和纺织品的祭祀物品更是与女性的日常生活息息相关，是女性生活空间中的产物。其次，“鲁”这个祭祀主体的拟人化程度较高，它的形象犹如一位需要药物、食品来康复自己身体机能的疗养者，由此也可以看出“鲁”与传统性别视角中的女性形象较为贴切。从一些历史传说之中，我们也可以看到“鲁”的女性身份，如《柱间史》《西藏王统记》等文献中记载至拉托托日年赞之前的赞普与“鲁”婚配，且第二十九代赞普也是娶鲁族之女为王后，可见早在赞普时期，“鲁”就是一种象征阶级与地位的女性身份。华锐·东智在《藏族的“鲁”文化探析》一文中写道：“鲁后来从单一的崇拜演变成了氏族的名称，传说吐蕃早期的赞普大部分也是与（鲁）族女性”。[①] 除此之外，《格萨尔王传》中也有许多女性身份的“鲁”，比如格萨尔选择的人间母亲是“鲁”的后裔，迎娶的王妃亦是“鲁”女珠姆，嘉洛部落的头领顿巴坚参一生供奉嘉陵湖弥贡龙王，并娶了龙王的女儿“鲁”姆为妻，因此顿巴坚参财物丰厚，成为岭国的第一富户。

综上所述，“鲁”在藏族文化中的由来历史较长，且多以女性角色示人，与财富、地位等重要的世俗理想密切相关。现实生活中祭鲁仪式的仪式用品、对象又多与女性产生联系。所以，这也决定了祭鲁仪式中主要仪式参与者多为女性，仪式功能以招财、祛病等世俗化的期盼为主。

（二）仪式过程

相比祭山仪式，在东谷乃龙神山祭祀“鲁”的人并不多，且大多为女性，她们有的是因为家族传统，有的是为了招财祈福，有的则是因为感染了不能根

① 华锐·东智：《藏族的“鲁”文化探析》，《中国藏学》2009年第4期。

治的皮肤病，想通过祭“鲁”来缓解疾病。“鲁康”[①]在神山下的一个山洞里，那是被树和植物包围的一处泉眼，略微掉色的五彩绳缠绕在各种树的枝丫上，清澈透亮的泉水和绿草茵茵的环境让这显得尤其寂静。

仪式主持者男性瑜伽师降拥将宝瓶、圣地的土石、青稞放在一个铜质的器皿中，经过念诵、冥想之后将仪式物品放在“鲁康”中央的土坑中，用哈达盖住并将坑填平。按照传统的仪式方法，宝瓶需要由仪式者提供金、银、珍宝、五谷等物品，经过净化仪式制成，象征五谷丰登、财源茂盛。这里的宝瓶是仪式者购买所得。接着几位中年妇人娴熟地以宝瓶为中心用石头垒出一个半米高的石堡“鲁康”，用五彩的哈达装饰，将枝丫立在石堡中并用五彩羊毛进行点缀。最后，她们在石堡附近栽上各种灌木，用彩绳将每棵灌木缠绕连接在一起，至此，仪式空间布置完毕。降拥正式开始了一种名叫“鲁多”（ཀླུ་གཏོར།）的祭“鲁”仪式，降拥面朝东北，席地而坐，用糌粑捏制了大小形状各异的 3 种小型山体型朵玛[②]，其中大朵玛呈宝瓶形，第二种朵玛呈宝塔形，这两种朵玛的上部和中部都贴了酥油花，下部则有一个酥油点。妇女们又将朵玛、“鲁贡”、“余查”（ཡོས་ཁྲ།）和其他所有的供品整齐地摆放在泉眼边上一个略高的石板上。接着仪式主持者用糌粑和着“鲁曼”揉了 50 多个大小均等的圆形丸子“热布”（རིལ་བུ།）[③]，将其与炒熟的青稞一起摆放在 7 个小碟中备用，随后又捏制了稍短的柱体和环绕其身的蛇，把它放在铜质器皿的中间，将红色母牛的牛奶、黄毛犏乳牛的牛奶、白色山羊的奶依次倒入其中，不一会他又将一颗黑色药丸“鲁曼”[④]放在器皿中让其稀释。

① 鲁康（ཀླུ་ཁང་།）：“鲁”所在的区域。

② 朵玛（གཏོར་མ།）：把糌粑捏成各种形状用于祭祀。

③ 热布（རིལ་བུ།）：意为丸子。为糌粑捏制的小丸，是祭祀品朵玛的一种。

④ 鲁曼（ཀླུ་སྨན།）：通过以上分析，可知鲁曼是指用各种草药、矿物等揉制的药丸，用于祭鲁。

等一切就绪，仪式者开始呼唤“八大鲁王”[①] 的名字，描述着他们“上身显现凡人态，七只蛇头以为饰，下身且被蛇缠绕，鲁之随从环四周”[②] 的形态。随后，仪式主持者将装满“热布”和青稞的碟子依次倒入器皿中，接着念诵朵玛等仪式物品的功能，“放此朵玛为祭祀，欢喜愉悦促其事，眼见之毒触之毒，气之毒与牙之毒，坏意不善恶之毒，消退祛除鲁之毒，风湿溃疡等病痛，减退祛除鲁之病”[③]。当铜质的器皿装满各种祭祀的物品，仪式者也在此时进入了一种与鲁的对话中：“东南西北新放的灌木，还有远处的山崖，水木都是你游走的好去处。请您感同身受，不要依附、危害于他人。这些供品足以让您愉悦知足，早日得到解脱”。[④] 仪式主持者在念完一段祭鲁文后便将液体倒入泉眼中，说道：“三白三甜之口粮，还原食物之丰盛。控制世间之雨水，使其农牧好丰收。”[⑤] 接着重复将液体倒入泉眼的动作。

通过以上仪式，我们可以看到“鲁”被描述为一个上身为人，下身为蛇，并且多种蛇环绕其身的形象。“鲁”的寄居区域也多为蛇活动的灌木丛林、雨水充沛之地。其次“鲁”被拟人化，文中“鲁”的社会结构与人相似，有各种等级之分，并具有类似于人的身、语、意的感官知觉，各类供品在仪式中转换为能被鲁接受的食品。参加仪式的人们席地而坐，跟着仪式主持者的节奏，时而静穆地看着混着“鲁曼”的液体倒入泉水中，时而闭目开始自己与“鲁”的

---

① 引自祭鲁文，原文为：མཐའ་ཡས་དམར་པོ། །ནོར་རྒྱས་ལེར་པོ། འཇོག་པོ་དམར་པོ། པད་མ་དཀར་པོ། སྟོབས་རྒྱུ་དཀར་པོ། པད་མ་ཆེན་པོ་ནག་པོ། །དུང་སྐྱོང་སེར་པོ། །རིགས་ལྡན་དམར་པོ།།

② 译自祭鲁文，原文为：སྐུ་སྟོད་སྐྱེས་བུའི་ཆ་བྱད། །སྤྲུལ་མགོ་བདུན་གྱི་གདེངས་ཀ་ཅན། །སྐུ་སྨད་གདུག་པ་སྦྲུལ་དུ་འཁྱིལ། །ཀླུ་བློན་མང་པོའི་འཁོར་གྱིས་བསྐོར།

③ 译自祭鲁文，原文为：མཆོད་སྦྱིན་གཏོར་མ་འདི་བཞེས་ལ། །མཉེས་ཤིང་དགྱེས་པའི་ལས་རྣམས་མཛོད། །མཐོང་བའི་དུག་དང་རེག་པའི་དུག །ཁ་རླངས་དུག་དང་མཆེ་བའི་དུག །བསམ་ངན་དུག་ལ་སོགས་པཡི། །ཀླུ་ཡི་དུག་རྣམས་ཞི་བར་མཛོད། །ཀླུང་མཁྲིས་བད་ཀན་ནད་ལ་སོགས། །ཀླུ་ཡི་ནད་རྣམས་ཞི་བར་མཛོད།།

④ 译自祭鲁文，原文为：དམངས་རིགས་ཤར་ལྷོ་ནུབ་བྱང་དུ། །སོ་སོར་གཤེགས་ཤིང་གནོད་པ་རྣམས། །མཚམས་རྣམས་སུ་ནི་གཤེགས་སུ་གསོལ། །གཞན་ཡང་ས་བདག་ཕྲ་མོ་རྣམས། །ཆུ་ཤིང་བྲག་སོགས་རང་གནས་གཤེགས། །རང་གི་ལུས་ལ་དཔེ་ཡོང་སལ། །གཞན་ལ་གནོད་པ་མ་བྱེད་ཅིག ཁྱེད་ཅག་མཆོད་པས་ཚིམ་གྱུར་ཏེ། །བླ་མེད་བྱང་ཆུབ་མྱུར་ཐོབ་ཤོག

⑤ 译自祭鲁文，原文为：དཀར་གསུམ་མངར་གསུམ་ཁ་ཟས་ཀྱིས། །ཁ་ཟས་ཉམས་པ་སོས་གྱུར་ནས། །འཇིག་རྟེན་ཁམས་སུ་ཆར་ཆུ་དང་། ལོ་ཕྱུགས་རྟག་ཏུ་ལེགས་པར་མཛོད།

对话。随着仪式物品被倒进流水中，仪式参与者也转变为与“鲁”平等且能交换“契约”的仪式者本身。

个案4[①]：

“鲁”一直生活在水中，也会化作许多不同的动物。它和所有动物一样喜欢美丽新奇的事物，一样有情感和情绪，所以我们要按照它的喜好用洁净的食物去祭祀，保证泉水干净不被污染，并且用各色的彩绳给它创造一个舒适的空间。在仪式的过程中，我在心里默念请鲁享用我做的“鲁岗”和其他食物。请它保佑我们免受自然灾难和疾病的危害，保佑家人和村落的生活蒸蒸日上。

仪式主持者最后说道：“请帮助供养您的人，让‘央’围着他们，使他们人畜兴旺。”随后便把铜质器皿交给在场的女性，让她们在仪式主持者的指导下将器皿中的液体倒在泉眼的各个小支流中。之后，降拥抛撒青稞，点燃桑烟，仪式结束。仪式者和一同祭祀的女性在煨桑升起的缕缕白烟中散去。“鲁康”又呈现出了生机勃勃的景象。新的灌木环绕着，这是为它建造的安身之处。彩绳则象征着一条边界线，把“鲁”的场域和人分割开来，警戒它不要越过领地去危害他人。右侧的供养台上还能看见些许去年“鲁岗”的残渣，但这已经被新摆放的各类食品所掩盖。人们相信“鲁”会化身成各种动物来食用这些供品，心情大悦的“鲁”也会祛除由“鲁”衍生而来的疾病，并且赐予人们更多的福禄。

① 被访谈人：ZZ，女，甘孜县四通达乡人；访谈人：格桑翁姆；访谈时间：2018年4月；访谈地点：甘孜县东谷乃龙。

四、“乃堆”仪式之中的象征与意义

在以上叙述的“乃堆”仪式中，我们看到了两种连贯的仪式行为，其一是祭山仪式，其二则是祭“鲁”仪式。不同的是这两种仪式的祭祀对象不同，仪式参与主体的性别也有所差异，如祭山仪式的主体是男性，女性被限制参加。但祭鲁仪式的祭祀主体不仅是女性，而且祭祀对象也与女性有相似之处。相同的是这两种仪式都是东谷乃龙神山祭祀仪式中的单元，并且都是一种以获得“央”为目的而开展的“契约式”仪式，且整个过程也可以分为仪式准备、仪式供养和仪式完成三个单元。

（一）仪式前的“转化”

在仪式前夕，人们攀爬到一个高耸幽静的山顶，并且汇聚在只有男性群体的“拉则”这个场域之中，这使得仪式主体从原本社会网络中的成员转化为平等化的身份，进入到了一个超俗的男性“共同体”空间。祭祀物品也在诵读煨桑文的场域中渐渐脱离了世俗的物质特性，得到“转化”成为一个具有“契约”功能的连接物。

回到“祭鲁”仪式，“鲁”的化身无处不在，有的是具象的动物，有的则是无法用肉眼看到的意象物体。在历史传说及仪式活动的语境中，“鲁”还是一位情感丰富、依附祭祀仪式成长的女性形象。出于对“鲁”的畏惧，平时的人们不敢与“鲁”有任何的接触。但在仪式开始之前，女性用石头垒起“鲁康”，给“鲁”创造了一个活动空间，之后又将彩绳缠绕在灌木之间把泉眼围起来，这不仅象征着一条人与“鲁”的分界线，同时也象征着仪式主体即将被分离开来人物角色，在此场域内活动的人们不再以牧民、农民、家庭主妇等各种社会身份存在，而是慢慢过渡转化成一个与“鲁”缔结契约的人。鲁在仪式准备之中，也慢慢转化为一个具有女性特质的契约对象。

“受礼者彼此之间往往形成了一种亲密的平等关系，世俗的级别之分和地位之分消失了或是被同化了。”① 就如特纳所言，在仪式前期的准备工作中，仪式物品本身超越了物质特性，“转化”为仪式缔结的交换物。在人们创造的仪式场域之中，仪式参与者的身份逐渐平等化，仪式祭祀对象也展现了与缔结契约对象更相似的身份、性别与形象，其中包括“神山”也包括“鲁”本身。

（二）仪式中的“阈限”模式

当人们在拉则上高喊“拉索”ལྷ་གསོལ།，抛撒龙达的时候，这俨然成了人与神山成为“契约”对象的信号。随着仪式的进程，仪式主体将社会身份置身事外，与神山达成一种互利互惠的契约关系，从而进入了一种阈限的观想状态。他们将悬挂的经幡、抛撒的龙达、煨桑的糌粑作为有形的贡品献给神山，为神山增添神圣色彩，与此同时，仪式主体在煨桑、抛撒龙达、高声呼喊等一系列展示男性活力的“动态”仪式行为中，从一个仪式参与者转化为仪式者本身，并在仪式活动中完成了与山神的契约缔结。山神也如仪式禁忌创造的性别“共同体”一般，转化为传统性别观念中“阳刚”的男性形象，将“央”带给了场域中的人们。人们的身心得到了极大的满足和提升，所有的人都处于达成“契约”的阈限结构之中。

“鲁康”之旁，仪式的主持者将“鲁曼”“热布”倒入混合的液体之中，呼唤“八大鲁王”。其中诵读描述“鲁”的形态脾气、散发着危害人畜“鲁毒”的“祭鲁文”，突出了人与“鲁”充满欲望且世俗的共同性。在这种呼唤之中，所有世俗的社会结构被解构。“鲁”与女性充分转化为同性、平等的身份形象。随着“静态”仪式活动的进阶，仪式参与者转化为仪式者本身，并进行了将混着“鲁曼”等仪式物品的液体倒入泉水之中的仪式活动，这时“鲁”与仪式者双方逐步进入缔结契约的阈限模式之中，从而“鲁”吸收了恢复身体机能的祭

① 维克多·特纳著，黄剑波等译：《仪式过程：结构与反结构》，中国人民大学出版社，2006 年。

品，而仪式者也在阈限之中获得获得双方契约的等价物“央”。

在两种仪式单元中的呼唤都具有重要的意义，这是因为重复的语言能够让人们的情感不断积聚，借助语言的力量能促成阈限模式的形成。这种模式通常出现在人与社会结构分离之后的空间中，在这个空间里，世俗化的阶级地位都被同化，仪式主体与仪式对象都是互相承诺和赠与的契约双方。随着仪式完成度越高，仪式参与者逐渐转变为仪式者本身，并通过自身实践参与仪式活动，在这时阈限模式中建立契约的进度就越快。

（三）仪式后的“整合”

在祭山的人们将青稞抛撒在煨桑台、拉则和空地上，祭鲁的仪式者将青稞撒在“鲁康”、供台及煨桑池后，仪式在此戛然而止。所有人都从阈限的对话、交易状态中抽离，仪式的参与双方回归自己的场域空间，回到原有的世俗结构中，各种社会身份再次重新叠加。

但不同的是，眼前供品的所有者从仪式主体变为了仪式对象，仪式双方也在仪式中从世俗领域过渡到相互契约的阈限领域中，实现了身份、结构的属性转化。神山被赋予了更多的能量与神圣性，“鲁”也在一次次的祭祀仪式中长大强壮。人还是社会中的那个人，但因为仪式所达成的“契约”，身上所感染的不利气息已经在这个场域和仪式过程中被祛除，取而代之的是被“央”包围的新人。

这种聚合的阶段让仪式成员经历一次洗礼，重新整合从而以更优化的身份进入全新的、稳定的社会结构之中。尤其是女性在祭鲁仪式活动中通过仪式参与者的身份重新确认平等的社会身份，确定了其在藏族社会结构中的重要属性和地位。

五、结论

仪式作为一种普遍的文化现象，在一定的文化背景下展现着别样的文化和思想。同样，文中谈及的神山、鲁和人的联系就建立在藏族情感、道德、习俗规范的基础上。所以，在仪式的阐释中不仅需要借鉴优秀的研究范式，同样也需要去阐述仪式本身的文化涵义。

在考察东谷乃龙的“乃堆”仪式时，笔者首先通过记录仪式本身，将两个仪式单元分为“仪式前”“仪式中”“仪式后”三个仪式阶段，这三个阶段承载了仪式主体和对象不同的状态和结构。可以看到在东谷乃龙“乃堆”仪式的准备到仪式主体已经通过念诵祭祀文本，抛撒青稞、建“鲁康”等一些行为使仪式物品得到了“转化”，变为具有“契约”功能的连接物后，仪式主体的身份也正在转变为缔结“契约”的一方。所以笔者更愿意把“乃堆”仪式前的过程称为一种“转化”，这不仅是仪式双方的转换，也是仪式物品、仪式场域的转化。在东谷乃龙“乃堆”仪式进行中，人们的目的直接且世俗化，希望通过仪式达成“契约”，从而祛除不净获取“央”。随着仪式完成度越高，仪式参与者通过自身实践参与仪式活动逐渐转变为仪式者本身，这时阈限模式中仪式双方建立契约的进度越快。在仪式者抛撒青稞、点燃桑烟之际，仪式结束，仪式参与者重新整合从而以更优化的身份进入社会生活之中。

东谷乃龙“乃堆”仪式不只是一种文化遗存，也不单是一段仪式行为的当代模拟，这种仪式的参与方式、仪式内容具有更重要的功能和意义。所以除了对仪式本身的研究，本文也希望由此探索仪式背后更深层次的意义。通过对“乃堆”仪式的回顾，可以看到：第一，人们在仪式行为中的合作与互动，及情绪的宣泄与情感表达，都是仪式者情感共通的表现，这也表明“乃堆”仪式成了当地日常人际交往的一种稳定剂，对社会秩序必然有一定的平衡作用。第二，东谷乃龙“乃堆”祭山仪式之中，男性作为仪式组织和规划的话语主导者，通过性别身份限制了异性直接参与祭山仪式，从而建构了权利与性别身份的共同体。当然这并非在强调性别的静止压迫与统治意义，而在于诠释一个复杂的文化和社会关系所表现的性别差异的制度化，这种差异在藏族的神山文化中形成了约定俗成的规约，看似自然不可逆转。祭鲁仪式则恰如其分地展示了在主流仪式活动中“隐形”女性的另一种存在。祭祀对象“鲁”与女性特性的统一使女性可以积极地参与、实践仪式活动，在没有性别身份为限制的开放空间中实现了仪式与社会中的自我调适，以便重新进入新的社会之中。以招财、祛病为主的仪式功能，更加确定了女性在藏族社会中的重要作用。

东谷乃龙“乃堆”祭祀仪式中包括大量的仪式活动、象征体系和象征符号，承载着人们对传统仪式文化内涵的认识。其中，我们既可以看到展示男性狂野魅力的动态祭山仪式，也看到了女性为主的静态祭鲁仪式。这不仅展示了藏族多元的仪式活动，无疑也对研究、探索藏族社会结构提供了一个新的视角。

苏发祥，中央民族大学藏学研究院教授，中央民族大学期刊社社长；格桑翁姆，中央民族大学藏学研究院 2019 级博士研究生。

乡村文化振兴背景下传统节日中文化记忆的传承与建构

——以西藏山南地区“望果”节为例 *

万代吉　包宝海　阿旺桑培

一、引言

我国自从实施乡村振兴发展战略以来，就提出繁荣发展乡村文化，保护利用乡村传统文化，“使历史记忆、地域特色、民族特点融入到乡村文化建设中”①。“望果”(འོང་སྐོར།)② 最早盛行于雅鲁藏布江中游及其支流肥沃的河谷地带，是农业风俗中集仪式、歌舞、竞技为一体的重要节日，一般在青稞结穗成熟之际举行。吐蕃时期苯教师引导乡民转田地求丰收，举行的“央博”(གཡང་འབོད།)③ 仪式，被认为是“望果”的雏形。“望果”举行的时间以谷物成熟周期及占卜来决定，内容上的差异主要表现在歌舞、竞技上，有的地方以看藏戏为主，有的地方举行赛马比赛。其中山南地区的“望果”以“谐钦”(གཞས་

* 本论文为2019年度国家社会科学基金项目“乡村振兴背景下藏族民间仪式舞蹈研究”(批准号：19MZ084)阶段性成果；2016年度青海省“高端创新人才千人计划”拔尖人才科研成果；2019年青海师范大学中青年科研基金项目“仪式、秩序与文化记忆——以青海省黄南、文都藏族民间仪式舞蹈为例”阶段性成果。

① 中共中央国务院印发：《乡村振兴战略规划（2018—2022年）》，新华社2018年9月26日。

② “望果”：转田地，有的地方也称为“却果”(ཆོས་སྐོར།)，意为转（法）经。

③ “央博”：招福，是藏族民间举行的留住“央”（福泽、精气）或让失去的福泽重新回来的招福仪式。

ཆེན།)①“叭”(ཐད།)②“甲江”(ལྷགས་རྒྱང་།)③展演为主，这与其独特的历史文化背景有关。山南地区历史文化底蕴深厚，是藏族人起源神话“猕猴变人”之地，雅鲁藏布江南岸贡布日山上有一岩洞被认为是猕猴居住的场所，山下还有其子孙玩耍的坝地——泽当④。山南是藏族农业之“源”，这里有开垦耕种的第一块田地——索当⑤，随着农业的发展形成的第一个村落——雅砻索卡。山南也是吐蕃建立的根基，这里还有吐蕃第一代赞普聂赤赞普的宫殿——雍布拉康。山南地区是藏族文化重要的发祥地，“望果”也最早产生在山南河谷地带，所以山南地区的“望果”最为典型。在“望果”展演过程中，表演者穿着传统服饰，佩戴传统饰品，手拿“达达”箭，口诵专门的唱词，身背经书，摆放供品“切玛”，人们遵守着传承下来的秩序，重复演绎着程式化的歌舞，在村头组成排列有序的望果队伍转田地，整个过程都按照固定的规范和程序完成。对于仪式参加者而言，每一次操演都有特殊意义，以高度程式化固定的方式暗示着对过去的延续，传承着古老的文化记忆。它凝聚了远古文化、历史事件、传统农业的遗留，在当下的生产生活框架中反复实践，并根据时代的变迁，将重要的文化信息有机建构在其中，使其鲜活起来，形成了一个多元的记忆体。

二、西藏山南浪卡子县贡布学乡美朵村“望果”仪式展演

浪卡子县位于西藏南部喜马拉雅山中段北麓，是山南地区海拔较高的县，

---

① “谐钦”：大型歌舞，祈神歌。内容大多为赞颂神灵和开启歌舞之门，在一些重要的节日、仪式、庆典中表演。据考证在吐蕃时期已在各大庆典场合表演，现主要盛行于拉萨、山南、日喀则等地。

② “叭”：征战歌舞或武士歌舞，古时战前为激励士气、赞美勇士的仪式歌舞。

③ “甲江”：是赞颂战神、祈祷胜利的仪式歌舞。

④ “泽当”：藏语意为“猴子玩耍的坝子”或“游戏场”，是今天山南市首府所在地。关于藏民族的起源，藏文史籍记载最为广泛的传说为：很久以前，在泽当贡布日山上的岩洞里有一个修行的猕猴，被一岩魔女（又说罗刹女）看中，要求做夫妻，猕猴在观世音的点化下，与岩魔女结合繁衍出了人类，是藏族人的祖先。

⑤ “索当”：也称“拔热田”，藏语意为用手刨出的田地。

也是西藏自治区的边境县之一。全县辖有 16 个乡 100 多个自然村，其中美朵（མེ་རྡོ།）① 村位于山南浪卡子县贡布学乡南部 140 多公里处，平均海拔 4500 米左右，全村有 60 多户，以半农半牧为主。美朵村位于羊卓雍措 ② 之畔，羊卓噶玛林草原附近，景色秀丽。根据节气时令与占卜，每年大约在藏历的七月十三至十五日举行“望果”。十三日在村委会举行诵经祈福仪式，十四日转田地，十五日举行娱乐活动。十四日为望果的主要活动日，这天村民们都穿戴整齐，佩戴传统饰品，手拿“达达”（མདའ་དར།）③，背着经书盛装出行。大家在广场聚集，“煨桑”（བསང་གསོལ།）④，摆放供品“切玛”（ཕྱེ་མར།）⑤、麦穗和装有青稞酒的银质酒壶。

仪式以歌舞拉开帷幕，首先由 6 名女性和 6 名男性表演“谐钦”。先由 6 名女子演唱，中间两名分别拿着“切玛”和盛着青稞酒的银质酒碗。

歌词：

སྐལ་བཟང་གསེར་གྱི་རི་ལ། སྲིད་པའི་གངས་རི་ཆགས་ཡོད།

在盛世金色山顶，有世间雪峰屹立。

ཆུ་མོ་རྒྱུན་ཆད་མེད་པར། གཏན་དུ་བཞུགས་རོགས་གནང་དང་།

河水不要断流，请你长流不息。

གནས་བྱང་ཆུབ་གླིང་གི་རྩེ་མོ་ནས། ཨོ་ལོས་བཙུགས་ཡོད་བཙུགས་ཡོད།

圣强曲林的顶峰，男人们挂起了经幡。

དར་ལྕོགས་བཙུགས་ཞིག་བཙུགས་ཞིག དཀར་པོའི་དར་ལྕོགས་བཙུགས་ཡོད།

① “美朵”，民间的一种说法认为，“美朵”意为火石，传说此地有座山，山上的石头可当作燧石，因而此地被称为“美朵”，如今那座山成了当地地方神“十二丹玛”（རྟེན་མ་བཅུ་གཉིས།）的供养处。

② 羊卓雍措，是西藏四大圣湖之一。

③ “达达”：福箭，藏俗婚礼和祈祷、招福等活动中使用的一支系有彩色哈达、小镜、绿松石等的箭。

④ “煨桑”：是汉语写作中的称谓，在藏语中一般称“桑”（བསང་།）或“桑索”（བསང་གསོལ།），其本意为清洁、消除、驱除等，有迎神、净化之意。主要以焚烧的方式将祭品烧出烟，以烟的形式祭祀神灵。

⑤ “切玛”：是用木板制作的刻有日、月、宝物等吉祥图案的长方形盒子，中间用木板隔开，分为对等的两半。一边装糌粑、一边装青稞粒，其上插有麦穗等装饰物，是藏族喜庆节日时重要的物品。

白色经幡随风飘动，经幡年年插起。

རླུང་རྟ་སྐྱེས་ཤིག་སྐྱེས་ཤིག ཆོས་གྲོགས་སེར་གྱི་སེའུ། རླུང་རྟའི་ཡལ་གར་སྐྱེས་ཤིག

风马空中升起，吉祥金色的果实，结满风马飘动的枝杈。

གནས་བྱང་ཆུབ་གླིང་གི་སྐིད་པ་ནས། ཨོ་ལོས་བྲིས་ཡོད་བྲིས་ཡོད།

圣强曲林的庭院内，男人们开始书写。

རྒྱ་ཤོག་དཀར་ཆུང་བྲིས་ཡོད། རྒྱ་ཤོག་བྲིས་ཤིག་བྲིས་ཤིག

书写在洁白的纸上，经文年年书写。

བཀའ་ཆོས་ཞུས་ཤིག་ཞུས་ཤིག ཆོས་གྲོགས་རྒྱ་ཤོག་དཀར་ཆུང་། བཀའ་ཆོས་ཞུ་བར་ཕེབས་ཤིག

祈祷佛法永驻，白色吉祥的纸张，请前往迎请诸法。

གནས་བྱང་ཆུབ་གླིང་གི་རྩ་བ་ནས། ཨོ་ལོས་བཏབ་ཡོད་བཏབ་ཡོད།

圣强久林的大地上，男人们种起了庄稼。

འབྲས་ཀྱི་ལྗང་པ་བཏབ་ཡོད། འབྲས་ལོ་སྨིན་ཞིག་སྨིན་ཞིག

田间绿色的庄稼，熟了又熟的麦穗，

འབྲས་ཆང་མཆོད་ཞིག་མཆོད་ཞིག ཆོས་གྲོགས་འབྲས་ལོ་ཤིག་ཤིག འབྲས་ཆང་བཞེས་པར་ཕེབས་ཤིག

供奉香甜的美酒，四季丰收的大地，请畅饮酿好的美酒。

表演者身着盛装围成半圆，面向桑炉，先唱后舞，舞姿舒缓，曲调庄重典雅。6 名女歌者唱完后，由 6 名男子敬献哈达，互敬青稞酒，再由 6 名男子表演“谐钦”。舞蹈动作为手牵着手，脚前后甩动，到了快板时以脚踏地起舞，节拍铿锵有力，6 名男子表演完后，“望果”转田地宣告开始。表演的男子骑上马，4 名僧人演奏乐器，其余人则背着经书、手拿“达达”，在村头人们组成望果的队伍。队伍顺序依次为：煨桑者在前面，9 名举幡旗者，颜色依次为白、黄、红、蓝、绿；头戴五佛冠的“巴乌”（དཔའ་བོ།）和“巴姆”（དཔའ་མོ།）① 两人；

① “巴乌”：勇士、英雄，“巴姆”：女勇士、女英雄。

手拿净水和鼗鼓者；12 位“谐巴谐玛”①；一名吹奏“加林”②者；一名白面具者；拿剑穿着传统武士服的“呗”表演者；最后是转田地的村民。大家口中唱诵招福的颂词，以僧人吹奏的加林为曲调，其唱诵的词为“恰廓肖，央廓肖”（ཕྱུག་འཁོར་ཤོག གཡང་འཁོར་ཤོག）③。

转田地的过程中分别在“域拉”(ཡུལ་ལྷ།)④与“丹玛”(ཧྲེན་མ།)⑤的依附处表演“呗”和“甲江”。表演者手拿长剑，穿古代武士服装缓慢挥舞手中的宝剑，期间穿插有穿黑、白氆氇藏袍的歌者，曲调悠长，结束时在剑头放糌粑，抛撒糌粑呼喊神的胜利，祈祷福运、风调雨顺、五谷丰登。

表演“呗”的歌词为：

ཕོ་ང་རེ་བྱས་པ་ཏང་རེ་སང་། འོ་ལགས་སོ། མོ་ང་རེ་བྱས་པ་ཏོན་རེ་ཐོར། འོ་ལགས་སོ།

我为此宝刀感到骄傲，我为此宝刀感到自豪

གྲི་མགོ་ལུས་སྦོད་སྦལ་པའི་གདོང་། འོ་ལགས་སོ། གྲི་གཞུག་འཇའ་དང་འོད་ཀྱི་ཁིངས། འོ་ལགས་སོ།

剑头仿如青蛙脸，剑柄仿如彩虹秀。

གྲི་འདི་འབབ་ཙམ་བཏོན་པ་ན། འོ་ལགས་སོ། སྟེངས་ལྷ་ལ་མི་གཡུག་དམ་བཅའ་བཞག འོ་ལགས་སོ།

当我拔出宝剑时，从未将其指向天。

གྲི་འདི་འབབ་ཙམ་བཏོན་པ་ན། འོ་ལགས་སོ། བར་བཙན་ལ་མི་གཡུག་དམ་བཅའ་བཞག འོ་ལགས་སོ།

当我拔出宝剑时，从未将其指向人。

གྲི་འདི་འབབ་ཙམ་བཏོན་པ་ན། འོ་ལགས་སོ། འོག་ཀླུ་ལ་མི་གཡུག་དམ་བཅའ་བཞག འོ་ལགས་སོ།

当我拔出宝剑时，从未将其指向地。

① “谐巴谐玛”：“谐钦”的男女表演者。
② “加林”：宗教吹奏乐器，形似唢呐。
③ 唱词大意为：招来财富，招来“央”（福气、精魂）。
④ “域拉”：直译为家神，但这种神一般保护的是一个区域而非单个家庭，所以在此翻译为“地方保护神”，其神职是保护一方百姓安居乐业。
⑤ 十二丹玛女神是分布于西藏各地的土地神。

གྱི་དེ་ཤུབས་ཙམ་བརྫངས་པ་ན།། འོ་ལགས་སོ། རྡོ་རྗེ་གནམ་ལྕགས་གཡུག་པ་འདྲ།། འོ་ལགས་སོ།

当我拎起剑鞘时，犹如挥剑断金刚。

གྱི་དེ་ཤུབས་ཙམ་བརྫངས་པ་ན།། འོ་ལགས་སོ། སྨུག་ཆུང་ཐང་ལ་འཁོར་བ་འདྲ།། འོ་ལགས་སོ།

当我拎起剑鞘时，犹如天下享太平。

唱完“呗”之后接着表演“甲江”，歌词如下：

བླ་མ་གཅིག་མ་བཞུགས་བླ་མ་གཅིག་བཞུགས། ལྷགས་ལས་མོ་སོའོ། སྦྱིན་རླབས་དངོས་གྲུབ་གནང་དང་།

您是我们的上师，请赐给我们福分。

དཔོན་པོ་གཅིག་མ་བཞུགས་དཔོན་པོ་གཅིག་བཞུགས། ལྷགས་ལས་མོ་སོའོ། འགོ་འདྲེན་གནང་རོགས་གནང་དང་།

您是我们的带领者，请带领我们向前路。

ཨ་མ་གཅིག་མ་བཞུགས་ཨ་མ་གཅིག་བཞུགས། ལྷགས་ལས་མོ་སོའོ། ཆང་ལ་ཞིམ་པོ་གནང་རོགས་གནང་དང་།

您是我们的阿妈，请酝酿香醇的美酒。

ཀི་ཀི་སོའོ། ཀི་ཀི་སོའོ། ཀི་ཀི་སོའོ། ལྷ་གསོལ་ལོ།

咯咯索　咯咯索　咯咯索　敬神吧！

当转田地的队伍来到最初的起点，十四日的仪式活动接近尾声。人们再次表演与节日开始时相似的歌舞来结束这天的活动，唱词主要为赞美、祈求幸福生活。十五日主要是娱乐活动，早上玩一些小游戏，譬如玩骰子、猜谜语等，下午进行“拔河”比赛，其后是男女围成圆圈跳“果谐”（སྒོར་གཞས།）①。村民们跳着优美的舞姿、唱着动听的旋律整整玩耍一天，最后用吉祥的尾声来告别这一传统的节日。

① “果谐”：“果”意为圆圈，“谐”意为歌舞，人们围成圆圈载歌载舞的一种民间娱乐性歌舞。

三、"望果"中文化记忆的传承

"文化记忆"是德国学者扬·阿斯曼（Jan Assmann）提出的，在他看来，"文化记忆"是超个人的，不只停留在同时代的历史经验、语言和文本之中，还存在于各时代固有的被再利用的各种文化载体当中，比如图像、纪念碑、文化遗迹，歌舞以及节日和仪式等。通过这些文化载体传承并构建的记忆叫"文化记忆"。"文化记忆"是发生在绝对过去的非日常生活的回忆，是以各种图像、纪念活动、歌舞仪式等"文化生产物"来传承和构建的记忆，依靠重复性的实践代代相传。

首先，传统节日作为"地方性知识"的容器，较为完整地储存了传统文化的重要信息，具有整体性特征，并通过有规律的演绎成为群体记忆，其中传承积淀的文化记忆，可以作为乡村文化建设的宝贵资源。"望果"由全体村民参加，有专门的主持者。主持仪式者是专职的传统承载者，掌握着相关的知识，是文化记忆的传承者。从文化记忆的形式和特点来看，仪式严格按照一定的规范完成，是一种高度成型化的社会交往形式，具有集体性、公共性、组织性、奠基性和节日性等特点。从仪式中的那些歌舞所包含的象征性编码和展演来分析，歌舞过程本身就是一种身体实践，也是传承文化记忆的方式。作为一种记忆手段或媒介，"望果"明确地指涉原型神灵、人物和事件，并通过重复操演话语、姿态和"达达"福箭等象征物来建构记忆。从仪式的记忆内容来看，既有藏族人对远古祖先事迹的追溯，也有青藏高原上的人们对农业生产习俗的记忆，既包含对吐蕃时期战争的回忆，也包含对藏族传统宇宙观的传承。从仪式的内容、时间结构、形式、媒介、载体和功能等方面分析如表 1① 所示。

① 本表所显示的"望果"仪式中的文化记忆，参照［德］扬·阿斯曼：《文化记忆：早期高级文化中的文字、社会和政治身份》（金寿福、黄晓晨译，北京大学出版社，2015 年，第 51 页）及霄冰、迪木拉提·奥迈尔：《文字、仪式于文化记忆》（民族出版社，2007 年，第 22 页）做成。

表 1 “望果”中的文化记忆

文化记忆	“望果”
内容	对远古祖先事迹的追溯；对农业生产习俗的记忆；对吐蕃时期战争的回忆；对传统地标再一次的认同；对传统宇宙观的传承。
时间结构	超越世代的绝对时间，可以一直回溯到远古的神话时代。
形式和特点	被创建的、高度成型；集体性、公共性、组织性、奠基性和仪式性的社会交往；节日。
媒介	“望果”仪式中的“呗”“甲江”等歌舞所包含的象征性编码和展演，重复操演话语和姿态；“达达”福箭等被固定下来的客观外化物或象征物；村庄的田地，各个地方保护神的神垒等空间场所。
传承者（维护者）	专职的传统承载者：苯教师、僧人。
功能	文化记忆和传承。

在望果仪式中，“谐钦”的表演者身着盛装围成半圆，面向桑炉，先唱后舞等过程也可以看成是一种形式化的操演系统，“当一种语言受到系统性编排，以限制其语言上可供选择的范围时，我们称之为形式化语言”①。这种展演具有风格化和典型化等特点，村民们自始至终手摇“达达”，口诵固定的唱词，及“呗”中有一定限制性的唱词，缓慢挥舞手中的宝剑等，标准排比操演语言伴随相对不变的动作，这些共同构成了“说、唱、姿、舞”融为一体的形式化的仪式操演系统。正是这些特征共同构成了“望果”特有的文化记忆的传承操演形式。

（一）“望果”仪式中的记忆层

首先，表层是青藏高原上的人们对农业生产的记忆。农业是山南地区重要的生产方式。青藏高原相对脆弱的生态、恶劣的气候，使得这片土地上的人们对主要食物——青稞的丰收寄予厚望。吐蕃时期为了发展农业，兴修水利，改

① ［美］保罗·康纳顿、纳日碧力戈译：《社会如何记忆》，上海人民出版社，2000 年。

进生产方式，作为祈求丰收的“望果”节，也在这一时期逐渐成型并推行开来。山南地区的农业活动是在高原特殊自然环境下，历经千百年的生产实践逐渐形成的适宜这片土地的农业生产方式。直至今日，虽然在种植的品种、技术等方面有了改进，但传统的农业生产方式仍然在民间延续。其中按藏历举行的传统农业节日，作为农业生产节点的讯号，是人们在长期观察实践中对气候、星象、雨水等自然现象规律的经验积累。围绕农业生产，民间建立了一套具有象征性的仪式体系，是乡村一年生计安排的仪式化反映，人们的生产生活都遵循节气等自然规律安排。其中“望果”在青稞接穗收割前举行，其举行的目的主要有两方面：其一，转田保地气，收回青稞和田地的“央”，酬谢保护庄稼丰产的农业神；其二，是为了预防冰雹等自然灾害，酬补地方神，祈求风调雨顺。这是青藏高原上的人们在长期的农业生产中积累的经验，是对自然灾害的记忆以及相应的对策措施。为了保证庄稼的丰收，土地要肥沃，气候要适宜，人们将这些生产记忆通过仪式不断地重复展演传承，使人们敬畏自然、顺应自然，珍惜来之不易的丰收。这些传统节日中对自然的敬畏和遵循自然规律的意识，有助于推动现代乡村文明建设中的乡村生态保护。

其次，中层是关于吐蕃时期战争及阵亡英灵的记忆：“望果”严格按照一定的规范完成。“谐钦”“呗”和“甲江”是传统而典型的古老仪式歌舞，“呗”“甲江”属征战类歌舞。其中“甲江”是祈祷胜利及赞颂战神的仪式歌舞，其歌词多为赞颂祈祷类，如：བླ་མ་གཅིག་མ་བཞུགས་བླ་མ་གཅིག་བཞུགས། ལྷགས་ལས་མོ་སོའོ། སྦྱིན་རླབས་དངོས་གྲུབ་གནང་དང་། དཔོན་པོ་གཅིག་མ་བཞུགས་དཔོན་པོ་གཅིག་བཞུགས། ལྷགས་ལས་མོ་སོའོ། འགྲོ་འདྲེན་གནང་རོགས་གནང་དང་། 翻译：您是我们的上师，请赐给我们福分。您是我们的带领者，请带领我们向前路。“呗”是古代战前激励士气的征战歌舞，唱词多为赞颂自己的武器、坐骑、铠甲等内容。如：ཕོ་ང་རེ་བྱས་པ་ང་རེ་ཏྲང་རེ་སངས། ཧོ་ལགས་སོ། མོ་ང་རེ་བྱས་པ་ང་རེ་ཡིད་རེ་སྨུག ཧོ་ལགས་སོ། 翻译：剑头仿如青蛙脸，剑柄仿如彩虹秀。歌舞的道具为长约一米的剑，表演时边唱边缓慢地左右绕腕舞动剑。表演的次序、唱词、曲调和动作都具有一定的规范性。因此，每一次歌舞表演都是一场被操演的固定仪式，以唤醒过去特定历史时期的人物、事件或神话想象，同时以祭礼的形式让这些历史人物和事件被一次次地再现和忆起。正是通过这种相对固定的歌舞操演形式和符号表象，过去的遗存被揭示出来。这类歌舞与吐蕃时期部落联盟式的政体，以及不断吞并周边部落的战争有关。在吐蕃最后一位赞普达磨朗达玛被射杀后，原有的统一政体被瓦解，代之而起的是分崩离析的地方割据统治。朗达玛后裔的支持者们相互攻战，继而发生奴隶起义，巴卧·祖拉陈哇著的《贤者喜宴》中提道："吐蕃本土历经彼此火并与内讧，日趋支离破碎。于是境内各处每每分割为二，诸如大政权与小政权，众多部与微弱部，金枝与玉叶，肉食者与谷食者，各自为政，互不统属。"战争以及阵亡的英灵是这一历史阶段人们关注的焦点。悼念亡者是回忆文化的起源和核心，群体在回忆中建立了与亡者的联系，从而确立个体的认同。这些阵亡的将领和勇士大多在民间成为地方保护神，被人们祭奠。地方神大多数被赋予战神的属性，与部分地方神直接来源于阵亡的将领或勇猛的战士有关，同时也因为作为一方的保护者就要有抵御外敌的能力。这是一类具有区域性特征的神灵，主要有"域拉"（ཡུལ་ལྷ།）、"希达"（གཞི་བདག）。这类神灵保护着一个区域的生产、生活，包括人畜平安、风调雨顺，也是雷雹的掌管者。为了农业的丰收，地方神是不能被怠慢的，如果怠慢或亵渎了这些神灵，就会降下冰雹、洪水等自然灾害，使得庄稼颗粒无收。"望果"也是每年重要的集体祭祀地方神的日子，周期性的部落及族群集会，祭奠曾为族群的安康奋起反抗的英灵，即转化为现今仍在保佑世间的地方神，是一个区域的人们在同一时间同一地点集体重复忆起历史人物和事件过程，在情感上是一次交流，又是文化认同的一种精神纽带。人们将有关过去的意象和回忆，通过仪式性的操演"呗""甲江"等古代战时歌舞，来唤醒关于吐蕃时期征战的记忆，对阵亡英灵的悼念，成为承载着历时性文化记忆的重要媒介。同时，这些歌舞也有鼓舞士气、加强地方神威力的寓意。程式化的舞姿、重复操演的唱词和姿态，都在试图建立一套独特的身体实践。这种典型的身体实践和操演方式中蕴含着特有的文化记忆或回忆因素，并在不断地唤醒、重复和强化一种记忆模式。

最后，深层是对藏族传统宇宙观的记忆和演绎。苯教时期形成的三界观，即天界、中界、地界，是“望果”仪式举行的主要框架。天界有天神；中界有与人类生活在同一空间的各类神灵精怪；地界有地下的神灵族。中界与地下的诸神是“望果”仪式对象的主要来源，因为这些神灵同处于人类生产生活的区域。佛教在西藏盛行后，这类神被划入佛教六道轮回中的三界①，属世间神，世间神对物质、感受有着执着的贪恋，使得人们投其所好以各种祭品供奉取悦之，以优美的曲调、舞姿、赞颂的唱词娱悦之。仪式中神与鬼怪的界限也不绝对。神灵系统中既包含着善良、保护人类并受人尊崇的“神”，也包括危害人让人害怕的精怪。这些善恶兼有的神灵精怪在佛教传入后，品行都趋于平和，这种改善从莲花生大师开启②。然而这些被收服的本土威猛神灵的本性中那种随意性和世俗性并没有完全消除，喜怒无常的本性仍需要人类时时防范和安抚，仪式是其中典型有效的行为。“望果”中的宇宙观是经过漫长的仪式展演，不断地重复而强化的民族传统文化，也是共同的精神纽带和文化记忆。佛教在公元 7 世纪传入西藏后，传统的信仰文化受到压制，前佛教时期的诸神成为佛教万神殿底层的神灵。但这种传统信仰文化在民间通过各种仪式，仍然被鲜活地演绎着。其中“望果”是一次完整演绎这一文化，加强其文化记忆的过程。在民间通过定期的集体仪式，一方面可以加强与这些本土神灵的联系，安抚取悦

① 佛教的三界说，即欲界、色界、无色界，它们代表了轮回中存在的一种形式。神可能生在三界中的任何一界，但三界都属于轮回。三界中的众生虽形态多样，但都被不同的物、意识所干扰，陷入六道轮回，而陷入轮回的根就是贪、嗔、痴，对物质、感受的执着贪恋。

② 洛珠加措：《莲花生大师本生传》中记载，当时被莲花生收服的西藏神灵有十二丹玛女神、雅拉香波神、念钦唐拉神及非人十二居士、永宁地母十二尊、雪山崖苯之神鬼、二十八星宿等。

易怒的神灵，酬补对神的不敬和怠慢，同时也会使这些神灵更有威力来保佑村庄的兴旺发达，为人们的平安、地方的兴旺、庄稼的丰收出力。另一方面，通过传统节日及歌舞的表演将传统的信仰文化再次生动地展演，使人们在特定的时间场景再次集体回忆起那个久远的与神灵精怪共生的岁月。

（二）建构记忆的物和场域

“望果”还有文化记忆的建构性，可以将重要的外来文化信息有机地融入传统文化体系中，在时间的空间维度上形成记忆点，并将其自然地传承下去。它也是承载和建构文化的“记忆装置”“记忆的技术”，具有“凝聚性结构”的作用，即连接社会和时间两个层面。

作为建构记忆的物——“达达”福箭。一些特殊的具有多重涵义的象征物成为群体回忆过去的媒介。招福所用的箭是望果仪式中的重要道具，“望果”中核心文化为“央博”仪式，其文化记忆物化为仪式中的主要道具“达达”福箭。为了丰收需要保住土地和青稞的“央”[①]，“央”存在于万事万物中，飘渺不定，容易流逝，需要一个具体的依附处，民间一般以白石、麦穗、箭作为“央”的依附处和象征物。美国学者玛丽塔 · 斯塔肯（Marita Sturken）认为，“文化记忆”指的是，“被公认的历史叙述和言论的外部，被人们共享的，与文化生产物聚合的同时，被赋予和染上了文化意义的记忆”[②]。她认为“文化记忆”中的传达媒介，不是被动接受的容器，而是生产、建构记忆的技术。记忆是可以被生产，并可以被赋予意义的客体与目标。箭在藏族文化中有着多重涵义，是融会、交织和凝聚着历史与现实的多元文化象征的体现。首先，箭出现在苯

① “央”：是藏族前佛教时期的信仰文化，具有“万物有灵”的特征，有被翻译为“福气”“精气”“魂”等。“央”飘渺不定，容易流失，所以在民间会定期举行招福仪式将流失的“央”收集回来，防止其流失，保住福泽。

② マリタ · スターケン，アメリカという記憶：ベトナム戦争、エイズ、記念碑的表象，岩崎稔 [ほか] 訳未來社，2004 年。

教的创始神话中，“很早以前南喀东觉松却拥有五种本原物质。……从五种本原物质中又产生出白卵黑卵各一个。……法师用一个光轮敲击白卵，轮卵的撞击产生出光，散布在天空，形成托赛神（散射神）；光线下射产生了达塞神（箭神）。什巴桑波奔赤出现在卵心，他是个白人，披着青绿色的头发，是现实世界之王”①。这则神话中箭作为神话元素产生在创始之初，说明箭在藏族文化中具有重要意义。箭是古代社会重要的生产工具和战争武器，摩尔根在《古代社会》一书中认为“箭”的产生对人类的发展具有里程碑式的意义。“弓箭是一大发明，它给狩猎事业带来了第一件关键性的武器，……我们用弓箭作为高级蒙昧社会开始的标志。弓箭必然对古代社会起过强有力的推动作用，……”②箭也是藏族古代重要的武器，在民间逐渐成为战神的象征，人们通过祭箭来缅怀阵亡的将领。由于弓箭主要为男性使用，可以御敌并保护自己的“箭”也成为男性的象征物，代表男性的威力和福运。在藏族民间一些婚礼上，男子佩箭，女子带纺锤。射箭比赛仍是部分地区男性专属的集仪式与娱乐为一体的活动，象征着男性的福运。最后，箭作为“央”的依附处，成为“望果”中的主要道具。村民在整个仪式中需要举着福箭不断地摇动并唱诵招福的诵词，让流逝的“央”通过箭的威力招回。“望果”仪式最核心的目的就是招回这些容易流失的青稞和土地的“央”。箭成为建构多重文化记忆的媒介，连接着过去与现在：远古的神话——男性的福运——战争中的亡灵——“央”的招唤物，也只有箭可以将望果中多重的记忆层巧妙地构建在一起。文化记忆是以群体的生产生活为基础，将不同时期重要的文化信息，叠加在一起形成累积性记忆，由此体现了传统节日建构文化记忆的方式，即随着时代的变迁通过记忆的媒介不断将重要的文化信息建构在同一记忆体系中。

① 丹珠昂奔：《藏族神灵论》，中国社会科学出版社，1990 年。

② ［美］路易斯·亨利·摩尔根著，杨东莼等译：《古代社会》，江苏教育出版社，2005 年。

建构记忆的场域："回忆需要一个特定的空间使其被物质化，需要一个特定的时间使其被现时化"[1]。记忆的场所具有自然的属性，是被符号化的自然场景，需要勾勒出一定的界限并明确相关的原则以区分内外。"望果"环绕的路线一般以村庄的田地为中心，以各个地方保护神的神垒为联点，围绕出一个神圣空间，将"央"聚集在其中。人们活动的区域有了界限，人们逐渐在区域的边界做出标记作为专属该族群生产生活的场所。记忆属于某个具体的群体，群体在特定的时间、空间重复展演同样的内容，以强化这样的认同。"望果"是区域地标的再一次确认和神圣化的过程。藏族村庄都设有各种地方保护神，一般被安排在村庄周围的山头、地界，以保护本区域免受外来的侵扰，这些地标以白色或红色的神垒或箭垛作为标志。"望果"仪式中村民手拿"达达"，身背经文，唱着招福的诵词在主持者的带领下转地头，每到一处神垒就要在主持者的带领下煨桑，表演歌舞。"望果"转田地时不仅包括农田，这些神圣地界也在路线上，这样便形成一个以保护庄稼为中心，以祭祀地方神，加强村庄防御力，祈祷丰收为依托的神圣空间。"望果"也是对传统地标再一次合法性的认同。传统的地标以及相关的地名传说都会在这一过程中被再次忆起，周期性的仪式展演在主持者的带领下，村民们对传统的地标绕行一圈，是群体对传统地标合法性继承的再一次的记忆和认同确认。在现代乡村文明建设中，这将有助于协调人际关系、改善社会风气和秩序、增强社会凝聚力和促进生态保护等。

四、结语

在乡村文化振兴背景下，合理地利用和发掘传统农耕节日中文化记忆的传承和建构性，有助于树立文明乡风、构建文明乡村，为繁荣发展乡村文化提

① ［德］扬·阿斯曼著，金寿福、黄晓晨译：《文化记忆：早期高级文化中的文字、会和政治身份》，北京大学出版社，2015 年。

供丰富的资源和有效途经。“望果”是青藏高原农耕文化的产物，蕴含丰富的文化信息，对保护传统优秀文化具有重要作用。它是一次公共文化事项，可以满足乡民丰富公共文化的需求，也是一场代际之间的文化交流和传承，有助于增强乡村社会的凝聚力和文化的传承。其次它在操演的过程中自然而然地将乡规民约有机地融入其中，潜移默化地教化村民，有助于改善乡村社会风气和秩序。最后，在深入挖掘优秀传统文化的同时，应该认识到节日文化在塑造新文化中的促进作用，它可以将新的重要文化信息建构其中，并通过程序化的操演完成继承和延续。“望果”作为西藏重要的农业节日，其文化记忆可以划分为三层。首先，表层的农业生产记忆。“望果”是农作物收割的前奏，每年以季节和占卜为依据不断重复展演，将人们拉回到某个历史时期，形成共同的文化认同。第二层是对王权的祭奠以及古代尚武精神的残存。仪式中最为明显的是舞者挥舞手中的宝剑，以悠长的曲调表演“呗”和“甲江”的过程，这是对过去阵亡将领的一次召唤和祭奠，也是对古时战争的一种浓缩的纪念。第三层记忆为传承和再现了民间传统的宇宙观。前佛教时期的三界观以及地方性知识成为仪式的重要框架。个体通过参与群体定期的仪式活动来习得相关的知识，这些知识通过情景化的记忆文本在仪式中不断展演。这三个层次重叠建构在一起，内容上没有完全的界限，以箭作为多重记忆的物，它既是传统观念“央”的依附处，具有召回农作物精华、福泽的威力；也是对吐蕃时期战争的祭奠，包含对古代英灵的追念；还是地方神的武器、传统地标的标志。它在特定时空中不断地重复使用，使得传统记忆在不同个体的碰撞与交流中得到修复和重造，从而成为一种“回溯性沉思的记忆空间”，共享了有关过去的意象，通过回忆、传承和认同，不断地组织、建构和固化群体的文化认同。

万代吉，青海师范大学法学与社会学学院副教授；包宝海，青海师范大学法学与社会学学院副教授；阿旺桑培，拉萨市歌舞团（曲艺团）国家三级编剧。

昌都市卡若区唐卡画师参与文化产业发展的主体性探讨*

刘冬梅

从地方经济发展的角度而言，唐卡文化产业的提出是希望将手工技艺作为增加农牧民收入的生计方式，并结合文化遗产保护与扶贫项目实施的一项民生政策。将扶贫与民族文化资源的利用相联系是许多少数民族文化产业项目得以产生的原因与方式。然而，人类学相关的研究指出，如果对少数民族文化的价值认识不充分，尤其对他们在扶贫和文化发展中的主体性认识不足，有可能致使项目实施过程中缺乏更细的计划，导致所谓的“文化扶贫”在一定程度上陷入僵局。社会经济学领域的研究也揭示了经济收入只是贫困与发展的外在表现形式之一，需要从社会文化的视角加以详细考察。阿玛蒂亚·森曾基于人的主体视角，提出“可行能力”的概念，对“发展”进行了创造性的定义。在森的理论框架中，个体的自由意味着能力与机会，发挥着手段性的作用，并提出了促进发展的五种最重要的工具性自由。这种从文化实践主体切入经济过程的研究视角被称为情境中的经济，为理解经济发展提供了新的视野。

西藏自治区昌都市卡若区的扎曲上游地区在历史上是嘎玛嘎赤画派、康·勉萨画派的发源地。随着国家对民族文化遗产的重视，唐卡成为重要的文

* 本文为国家社会科学基金特别委托项目“21 世纪初中国少数民族地区经济社会发展综合调研”项目子课题“西藏卡若区经济社会发展综合调研”的阶段性成果。

物和非物质文化遗产，政府和民间力量均参与到保护和传承的工作中。唐卡传承不仅被引入现代教育体系，还以艺术展览、图书出版等文化产业形式被推向国内国际艺术市场。当我们以情境中的经济视角探讨昌都卡若区唐卡文化产业时，便不能只着眼于唐卡价格与画师收入，而应从“可行能力”这一基于主体的视角来思考唐卡文化产业的发展途径，考察在跨文化经济行为中唐卡画师应具备什么能力。鉴于唐卡画师的“可行能力”有其行业的特殊性，在本文的探讨中，阿玛蒂亚·森提出的工具性自由被具体化，更具地方性的参考因素。

一、发展文化产业对画师内在素养的要求

英文的 Cultural Industries（文化产业）概念源于 Cultural Industry（文化工业）一词，原本指与传统手工生产不同的机械、工业的文化生产形式。[①]这也使许多人听闻唐卡文化产业一词，便会对这门传统技艺与工业化复制生产之间的矛盾困惑不已。其实在社会发展理论中，与之更接近的是“文化生产”这一概念，其另一意义指观念、意义或者意识的社会生产，主张对文化的社会过程的分析[②]。因此，当下各种有关唐卡艺人社会化过程的大型活动可以成为本文分析的背景，而在这一过程中，绘画技艺和文化素养成为考察画师可行能力的主要因素。

（一）绘画技艺的艺术原创性

从某种意义上说，卡若区的画师们是从 2014 年才开始集体性地走出昌都，参与到在拉萨、北京、上海、深圳等地举办的西藏唐卡艺术博览会、中国唐卡艺术节、“指尖神韵”唐卡非遗系列展等社会活动中。一开始，面对这些由政

① 单世联编:《文化产业研究读本》，上海人民出版社，2011 年。转引自马克斯·霍克海默、西奥多·阿多诺:《文化工业：作为大众欺骗的启蒙》。

② 陆扬、王毅:《文化研究导论（修订版）》，复旦大学出版社，2015 年。

府部门组织的唐卡展览与比赛，画师们并不知道还需要专程创作参赛作品，往往是将画室中现成的订单唐卡送去完成任务了事，导致作品简单重复、因循守旧，缺乏原创性。例如，2015 年 6 月，在第二届唐卡艺术节昌都赛区评审会上，评委丹巴绕旦教授和罗布斯达院长都认为参赛作品重复较多，仅《西方极乐净土》一模一样的就有 6 幅，反映了画师们对艺术原创性的极不重视。①

当唐卡进入艺术市场时，面对跨文化的受众，其艺术性便更加重要，在题材与形式上都需要基于藏族传统文化进行创新。这使得一部分画师开始意识到了自己的问题：如果要参与到外界的唐卡艺术市场竞争中，还需要提高自身的艺术创新能力。例如嘎玛嘎赤唐卡自治区级传承人平措伦珠谈道：

以前（指 20 世纪 80 年代、90 年代），主要是为寺院画唐卡，当时寺院主要看的是佛像本身，留意的是佛像是否符合比例，身姿、手印、持物等是否符合佛经的规定，但是，现在越来越多的唐卡展览和比赛，要求画师花数月或数年准备代表作品参加，而外面许多收藏唐卡的人，认为价格不是问题，需要的是真正的艺术精品。总之，是对唐卡的艺术性、创新性要求越来越高了。

20 世纪 80 年代恢复唐卡传承之时，画师数量有限，可供参考的古代精品图像资料稀缺，且主要为寺院订制，故而更加看重图像学的准确性，而在造型细节、样式的复杂程度等艺术性方面并不太苛求，赋彩也较平淡、缺乏丰富的层次感，大多数画师仅仅满足于掌握基本的上色技法，按步就班地完成订单。自 2014 年以来，随着昌都唐卡画师集体外出参加唐卡展览的机会增多，受到其他画派的启发，唐卡色彩的美学意义开始成为画师们讨论的内容。

① 根据笔者 2015 年 8 月 24 日在拉萨参加第五届西藏唐卡艺术博览会对丹巴绕旦老师和罗布斯达老师的采访整理得到。

长期定居拉萨的昌都籍画师丁嘎认为传统的桔红、石青、朱砂、石绿、白色等主色直接使用原色太艳了，为了达到复古的艺术效果，将桔红色用土黄色代替，将石青、朱砂、石绿等主色增加灰度，将画布也制成泛黄仿古的色调，这种复古式的“创新”受到了市场的欢迎。丁嘎所在的拉姆拉绰唐卡艺苑也一度成为西藏最有名的唐卡文化产业公司。

昌都唐卡在染色方面还有一个特点是全部采用干染技法。所谓干染就是用小笔在干画布上直接点染。由于干染容易留下笔迹，故画师需要用唇舌控制笔尖水份，并花大量时间将画面染得渐变均匀洁净、看不出笔迹。近年来在唐卡色彩上投入极大精力的康·勉萨派昌都市级传承人曲雄泽仁认为，尽管干染耗时费力，但是却可将色彩渗入布纹深处，不易褪色。相较之下，如果为图省事采用湿染技法，会让唐卡变厚，颜料不能融入布纹之中，还易掉色。有一家上海公司特别喜欢曲雄泽仁的唐卡，尤其赞赏其对色彩处理的细腻微妙，每年都会出高价收藏一幅精品唐卡。①

（二）文化素养与认知理解力

根据笔者 2014 年对嘎玛乡里土、瓦寨、嘎玛等画师最集中的村落进行调查统计，发现画师受教育程度主要为小学水平，藏文阅读理解能力也十分有限。2015 年 8 月，有 21 位来自昌都卡若区的唐卡画师参加了第五届西藏唐卡艺术博览会等级画师评定。此次采用的评分标准为：唐卡作品占 25 分、手绘技艺大赛占 50 分、理论考试占 25 分，总计 100 分。昌都卡若区选派的两位画师获得了二级画师称号。这两位画师造像量度线描基础扎实、唐卡技艺娴熟，藏文及理论都有较深的积累，只是可惜没有在参赛前做足准备，与一级画师失

① 根据笔者对曲雄泽仁的访谈得到，访谈时间：2015 年 1 月 21 日，地点：西藏自治区昌都市卡若区通夏村曲雄泽仁家中。

之交臂。另外，有 6 位年轻画师在唐卡彩绘技法上都已较熟练，但或因造像量度线描基础还不够扎实，或因藏文及理论修养不够，导致得分不够而未能取得等级画师称号，只获得鼓励性的优秀画师称号。赛后，昌都画师们都纷纷前往新华书店购书。①

对此，评委丹巴绕旦教授和罗布斯达院长都认为增考理论达到了督促当代画师加强文化学习的目的。在他们看来，20 世纪 80—90 年的首要任务是要扩大唐卡画师队伍，而现在唐卡画师的数量已经足够多了，如何提高画师的质量便成为新的问题，其中文化理论的提高是一个关键。面对唐卡文化产业，画师最应该的是提升“内功”。唐卡绘制的主要是佛教题材，如果不懂藏文，对经文、佛学、历史理解的深度便会有局限。现在很多画师对自己所绘的内容可能都不太了解，谈不上创作，只能依样画葫芦，但是这样临摹也会走样，会丢失掉原有的精神内涵。②

要培养唐卡画师起稿创作能力，在学习造像量度基础阶段打下扎实的基本功是关键。只是这一阶段也是学徒生活压力最大的阶段，尽管不用交学费，但没有收入，衣、食、住、行等各种开支全都依靠原生家庭和唐卡老师的资助。此外，提高起稿创作能力还需要提高唐卡画师的文化水平。然而，当下的唐卡高等教育却被认为只能培养理论研究人才，难以培养出技艺高超的唐卡画师，原因是这些大学唐卡专业的毕业生大都技艺平平，毕业后也极少继续从事唐卡创作。

目前，昌都地区职业技术学校（中专）、卡若区一中（初中）、嘎玛乡中心完小（小学）都设立了唐卡绘画班，但是这些不同学段的唐卡教学并没有相互贯通。唐卡专业本科招生并未考核唐卡专业基础，都是零基础学习唐卡，加

① 根据笔者 2015 年 8 月 25 日在拉萨对其美次仁的访谈得到。

② 根据笔者对丹巴绕旦教授的访谈得到，访谈时间：2015 年 7 月 4 日，地点：西藏自治区拉萨市仙足岛丹巴绕旦教授家中。

之公共课、理论课众多，真正学习和练习技法的时间便可想而知。唐卡的本科教育与硕、博研究生教育之间也缺乏延续性，这也是技艺难以提高的原因。因此，问题的关键不是高等教育本身，而是唐卡的学科建设还有待完善。和其他技艺训练一样，唐卡教学需要从娃娃抓起，如何将昌都现有的唐卡教育从小学、中学、高中（中专）等不同学段进行贯通，并将其中品学兼优、技艺与藏文双优的学生输送到西藏大学、各民族院校艺术学院、专业美术院校的唐卡、壁画等相关专业，定向委托培养高层次唐卡创作人才将是重点发展方向。

二、画师参与唐卡文化产业所需的外在条件

从“可行能力”的视角来看，文化自觉精神、对唐卡价值的阐释、文化政策与项目的制定实施、相关政策与法规、政府宏观上对这一行业的规划和引导等是唐卡文化产业发展所需的外在条件。

（一）面临唐卡市场化的文化自觉精神

昌都唐卡画师最早接触唐卡商人是在20世纪90年代，当时有一位名叫贡嘎的康巴商人往来于尼泊尔与西藏，在昌都订制了大量唐卡。到1996年，又有根秋扎西、多吉顿珠等甘孜商人注册了唐卡公司，聘请昌都画师外出到拉萨、成都、康定等城镇绘制唐卡。他们中少数人留在了唐卡公司，大部分选择离开，自己成立家庭式工作坊。但由于受语言、文化水平等限制，画师们更多是在寺院、康巴商人等传统的交换网络中，未能与内地艺术市场接轨。2010年，在拉萨举办的首届西藏唐卡艺术博览会可被视为西藏唐卡文化产业发展的标志性事件，是首次将西藏传统绘画各流派的唐卡作品、唐卡画师、传承机构整合在一起，并将其推向公众，包括内地商家、收藏机构等。丁嘎认为，当代社会的唐卡画师十分有必要主动参与到唐卡相关的社会活动中，在开放的交流中才能激发画师们的文化自觉，但是这需要画师具有自省与自

守的能力：

我觉得参加唐卡博览会对画师没有坏处。第一届时我参加得了第一名。那个时候与现在相比的话，很多人在一起交流唐卡的机会很少，各派唐卡画师以前都不认识，有的画派的唐卡也只是听说过没有看到过。这些交流机会对西藏唐卡继承发展很重要。如果只是自己待在家里画，没见过世面，心胸就很小，不开放。这几年我去过好多地方，必须要走出去，要不断地学习，不光是为了比赛。让画师接触新的思想，开阔眼界，是发展唐卡最好的路。唐卡博览会文化厅办得好。厅长说过，北京开会时，他们已经搭了舞台，表演的是我们，他们没有搭舞台，我们也表演不了，但是我们没有节目的话，他们搭舞台也没有用，我听了很有感触。

2014 年，卡若区文化局先后组织了 4 次集体外出参展活动，由主管领导亲自带队，并先后承接了总计 2000 多万元的唐卡订单。这一业绩引起了昌都市和卡若区政府相关领导的重视，并数次前往嘎玛乡进行调研，将唐卡列入夏加卡文化产业园区的规划中。外部市场的拓展使昌都唐卡价格大幅提升，画师收入与锻铜佛像工匠几乎接近，增强了他们从事这一行业的信心，对于地方政府组织活动的态度也产生了从漠不关心到积极主动参与，再到自发组织活动的转变。在这之前，画师们更多是考虑自己家族的利益，通过外出参展之后，一部分画师能够重新思考唐卡的传承与发展，添加了画派、地域、民族的概念，这些文化自觉使他们具有了更高的视野与境界。

在大量画师走出去之后，卡若区政府也在思考如何更好地引进商业资源，留住本土唐卡人才。实际上，位于扎曲河上游的嘎玛乡、翁达岗等古村落文化与唐卡及各种手工技艺相依存的传承形态已经成为一种稀缺的文化资源，适合建设成为创客基地，从事文物修复和非遗传习工作，开发相关上下游产业。此外还考虑与科研教学机构合作建立写生基地、实习基地、田野调查基地，调用相关专业领域的资源网络，达到消费、创意、推广等目的。[①] 当唐卡文化以立体和鲜活的方式进行呈现时，其价值也被成倍地放大，更重要的是能够激发唐卡画师的文化自信，使之更愿意留在古村落发展。

（二）从跨文化视角阐释唐卡价值的能力

在昌都画师的传统观念中，施主订制唐卡所给的报酬是画师的工钱、画材经费，而不是唐卡的价钱，但是唐卡公司出售的唐卡价格要远远高出从民间画师订制的价格。并且，这些唐卡在经过时空的流传，及意义与表述的转换，价格会发生更大的变化。艺术市场中，由于信息不透明、利益分配不均衡，给唐卡画师带来了诸多困惑和不安全的感觉。

然而，唐卡的市场价格并不是由画师来决定和主导的。根据鲍里亚姆的解释，当物或商品被作为一个符号进行消费时，是按照其所代表的社会地位和权力以及其他因素来计价的，而不是根据该物的成本或劳动价值来计算的。消费社会中的消费不仅是物质层面上的实践活动，还是出于各种目的和需要对符号象征物进行操纵的行为。[②] 这种符号消费体现了差异逻辑。唐卡的文化产业领域可以被视为一个跨越多重边界的交换体系，在这一体系中，表征语言的运用与交流对唐卡价值的转换有重要作用，学术研究与各种媒体传播便在这一过程中起到了关键作用。因此，唐卡的市场价值评估建立在符号消费的逻辑之上。唐卡的跨文化解释与表征能力成为主导符号价值的重要力量。

从这个意义来讲，无论是从事学术研究、在学术会议上发言、接受媒体采访、创办唐卡艺术微信平台，都是掌握唐卡的文化解释与表征的话语权主导唐

① 根据 2017 年 10 月 1 日笔者参与卡若区文化局、中国藏学研究中心李健、当增扎西等学者有关扎曲河上游文化产业规划的讨论整理得到，地点为昌都茶马广场。

② 让·鲍德里亚著，刘成富、全志钢译：《消费社会》，南京大学出版社，2014 年。

卡符号价值的途径。只不过，从目前来说，卡若区唐卡画师们对于这套语言还较陌生，无论是文化水平、眼界视野都仍限制着他们的表述。并且，由于信息不对称、利益分配不均等因素，目前唐卡艺术市场还没有形成一个良性发展的机制，这导致了许多优秀的唐卡画师不得不放弃从事了十余年的技艺，去学习唐卡经营管理、宣传推广等工作，从社会成本的角度来说是极大的浪费。故而需要健全机制，培养不同环节所需要的专业人才，诸如沟通唐卡界与艺术市场唐卡经纪人，构建公平与合理的唐卡市场生态。

（三）了解并运用文化产业政策的能力

随着昌都地方政府逐渐将唐卡与非物质文化遗产保护、文化产业发展、精准扶贫等国家政策与项目衔接，画师们也开始学会利用这些政策谋求事业的发展。其美次仁是卡若区第一位申请扶贫项目基金自建唐卡传习所的唐卡画师。他从 2007 年开始打报告，2013 年获得昌都地区扶贫办下拨的经费 25 万元，2013 年 6 月正式动工，2014 年 5 月唐卡传习所建成，总面积 300 平米，包括画室、宿舍、办公室三间房。其间，市领导及宣传部、文化局领导先后前来视察，给传习所配备了 20 张上下铺床、15 张卡垫，还有木地板。9 月，传习所装修完毕，是按照嘎玛乡传统建筑彩绘进行的装饰，4 位唐卡老师和 20 多位学徒都搬进了整洁明亮的画室中。尽管这一过程历时 7 年，中间也遇到过不少困难，其美次仁仍表示以后还想修厨房和厕所，扩建的资金打算再申请国家项目经费解决一部分，自己也再投入一些。[①] 其美次仁在卡若区属于见多识广的唐卡画师，较之其他画师更关注国家相关的政策。并且因其唐卡技艺高超，在当地的人脉也较广，与文化局等相关部门也十分熟悉，在咨询政策和申请项目的

① 根据笔者对曲雄泽仁的访谈得到，时间：2015 年 1 月 21 日，地点：西藏自治区昌都市卡若区通夏村曲雄泽仁家中。

过程中相对顺利。

另一位年轻的唐卡画师阿登因出道不久，在申请项目的过程中更加波折。2013年，阿登与姐夫合作成立了公司，在卡若区日通乡买了一片1800平米的荒地，修建了4间画室、10间藏香制作室，楼上作为办公区，院子是做家具的场地。前期硬件设施建设和装修等已投入了150多万元，全部是自筹经费。唐卡方面有2位老师，13个学徒，由公司提供住宿。2015年，阿登打算扩招学徒，需要再修1幢宿舍楼，于是向卡若区扶贫办申请了100万元的扶贫资金，去了工商联、发改委、民宗局、文化局、旅游局、团委等好多单位。对此，阿登感叹自己并不担心画唐卡和带徒弟，对自己的技艺还是极有信心，但是对于公司经营与攻关，觉得自己要学习的还很多。他说现在才知道政府有很多项目，但是要自己去联系，刚开始不知道项目怎么跑，越级了，没有按程序走，容易得罪人。另外，他以前没有参加过活动，不认识人，办起事来也找不到方向。后来参加唐卡展览，见过两次卡若区文化局领导，得到了很多帮助和指导。①

根据卡若区文化局领导介绍，昌都市卡若区的这些和唐卡相关的扶贫项目和文化产业发展项目主要是针对个体，是地方政府对手艺人和农牧民子女的资金和政策的帮扶，画师们从中受益之后也越来越积极地关注和申请。另外还有许多国家层面的集体性项目，诸如各级非物质文化遗产代表作品名录、国家艺术基金项目、唐卡艺术之乡、文化艺术之乡、中国传统村落、中国历史文化名村等，对树立公众品牌、扩大昌都唐卡的影响力很重要。卡若区文化局会让部分优秀唐卡画师参与到这些文化项目的申请与实施过程，培养画师群体自身的

① 根据笔者对阿登的访谈得到，时间：2015年7月15日，地点：西藏自治区昌都市卡若区日通乡阿登家中。

文化保育和发展能力建设，推动各种平台能够可持续运转。[①]

（四）在唐卡市场中维权的能力

面对市场的各种不确定性因素，唐卡画师当以个体的形式呈现时，其力量是十分微弱的。大多数时候，商家和唐卡画师都是根据口头承诺进行私下交易，不签合同，也没有第三方公证，这样可以不交税，价格较便宜，但往往会发生唐卡被拿走画师却拿不到余款，或者不按照约定价格付款的情况。2014年，卡若区唐卡画师前往北京参加活动时，面对一家大型唐卡文化产业公司的合作邀请，曲雄泽仁向笔者表达了自己的担忧：

> 他们问可不可以全部买断我的画，以后只给他们公司画唐卡，希望我和他们签订长期的合同。他们的公司太大了，我一个在他们面前太小了！心里很担心。我们画师的传统是为信仰而画唐卡的，与很多寺院和施主都有长期合作的关系，不可能为了某个公司就不给其他人画画了。他们很喜欢我的唐卡，我十分高兴，需要多少，可以订制，但是我们不习惯签合同，不太懂那个东西。我想回来和卡若区政府的领导商量再看，问问该怎么办？我一个人做不了决定！[②]

对此，卡若区文化局相关领导向笔者称赞曲雄泽仁这一做法的稳妥，同时也提及嘎玛德勒和北京的一家公司签订了一笔较大金额的合同，但是价格却比之前口头上达成的协议价降低了40%，而文化局是事后才得知这一情况的，觉

① 根据笔者对文化局局长德青巴姆的访谈得到，时间：2019年8月15日，地点：西藏自治区昌都市卡若区文化局。

② 根据笔者对曲雄泽仁的访谈得到，访谈时间：2015年1月21日，地点：西藏自治区昌都市卡若区通夏村曲雄泽仁家中。

得非常遗憾。文化局认为画师事先应该求助地方政府出面去和商家谈判，因为嘎玛德勒是国家级非物质文化遗产唐卡传承人，是西藏唐卡艺术大师，商家把他的唐卡价格压得那么低，那么下面的唐卡画师作品就没有办法有更好的市场价格了，地方政府的工作也不好开展。2014 年，昌都市和卡若区政府在推进唐卡文化产业发展方面做了很多工作，几次出去都接到了大笔的订单，但是政府或工作人员从来都没有想过在中间得到任何回扣，让画师与商家直接谈，政府在中间牵线搭桥做担保。出去打出名气之后，回来也得到各级领导的重视，今后还要出台相关的政策，帮助昌都唐卡走出去。

另外，画师们还常遇到唐卡作品被借走或买走后署以他人名字参展、获奖、销售，或是新创作的作品未经画师允许被公开、传播、临摹，或是被拍摄后出版不署名、署他人之名等侵权行为。这都使画师们开始关注自己应该享有的各种权益，认为需要有权威的评估机构作为第三方进行公证，一是成立了昌都画师协会，希望今后能以行业协会的形式进行约束；二是地方政府也会继续给予政策和体制上的保障，对唐卡艺术市场进行规划和引导。

三、结语

法国文化产业社会学家反对阿多诺和霍克海默采用单数形式的 Cultural Industry（文化工业），而改用复数形式的 Cultural Industries（文化产业）一词，正是提醒我们不能将各种不同的文化生产形式都假设为同一种逻辑，而应该注意不同的文化生产形式的不同逻辑。① 通过从内与外两个维度对卡若区画师参与唐卡文化产业应具备的可行能力进行考察，我们看到唐卡作为一种独特的文化形式，其社会过程也遵循着与其他文化经济不太相同的逻辑。同时，唐卡文化产业并不是要降低艺术质量走批量化生产和廉价商品的路，相反，应该是利

① 大卫·赫斯蒙德夫著，张菲娜译：《文化产业》，中国人民大学出版社，2007 年。

用经济的力量去强化唐卡的艺术效果。因此，在文化与经济的关系中，经济的属性原本是中性的，而如何能将其转化为助力，则取决于文化实践者对经济的驾驭能力。

情景中的经济揭示了唐卡文化产业是一个跨文化交换与社会过程。并且，置身于当代社会的唐卡画师已不再可能过着与世隔绝的生活方式以保持文化生产的“固有形式”，而是通过提升对外交往合作能力，即森提出的五种工具性自由：政治自由、经济条件、社会机会、透明性担保及防护性保障。然而，在昌都卡若区唐卡文化产业的案例中，我们不仅看到文化自觉精神、对唐卡价值进行阐释、运用教育资源、运用文化政策、在市场中维权等外在能力的重要性，还有提升画师自身内在素养被视为是更关键的因素，包括艺术创新能力、对文化的理解与体悟能力等。唐卡画师内在素养的提升有赖于唐卡学科建设与完善，不仅需要加强造像量度基础教学，而且有待于将不同学段的唐卡教学相互贯通。这既符合文化传承的内在逻辑，更使唐卡文化产业发展具有内在动力和可持续性。

刘冬梅，中央民族大学藏学研究院副教授。

乡村振兴背景下藏族节庆体育的发展与传承*

陈波　曾宏博　余丽霞　李红燕　王思　周雪　罗南睿

生命力的能量释放除了在生理层面的体验和生命冲动，更注重传统意识层面中记忆与经验的积累①。藏族节庆体育的传统性在重塑族群凝聚力的同时，节日庆典的制度性彰显出族群意识。传统节庆体育作为集体活动，离不开各种现实文化载体。藏民族在参与集体聚会中以身体实践活动为基本形式形成了藏历年、宗教节日、农事节日、牧业节日等纪念节日，节庆文化作为人们向往美好生活的重要文化记忆载体代代流传。节庆活动内容涵盖了藏族的思维方式、行为方式、价值观念和审美情趣，折射出藏民族的顽强生命力，反映了身体仪式活动对生命的延续和发展，万物和谐生态，互构互补。②然而，随着现代社会的发展流变，传统节庆体育日趋式微，如何发挥节庆体育传承民族文化载体的作用和社会治理价值，构建适应现代和谐社会的传承新模式，是一个值得挖掘的问题。本文以生命力与传统性为视角，探讨藏族节庆活动与藏族体育传承如何有机融合，如何在不同历史境遇下延展民族传统文化。

---

* 本文为四川休闲体育研究中心重点课题（XXTYCY2022A02）、四川省体育社会科学研究中心一般课题（TY2022213）阶段性成果。

① 杨韵:《体育的生命冲动与意识绵延——基于柏格森生命哲学的体育本质解读》,《体育科学》2011年第3期。

② 纳日碧力戈、邹君:《中华民族共同体的万物和谐观》,《青海民族研究》2020年第4期。

一、生存与娱神的际会：藏族节庆体育的基础和形式

保罗·康纳德认为文化记忆主要体现在纪念仪式与身体习惯两个特殊的社会活动领域[①]。藏民族认为在恶劣的高寒环境中生存，必须取悦神灵，因此生存娱神、传承文化也就成为族群记忆的社会基础和主要形式。强健的体魄是藏民族在青藏高原生存的根本，人们参与节庆体育的社会实践活动是生命能量的积蓄和释放的集中体现[②]，又彰显出藏族传统文化的价值和生命活力的延续。溯源藏族的节庆习俗，大多与古代宗教祭祀有关，藏族先民为了生存与娱神结合，传统节庆都有着鲜明的庆祝主题。比如农区的“望果节”，牧区的“赛马节”都与宗教祭祀活动有关，节庆活动上总少不了传统体育竞技与藏戏、唱歌跳舞等娱乐活动。史前时期体育、舞蹈具有娱神祈福的特殊功能，人们利用体育游戏和舞蹈顶礼膜拜，既娱人又娱神，人神大联欢[③]。

（一）赛马文化：崇拜英雄的体育盛会

《格萨尔王传》是藏族人们集体智慧的结晶，记载了青藏高原远古时期关于政治军事、历史文化、宗教祭祀等的百科全书。在游牧部落时期，独特的原始狩猎业和畜牧业孕育了藏族传统体育，上至部落首领，下至平民百姓，均可通过气势磅礴的赛马会获取政治经济地位。在奴隶制形成之前，原始部落通常以赛马的方式选拔技艺高强的领袖统帅。藏族英雄格萨尔就是凭借长距离赛马的激烈竞赛夺冠后登上王位，带领岭国军队征战周边部落，统一青藏高原。格萨尔时期通常在战斗胜利之际进行庆祝，会举行赛马、射箭、摔跤、抱石头等各种技能与力量结合的传统体育活动，通过比赛鼓舞士气、强健体魄、展示实

① ［美］保罗·康纳顿著，纳日碧力戈译：《社会如何记忆》，上海人民出版社，2000 年。

② 何劲鹏、姜立嘉：《生命化：体育课程修订的逻辑起点探究》，《体育学刊》2008 年第 8 期。

③ 饶远、陈斌：《体育人类学》，云南大学出版社，2005 年。

力[①]。赛马会流行千年彰显出马背民族彪悍的性格和高超骑艺，人们崇尚赛马运动，赛马会举行之际，草原上人山人海，人们身穿盛装，赛马英雄们格外引人注目，正如艺人说唱“格萨尔赛马称王”篇中所述：上岭的如同猛虎下山一般，众弟兄一律黄锦缎袍、黄鞍鞯，显得富丽堂皇、灿烂夺目；中岭的如同降在大地的白雪一般，众弟兄一律白锦缎袍、白鞍鞯，在阳光下泛着银光；下岭的勇士如同布满云雨的太空一般，众弟兄一律宝蓝锦缎袍、蓝鞍鞯，在阳光下放射着琉璃般的光芒；还有那左右翼、十八大部等，无不锦衣彩鞍，人人充满豪情。[②]赛马英雄们格外引人注目，呈现出远古原始狩猎孕育的最初的体育形态，后来人们为纪念格萨尔杀富济贫、建立岭国，给后人留下惊人的英雄壮举，每年都要在草原上举行格萨尔式赛马活动。

（二）聚会盟誓：依附祭祀的仪式活动

祭祀是一种聚会盟誓，体现族群的价值观、情感与意志交融。青藏高原最初的节庆活动是在祭祀活动中形成的，节日习俗多与仪式活动有着密切的关系，人们定期聚集，通常在节日仪式活动之后举行藏戏、赛马等文体活动。如拉萨萨噶达瓦节期间，民间会举行赛马和藏戏等各种娱乐活动，古装勇士集中在拉鲁宗角别墅，进行弓箭射程等比赛[③]。江孜达玛节虽是宗教祭祀节日，但在祭祀法王帕巴桑布活动期间，会开展跑马、射箭、角逐、抱石头、摔跤等传统体育民俗活动[④]。“莫朗青波”法会每年定期在拉萨大昭寺举行，上万名僧人诵经祈福，祭神驱鬼。法会后的几天，还会在布达拉宫前举行赛马、抱石头和摔跤比赛，神龙草地比试赛箭，拉萨河边举行赛跑。安多地区在藏历五月四日都

① 战文腾、张颖：《从格萨尔史诗看藏族传统体育》，《贵州民族研究》2014 年第 3 期。
② 降边嘉措、吴伟：《藏族民间史诗〈格萨尔王传〉》，《中国西藏（中文版）》1995 年第 3 期。
③ 拉萨市政协文史民族宗教法制委员会：《拉萨老城史话》，西藏人民出版社，2004 年。
④ 耿献伟：《藏族传统体育的“文化自觉”——以江孜达玛节为例》，《体育文化导刊》2017 年第 8 期。

要举行祭山活动，俗称“日桑卡”或“依达奇巴”，又称“转山会”，此时正值草原上春暖花开、布谷催生的季节，每年节日期间，草原便欢腾起来，牧民们个个穿上崭新的民族服装，戴上珍贵的装饰品，带上美味佳肴，骑上骏马来到神山脚下“煨桑”，大祭山神以祈祷风调雨顺，人畜两旺，祭祀活动结束后也会举行赛马、锅庄舞等丰富多彩的文体活动。[①]这些都是人神娱乐的节日，仪式氛围浓烈，作为民间节庆不可缺少的真实写照，演变成人们适应恶劣自然环境的一种“生存意识”，[②]其文化形态与文化内涵复杂而丰富，文化价值不可低估。

（三）农耕庆典：祈盼丰收的望果节

藏族先民在青藏高原的生产生活、宗教习俗等方面均与神灵息息相关，其中“望果节”便是藏族农耕生产的典型节庆活动。望果节是青藏高原农区一年一度祈祷农业丰收的古老传统节日，也是藏历新年之外最重要的传统节日。“望”藏语意思为“土地”，“果”的意思是转圈，“望果节”藏语意为“在田地边上转圈的日子”[③]，是人们期盼农业生产取得好收成的传统节日。望果节在藏历五月至七月间举行，具体日期依各地农事时间而定，历时 1 至 3 天，是高原农区最热闹的节日之一，主要在西藏东南、四川炉霍等地流行。解放前炉霍每年都要过望果节，解放后中断了较长时间，到 1994 年才恢复了这一传统节日，革去了绕田间地头巡游的一些宗教仪轨，增加了休闲娱乐、物资交流的内容。[④]2016 年 7 月，课题组在四川炉霍县章谷镇走访调研，7 月 23—29 日全县放假一周欢度望果节。最初仪式由骑士们绕着庄稼转田地，年老的农民背着佛

① 四川省民族事务委员会：《四川藏戏》，四川民族出版社，1990 年。
② 陈波：《西藏古代休闲体育文化研究》，《西藏大学学报（社会科学版）》2017 年第 3 期。
③ 阿绒甲错、噶玛降村、麦波：《藏族文化与康巴风情》，民族出版社，2004 年。
④ 炉霍县志编纂委员会编纂：《炉霍县志》，四川人民出版社，1999 年。

经绕庄稼转圈，祈祷祝福五谷丰登、人畜兴旺。仪式结束后，则开展马术、角斗、耍梭镖等竞技活动，后来增加了赛马、射箭、藏戏表演、民间歌舞等民俗娱乐活动。一年一度的“望果节”临近之际，村民们身着艳丽民族服装，扶老携幼，骑马赶车，欢歌笑语，带着帐篷、美食在鲜水河边“耍坝子”，庆祝望果节。

二、聚合与传承：藏族节庆体育的治理价值

保罗·康纳顿认为社会和个体一样具有自己的记忆，并通过纪念仪式和身体实践的方式保持和传递[①]。在节日庆典仪式中的藏族传统体育活动，刻画了藏族文化在不同的历史时期形成、发展和变迁的脉络，彰显出民族文化的本真价值，涵盖藏民族特有的社会形态和文化内涵，具有人群聚合、文治教化、文化传承、娱乐健身等治理价值。

（一）人群聚合

传统节日是连接个体、家庭、族群、村寨和社会的载体，具有强大的聚合作用，为人群聚合、社会交往活动提供了重要契机。[②]青藏高原人烟稀少，藏民族生产、生活方式主要以家庭为基本单位。节日集会使部族之间的感情纽带得以强化，为人群聚合与社会交往提供了良好契机。农牧民在高原上聚集在一起载歌载舞，策马扬鞭，游戏竞技，享受节日带来的欢乐。以甘孜州新龙“十三节”为例，藏历腊月十三是新龙人最重要的年节聚会，远在他乡的游子都要在节前千里迢迢从外地赶回家与亲人团圆。人们在辛勤劳作一年后欢聚一堂，拿出珍藏已久的酒肉食品，尽情享受自己的劳动成果。十三节期间，男女老少穿

① 保罗·康纳顿著，纳日碧力戈译：《社会如何记忆》，上海人民出版社，2000 年。

② 王加华：《作为人群聚合与社会交往方式的节——兼论节日对基层社会建构与治理的价值》，《东南学术》2020 年第 2 期。

上节日盛装，以歌舞、赛马、祈神供佛、请客、祝福等各种丰富多彩的形式欢度一年一度辞旧迎新的传统佳节。岁月流逝，时代变迁，现在传统仪式中已经融入了很多娱乐形式，不过村民的愿望却是美好的，大家都希望妖魔鬼怪永远远离村庄，希望来年风调雨顺、五谷丰登。传统节庆促使藏族民众继承了族群生活方式，升华了民族认同感，塑造了民族性格，凝聚了民族合力。

（二）文治教化

文治教化对解决影响长治久安的矛盾能够发挥积极作用。随着社会经济发展，社会结构与民众生活方式发生了很大变化，人与人之间的关系日益疏离[①]。藏族节日中的乡规民约彼此认同，节日仪式秩序能够凝聚社会人心，沟通传递情感，具有文治教化作用和现实的社会治理价值。现在人群聚集的藏族传统节庆活动，经常由地方政府扮演主导作用，民间组织和农牧民共同参与，为广大农牧民提供了展示的舞台。在四川丹巴岳扎乡，墨尔多山是佛教和苯教共奉的著名神山，墨尔多将军成了嘉绒地区的守护神。相传每年农历七月初十为墨尔多生日，来自嘉绒地区数以万计的群众，不分教派，不论族别，到岳扎乡赶庙会，也称墨尔多将军会。2019 年“丹巴墨尔多节”期间，除了传统的民间转山、朝拜、耍坝子活动，县文广局、乡政府还举办了庆祝新中国成立 70 周年歌唱和谐幸福美好生活——“唱支山歌给党听”主题歌咏比赛，“嘉绒刺绣”传统手工艺农特产品展销，百幅摄影作品展，尤其是各乡镇选派的《嘉绒锅庄》《墨尔多锅庄》《孔雀锅庄》《新格锅庄》等送文化下乡地方特色活动，把节日推向高潮。活动通过政府引导、节日搭台、社会组织和居民群众共同参与的方式，让传统节日为社会治理注入新活力。

① 王加华：《作为人群聚合与社会交往方式的节——兼论节日对基层社会建构与治理的价值》，《东南学术》2020 年第 2 期。

（三）文化传承

节庆活动形成的集体行为和社会记忆塑造了文化价值，过去总是在现在被找回来，目的是向未来提供一个方向。藏族传统节庆具有丰富的文化内涵，蕴含着高原长期生活积淀形成的价值取向和审美情趣。藏族传统体育是一种“土生土长”的运动形式，与藏民族的繁衍息息相关，通过几千年的游牧文化孕育，底蕴深厚、风格迥异，在发展融合过程中也存在文化认同的撞击与对立，应坚持取其精华、弃其糟粕，使其健身性、民族性、宗教性和原生态特征得以传承。以“赛马”为代表的传统体育活动充分展现出马背民族的彪悍，凡有传统节日必有赛马，藏历新年、雪顿节、祭山会、转山会、望果节等节庆上都保持着藏族赛马的原生传统文化特色，并与文艺演出、物资交流和旅游相融合形成综合性盛会。

（四）健身娱乐

节庆中的传统体育活动不看重输赢，带有娱乐游戏的成分，重要的是在竞技娱乐中获取日常生活中无法体验到的愉悦，是注重生命价值的体现。马斯洛层次论认为：“当温饱和安全已不再是问题的时候，人们就会考虑更高层次的需求。”[①] 随着国家兴边富民政策的实施，我国西藏及涉藏四省社会经济快速发展，人民生活水平明显提高，催生了人们对健康观念的转变。藏族节日成为农牧民休闲娱乐的主要平台，人们在节日活动中参加传统体育比赛、游戏，载歌载舞，丰富了藏族群众的文化娱乐活动，增强了身心健康，提高了生活质量。在石渠赛马节上，人们带着青稞酒、酥油茶及各种美味食品来到大草原，搭起颜色各异的帐篷，喝着喷香可口的酥油茶，观赏精彩纷呈的赛马，听着艺人说唱格萨尔王，品味藏戏表演，甩骰子、下藏棋。傍晚时分，点燃篝火，喝着青

① 亚伯拉罕·马斯洛著，石磊译：《马斯洛论自我超越》，中国商业出版社，2010 年。

稞酒，跳起锅庄舞，享受着节日的快乐。

三、流变与遗忘：藏族传统节庆体育日趋式微

民俗节日是藏族传统体育传承的重要载体，而传统节庆文化亦逐渐受到现代文化的侵袭，导致人们参与传统节日的热情日趋式微[①]。随着社会、文化、生态等原有形态发生变化，传统节庆与“地球村”文化在交流和传播中呈现出多元、多样、复杂的发展态势，现代节庆活动中传统体育文化正面临着“被遗忘”的危险。

（一）原生形态产生流变

随着社会经济发展，藏族传统节庆体育所依存的社会、经济、文化等形态正发生流变：民族文化的交融，现代科技的冲击，牧民新村的建设，山地旅游业兴起，青年人进城打工，城镇化加速推进等各种新形态涌现。青藏高原的生态环境正发生变革，随着交通、通讯设施逐步改善，文化娱乐形式呈现多样性和普及性，电影、电视、广播、报刊、网络等现代化传媒普及，正影响着藏族人民的思维、生产和生活方式。

（二）多元节庆文化的冲击

藏族节庆体育在“全球化”“现代化”进程中面临着传承与传播的问题，[②]在与现代节日和西方文化的交融和冲击下，遇到了前所未有的挑战，节庆中的传统体育也在发生着明显变化，呈现出多元化发展态势。课题组在调研访谈中发现：年轻人虽然喜欢过藏历新年、望果节、林卡节、雪顿节等，但也喜欢过

① 王东：《挖掘民族传统体育共享的文化价值》，《光明日报》2017 年 4 月 11 日第 5 版。

② 陈波、韩玉姬、赵晶等：《传统性与现代性：藏族节庆体育的族群文化传承研究》，《成都体育学院学报》2021 年第 4 期。

传统的春节、中秋节、端午节，及西方的圣诞节、情人节。藏族群众，尤其是年轻人的思维活跃，追逐时髦，西方的圣诞节、情人节尤其受到追捧，具有乡土气息的节日与传统体育活动正失去最具活力的参与者和接受者，传统节日呈现淡化趋势。

（三）现代主流体育文化的冲击

竞技体育与现代社会追求的价值取向相吻合，引领主流体育文化，而传统体育侧重参与，难以满足现代人追求超越的核心理念，逐渐成为体育界的“非主流”，在与现代竞技体育的冲击与碰撞中日趋边缘化。调研中发现：由于缺乏现代体育和传统体育协调发展机制，青年一代对藏族传统体育的认知度不高。另一方面，随着奥运会、世界杯等现代体育的渗透，足球、篮球、乒乓球、田径等竞技体育项目成为他们业余锻炼身体与娱乐的主要内容。这都充分说明藏族的节日与传统体育面临着现代娱乐与西方竞技体育的冲击。

四、继承与传播：藏族节庆体育的传承路径

藏族节庆民俗体育承载着远古游牧文化的记忆，在历史变迁过程中不断融合其他民族文化，调适族群群体关系，维系民族文化的生命力。时至今日，传统节庆体育面临着社会多元化形式的情况，随着人们对现代生活方式及其价值观的转变，这些都将成为节庆体育革新发展的动力，开放与进取才是节庆体育文化发展的新趋向，开放传播与接纳创新才能永保其生命力。

（一）留住历史根脉，建构文化传承模式

藏汉历史文献及岩画、壁画中的传统体育印记，都是对古代藏族民间生活与行为的有效记录，是民间节庆文化不可或缺的历史根脉。因此，应加强对藏汉历史文献记载、岩画壁画描绘的传统体育的整理研究，增强人们对传统体育

文化的记忆。

首先，加强对历史文献的认知，增强对传统体育文化的记忆传承。藏族节庆体育活动被后人所认知，主要来源于《格萨尔王》《历史大全》《汉藏史集》等藏汉历史文献记载。它们从不同角度记载了吐蕃至清朝时期藏族传统体育的发展情况，如《历史大全》记载了吐蕃早期先民建造刀剑、箭囊、铠甲、盾等军事武器的情形，《汉藏史集》记载了墀都松赞时期出现了七名武艺高强的勇士。

其次，岩画、壁画描绘的“体育元素”是藏族节庆文化记忆的“活化石”。岩画中最为典型的是山南桑耶寺的一幅壁画，不仅形象描绘了当时为庆祝桑耶寺建成举行的“歌舞游宴”，人们从事赛马、摔跤的生动情景，还有艺人表演的爬杆、倒立、履卧钢刀等杂技，展现了古代藏族社会的节庆民俗民情。遗憾的是随着时代的变迁，藏汉历史文献记载、岩画壁画中描绘的传统体育大多没有传承下来。

最后，建构节庆传统体育传承模式。通过藏历新年、雪顿节、达玛节等节庆活动以身体活动体验或展示方式，参与形式多样的传统体育竞技或歌舞，成为传统体育传承的主要方式。如 2017 年拉萨“雪顿节”活动的大舞台上，马术表演暨传统体育竞技赛在拉萨市赛马场举行，西藏马术队为现场观众表演了扣人心弦的传统马术表演，内容包括：马上拾哈达、马上射箭、单马双人、多马多人等项目，花样之多、技巧之精，令在场观众赞不绝口。

（二）发挥节庆对藏族传统体育传承载体的作用

充分利用节庆活动载体，融入形式多样的传统体育竞技与表演，对构建传统体育传承新模式具有积极意义。因此，如何使藏族传统体育在节庆中得到传承，这是需要我们深入思考的问题。

节庆体育具有季节性，除藏历新年在冬季外，望果节、雪顿节、林卡节、羌唐恰青赛马节、当雄当吉让、江孜达玛节等有名的节日都在夏天举行。无论是冬季还是夏季，传统体育都是节日上的重要内容，民间有“无传统体育不成节”之说。藏族节庆体育在内容和形式上要与农牧民的生活方式、信仰和观念相符合，依据不同的自然环境和生产特点，因地制宜地开展赛马、摔跤、拔河、骰子游戏等活动是藏族传统节日里农牧民休闲娱乐最好的选择，以节日传承形式已深深地融入农牧民的日常生活中。

藏族节庆体育以赛马文化最为典型，高原特殊的地理环境导致人们在游牧狩猎、部落征战、节庆聚会等活动中以马为伴，能骑善射，形成了剽悍的民族性格。千百年来“格萨尔赛马称王”一直在青藏高原上传颂，藏族人民对马的崇拜与钟情，带有强烈的民族文化印记，正如《东北藏古代民间文学》中就有“没有驿马带路，就到不了旷野的前面”的记载。[①] 藏民族认为赛马才是“康巴汉子”的象征，凡有人居住的地方必有赛马。马是藏族人民日常生活中最亲密的伙伴，为了适应高原生存，从小就要受到严格训练，如藏文史籍记载“王子能骑马时，父王即逝归天界”[②]。即是说吐蕃王子从小学习骑马，到 13 岁时赛马技艺已相当熟练。马是人们生产生活、部落征战的重要工具，随之民间赛马活动广泛兴起。

（三）藏族节庆体育活动的传播形式

传统节日在与现代多元文化交融、传播与博弈中日渐式微，尤其是西方的圣诞节、情人节、感恩节等盛行，进一步侵蚀了传统节庆民俗的传播。基于此，藏族节庆体育在国家实施“一带一路”倡议背景下立足于人们在精神层面的需求，拓宽民族传统体育的传播空间，弘扬民族文化。[③]

首先，维护族群传承机制。通过节庆活动在族群、村落之间进行情感交流

---

① ［英］F. w. 托玛斯著，李有义译：《东北藏古代民间文学》，四川民族出版社，1986 年。

② 石硕：《吐蕃王朝以前雅隆吐蕃部落的经济变迁及其与政权发展的关系》，《西藏民族学院学报（哲学社会科学版）》2001 年第 1 期

③ 陈波、宋友林等：《“一带一路”倡议下西藏民族传统体育旅游发展研究》，《体育文化导刊》2019 年第 2 期。

和传承。以西藏及四省涉藏州县最重视的年节——藏历新年为例：藏历除夕之夜，一家人围坐在一起吃用面粉做的“古吐”；新年开始，互相拜年，走亲访友；亲朋好友聚在一起进行赛马、摔跤、抱石头、拔河等传统体育竞技比赛，交流情感、展示技艺。藏历年期间，藏族人民都要进行驱鬼、煨桑，挂五彩经幡，祭祀山神、水神，人们对新的一年寄予了太多的希望与祝福。

其次，拓展互联网传播。现代互联网、新兴传媒深刻影响着人们的生产生活，尤其是智能手机等新媒体日益深入生产生活，成为人们了解传统文化和高原之外精彩世界的重要渠道。APP、融媒体、微信等日常使用频率高的网络传播媒介，通过多样化传播渠道给大众以多重感官刺激，使藏族节庆体育在更大范围内传播，使更多的年轻人通过互联网、手机深入了解民族节庆与传统体育。

藏族传统节日作为中华民族多元文化的有机组成部分，反映出藏族特有的民族心理、伦理道德和审美情趣，也是传统体育文化记忆和传承发展的重要载体。藏族节庆体育的发展内涵是民族生命力与体育创造力的融合，以及传统赋予的民族属性，展现了藏民族特有的文化特质。如果缺少了生命力与传统性，藏族节庆体育就缺少了社会认同的基础，藏族自身的民族认同感也将付之流水。我们在传承藏族体育活动中，要深入挖掘民族体育内涵，才能给这些体育活动注入新鲜血液，才能找到长久发展之路。因此，增强对藏族节庆体育价值的认识，应弘扬藏民族传统文化，在青年一代中形成历史文化记忆，构建藏族节庆体育传承新模式，对提高民族文化自觉具有重要意义。

陈波，成都体育学院博士研究生、成都师范学院教授；曾宏博，南京体育学院研究生；余丽霞，贵州大学体育学院研究生；李红燕，石河子大学师范学院；王思，成都师范学院马克思主义学院；周雪，成都师范学院文学与新闻学院；罗南睿，成都师范学院文学与新闻学院。

炫耀性消费视野下的藏族临终仪式

——以安多热贡地区一村落为例*

吉先才让　哈博莹

一、绪论

自20世纪50年代以来，藏族宗教生活和实践发生了巨大的变化，藏族文化也是如此。我国在20世纪后半叶推行的社会经济改革，如1978年启动的经济改革，给我国涉藏地区带来了巨大的变化。在本研究地点——浪加村，及热贡的周边村庄，自20世纪80年代以来，这里发生了许多社会经济变化。许多家庭经历了重大的物质改善，同时宗教活动的组织方式也发生巨大的变化。

浪加村位于青海省黄南藏族自治州同仁市区东北约27公里处。海拔约为2700米。浪加村被细分为7个小队，约有440户家庭，2400多名居民。村民多信奉藏传佛教（格鲁派和宁玛派）和苯教，其中格鲁派占主导地位。全村84.7%的人信奉佛教，15.3%的人是苯教信徒。佛教信徒中大多数人是格鲁派信徒（68.1%），其他人则多遵循宁玛派（16.6%）。

在同仁只有一些村庄有临终仪式的传统，该仪式是为个人举办的规模最大、意义最深、费用最昂贵的一次性社会宗教活动之一，是为六七十岁的老人

---

* 本论文为2021年度国家社会基金项目“青海涉藏地区传统村落仪式文化保护的社会人类学研究”（项目批准号：21BSH069）阶段性成果；2020年度青海省社会科学规划项目“藏族民间仪式及其社会功能研究”（项目批准号：20026）阶段性成果。

举行的，通过持续 6 到 7 天的宴会和宗教诵经来积累功德，产生的功德用于抚慰将要面临死亡的老人，并为他们的来生做准备。

临终仪式和经济是交织在一起的，因为每一次举办的临终仪式都有大资金的流动。这意味着隆重而昂贵的临终仪式会对家庭产生长期的经济影响。临终仪式除了是一种积累功德的仪式外，也是为个人组织的最盛大、最昂贵的活动之一，但这种活动形式的开展正在成为一个人们炫耀社会地位、经济实力和成功的场合，通过炫耀性消费来争夺威望。村民们坚持认为仪式的费用应该与家庭收入相对应，并且应该减少威望和竞争方面的因素。但在村里的仪式实践中却发生了相反的情况，村民们把多年的收入花在该仪式上，导致仪式变得越来越盛大。因此，新的习俗正在扎根的同时，其他一些传统也正在消失。

经济诚然在宗教活动实践中扮演着重要的角色，经济的发展影响着仪式举办的各种变化。经济发展引起的变化也对临终仪式的实践产生了实质性的影响。本文以调研观察和访谈信息数据为基础，重点探讨了经济发展对临终仪式造成的影响，进一步分析涉及经济和宗教仪式的两个问题：一是增加仪式费用的经济动机和随之而来的问题；二是经济发展与仪式变迁之间的关系问题。另外，通过美国经济学家托斯丹 · 凡勃伦（Thorstein Veblen）① 的“炫耀性消费”（conspicuous consumption）理论，剖析了临终仪式中存在的财富和声誉所展示的行为现象，发现随之而来的过度消费已经成为村民们负担沉重的社会和经济义务。随着更多的家庭在仪式消费上激烈地竞争并相互超越，村里制定了制止仪式费用增长的规定，但为此也引起了村庄内部的种种冲突。

人们在改善物质生活的基础上与他人竞争和比较，其主要目的是为了得到他人的认可。人们通过公开展示来炫耀自己的财富和经济影响力，以引起别人

① Veblen, Thorstein. 1899. *The Theory of the Leisure Class: An Economic Studies of Institutions.* New York: Macmilln.

的注意，满足自己被社会认可的欲望。奢侈品和服务的炫耀性消费，作为财富和权力的象征，不仅是消费者获得声誉的手段，也是表达其优越社会地位的一种方式。

世界上许多学者都将托斯丹·凡勃伦的炫耀性消费理论应用于仪式研究中。如蒋建国的《仪式消费及其时代意涵》[①]、袁少锋的《中国人的炫耀性消费行为：前因与结果》[②]、章敏敏的《炫耀性消费视角的中国婚礼消费行为分析》[③]、Francis Bloch 的《炫耀性消费视野下的婚礼庆典：印度农村社会地位的信号》[④]、Marleen de Witte 的《金钱与死亡：加纳阿桑特的殡葬业》[⑤]、Wolfhard Kaus 的《炫耀性消费与种族：来自南方的证据》[⑥]，Philip Brown 等的《中国农村的消费行为——寻求社会地位》[⑦]，都阐述了在现代社会经济发展的影响下，仪式消费中存在炫耀和攀比行为，忽略了仪式的宗教信仰和文化意义。在渴望社会地位的心理驱使下，人们通过不同的消费形式来获取名利、财富和声望。仪式消费在满足人们心理需求的同时，也带来了资源浪费等负面影响。上述研究通过跨学科理论和视角，对社会现状的剖析及社会发展作出了很大的贡献。

同样，对藏族传统仪式的研究也十分普遍，但相对而言，仍处于比较有限的状态或单一的科学范围内，大多数研究仅从宗教的角度来探讨藏族仪式。

---

① 蒋建国：《仪式消费及其时代意涵》，《天津社会科学》（文化研究）2012 年第 4 期。

② 袁少锋：《中国人的炫耀性消费行为：前因与结果》，中国经济出版社，2013 年。

③ 章敏敏：《炫耀性消费视角的中国婚礼消费行为分析》，《中国人民大学学报》（社会观察）2013 年第 10 期。

④ Bloch, Francis, Vijayendra Rao, and Sonalde Desai. 2004. “Wedding Celebrations as Conspicuous Consumption: Signaling Social Status in Rural India.” *The Journal of Human Resources*. 39（3）, pp. 675-95.

⑤ De Witte, Marleen. 2003. “ Money and Death: Funeral Business in Asante, Ghana. ” Africa: Journal of the International African Institute 73（4）, pp. 531-559.

⑥ Kaus Woldhard 2013. “ Conspicuous Consumption and Race: Evidence from South Africa, ” Journal of Development Economics.100, pp. 63-73.

⑦ Brown, Philip H, Erwin Bulte, and Zhang Xiaobao. 2011. “ Positional Spending and Status Seeking in Rural China. ” Journal of Development Economics. 96, pp. 139-149.

由 José Cabezón 编辑的论文集《藏族仪式》[①] 包含了关于西藏各种宗教仪式的文章。此外，Mona Schrempf 的《胜利旗帜、社会声望、宗教身份》[②]，Katia Buffetrille 的《朝圣与乱伦》[③]，Robert Barnett 的《拉萨藏族当代赎罪仪式笔记》[④]等文章主要采用了宗教分析法。虽然有很多学者从各自的专业领域已经展开了有关藏族仪式的研究，并取得了不少成就，但是这些研究鲜少与社会学、人类学、经济学等其他领域的学科理论相结合，因此不能全面、深入地反映社会问题，藏族仪式仍然具有重要的研究价值和发展空间。本研究从跨学科理论视角分析藏族仪式的消费性质及其对经济发展的影响，从而探讨仪式消费所引发的问题、探索将减少炫耀性仪式消费的重要性公之于众，为改善藏族仪式性消费行为提供建议和策略，为促进民族地区社会经济发展提供重要资源。

二、村落经济发展

1978 年经济改革后，藏族农村居民的经济收入逐渐增加。在 20 世纪 80 年代和 90 年代初，大多数家庭只依靠农业，少数家庭同时依赖农业和畜牧业。在当时，从事农活以外的其他赚钱活动来赚取额外收入的想法是十分新颖的。然而，从 20 世纪 90 年代末开始，农村经济体制发生了转型，据村里的老人说，一些男性村民开始在收获前后，到村外打工赚取额外收入。渐渐地，越来越多的男性跟上了赚取额外收入的新潮流，现在几乎所有有劳动能力的中青年村民都到村外去赚取收入，包括女性。自此，以外出打工赚取额外收入的形式

① Cabezón, José. 2010. Tibetan Ritual. New York: Oxford University Press.

② Schrempf, Mona. 2000. " Victory Banners, Social Prestige and Religious Identity: Ritualized Sponsorship and the Revival of Bon Monasticism in Amdo Shar-khog. " In Samten G. Karmay and Yasuhiko Nagano (eds) New horizons in Bon studies. pp. 317-357. Osaka: National Museum of Ethnology.

③ Buffetrille, Katia. 2004. " Pilgrimage and Incest: The Case of Chorten Nyima (mChod rten nyi ma) on the Tibeto-Sikkimese border. " Bulletin of Tibetology. 40 (1) , pp. 5-38.

④ Barnett, Robert. 2012. " Notes on Contemporary Ransom Ritual in Lhasa. " In Katia Buffetrille (ed), Revisiting Rituals in a Changing Tibetan World. Leiden: Brill.

已经成为村民们的重要经济收入来源。

村民们开始在村外从事非技术的体力劳动工作，大部分主要在建筑工地工作。这是一直以来村民们最大的工作类别，但报酬较低。还有其他类型的工作，如经营不同规模的生意和驾驶出租车或卡车，也有一些生意成功的案例。此外，自 2004 年虫草价格开始大幅上涨以来，采收虫草已成为大多数村民的主要收入来源。

教育为获得更好的收入和更稳定的工作提供了必要的技能，也在该村经济增长中发挥了关键作用。在 20 世纪 80 年代和 90 年代初，教育对村民的吸引力不大，没有多少孩子被送进学校，大多数被送进学校的孩子在小学或初中毕业后就不再继续上学了。然而，从 90 年代末起，村民对教育的态度发生了积极的变化，更多的孩子被送进学校接受教育。近年来，父母在孩子的教育方面也做出了更多的努力，几乎所有孩子都在上学。根据实地调查数据显示，约有 176 名村民在不同院校毕业后从事正式稳定的工作，最近毕业生的数量一直在增长，这对村庄的经济发展有潜在的影响。

2000 年以后，政府通过实施不同的项目和政策，为农村的改善作出了巨大的贡献。给老人和最贫困家庭兑现生活补贴，医疗保险涵盖了主要医疗费用。此外，政府提供了农业机械化的支持。农业机械化给村民提供了额外的时间来赚取其他收入。从 2006 年开始，国家实施了农村房屋改造项目，直接为村里的许多家庭提供了捐助，改善了居住条件。

随着非农收入的增长、教育的发展，及政府的直接拨款支持，村里的经济增长已经进入了一个快速的发展轨道。同时，村里的生活水平也得到了广泛的提高，包括食品和着装质量、现代农业设备、宗教仪式和节日庆祝活动等。这种生活水平的变化足以表明村民比以前更富有。

三、经济变化对临终仪式的影响

随着经济的发展，临终仪式的举办方式也发生了巨大的变化。以前的临终仪式比今天举办得更简单。据村民回忆，80 年代以前，该仪式主要邀请本村寺院的僧人念经，但僧人们需要自己带午饭，举行仪式的家庭只负责为他们提供比较朴素的晚饭并给僧人们提供一些糌粑和传统大饼作为礼品。大多数家庭没有经济能力为僧人提供现金礼物，即使那些有能力的家庭也只能为 4 或 5 个僧人提供 1 元的报酬，也没有像现在一样为村民举办各种宴席，部落成员也只有一顿简单的晚餐。“文化大革命”结束后，大多数宗教活动恢复，村民开始在自己的农田劳动，生活水平也不断提高。当今，食物消费在大多数藏族集体仪式中占有了很重要的地位，特别是在非宗教团体中。

据笔者的访谈信息，自 20 世纪 80 年代以来，日常食物和临终仪式上供应的食物一直在变化。在 20 世纪 80 年代和 90 年代，大多数临终仪式上提供的都是传统食物，比今天更简单。当时，浪加村主要依靠农业、畜牧业。因此，日常食物以农畜产品为主。这些曾经也是临终仪式上提供的主要饮食。20 世纪 80 年代，该仪式的总费用远低于 1 万元，大多数家庭都无经济能力用荤食招待客人。后来，随着村庄的经济增长，在仪式期间举办的宴席数量及提供的食物种类也随之增加。

由于当今的临终仪式主要是一种食物分享的慈善仪式，而且每天都有各种宴席，因此，仪式上提供的食物变化是导致仪式费用增加的关键因素之一。据实地调查数据，临终仪式中消费的食物占总支出的 83%，给宗教人士的现金礼物占 17%。除了传统的食物外，仪式上还大量供应各种荤素炒菜、凉菜、水果、糖果、香烟、酒和苏打饮料等，食物质量和数量由此而发生了变化。此外，肉类和酥油是在仪式中消费量最大的物品，也是最昂贵的物品，它们的价格上涨也是仪式支出增加的一个主要原因。最近，在仪式上为客人和宗教人士供应手抓羊肉已成为普遍现象。仪式期间的肉类消费总量约为 20 只羊，成本约为36000元。2007年，两个富有家庭花费巨资为整个村庄小队举办的宴会上供应了手抓羊肉。此事因过度消费引起了村民的议论和反对，因为他们担心这可能会引起攀比性行为，并将成为举办该仪式的一个新趋势，而很多家庭都消费不起。同时，有些村民赞成仪式上供应大量肉类食物，并羡慕他们的经济实力，他们通过仪式证实了经济地位和名誉。

作为仪式的一部分，仪式的第二天需要准备大量的传统油饼并作为回礼分发给村民和客人。然而，从2006年开始，为了避免传统油饼所需的耗时劳动，大多数家庭用市场上通用的饼子代替了油饼，但也有一些家庭坚持传统，依然准备传统油饼。后来，几乎所有家庭都使用方便面而放弃了传统的油饼。村民表示传统油饼和方便面的成本差别不大，但对仪式支出的调查数据证明购买方便面的成本远远高于传统油饼的成本。2016年，一个家庭花了大约12000元购买方便面，而另一个家庭则花了大约8500元准备传统油饼，相差3500元。这一差别的重要之处在于村民可以用自己的农产品做传统油饼，不需要现金支出，而购买方便面会增加额外的成本。仍有一些家庭出于经济原因或为了保持传统而坚持使用油饼，但是购买方便面这一现象在整个村庄已经普遍存在。仪式平均费用已从2010年的约3万元增加到2016年的6.5万元，2020年增加到15万元，大约增加了5倍，村民的经济收入并没有增加到同样的程度。

另外，传统油饼起着一个重要的社会作用，因为整个制作过程的劳动量比较大，在小队内村民互相帮助下才能完成，大概需要一天的时间。该活动表明了村民之间的互惠和相互依存的关系，这对他们来说也是一个互动和交流的机会。村民认为仪式期间相互提供帮助既是一种社会责任，又是一种传统习俗。因此，传统油饼的做法起着巩固村民之间以及家庭之间的社会关系作用。然而，这一传统几乎已经消失，因为方便面已经取代了传统油饼。此外，这种变化导致不同时代的村民之间的冲突，因为老年人希望保持传统不变，而年轻人则更倾向于接受新的事物。

四、炫耀性消费

美国经济学家托斯丹·凡勃伦在 19 世纪后期推出了“炫耀性消费”理论，强调个人欲望与其社会地位之间的关系。人们以经济上的成功为基础互相比较和攀比。

凡勃伦认为，人们在经济成功的基础上互相比较，从而获得他人的认可。如果没有得到他人（尤其是同龄人）的认可，人们就会失去自尊。人们通过公开展示来炫耀自己的财富和经济影响力，以引起别人的注意，满足自己被社会认可的欲望。① 奢侈品炫耀性消费，作为财富和权力的象征，不仅是消费中获得声誉的手段，也是表达其优越社会地位的一种方式。② 此类消费必须是一种多余的消费，而且是浪费性的，才能有效地展现消费者的声誉。③

炫耀性消费理论被广泛应用于不同背景下的各种过度性或显著性消费。例如，炫耀性消费是一种通过与其他同龄人相比减少对自己财富水平的不满，并与同龄人保持一致的方式。因此，以炫耀性消费为基础展示更高的社会地位使人们感到经济上的安全。④ Robert G. Dunn（2008 ：37）认为消费的主要社会功能是界定一个人在一个由商品象征阶级的社会体系中的地位。因此，在一个复杂而不断变化的现代社会中，消费起到了支持地位主张的作用。

---

① Veblen, Thorstein. 1899. The *Theory of the Leisure Class: An Economic Studies of Institutions.* New York: Macmilln, pp. 27-32.

② Ibid, pp. 69-75.

③ Ibid, p. 96.

④ Jaikumar, Saravana, Ramendra Singh, and Ankur Sarin, 2017. "'I show off, so I am well off': Subjective Economic Well-being and Conspicuous Consumption in an Emerging Economy." Journal of Business Research. 74, pp. 1-8; Basu, Kaushik. 1989. "A Theory of Association: Social Status, Prices and Markets." Oxford Economic Papers. 41（4）, pp. 653-671; Corneo, Giacomo, and Jeanne Olivier. 1997. "Conspicuous Consumption, Snobbism and conformism." Journal of Public Economics. 66, pp. 55-71; Glazer, Amihai, and Kai A. Konrad. 1996. "A Signaling Explanation for Charity." American Economic Review 86（4）, pp. 1019-1028; Ireland, Norman J. 1994. "On Limiting the Market for Status Signals." Journal of Public economics 53（1）, pp. 91-110.

物质产品作为社会地位的指标，通常决定和代表一个人的社会角色。[①] 另外，Mary Douglas 和 Baron Isherwood 提出人们需要一定程度的消费来保护自己的地位，个人和家庭如果不想被排斥在其社会群体之外，就需要符合人们对他们的消费期望。[②] 在葬礼和婚礼等社交活动中使用的食物和服装以及配饰等物品将该场合与其他场合作出区分，而且所使用的物品质量也对不同活动及其参加人做出等级之分。

为深入理解仪式性消费作用和意义，“炫耀性消费”理论在跨文化背景下的婚礼和葬礼等仪式研究中被普遍应用。有学者研究了不同文化中炫耀性消费的属性，研究了炫耀性消费和竞争性消费的动机，以及在社会经济背景下对炫耀性消费的看法等。例如，一项针对印度农村的研究表明，人们通过婚礼竞相举行奢华庆典以提高社会地位。在婚礼和其他庆祝活动上花费超过预期是为了炫耀自己的富裕并获得声望。[③] 非洲加纳的葬礼活动是另一个例子，Marleen De Witte 讨论了加纳的葬礼庆祝活动，随着人们愿意花更多钱，葬礼庆祝活动变得更加精心和引人注目，新习俗已经扎根，葬礼的总成本也在增加。[④] 这种变迁的原因主要是为了表示对死者的尊重和爱戴，同时也是为了展示家庭财富、成功和社会地位，并获得威望。在加纳的葬礼上公开展示礼物和捐款是送礼者炫耀经济地位的场合。丧葬庆典的总成本随着丧葬业务的繁荣以及新活动的出现和浪费性消费而扩大，这一点在加纳引起了很多议论，因此加纳出台了新的丧葬规范。然而，这些规则并没有生效，因为人们不想遵守。一项关于中

① Dunn, Robert G. 2008. *Identifying Consumption: Subjects and Objects in Consumer Society.* Philadelphia: Temple University Press, p. 37.

② Douglas, Mary, and Baron Isherwood. 1979. *The world of goods.* New York: Basic Books Publishers, pp. 115-116.

③ IBloch, Francis, Vijayendra Rao, and Sonalde Desai. 2004. “ Wedding Celebrations as Conspicuous Consumption: Signaling Social Status in Rural India.” *The Journal of Human Resources* 39（3）, pp. 675-95.

④ De Witte, Marleen. 2003. “ Money and Death: Funeral Business in Asante, Ghana. ” *Africa: Journal of the International African Institute* 73（4）, pp. 531-559.

国农村地区地位支出和地位追求的研究同样表明，家庭，尤其是穷人，通过在葬礼、婚礼和礼物上花费更多来竞相提高自己的社会地位。① 来自日本的一项研究表明，七五三节的庆祝活动是一项儿童成人礼，是一项复杂的活动，包括家庭成员、朋友和宗教人士来访参与的盛宴。该仪式过去在家庭住宅中举行，但现在在大酒店举行，变得更加豪华和奢侈。② 商业化极大地改变了庆祝活动，因为消费行为已成为仪式的重要组成部分。因此，七五三节被当地人视为一种炫耀性消费的仪式。③ 最后，根据莫斯的说法，“在某些种类的夸富宴上，一个人必须倾其所有，不留任何余地。这是一场比赛，看谁是最富有的，同时也是最奢侈的。”④

一些藏族人的宗教捐赠除了有宗教意义上的功德外，还被西方学者视为捐赠者的社会地位和声望的标志。在藏传佛教中，作为施主意味着功德和地位，而施主的慷慨大度则意味着一种权威声望。⑤ 例如，根据 Mona Schrempf 的说法，四川松潘地区的寺院舞蹈仪式（’cham）是公开承认赞助者积累功德、声望和社会地位的场合。她解释说赞助在舞蹈表演中以一种等级化的方式被仪式化，将赞助商与观众区分开来，将他们安置在被赋予精神力量的荣誉和声望的显著位置。慷慨的赞助商被公开授予权力的宗教标志—胜利的旗帜高高举起，

① Brown, Philip H, Erwin Bulte, and Zhang Xiaobao. 2011. “Positional Spending and Status Seeking in Rural China.” Journal of *Development Economics* 96, pp. 139-149.

② Papp, Melinda. 2012. “Conspicuous Consumption in Postwar Japan: The Case of a Rite of Passage.” *Human Affairs* 22（2）, pp. 196-213.

③ Papp, Melinda. 2012. “Conspicuous Consumption in Postwar Japan: The Case of a Rite of Passage.” *Human Affairs* 22（2）, pp. 196-213.

④ Mauss, Marcel. 1990. The Gift: *The Form and Reason for Exchange in Archaic Societies*. London: Routledge.

⑤ Clarke, G. E. 1990. “Ideas of Merit（bsod-nams）, Virtue（dge-ba）, Blessing（bying-rlabs）, and Material Prosperity（rten-’brel）in Highland Nepal.” *Journal of the Anthropological Society of Oxford*, 21, pp. 165-184.

让每个人都注意到（根据他们提供的捐款数额，进一步与观众区分开来。）[①]

根据 Samten Karmay 和 Philippe Sagant 在他们的 Les neuf forces de l'homme: Récits des confins du Tibet 一书中所说，赞助寺院公共节日是在四川松潘地区获得功德和社会声望的机会，因为富人竞相赞助，仪式规模越来越大。[②]Jane Caple 在她对安多东部不同宗教捐赠模式的研究中也指出，人们将宗教捐赠视为一种社会和经济实践，除了获得宗教意义上的功德之外，还可以获得社会声望。[③]

上述所有研究都讨论了炫耀性消费的个体和仪式属性：为什么消费者会炫耀性和竞争性地消费；他们的动机是什么；在社会经济背景下如何看待和理解炫耀性消费。这些研究表明，保护自己免受物质剥夺，维持和提高社会地位和声望、区别于其他社会群体的愿望，唤起了人们对各种形式的过度消费的需求，对应于凡勃伦的“炫耀性消费”概念，作为展示给别人很高的社会地位，得到别人的认可。因此，他们还提供了一个有用的背景，有助于理解临终仪式中不断增加的消费以及礼物的竞争。[④]

临终仪式费用增加以及村里家庭之间竞争加剧的一个显著影响是贫富家庭之间的仪式实践明显不平衡。仪式的费用多少需要看各家各户的经济能力，这也是村里比较喜欢的习俗。但实际上，就像 Jane Caple（2017: 153）所说的那样，宗教捐赠是通过与他人的捐赠以及捐赠者自身的财富和地位进行比较来决

① Schrempf, Mona. 2000. “Victory Banners, Social Prestige and Religious Identity: Ritualized Sponsorship and the Revival of Bon Monasticism in Amdo Shar-khog.” In Samten G. Karmay and Yasuhiko Nagano（eds）New horizons in Bon studies. pp. 317-357. Osaka: National Museum of Ethnology.

② Schrempf, Mona. 2000. “Victory Banners, Social Prestige and Religious Identity: Ritualized Sponsorship and the Revival of Bon Monasticism in Amdo Shar-khog.” In New horizons in Bon studies, edited by Samten G. Karmay and Yasuhiko Nagano, 324-357. Osaka: National Museum of Ethnology.

③ Caple, Jane. 2017. “The Ethics of Collective Sponsorship: Virtuous Action and Obligation in Contemporary Tibet.” *Religion and Society* 8（1）: 145-146.

④ 李毓淳：《藏族的丧葬仪式》，《民族大家庭》1999 年第 4 期。

定的，仪式支出多数是通过与他人比较而不是自己的财富来决定的。[①] 仪式费用也因此在相互比较和竞争中有所增加。虽然举办仪式的家庭解释说花的越多获得的功德越多，但多花钱却被其他村民理解为炫耀财力。例如，一位 64 岁的村民说："人们通过现金礼物的数额来寻求获得声望，为僧侣的宗教服务赠送的现金礼物是其中之一。我清楚地记得，1998 年的一个临终仪式上，一户人家赠给了每个僧人 100 元。当时给僧侣的现金礼物平均约为 60 元人民币。他们家能够提供那么多，因为他家儿子是个商人。他因富有而闻名于整个村庄。后来，家境相近的人同样也捐的多，家家户户也就跟着多了。这样一来，大家都知道我们村里人喜欢互相竞争来炫富。"

2006 年举行临终仪式的一家在整个村庄小队成员和所有客人的宴会上供应了水煮羊肉，这种费用非常高，后来因为攀比和炫耀财力而在自己小队内流行起来了供应水煮羊肉，但是几年后，由于各自小队内制定了限制仪式费用增加的规则就停止了这项供应。在宗教背景下的宴会上给予金钱或食物的行为被认为是正确行为。[②] 从这个角度来看，给予的数量并没有什么意义。因此，扩大临终仪式的规模并因此增加其成本，这不是一种宗教义务，而是一种社会义务。这是一种通过仪式来炫耀经济实力的行为。

许多村民表示，他们认为临终仪式上的过度消费是同等富裕村民之间的竞争。虽然这种炫耀性的仪式开支违反了社会和宗教社区规范，但一些村民对增加的仪式费用表示赞同，因为这证明该家庭举办了非常隆重的临终仪式。而且，在这一过程中，花钱超常的家庭受到敬仰，并从中获得富有的名声。

笔者观察到的大多数临终仪式都蕴含了奢侈，特别是公共宴会上的食物消费方面。食品服务包括大量的肉类、酥油、饮料、水果、昂贵的烟酒等。笔者

① Caple, Jane. 2017. "The Ethics of Collective Sponsorship: Virtuous Action and Obligation in Contemporary Tibet." *Religion and Society* 8（1）, pp. 146-157.

② 桑杰端智：《浅谈藏族招魂仪式》，《青海民族研究》1999 年第 4 期。

还观察到食物因为太多而在仪式结束后被丢弃。2021 年 11 月，笔者有机会在附近的村庄参加了一个临终仪式，那是一场盛大而豪华的宴会，在仪式上有歌手的娱乐表演。据当地一位男性村民说，那不是大多数仪式的特点，而是典型的富人之间为了炫富而相互竞争的仪式。

来自不举行临终仪式的其他村庄的人们，他们对临终仪式既印象深刻又感到沮丧。在他们看来，这种仪式对于年迈的老人来说是一种真正的慰藉。① 但另一方面，他们也看到临终仪式给家庭带来了经济问题，因为举行临终仪式和葬礼的村庄比只举行葬礼的村庄面临更大的经济挑战。

虽然累积功德被明确传达为炫耀仪式消费的目的，但在整个村庄仍然普遍存在一种隐含的观念，即其目的是为了公开展示经济地位和威望。正如数据所示，临终仪式的总费用平均包括 83% 的食物消费和 17% 的宗教人士的现金礼物。食品消费包括新菜品和其他优质食品，以及饮料、水果、香烟、糖果和零食。除此之外，传统油炸饼更换为方便面以及用于宗教朗诵的现金礼物的增加都有助于预算增加，大量供应不同形式的食物会造成巨大的浪费。所有这些因素导致临终仪式显著扩大，并成为大多数人尤其是穷人的巨大经济挑战。对于越来越大的仪式开支，存在着不同且矛盾的观点。这种奢侈的支出尽管被大多数人认为对于仪式实践来说是不必要的，因为它与村民对支出的期望相矛盾，但它得到了一些家庭的认可，尤其是富人。对于贫困户来说，日益增加的临终仪式费用是一个不小的挑战。大多数家庭需要存三到五年的钱来支付死前仪式的费用。向他人借钱进行仪式并不常见，因为大多数人早在几年前就开始准备。亲戚关系较小的家庭收到的礼物也较少，但仪式支出与其他家庭几乎相同。例如，在笔者观察到的临终仪式中，一个兄弟姐妹多、亲戚关系广的家庭收到了 60000 元的现金礼物；另一家收到了 89573 元；而只有一个女儿的家庭

① 桑杰端智：《浅谈藏族招魂仪式》，《青海民族研究》1999 年第 2 期。

收到了 12187 元。显然，举行临终仪式对贫困家庭来说是一个沉重的经济负担。临终仪式的支出增加到一定程度，以至于大多数村民将仪式更多地视为一种社会义务，而不是宗教义务。

村民尽管明白仪式活动过度消费的危害性及其对家庭带来的的负面影响，但他们在实践中仍然相互竞争以增加仪式费用，因此临终的费用不断增加。一些村民对越来越多的仪式消费表示赞赏，因为大手大脚代表家财万贯；这显然是某些人更加炫耀地举行仪式的动机。仪式上的过度消费是一种满足对高标准生活或美好生活欲望的方式，也是仪式消费竞争的主要原因。一位 38 岁的男人说："我既不富有也不贫穷。为父母举办临终仪式时，花销上不能和富人竞争，但又不能拒绝和同龄人竞争，因为不想丢脸。我必须证明我和他们一样有能力。"一位有钱的村民也表示，他和其他豪门一样花钱举办仪式，是为了积累功德，同时也是为了维护自己和家人在村里的地位和威望。村民们因此相互竞争以展示他们的经济能力。 然而，竞争在同行群体中似乎是明显的。村民希望通过仪式消费来证明自己在财富和社会地位上与同龄人平等或优于同龄人，以免被人看不起。炫耀的仪式消费可以防止羞耻、社会排斥以及贫穷的耻辱。作为一种公开可见的展示，仪式引发了消费竞争。这些因素是村民之间相互竞争增加仪式费用的动机。这种仪式的奢侈消费与凡勃伦将炫耀性消费作为维持和提高社会地位和声望手段的观点相一致。正如一位 70 多岁的老妇人所说："在老年人中，那些已经到了礼仪年龄但经济能力有限而还没能举行临终仪式的人将会在同龄人中失去面子或威望，他们想要维护和维持威信，对他们的家人来说也是如此。"在适当的年龄（60 岁之前）为自己举行仪式也表明老年人及其家人的经济状况良好。

炫耀性消费和临终仪式费用的增加在村里引起了议论。最常见和最严肃的是它违背了村庄的社会规范，即仪式应按照传统习俗进行。因此，无视社会规范和传统会导致公众批评。由于临终仪式上的炫耀性消费造成了仪式费用与大多数村民的经济能力之间的失衡，许多受访者批评增加的费用本可以更有效地用于教育、医疗、基本营养、保障等其他目的。一些村民不明白在临终仪式上过度消费的意义，很多家庭就因为临终仪式而承受着较大的经济压力。许多村民表示仪式上浪费了很多食物。从仪式盛宴中获得的食物有时会被喂给牲畜，或者被丢弃，因为数量超过了消耗量。食物浪费在整个村子里都受到了强烈的批评。一方面，人们在仪式上花很多钱买食物，另一方面，很多食物又都被浪费了。

此类批评表明，增加临终仪式费用的竞争被视为以自我为中心，与既定的社会规范相矛盾。此外，浪费食物、缺乏其他用途的钱，以及大多数人背负的巨大经济负担，都被视为炫耀自己社会地位和个人欲望的结果。为了解决问题并规范临终仪式的举办方式，村民表示有必要制定规则来遏制炫耀性消费。

由于整个村庄有 7 个小队，临终仪式主要在各自小队内进行，因此很难在整个村庄执行规定。因此，各自小队内制定的规则更加可行和有效；一些小队通过对问题的严重性和解决方案的重要性进行广泛讨论来制定了内部规定。

村里的大多数小队对临终仪式有不同的口头和书面规定：取消一些宴会，降低食物的质量和数量，放弃分配食物给缺席的人，限制送给宗教人士的现金礼物。尽管所有村民都熟悉本队内部的新规定，并且大多数人反对炫耀性消费，但有些人出于对声誉的担忧而在实际操作中不遵守规定。因此，一些法规被忽略。许多受访的村民评论说，富人在实施时曾抱怨这些规定，因为他们负担得起增加消费的成本。因此，规则在不久的将来可能会失效，2021 年仅有几户人家破例改良宴席。当实施取消大多数宴会的规定时，另一个村庄小队里也发生了类似的违反规则行为。一位村民说当时举行临终仪式的一个家庭挑战规则并举行仪式宴会，而规则制定者试图阻止村民参加宴会。总之，一些家庭根据新采用的规则执行仪式，但大多数家庭违背规则照常举行仪式，增加费用。

尽管已经实施了控制过度消费的规则，但随着一些举行方式变化的增加，该仪式继续变得越来越昂贵。例如，据村民介绍，2017 年给客人的礼物有很大变化，增加了一笔现金（20 元）和一袋米（约 30 元）。由于村里几乎家家户户都送礼，再加上外村的亲戚朋友，总共约有 500 户，这意味着礼物的新变化增加了大概 25000 元的仪式费用。对于因亲属关系或社交网络有限而接待客人较少的小家庭而言，成本增加较少，这一改变已被村里每家都采纳。举行仪式还有其他的变化，2017 年，两户人家为临终仪式花费了约 18 万元人民币。除了习俗的礼物外，他们还向所属省区的每家每户赠送了一尊小佛和一部经文。

在一些村庄小队里，由于一些村民的抵制，规定引发了冲突。较富裕的家庭倾向于接受增加的仪式费用，面对一些非常严格的规定，人们不愿意遵守。这也加剧了贫富之间的冲突。

新制定的仪式规定没有陈述违规的相应处罚，因此，如果有人违反规定，没有任何后果之责，只有抱怨。然而，规定至少为村民提供了一个选择，因为他们可以以规定为由不追随炫耀性消费的趋势。虽然社会压力让人难以不满足某些社会期望，但规则提供了一条出路。但是，大多数村民对展示声望的要求越来越高，并在临终仪式实践中融入了新趋势。仪式的一些传统正在消失，而新的特征正在被添加和接受。

五、结论

在本文中，笔者简要讨论了浪加村的经济发展及其对仪式组织和参与的影响。社会经济的不断发展引起了仪式费用的增加，不断增加的仪式支出与经济增长、教育发展和现代化息息相关。本文也讨论了许多家庭面临的主要经济挑战，这些挑战正是仪式开支的增加和炫耀性消费所带来的。奢侈消费，除了其积累功德的宗教目的外，还被大多数人视为家庭财富、社会地位和声望的公开展示——这是凡勃伦炫耀性消费的一种现象。事实上，家庭在增加仪式费用方面变得竞争激烈，因此也增加了社区冲突的可能性。虽然村里的一些小队已经认识到有必要制定规则来限制仪式费用的增加，但某些富裕家庭抵制这种规则，从而加剧了冲突与竞争。

吉先才让，青海师范大学副教授，博士；哈博莹，青海师范大学社会学专业在读硕士研究生。

乡村文化振兴背景下藏族祝赞词的价值意蕴与保护路径研究

柔金措毛

藏族祝赞词作为藏族历史文化的“话本史”和精神层面的“精神食粮”，在特定的仪式语境中以祝赞的形式完成着民族文化的自表述，是与藏族文化史一脉相承的活态口头传统。在具体的展演过程中，祝赞词的内容、形式、意义和功能等深深地根植于具体展演语境中，彰显出独特的文化内涵和精神意蕴，不断推进仪式的进程并呈现出其独特的文化魅力，大力推动乡村文化振兴。

一、祝赞词文化概述

祝赞词是藏族较为古老的口头传统之一，是藏族民众在长期社会实践过程中不断创造和积累的集体性智慧结晶，在特定的文化语境和自然环境中呈现出浓郁的文化底蕴和独特的地域特色。作为语言的艺术，它在内容与形式上与特定仪式的语境、内容相适应，是能对仪式参与者产生生理和心理效应的仪式组成部分。祝赞词产生于特定的社会和文化环境，并依存和受制于当时的社会文化传统，成为仪式中独特的语言符号，承载和传承着一个民族的文化根谱。

（一）祝赞词文化的概念界定

在藏语中祝赞词有“བསྟོད་པ།”“བཤད་པ།”“གཏམ།”“མོ་ལྷ།”“སྟོན་བཤད།”等不同的称谓，这些称谓大多是以祝赞词的内容、形式等为依据进行命名的，但在使用范围和用法上有略微的差异。“བསྟོད་པ།”意为赞颂、称赞。在《汉藏大辞典》[①]和《藏文词典》[②]等藏文辞书对该词的解释为“བསྔགས་པ།”“བསྟོད་བསྔགས།”“ཆེ་བ་བརྗོད་པ།”，其中前两个的意思为赞美或赞颂、夸赞等义，后一个从字面上分析，“ཆེ་བ།”意为大，多指功绩、优点，“བརྗོད་པ།”意为言说，也就是针对某人的功绩和品行等大加赞许。在传统藏族社会中该词有两个层面的意思，1. 单指言语中对人的称赞、褒奖。2. 指对赞颂和祝颂等为主要内容的藏族民间文学作品的统称，其中既包括口头的祝赞词，也包括书面的祭祀文和赞辞、颂辞等。“བཤད་པ།”意为说。它是对藏族口头传统的统称，包括具有说唱特征的仲谐“སྒྲུང་བཤད།”、折嘎“འབྲས་དཀར།”、祝赞词“སྟོན་བཤད།”等。在《藏族民俗学概论》中指出：“‘谐巴 བཤད་པ།’是以藏族日常生活中的饮食、服饰、住房、社会生活建制以及经历不同时代产生的生产工具和生活用具为对象，以夸张的手法对其进行叙述的民俗文化。”[③]英加布在其论文《藏族谐巴及其特征研究》中总结出谐巴是具有四个特征的民间文学作品：“谐巴是丰富的语言艺术；谐巴是藏族先民对生产生活实践经验和知识进行总结的音乐表现形式；谐巴是是对藏族物质生活历史渊源进行夸张叙述的艺术手法；谐巴是知识传播和传承的有效途径。”[④]由此可知谐巴为藏族民俗文化中用夸张的手法对物质生活中的工具和用具等进行叙述的语言艺术，可以说谐巴即为祝赞词。“གཏམ།”是康区对藏族仪式中祝赞词的统称。“མོ་ལྷ།”为后藏地区对婚礼中祝赞词的统称。而“སྟོན་བཤད།”意为仪式中通过夸张的手法进行表述的语言系统，即仪式中的祝赞词。它是对仪式中所使用的祝赞词的统称，本文依据论文中所涉及的祝赞词的内容选择使用藏文“སྟོན་བཤད།”一词来对应文中所指涉的民间仪式中的祝赞词。

① 张怡荪主编：《藏汉大辞典》，民族出版社，1984 年。

② 索朗降村：《藏文辞典》，西藏人民出版社，1990 年。

③ 扎保：《藏族民俗学概论》（藏文），甘肃民族出版社，2008 年。

④ 英加布：《藏族谐巴及其特征研究》，《中国藏学》2001 年第 4 期。

祝赞词在汉文化中由来已久，早在《诗经》中就有相当数量的祝赞词作品，如法国汉学家葛兰言（Marcel Granet）曾指出："《诗经》中的《南周 · 桃夭》就是一首婚礼中的祝赞词。"① 在汉语中就祝赞词的字面意思而言，即祝福和赞颂的词语。在《说文解字》中对祝的解释为："祝，祭主赞词者，从示，从人口，一曰从兑省，易曰兑为口。"② 在《辞海》中的解释为："1. 祭祀时司告鬼神的人。2. 祝辞亦作祝词，古谓祷告鬼神，致祝贺之词。"③ 可见，祝的本意是在祭祀仪式中主持祝告的人和祝告的词语。《说文解字》对赞的解释为："见也，此以叠韵为训。疑当作所以见也，谓彼此相见必资赞者。"④ 可见赞包含有赞颂、赞美的含义。祝、赞二词连用，其含义为在仪式中使用的祝福语、赞颂词。

综上，祝赞词指由德高望重、能说会道的男性在特定的时间和地点，结合自身丰富的身体语言和以赞颂为主的词语，以或夸张或实叙的手法将人们对一切自然万物的认识、生活经验的总结、仪式程序和历史的叙述等通过优美、轻快、赞美、夸张的语言进行吟诵，表达出人们对自然万物的感激之情、对美好事物的赞美之心和对幸福生活的期盼之情，其中蕴含着丰富的文化内涵。

（二）祝赞词的表现形式

极富生命力和创造力的祝赞词，作为在藏族民间广泛流传的活态传统，以其独特、丰富的表现形式，展现出浓厚的自然气息和深厚的文化内涵。祝赞词的展演是一个动态的过程，在这一过程中其文本结构、表述方式、程式化特征等构成一个整体，在彼此的互动中促成这一口头文化的形成，显示出其独特的

① ［法］葛兰言著，赵丙祥、张宏明译：《中国古代节庆与歌谣》，广西师范大学出版社，2005 年。

② 梁宝莉：《宋代祝颂词研究》，博士学位论文，北京师范大学文学院，2007 年。

③ 辞海编辑委员会：《辞海》，上海辞书出版社，1979（1987 年重印）。

④（东汉）许慎：《说文解字》，影印陈昌治本，中华书局，1963 年。

表现形式。其表现形式与其他民间文学作品不尽相同，带有独特的艺术效果和鲜明的特色。因此，只有将祝赞词的文本结构、表述方式和程式化特征加以综合立体研究，才能更好地实现对其表现形式的全方位研究。

1. 文本结构

结构指“组成一个整体的各个因素之间稳定的相互关系。”①藏族祝赞词拥有紧凑、精致的文本结构。它是由一系列的结构层次组成的语言艺术，每一个层次都有相应的结构形式和对应关系。其中既有句子同韵律间的结构关系、句子与句子之间的结构关系，又有词语与词语间的结构关系。这一系列结构关系的巧妙结合构成美妙绝伦的祝赞词。

口头传统的句法特征和语言间存在着密切的关系，同时也受这一文化空间中其他流行的民间文学影响和制约。藏族祝赞词也一样，它的章法特征不仅与藏族语言的特点有密切的联系，也受到流行于当地的其他民间文学传统的影响，最终形成其章法结构共性基础上的个性特点。藏族祝赞词的章法结构一般由段、句、词、音节组成。由音节组成词语，由词语的组合排列构成句子，句子连接起来构成段落，段落连接起来形成一篇完整的祝赞词。藏族祝赞词均偏向韵文体，一首分为多个段落，每一段的句数不限，各段落通过呀啦（ལ།）、呀（ཡ།）~哒（ད།）等衬词隔开。每段都是由相互联系的内容构成的。每句由 6 到 10 个音节构成，各个段落位置相对应的句子，在词义、用词、句式等方面都相互对应。视仪式的长短祝赞词的内容可长可短，各分句结构较为一致。其句子的基本词语一般为独立的两节或三节来表述意思，如：“རྟེན་འབྲེལ/ཁ་བཏགས/དཀར་པོ་འདི/”吉祥 / 洁白的 / 哈达。祝赞词中通过句子与句子间的连贯性来进行叙述，通常通过一句比喻一句表意建构而成，或以在句子中放置量词、方位词达到时空上相互关联，使句子在意义上具有因果联系。通过以上这种章法结构，使其

① 李鹏程：《文化研究新词典》，吉林人民出版社，2003 年。

成为传承性较强的口头传统。除此之外，藏族祝赞词中各种修辞手法的运用，使其语言变得生动形象，情感的表达更加委婉细腻，更加凸显出祝赞词独特的艺术魅力。藏族祝赞词的韵律较为严肃平和，在自然与淳朴中表现出精炼优雅的语句，正好贴合藏族天人合一的美妙语境。这其中蕴含着深厚的智慧，而这种智慧又隐藏在祝赞词艺术性的表达上，其艺术性的表达体现在韵律与祝赞词内容形成相互对应的关系上。从祝赞词同音声结构的相互关系来看，祝赞词中的每一段都是影响整个乐段构成的主要因素，而其中的句子是影响一个乐句的主要因素，词语是影响整个旋律乐节的主要因素，音节是影响旋律音程的主要因素。句子是祝赞词表述的基本单元，因此旋律乐句的构成同祝赞词的句子之间存在着直接的联系。加之祝赞词具有诗歌普遍具有的格律规范，通过句子与韵律同构的结构促使其在仪式场域下呈现出生活性和韵律性相互渗透、相互补充的特质，营造出通俗易懂、顺口和韵的审美风貌和说唱特点，最终给主体以美的体验和情感的共鸣。衬词作为祝赞词中不可分割的重要组成部分，是除了直接表达祝赞词中心内容的词语以外，为完整、全面地表达祝赞词内容而穿插在其中的一些由语气词、形声词、感叹词、谐音词等构成的具有衬托性的词语。藏族祝赞词中的衬词一般是由一个到多个虚词构成。如：ཨ、ད、ཀི等。作为镶嵌在祝赞词中的一朵奇葩，丰富多彩的衬词活跃在祝赞词的句首、句末、词末，使祝赞词更具张力和艺术感染力，深化着作品的氛围和意境，起到了引出主题、丰富内涵、装饰旋律、扩充调式、加强语气等作用的同时，深刻地反映出藏族的语言魅力和审美情趣，展示出祝赞词别样的韵味美。

2. 表述方式

藏族祝赞词的表述方式继承了藏族民间广泛流传的传统原生性说唱艺术形式，通常是通过活态的演述配以朴素的原初口语和音乐思维进行表述的，是集民间说唱、口头诗歌于一体的表述方式。它通过一代代吟诵家记忆转换，口耳相传进行不断地复述和再创作，以比喻、夸张、象征等各种修辞手法的交替、重复使用来复述祝赞词中的程式段落和诗词章句。这一表述方式与祝赞词自身的文化特质、历史文化语境和民众审美情趣等密切相关。

作为以语言为本位的口头传统艺术表述方式，祝赞词一般通过吟诵的形式进行说唱。吟诵的关键在于强调语言在仪式中的声音意义和语言的节奏、高低。陈少松先生认为：“吟，就是拉长了声音像唱歌似的读，而诵，就是用抑扬顿挫的声调有节奏地读。”[①] 祝赞词的表述方式正是陈先生所说的吟诵的说唱方式。它与唱的不同之处在于，唱在一般情况下都有乐谱可依，有乐器伴奏。祝赞词在吟诵时即基本无乐谱可依也无乐器伴奏，表述方式对音高、速度、旋律等的处理有相对的随意性，音乐性较弱，重辞轻乐。其调式较为固定，比较平直，变化不大，基本上都是同一音型变化的重复使用而成，声音高昂，语速较快，口语朗诵性强，在每句结尾时都有一个向下大跳的音程。祝赞词的吟诵音调属于吟诵式，接近于口语，但又有一定的旋律和节奏，在吟诵过程中特别注重声音的轻重缓急和声音的规律性。音调较为平稳，起伏不大。节奏作为祝赞词音乐表现手法的核心，吟诵家通过节奏的掌控使祝赞词产生特定的律动。节奏的快慢和长短都是以祝赞词内容的多少和词语自身的音调变化为基础进行调整的。其次，祝赞词的吟诵一般是由口齿伶俐、德高望重的成年男性，手持被藏族人视为祥瑞的器物，如哈达、盛满美酒的瓷碗等进行祝赞。大多为即兴创编，吟诵祝赞词时吟诵者内在的个人情感、个人情绪、面部表情、肢体动作都紧紧围绕着祝赞词的内容而展开。最后，藏族祝赞词作为一种语言的口头形式，在语言、内容等各个层面都有数量不等的程式分布。这些程式既是祝赞词中最稳定传统的部分，又对吟诵者的表演实践产生着举足轻重的影响，吟诵者往往通过这些程式的稳定性和张力，将祝赞词生动流畅地表达出来。然而，藏族祝赞词对程式的使用绝不是固定在模板中的刻板僵化，而是在固定中彰显灵

① 陈少松：《古诗文的吟诵》，社会科学文献出版社，1999 年。

活，是模式中蕴含变化的灵动运用。这些固定的程式是“词语在时间轴上的线性排列，并随时立即消失在空气中。在语速比较快的情况下，听众是难以紧跟着诗句走的。这时候反复出现的一些固定的话语，就会在欣赏者一方形成放慢节奏的感觉。这些重复也在客观上形成某种间隔，起到休止符的作用。从另一方面说，程式高度固定的格式和含义，为方便听众接受信息起到了很大的作用”[①]。可以说，祝赞词在程式的规约下，其中的文化传统和历史记忆显得更为具体和鲜活。

作为一个完整的生命体，祝赞词与藏民族的语言文字、宗教信仰、民族历史、地域分布等有着密切联系。它不仅在内容上体现出藏族最淳朴的自然文化特质和价值观念，也在“诗性”的语言风格，说唱的吟诵方式等方面呈现出和谐优美、贴近自然、结构完整的价值风貌，不仅从内容上实现了民族审美价值、文化传承和个人思想情感的延续，同时从音声形式方面也构建出自然淳朴和生动的美学体验。总之，祝赞词的文化样态呈现出分布广泛性、内容和谐化、结构合理性、形式民族性等文化特质，已然成为藏族传统文化的民族性标志和审美文化的语言符号，建构起藏族民众代代相传的仪式文化和精神家园。

二、藏族祝赞词的价值意蕴

祝赞词作为藏族历史文化的“话本史”和精神层面的“精神食粮”，在特定的仪式语境中以祝赞的形式完成着民族文化的自表述，是与藏族文化史一脉相承的活态口头传统。在具体的展演过程中，祝赞词的内容、形式、意义和功能等深深地根植于具体展演语境中，彰显出独特的文化内涵和精神意蕴，不断推进仪式的进程并呈现出独特的文化魅力。任何一种文化的产生和发展都与环境密切关联，正如法国学者丹纳所说：“艺术作品必然与环境完全相符，任何

① 朝戈金：《口传史诗诗学：冉皮勒〈江格尔〉程式句法研究》，广西人民出版社，2000 年。

时代的艺术作品都是按照这个规律产生。”① 祝赞词作为藏族口头传统文化的重要组成部分，深深地扎根于孕育它的土壤，是藏族民众对生命的感悟和思想情感的释放，更是对社会生活的诗意撷取和审美关照。这其中既有对自然环境的描述和万事万物的感恩，又有信仰文化的礼赞和仪式内容的表述等诸多内容。但这些主题内容不是单独存在于祝赞词的文本中，它的文本是在对以上这些诸多内容的巧妙搭配和组合下完成的。

（一）自然之境的描述

青藏高原独特的资源和自然环境为祝赞词提供了源源不断的养分，并成为祝赞词的主要内容，通过情比于自然、情兴于自然、情赞于自然的方式对他们生活的自然之境进行描述。祝赞词作为在仪式中人体情感的抒发。吟诵者抒发情感的过程中，把各种思想情感比于自然，使人们在聆听祝赞词的过程中能更好地领悟其中的内容，而在表达美好事物时通常会通过高原壮丽的山河、美丽的花朵、清澈的湖水等自然美景起兴。同时，祝赞词中通过对自然的赞美表现出人们融于自然、感恩自然、热爱自然的自然情愫。其中对自然的描述就是他们现实生活中所依存的自然景观。如在祝赞词的中有：

原 文：“ཨོཾ་རྒྱུད་འཛམ་གླིང་ཆེན་པོའི་ཡང་རྩེ་རུ་ཆགས་པའི། མཐའ་བཞི་གངས་ཀྱིས་བསྐོར་བའི་བསིལ་ལྡན་གྱི་ལྗོངས་སུ། མཁའ་ན་གཤོག་རྩལ་ངོམ་པའི་མཁའ་ལྡིང་གི་ཁྱུ་ཚོགས། ཐང་ན་རྩེད་འཛོར་རོལ་བའི་རི་དྭགས་ཀྱི་རྒྱ་མཚོ། སྐྱེད་ན་ལོ་འདབ་རྒྱས་པའི་མེ་ཏོག་གི་དགའ་ཚལ། བར་ན་དྲི་མ་མེད་པའི་དྭངས་གཙང་གི་ཁ་དབུགས། འདབས་ན་གནམ་སྔོན་བཞུས་འདྲའི་སྔོ་ལྗང་གི་རྩྭ་ཐང་། ཁུགས་ན་ཡན་ལག་བརྒྱད་ལྡན་སྐོམ་སེལ་གྱི་ཛྫ་ཆུ། འོག་ན་བརྗོད་ཀྱིས་མི་ལང་རིན་ཆེན་གྱི་གཏེར་མཛོད། འཛམ་བུ་གླིང་གི་རྒྱན་དུ་གྱུར་པའི་བོད་ཁ་བ་ཅན་གྱི་ས་ཆ་འདི།”②

① ［法］丹纳著，曹园英译：《艺术哲学》，陕西人民出版社，2007 年。

② 引自笔者的调谈资料，访谈对象：周本加；访谈时间：2019 年 10 月 29 日上午；访谈地点：青海省西宁市香格里拉小区周本加家。

译文：南瞻部洲的世界屋脊上，雪山环绕的雪域高原上，群鸟在天空中展翅翱翔，百兽在大地上尽情欢快，缤纷的花朵盛开在山坡，中有干净的空气环绕，山下是广阔无边的草原，溪水在山沟蜿蜒流淌，地下埋藏着丰富的宝藏，这是世界之宝的雪域藏地。

以上祝赞词将藏族雄伟壮观的自然壮美景色活灵活现地呈现在我们眼前，通过对雪山、草原、空气、溪水等高原独特的风光的赞美，展现出特别真实的自然美，饱含着人们对自然的热爱之情，具有很强的艺术感染力。藏族祝赞词中自然环境是其中的主要素材，呈现出自然和人文相结合的特质，展现着藏族独特的自然景观和审美特质，其中情比于自然、情兴于自然和祝赞自然的内容都是高原独特的环境孕育的结果，反映出藏族人民天人合一、人与自然和谐相处的自然观。

（二）感恩之情的表述

感恩作为一个恒久的话题，是维系人们情感的重要纽带，也是贯穿于藏族祝赞词中的主题内容之一。在每一场充斥着喜气、幸福的仪式中，人们通过或直谢或祝赞的方式将自己对自然万物、神灵护法、父母亲人的感恩之情以祝赞词的方式表达出来。在这一过程中，感恩的主题在祝赞词中得到了诗意的展示。人们将自己对自然万物和仪式参与者的感激之情汇聚成浓浓的祝赞词，在仪式中进行吟诵。

首先祝赞词中感谢对象不仅包括自然万物，同时所有的仪式参与者也都成了被感谢的对象。在藏族祝赞词中有：

原文：“ཤར་ཁྲི་གདུགས་ཀྱི་ཉི་མ་མ་ཤར་ན། སྟོད་གངས་རི་དཀར་པོའི་རྩེ་མོ་མི་རྡོ་གི ནུབ་ཟླ་བའི་གཟུགས་བརྙན་མ་ཤར་ན། ཆོས་གྲངས་ཀྱི་དུས་ཚོད་གཏན་ལ་མི་ཕེབས་གི བྱང་ཕྱོགས་ཀྱི་བསེར་བུ་དར་ཆུ་མ་གཡུག་ན། ལྷོ་ཏུར་སྤྲིག་གི་སྨུན་པ་མི་དྭངས་གི ལྷོ་གཡུ་འབྲུག་གི་ངར་སྐད་མ་གྲགས་ན། དབྱར་དགུན་གཉིས་ཀྱི་

དབྱེ་བ་མི་ཤེས་གི”[①]

译文：东边的太阳若不升起，顶部的雪山就无法消融。西边的月亮若不升起，就无法确定日月年份。北边的微风不吹起，就无法将南边的大雾驱散。南边的雷声不响起，就分不清冬夏的变化。

其中饱含着浓浓的感激之情，太阳、月亮、微风、雷声都是其感激的对象，认为雪山的消融、日月的变更、大雾的散去、冬夏的区分都分别得益于太阳、月亮、微风、雷声这些自然万物。还有，祝赞词中向仪式参与者表示感恩的情感更多的还体现在对待参与者的尊崇和敬意上。祝赞词中通过语言上敬语的使用和对仪式参与者的恭迎、请示、敬酒等内容不仅表达着敬意，同时也传递着浓浓的谢意。人们对神灵的感激之情和对长辈的感恩之心都凝聚内化于祝赞词中所蕴含的对他们的尊崇和敬意上。可以说，在仪式场域下，人们将所有的感谢之意都浓缩在祝赞词中加以彰显和传达，即在祝赞中表达谢意，在祝赞中回馈恩情。

（三）仪式内容的表述

祝赞词贯穿仪式始终，是仪式的重要组成部分，在与仪式活动互动共进的关系中始终是其最为重要的内容之一。祝赞词中的仪式主题主要包括对仪式历史的述说、仪式内容的赞美、仪式程序的叙述等。在藏族民间仪式场域下几乎所有祝赞词的内容都涉及对仪式历史的述说，在仪式开始前都会以祝赞的方式对仪式的来源和历史进行吟诵，如相应仪式中对婚礼来源、住房的来源、箭的来源、马的来源以及对姻缘关系结合的历程等向参与仪式的人进行交代。通过对仪式历史的述说加深人们关于仪式来源的共同历史记忆，同时也是以另类的方式将仪式参与者融入仪式中成为仪式中的一部分，起到强化族群认同感和凝

① 洲塔：《藏族民间口传文化汇典》（第一辑 24），甘肃文化出版社，2015 年。

聚力的作用。

祝赞词中还有仪式秩序、仪式程序、仪式器物的吟诵。在祝赞词中有对仪式中的座位安排的吟诵，包括对左席、右席、上席分别所坐的客人都以夸赞的方式进行叙述，座次的不同隐含着不同的权威和身份。同时，祝赞的顺序、敬酒的顺序、祝赞语言上表现出来的或谦恭或幽默的态度都是对仪式中亲属关系和尊卑秩序的表现和述说。在祝赞词表现中舅舅是出现频率最高、权利最大、最受尊敬的人。如祝赞词中有：阿香[①]亲临这宴会…阿香权利属最大…上座阿香敬碗酒……阿香高贵似须弥山……阿香坐中间是婚礼的装饰等，表现出舅舅在仪式中的独特地位，从侧面反映出舅舅在整个仪式中的重要性和权威性，是藏族社会舅权制度[②]的历史遗俗。同时在祝赞词中还通过对仪式内容的交代，使仪式参与者适时掌握和了解仪式举行到哪个阶段，接下来需要准备什么，以便仪式顺利进行。可以说祝赞词作为仪式的伴生物，它是推进仪式向前发展的助推器，通过紧扣仪式主题内容的相关文化因素的祝赞，不断地推动着仪式的进程。最后，祝赞词中还有对仪式中所使用器物的来源、外观等的赞美，包括茶赞、酒赞、瓷碗赞、哈达赞、箭赞等。

（四）历史记忆的追述

阿兰 · 梅吉尔（Allan Megill）认为："历史记忆指的是亲历过讨论中历史事件的人的经历。更精确地说，历史记忆指的是将该经历复原和转换为叙事的过程。"[③]它是社会历史形态的展现和延续。作为历史的积淀，藏族祝赞词中蕴含丰富的历史记忆，包括族源、村庄史、佛教的传入、仪式的渊源等方方面面。

① 系藏语音译，意为舅舅。

② 舅权一词源于拉丁文"avunculus"，原意为"母亲的兄弟"，被用于描述母系社会中母亲的兄弟对其姐妹的孩子们的权威。

③［美］阿兰 · 梅吉尔著，赵晗译：《记忆与历史》，《学术研究》2005 年第 8 期。

安东尼 . 史密斯（Anthony D.Smith）认为：“族群指一个拥有名称的人类共同体，拥有共同的神话和祖先，共享记忆并有某种或更多的共享文化。”[①]藏族就是这样一个拥有共同族源记忆的群体。藏族族源记忆在仪式场域下通过祝赞词的吟诵，以社会记忆的方式得以延续和强化。关于藏族族源的叙事，一直以来众说纷纭。主要有以下几种：南来说，认为源于释迦王族；西羌说，认为源于羌人的一支；土著说，认为藏族自古以来就生活在青藏高原。[②]近年来的考古发现、地质研究、史料文献等都有力地论证了藏族族源土著说的观点。广泛流传于藏族社会中的剃头礼、婚礼、成人礼等仪式中的祝赞词均关涉藏族族源的内容，这些内容中更多地呈现出接近于达尔文进化论的观点，即藏族是在经历了各种环境的严酷考验后在青藏高原生存下来的人种，与藏族族源说中的土著说相契合，进一步论证了土著说的观点。藏族婚礼祝赞词中有：

原文：“ཡ་ད་དེ་རིང་བཀྲ་ཤིས་པའི་གཉེན་སྟོན་འདི། བཀྲ་ཤིས་པའི་ཉི་མ་དགུང་དུ་འཕྱུར། དང་ཐོག་བོད་པའི་ཕ་མེས་ཡང་མེས་ཤིག་བཤད་ན། བྲག་སྲིན་མོ་དང་སྤྲེའུ་ལས། རང་གདངས་ཅན་བོད་པ་བྱུང་།”[③]

译文：今天吉祥的婚宴上，升起灿烂的太阳，先说英勇的祖先，猕猴和罗刹结合，形成英勇的藏族人……

可见关于藏族族源的历史记忆在祝赞词中虽然只有简短的一两句，但具有不同的表述形式和仪式场域的族源记忆却拥有基本相似和稳定的主体内容，即藏族自古以来就生活在青藏高原。藏族是猕猴与罗刹女结合繁衍的后代，已然成为追溯藏族族源的重要线索。祝赞词中还有很多藏族文化的文化表征，这些文化表征从表象上来看体现着藏族民众的审美，但是从思想观念上表现出显著

① ［英］安东尼 . 史密斯著，叶江译：《民族主义理论，意识形态，历史》，上海人民出版社，2006 年。
② 丹珠昂奔：《藏族文化发展史》，甘肃教育出版社，2001 年。
③ 达尔基、林么修：《藏族祝酒诵词》，四川民族出版社，2009 年。

的族源意识，是一种根基历史。在仪式中通过一次次祝赞词的吟诵，不断强调藏族的特色文化，即我们自古就生活在这里，这其中融入了藏族民众对于自身生活环境的认识和解释，内容符合藏族民众的文化和心理需求。作为仪式的伴生物，祝赞词通过追述仪式历史、赞美仪式内容、复述仪式程序等来维系着关于仪式习俗的历史记忆。

对于藏族祝赞词的价值意蕴而言，自然之境的描述、充满感恩的感激之情、真实淳朴的仪式表述、历史记忆的追述都构成了蕴含在祝赞词中绝美的价值意蕴。整体而言，体现出和谐的特质，不论是祝赞词主题中所体现的情感维度、自然维度还是道德维度都体现出藏族天人合一的思想观念和质朴纯真的人文理念。人们的思想情感、社会风貌、生活环境都通过祝赞词的形式得以表达，其传播和发展的过程维系着藏民族共同的审美理念和文化认同模式，成为民族文化的瑰宝。

三、藏族祝赞词的保护路径

二源动力聚合理论是刘敏在《山村社会》一书中所提出的，对于推进藏族祝赞词的发展研究具有重要的理论意义与实践意义。二源动力聚合理论将农村社会发展概括为三种类型的同时，将内外动力的聚合和转化过程分成三个不同的阶段，认为“只有加快内外源动力要素向聚合转换阶段发展，促使内源动力的生长和扩张，才能加速全面发展”[①]。对于祝赞词文化的当代发展亦可借鉴和使用这一理论。祝赞词在当代的发展只有在内外源动力的聚合和转化下才能获得新的发展，拥有更光明的未来。

① 刘敏：《社会发展论》，中国社会科学出版社，2012 年。

（一）整合祝赞词传承与保护的力量

作为民间文化的瑰宝，对祝赞词文化的传承与保护只有群策群力，整合祝赞词传承与保护的力量，才能积极传承这一民族文化。首先，加强对流传于民间祝赞词的搜集与研究工作。目前对祝赞词文化的搜集与研究工作还远远不够，这是保护和传承祝赞词文化所要解决的首要问题。虽然目前已经有对于祝赞词进行搜集和整理的相关工作的开展，这对于流传于民间灿若星辰的祝赞词而言只是杯水车薪。很多流传于民间的祝赞词还没被挖掘，而伴随着老一辈吟诵者的离去，有些没有被挖掘的祝赞词也随之消逝，我们的搜集和整理工作远远赶不上祝赞词消逝的速度。因此要求我们运用规范化的田野作业方法对仍然存活于民间的祝赞词进行抢救性搜集、整理，运用现代化的多媒体技术完整地记录祝赞词的展演现场，尽可能还原祝赞词的原生态形貌。同时需深入、细致地开展对祝赞词文化的研究工作，包括对其历史、传承人、语境、吟诵技法、发展现状等可设置相关的课题研究，不断深入对祝赞词的搜集和科研工作。其次，藏族民间仪式中的祝赞词作为重要口头文化遗产，是在民间仪式中通过藏族民众的集体参与而得以不断传承的文化传统。如果没有藏族民众的热情参与，祝赞词文化也必将逐渐走向枯竭。“人民群众是非物质文化遗产的创造者、拥有者和传承者。”[①] 因此在祝赞词的发展过程中，提高人民群众自身的文化自觉以及对文化的保护意识和主体地位意识显得尤为重要。这就要求我们充分发挥人民群众的主体地位，加强向全民进行祝赞词文化的保护宣传工作，让民众认识到祝赞词的重要性，积极举办各类祝赞词吟诵比赛和民俗吟诵活动，使民众自觉并经常参与、关注和操演祝赞词，不断践行和传承原汁原味的祝赞词文化。再次，祝赞词传承者中的精英应该做文化传承的表率。随着人们文化教育程度的提高，祝赞词的传承群体中涌现出一批受过高等教育又懂祝赞词文化的社会精英群体。

① 马盛德：《中国的非物质文化遗产保护》，《文化遗产》2012 年第 3 期。

在 20 世纪 80—90 年代，这些文化精英中有些人还参与过整理和搜集祝赞词文化的工作，为藏族祝赞词文化积累了丰富的一手材料。而在未来祝赞词文化的传承过程中，作为对祝赞词有较为深入认识和了解的精英，我们应该着力强化这些精英的表率作用，并借助地方文化协会、文化研究会和作家协会等机构，聚集各类祝赞词文化的精英，通过开展讲座、技能传习班和学术交流会等不同形式的活动调动祝赞词文化精英们的积极性和创造性，以使他们在祝赞词文化传承中发挥重要作用。最后，不断发挥各相关职能部门的作用。祝赞词文化的传承与发展离不开政府这只“有形的手”。职能部门作为祝赞词文化传承和发展的资金提供者、政策制定者和法律保障者，对祝赞词文化的传承发展起着重要的作用。相应的政府部门应当有效引导基层社区和民间组织共同参与祝赞词文化的保护和传承工作，并制定相应的规划和政策，以保障保护工作的全面可持续发展。同时，可建立财政专项资金保障，鼓励开展祝赞词文化保护活动，引导藏族民众培养文化自觉意识，组织相关的专家和工作人员，对地区内流传于民间的祝赞词进行全面、细致的普查和记录。职能部门通过积极申报非遗、专项保护、政策支持和开展活动等举措能最大效力地发挥好顶层的传承和保护工作。与此同时，还要不断充实文化宣传专职队伍，切实推进民族传统文化宣传建设工作，为祝赞词文化的弘扬传播和传承发展创造良好的文化生态环境。

（二）深入挖掘祝赞词文化的内容和内涵

价值意蕴和文化内涵的充分挖掘是时代场景中民族传统文化发展的基本前提之一。而“将传统文化进行创造性的现代化转化，融入生活，服务社会，弘扬社会主义核心价值观，担负起文化建设和价值引领的重任”[①]，又是非物质文

① 王福洲:《非遗保护当随时代而动——做好非遗保护传承的下半篇文章》,《人民日报》2015 年 3 月 2 日。

化遗产的保护原则。作为藏族重要非物质文化遗产之祝赞词的保护与发展也应以此为基本原则，将“激活传统、传承创新”作为其发展和保护的基础性工作，深入挖掘祝赞词的文化内容和内涵。

首先，要对祝赞词文化的内涵和内容等进行深入细致的解读，让民众掌握和了解祝赞词文化。对祝赞词的传承不能只是流于形式的传承，不仅要传承祝赞词本身还要注重对其中所蕴含的文化内涵和精神文化的传承。如祝赞词中有很多关于调节人与自然、人与人、人与社会之间关系的内容，这些内容意蕴深厚，通过在仪式中吟诵所传递的最淳朴的价值观念和思想情感，在今天对社会主义核心价值观的树立和社会的可持续发展都有重要的价值意义。又如祝赞词中关于农牧业生产知识和技艺的吟诵，在今天仍然对农牧民的生产生活有着重要的借鉴意义等。“乡村社会传统文化形塑并维系着传统乡村社会的秩序结构，从精神上规定并支撑着传统社会经济、政治和法律秩序。”因此，在传承过程中对祝赞词中蕴含的文化内涵和精神文化的传承显得尤为重要。其次，可以对祝赞词进行现代化转化和生活融入，以更好地服务于当前的社会建设和文化建设，这对祝赞词生命力的激发有重要的实践意义。在祝赞词中嵌入与时代发展和社会建设等相适应的思想理念，使之符合现代化的要求且更易于被民众所接受，在自我超越中获得新的生命力。在具体的实施过程中祝赞词文化的传承与发展要充分迎合主体需求并与文化建设活动相结合，深入开展藏族传统节庆主题活动和文化振兴工程，不断丰富传统节庆活动，培育具有影响力和代表性的传统节庆品牌。依托祝赞词自身的文化优势在其中融入颂扬民族团结、社会主义核心价值观和传统美德等内容，以祝赞词的形式展示民众生活实际和社会主义核心价值观等，这样既有助于祝赞词文化的现代转型，又有利于其价值理念的转化创新，这些无论对于祝赞词文化的保护和传承还是社会主义先进文化的弘扬传播均起到了积极作用。最后，挖掘祝赞词新的文化功能。祝赞词文化在传承和发展的过程中功能发生着相应的变迁。而其传承与发展的好坏在很大程度上取决于功能在变迁过程中所做出的调适。在增加祝赞词适应现代社会所需新功能的同时，对其自身所具备的社会功能进行调试，不断扩大正功能，甄别和剔除负功能。唯有增强其积极的功能，弱化其消极的功能才能使祝赞词文化在当代得以更好的传承和发展。

（三）加强对传承人才的保护和培养

要实现祝赞词文化的传承和发展，活态传承的保护模式才是最有效和最具现实意义的保护。祝赞词的活态传承最首要的是对传承人才的保护和培养，这就要求社会、政府和学校等各部分的通力合作，人才的保护工作才能得以稳步推进。

首先，传承人才是关键。要重视对传承人才的保护和培养，加强完善专业人才培养教育机制，充分发挥祝赞词传承人对祝赞词文化保护传承与开发利用的积极作用。祝赞词传承人才的匮乏和断层已然成为制约其文化保护与传承、转化与创新的一个现实瓶颈。因此，我们必须不断加大对民间吟诵祝赞词专业人才培养力度，不断健全和完善祝赞词人才培养教育机制，进一步拓展祝赞词传承人才培养路径。相关部门可开展实施祝赞词技能人员培养，对传承人进行专业培训，组织学习交流活动等。通过培训、公益讲座、资助、帮扶等方式来帮助和引导传承人最大限度地传承和创造祝赞词文化。加大宣传力度，使人们认识到祝赞词保护工作的迫切性，并自觉传承祝赞词文化，身体力行地培养出更多的祝赞词传承人。进一步加大对祝赞词传承人的申报工作，从制度上予以帮扶。其次，教育是基础。要夯实祝赞词保护的基础，必须抓好涉藏地区的教育。在实行双语教学的基础上，通过民俗文化进校园等方式，使广大学生接受民族文化的熏陶。如在对祝赞词进行全面和系统抢救的基础上，选出祝赞词中的一些精品来开发乡土教育读本和阅读资源，并以与时俱进的新形式重返藏族家庭教育中。除此之外，还可以通过将民间艺人请进校园、请上专业舞台，将传承人转换成专业演员，将祝赞词等民间说唱艺术通过课堂予以传承，通过专业的舞台得以展现。这样可以使原本小传统的东西转化为大传统的因素，以在更大的舞台上展示其价值，这对于藏族传统说唱艺术在新社会文化背景下的传承是十分有利的。再次，激励是前提。只有在激励的前提下充分调动传承人的积极性，才能使其以更强的自信心和激情来传承和创作祝赞词。对现在为数不多的祝赞词传承人，一是要进行帮助扶持，给予他们以更多的展示平台、拓宽传承人的发展空间；二是在精神层面，使祝赞词的传承人得到社会的赞许和肯定的评价；三是要依靠社会力量，扩大传承人的影响力，增强媒体对传承人的宣传力度，让更多的人关注传承人的作品。如2008年，青海省公布青海省第一批省级非物质文化遗产项目代表性传承人名单中，青海省文化馆的日浪太为藏族婚宴十八说的代表性传承人。通过宣传人们开始关注流传于民间的藏族婚宴中进行吟诵的祝赞词并对其有了更深的了解和认识，这对祝赞词文化的宣传和普及、传承和弘扬都有较好的推动作用。最后，对祝赞词传承人进行传帮带是其传承和发展的动力。通过对重要的传承人进行资金、技术和政策的帮扶来帮助他们建立稳定的传承体系和传承平台。同时也要健全和完善祝赞词的传承体系，以主要的传承人为重点对象，通过开展研习班等以师带徒方式进行培训。

习近平总书记指出："只有坚持从历史走向未来，从延续民族文化血脉中开拓前进，我们才能做好今天的事业。"① 因此，如何让作为藏族历史积淀的祝赞词文化在文明演进的历史进程中开拓前进，从历史走向未来，并让其在新的历史条件下焕发生命的光芒，努力实现祝赞词文化与现代文明相适相通，已然成为祝赞词文化传承与发展的主要任务。祝赞词文化的传承和发展，保护是基础、传承是手段、发展是目标。因此，在祝赞词文化的传承与发展过程中一定要做到在保护中传承，在传承中发展。只有这样我们才能使原生态

① 习近平主席在出席纪念孔子诞辰2565周年国际学术研讨会暨国际儒学联合会第五届会员大会开幕会上的讲话。

的祝赞词文化在新的文化生态环境中绽放出耀眼的光芒，实现祝赞词文化的长足发展，不断发挥其重要的文化和社会价值，赋能乡村文化振兴。正如龙宇晓教授所说："一定要使珍贵的文化遗产在民族地区社会主义核心价值观建设的大业中充分发挥积极作用，为我们这个多民族国家的文化软实力建设作出应有的贡献。"

四、结语

在新时代的语境下，作为藏族传统民间艺术中一朵奇葩的祝赞词文化也面临着种种机遇和挑战。纵观祝赞词文化的历史与发展的轨迹，藏族祝赞词文化的发展与藏族传统文化的发展轨迹是一脉相承的，并且祝赞词在仪式中的吟诵对于藏族传统文化创作的能动性和藏族历史建构的能动性都具有非凡的价值和意义。经过多年的发展，藏族民间仪式中的祝赞词始终以独特的内容结构、意义模式和表现形式展现于特定的仪式中，并以其特有的根底性和原生性、完整性与系统性、广泛性与深入性成为维系文化传统和民族精神的重要纽带，亦彰显出在乡村文化振兴背景下研究藏族民间仪式中祝赞词文化的理论价值和现实意义。

柔金措毛，青海师范大学讲师。

乡村振兴背景下地方文化的传承模式与发展路径

——基于江什加村的考察

旦却加　任菊兰

一、问题的提出

地方文化研究在社会学中自20世纪70年代以来受到了社会现象学、符号相互作用论，俗称“主观主义”或“语义学派”潮流的影响，主要研究人类行为主观和间主观的生活世界，并解释和理解其经验意义。后来又受到意识形态的研究、功能主义、教育社会学等影响，其主要将文化视作资本而提出文化再生产论。[①] 而后在工业化（post-industrialization）时代的今天，社会价值的重点从“物质中心”逐渐转变成“非物质”的社会。后者表示的是“生活的质量”“兴趣”“用心”“生活方式”等，从“生产中心”到“重视消费”的转变也与其相关，但是在消费领域，比起物品本身的外在价值，很多时候人们追求的是作为文化符号的意义、威信、形象等内在价值。现代社会对文化资源和象征体系赋予了重要价值。在这种社会背景下，不管是在国家体系还是学术研究中都将“文化”置于一个非常重要的位置。从其本质来看，文化是人类社会生活经验的总和，服务于人们的精神和物质需求，当它不能满足其生活需要时，对于文化的创造者和传承的载体——“人”而言，也许守住一个没有效益的文

① Pierre Bourdieu, Jean-Claude Passeron: La reproduction: elements pour une theorie du systeme d’enseignement, American Journal of Sociology, 1972.

化是没有意义的，甚至会蒙受损失。因此，为了有效传承和发展地方文化，合理有效地运用村落潜在的社会功能显得十分重要。这必须在传统村落社会结构的空间背景下进行反复的实践，才会被人们自觉地接受和传承。

乡村振兴是包括文化振兴在内的全面振兴，以文化振兴助推乡村振兴则是题中应有之义，[①]可加强新时代农村精神文明建设，继承优秀传统乡土文化，将保护传承与开发利用相结合，从而赋予中华农耕文明新的时代内涵。[②]换言之，文化振兴与文化繁荣是推进乡村振兴战略实施的关键一环。传承根植于农耕文明的乡土文化，也可以激发乡村文化振兴的活力。[③]

青海省同仁市具有地方特色的传统村落是当地民族文化传承与发展的重要载体，也是中国传统村落的重要组成部分。因此，在乡村振兴的背景之下，研究地方文化的传承现状与未来发展方向，有助于深入挖掘和弘扬同仁地区传统村落的民族文化，从而加强村民们的归属感与文化自信、增强村落社会的凝聚力，进一步推动乡村振兴的蓝图变为现实。

二、研究区域与本文的立场

村落社会蕴涵的文化资源建立在地理区位的基础之上，与其所处的自然、社会环境有着密不可分的关系。江什加村位于青海省东南部黄南藏族自治州同仁市曲库乎乡，距省会西宁市 189 公里。根据笔者 2022 年的实地调研，全村 211 户，共 1078 人，位于九曲河峡谷农牧交汇区，南高北低，以农业生产为主畜牧业为辅。村内共有 1200 亩耕地，旱田与水田各占一半[④]，2003 年以后村

① 魏德英：《基于乡村振兴战略的山西传统村落文化传承与发展研究》，山西财经大学，2020 年。

② 中共中央国务院：《中共中央国务院关于全面推进乡村振兴加快农业农村现代化的意见》，《人民日报》2021 年 2 月 22 日。

③ 宋才发：《传统文化是乡村振兴的根脉和基石》，《青海民族研究》2020 年第 4 期。

④ 这里的水田并不是指种植水稻的耕地，而是拥有人工灌溉设施的耕地；旱田则是指没有人工灌溉设施，靠天然降水种植的耕地。

里退耕还林，目前剩600亩左右的水田耕地。2017年，青海省G0611同仁至西卜沙高速公路开工，村里再次失去了部分耕地。因此，全村仅靠农牧业维持生计的较少，对此村民积极响应三江源生态保护方面的国家政策，利用仅剩的耕地筹办育苗植树合作社。从2011年开始，村里183户加入育苗合作社，每户参股3000元，共购买100万株树苗，现有植树面积53亩，参股每户每年有500元不等的收入，除此之外，村民通过外出务工、采挖冬虫夏草、创业等方式创收，收入来源逐渐呈现多元化。村内对教育的投资规模也较大，目前村里走出去的公务员和事业单位工作人员约220人。

村内非物质文化遗产资源丰富，得益于深厚的历史文化底蕴和村落传统文化的传承。但随着现代化浪潮的冲击，以传统村落为主体所衍生的文化受到城市文化的影响，一方面，二者之间产生了现代与传统的冲突；另一方面，村落文化也显现出了更多的生机与活力。江什加村在乡村振兴背景下适应新的社会与环境的过程与其他的传统村落一样，既迎来了机遇也面临着挑战。因此，本文以江什加村作为个案，基于“藏戏”“藏靴”“雕刻”等地方文化的实地调查，试图探析乡村振兴背景下地方文化的具体传承模式与发展路径。同时，作为一个少数民族地区的传统村落，以此为个案展开研究，能够为其他相似的民族地区在促进地方文化传承与发展的路径选择上提供一定的借鉴经验。

三、地方文化的构建与传承模式

作为同仁市第一批列入国家保护名录的传统村落，目前，江什加村现有国家级非物质文化遗产传承人1人，州、县级传承人11人，其地方文化传承内容形式多样，主要包括藏戏、藏靴、雕刻、传说、民俗礼仪、生活习惯、民间游戏、宗教信仰等。本文主要对以下三个江什加村代表性的地方文化做出阐述。

（一）藏戏

藏戏是一种古典的非宗教性歌剧，与西欧的歌剧相似。诞生于西藏的藏戏属于卫藏藏戏，称为“阿吉拉姆”（a ce lha mo）。[①]相传，约公元7世纪由西藏地区一位伟大的造桥师汤东杰布创立，后来传入青海、甘肃、四川等地，逐渐形成了丰富多彩的流派和各具特色的剧种，在中华千年优秀文化中独具魅力。活跃于青海地区的藏戏被称为“南木特”（rnam tar），具有安多地区特殊的唱腔和舞蹈表演形式。由于安多语系与卫藏语系之间存在着一定差异，所以安多藏戏与卫藏藏戏也展现了不同的文化与地域特色。[②]安多藏戏产生于西藏的蓝面具藏戏，在其本土化的过程中，既吸收了安多地区的文化精髓，又融合了汉族的京剧元素，使其在表演形式和艺术手法等方面都呈现了与卫藏藏戏截然不同的特点，并以此形成了独特的藏戏剧种——“南木特”；此外，不同于卫藏藏戏，南木特在发展的过程中还呈现出三种不同的生存状态，即寺院藏戏、民间藏戏和国立专业剧团的形式。[③]

“藏戏之村”江什加村于1975年成立民间藏戏团，先后在国内各地上演了7部自编自导的歌剧。根据藏戏团创始人李先加[④]回忆：

1949年我于隆务寺出家为僧，在寺的时候学习并参加过藏戏团，后来又去拉卜楞寺学习，当时在拉卜楞寺也见过藏戏表演，并对其产生了浓烈的兴趣。那时候私下学习藏戏的故事情节、唱腔、人物等，一段时间后八大藏戏基本已学会了。后来1975年我和东知加[⑤]老人从甘肃拉卜楞寺还俗回村，并开始筹

① 杨于卓：《阿吉拉姆变迁研究——以拉萨觉木隆藏戏团为例》，西南民族大学，2018年。

② 谭志湘：《藏戏的文化基因与活态传承》，《中国非物质文化遗产》2021年第4期。

③ 桑吉东智：《论安多藏戏的发展状况与文化特点》，中央民族大学，2006年。

④ 李先加，男80岁（采访时年龄），江什加村村民，创立江什加村民间藏戏团，国家级非物质文化遗产传承人，笔者于2022年4月5日在江什加村内对其进行了访谈。

⑤ 江什加村村民，创立江什加村民间藏戏团，已去世。

办建立了村里的民间藏戏团，当时条件简陋，没有服装和道具，成员也都是男性，基本都是帐篷巡演，那时候每巡演一次，当地群众会给我们一些食物和肉类作为报酬。在20世纪80年代，我们的藏戏团小有名气，被尖扎县和循化县等邀请去了很多地方巡演，当时还得到了一些活佛的重视。2004年开始同仁县政府资助我们购买了很多服装、道具、化妆品、录音设施等。

江什加村藏戏团虽然成立时间不长，但短时间内获得了地方政府的肯定和群众的认可，及宗教权威人士的鼓励，形成了具有代表性的地方文化。

江什加村村民现任藏戏团团长李先才让[①]称：

目前团里有32位成员，除了一位国家级非物质文化遗产传承人李先加老人以外，还有州县级传承人3人。成员中年龄最小的有10岁上小学的孩子。每人每年至少有2000元的收入，2012年在黄南州文体局等资助下，村里专门建设了民间藏戏展演中心，2015年之后江什加藏戏团又在黄南州文体局的安排下被编入黄南藏族州民族歌舞团分团，近两年在州歌舞团的带领下前往全国各地参加巡演。除此之外，为了更好地传承藏戏，我们在本村的小学中也建立了江什加村小学生藏戏团，于每年六一儿童节或一些节庆期间表演藏戏。

江什加村的藏戏为了更好地适应现代社会，在传统的帐篷巡演式藏戏基础上搭建舞台，引入现代化服装、道具、录音设施，发生了很大的改变。藏戏团建立至今虽然保持每年巡演的惯例，但事实上并没有太多的经济收入，并不能给村民和成员带来有效的经济收益。国家和地方政府对非遗的认定，

① 李先才让，54岁（采访时年龄），江什加村村民，藏戏团团长，笔者于2022年4月6日在江什加村内对其进行了访谈。

及相关单位的支持为他们的演出赋予了意义，使地方文化扎根村落。将地方文化传承与学校教育融合，实现了孩子们自我文化认同上的教育，其文化以一种村落社会教育和学校教育相结合的方式得到了传承，形成了江什加村自觉的传承模式。

（二）藏靴

青藏高原的皮革技艺历史久远，藏靴根据其地域特色至少可以分为安多、康巴、卫藏三种类型，是高原地区游牧民族智慧的结晶，充分发挥了保暖、防潮、耐穿等作用[①]。江什加村在同仁地区素有“藏靴之乡”的美誉，其起源和发展过程与民族文化交融之时代背景有关。据当地村民夏吾卡先[②]讲述：

> 我的外曾祖父（部希汉[③]）是汉族，大概在19世纪20年代从江苏无锡入赘到江什加村，虽然不知道是何原因入赘，但外曾祖父确实从内地带来了手工鞋的技艺，在加入了藏文化元素后把他的技艺教给全村人，村民将其带到周边的牧区以此换取肉类、奶制品等，使以前只能依靠种地和砍柴为生的村子转而成为本地区最富裕的村落。目前他的后人在江什加村将近有10户人家，他们共同构成了加阔仓（汉家系）氏族。

可以看出江什加村的藏靴技艺已有200年的历史，是汉藏文化交融之结晶。19世纪跨越地缘入赘至江什加村的“部希汉”实践，使村内形成了新型的血缘集团。藏靴文化的传统以此集团作为媒介成为全村人的经济来源，这

① 杨小燕：《非物质文化遗产保护视野下的江什加藏靴研究》，青海民族大学，2021年。
② 夏吾卡先，65岁（采访时年龄），江什加村村民，笔者于2022年4月7日在江什加村内对其进行了访谈。
③ 部希汉，“部希”为无锡的藏语音译，而“汉”即汉族人之意。

种被创造出来的文化，并没有被本地人歧视，反而在与本地文化的交融下形成了引以为傲的传统。然而，改革开放以来江什加村藏靴技艺的传承逐渐削弱，多数人放弃了藏靴技艺。现代化和市场经济的渗透，使人们的价值观和审美观发生变化，藏靴作为商品并不能满足人们的生活需求，也不能满足技艺人的经济需求。

2015 年以来村里先后成立了两个藏靴制作公司，并获批了 2 位省级和州县级非物质文化遗产传承人称号。藏靴制作公司聘请了村里的老人制作藏靴，并给部分年轻人传授技艺，然而，其经济收入并不理想。据传承人所说，只有在同仁地区的部分村落夏季举办“六月会”时人们才会购买藏靴，因此，平均每年仅有不超 1 万元的收入，现如今，村里只有少数人将其作为副业。藏靴技艺本身在历史时代的需求下被创造并发展起来，但在乡村振兴背景下面临着一定的传承困境。可以看出，产业化的发展模式只是为了适应现代社会而做出的努力，但结果并不理想。

（三）雕刻

藏族雕刻文化的发展，得益于青海地区丰富的天然石料，主要以岩画、石窟、石刻经文、图像、玛尼石等多种形式构成了藏族文化中重要且广泛存在的文化符号。[①] 江什加村的雕刻技艺不同于藏戏和藏靴文化，全村只有一户人家代代继承雕刻技艺，是江什加村唯一的雕刻家族。据雕刻传承人李加他[②] 描述：

我从小跟随父亲在家里学习从爷爷那一辈传承下来的石雕技艺，后来又去泽库县和日村石雕艺术大师贡才处拜师学艺，系统掌握了雕刻基础技艺技法。

① 冯雪红、向锦程、张梦尧：《青海藏区石刻的流动及其社会文化意义变迁—— 一个三江源生态移民村的个案考察》，《民族研究》2019 年第 2 期。

② 李加他，56 岁（采访时年龄），江什加村民，笔者于 2022 年 4 月 6 日在江什加村内对其进行了访谈。

在系统掌握了石刻艺术的精髓后，逐渐在省内各地，包括四川、甘肃等地承接不同规模的佛教经文和佛像石刻工程。另外，我每年都会承担村里的所有玛尼石的雕刻工作，同时也招收附近村落里的一些学员学习石雕技艺。我爷爷那辈全家的主要经济来源就是雕刻，但现在，光靠雕刻挣不了钱，只能添加一点生活补助。

另外，笔者发现除了这一位传承人以外，村里还有两人拥有雕刻技艺，一位是传承人的学生，已经系统掌握雕刻技艺，而另一位则是根据兴趣自学成才，闲暇时间承担一些外部订单。但根据两人的描述，雕刻本身带来的经济效益并不高。可以说其状态仅仅停留在“传统”和“传承”上，如上所述的“创新”和“发展”并没有实现。因此，江什加村所谓自觉式传承模式亦是一种没有保障，并处于解构的状态。而传承人也非常清楚自身所面临的问题，称：

目前像我这样拥有雕刻技艺的人在其他村落里不是太多，而且需要我们作品的人也很少。如果我们传统雕刻技艺成功走向市场的话也许能改变现状，但这并不是件简单的事情，唯一的方法就是与现代艺术相结合创造出一种更多年轻人喜欢的作品才可以。除此之外，最大的问题就是资金，而我们一个普通村民根本拿不出成立一个私有公司的钱。村民并不是没有考虑过雕刻文化的创新及其经济效益等问题，只是为此需要投入大量的时间和金钱，以及相关专业人士的引导，具备这些保障，才有可能完成其创造性转化和创新性发展。

由此可见，江什加村的雕刻文化受市场与传承人自身等因素的影响，体现的是一种单一且传统的传承模式。相较于江什加村，青海和日村的雕刻文化以传承主体的多样化，形成了师徒相承、家人沿习、婚嫁传输和政府培训等传承模式，经过雕刻的石刻艺术品在解决村民生活之需的同时，也成为他们礼佛的敬献之物，以期得到佛的庇佑和祝福。①

整体来看，江什加村经历了大量农地整顿后，仅靠农牧业维持生计的村民越来越少。村民选择了一种焦点转移的方法来应对所面临的困境，这并非是土地荒废、弃耕或传统产业转型等方式，而是在将农耕作为主业时实行多元化副业的模式，主要致力于教育、创业、务工、采挖虫草等方面。在此过程中，江什加村潜在的自我适应功能使得地方文化的传承呈现出一种动态的发展趋势，即藏戏的舞台化、藏靴的产业化等。地方文化虽然得到了传承，但依旧缺乏相应的保障和可持续发展。

换句话说，人们一直试图去适应社会的变化，不断从村民与村落、村落与政府及社会之间进行互动并探寻地方文化在现代社会中的生存能力；也有些村民把文化作为突破口，将文化资源活化进一步转化为文化资本，试图得到经济效益、社会地位和生活水平的改善，但并没有看到改观的迹象。因此，从现状来看，江什加村地方文化的传承和发展仅仅停留在国家和地方政府对非物质文化遗产传承人的认定和支持等层面，并且其中还存在部分传承人有技艺却不懂其历史文化背景，另一部分人技艺知识兼具却评不上传承人等现象。需要强调的是，地方文化的传承和发展并不只靠传承人，更需要村民充分的参与和支持，传承人的认定也需要地方政府配合并进行充分的调查。

文化传承与发展必须要结合时代的需求进行相应的创新，并以村落社会为中心进行多方协作才有可能实现。而从江什加村的案例中，我们看到其文化传承模式是一种没有对文化本身进行调整，缺少参与主体之间相互协调的结果。

① 冯雪红、向锦程：《“人”造石刻：和日村石雕传承的主体、方式与意义》，《广西民族研究》2018 年第 1 期。

四、地方文化传承的现实境遇与路径优化

（一）呈现：地方文化传承的现实境遇

随着现代化市场经济的快速渗透，传统村落的本土文化在原来的基础上受到了很大的冲击，在此背景下，地方文化如何在新的社会环境下得到创新，是其当下所面临的巨大挑战。数据显示，因现代工业化、城镇化进程中我国传统村落大量消失，现存数量仅占全国行政村的 1.9%。我国 230 万个传统村落中，目前已由 2005 年的约 5000 个锐减至 3000 个。[①] 文化本身是人们以自然环境为媒介在日常生活中反复行为经验的总和，传统的地方文化植根于传统村落中自然环境与社会结构的总体空间内。因此，传统村落本身的消减意味着附着于传统村落的大量中华优秀传统文化的消失。主要体现在以下几个方面。

一是城市化的影响。城市化进程是造成传统村落地方文化保护与发展二者矛盾的主要因素之一，在全球社会越来越相近的今天，涉藏地区的村落社会中出现大量的人前往城市上学、务工、就业、创业等现象。就江什加村而言，每年大部分时间村里只有老人和孩子，以 20 岁至 40 岁为核心的大部分青年人由于上学、工作、创业等原因常年在外，只有节假日回村。并且村里很多老人因子孙教育问题搬到城镇居住，“空巢化”现象日益严重。村民呈现出双重身份，即农忙期间回村务农，此时他们具有村民的权利和义务；而在城镇居住时，则享受城市居民的待遇和权利，因此他们又具有居民的特征。村落正在向城镇化过渡，这种双重身份使村民的价值观和审美观发生改变，年轻人逐渐对地方文化持有一种不懂、不感兴趣、与我无关的态度，使传统村落特色、集体记忆发生了较大的变化。村民作为地方文化保护和传承的重要载体，缺乏他们的参与，不利于推进其文化的传承和发展。

二是过度商业化。地方文化传承和发展关键在于如何活化文化和振兴文

① 郭超：《现代文明下的“千村寥落”——传统村落保护的忧思》，《光明日报》2013 年 11 月 23 日。

化。在现代传统村落文化活化进程中，国内外学者广泛提出文化、旅游、产业等融合发展模式，特别是传统村落民俗文化的商业化加速，给部分地区带来经济效益，并有效保护和传承了传统文化。对于适合商业化和旅游化发展的村落而言，这是最有效的全方位发展模式。然而，我国依旧存在很多旅游和产业开发失败的村落。从江什加村的案例来看，在经济效益上不管是藏靴和雕刻的商品化，还是藏戏的舞台化并没有达到期望的效果。虽然在理论层面上并没有不合理的现象，但藏靴与雕刻在内容和方法上并没有进行任何创新，只是凭借着已有的技艺推向市场。这种过度商业化的发展模式，导致公司面临销量低下、资金链断裂等挑战。

三是传统技艺的缺失。江什加村有着诸如藏戏、藏靴和雕刻等丰富的非物质文化遗产，是村落居民在历史长河中不断进行生活实践的智慧结晶，也是当地民族文化的重要呈现。然而，人们对地方文化的重视程度与发展力度不够，导致传统技艺缺失。一方面是缺少地方政府等相关部门和专家对非物质文化遗产传承人的选拔与培养。江什加村的文化传承内容形式多样，但是传承人的数量在一定程度上堪忧，并且正朝着后继乏人的趋势发展；另一方面，即使有传承人，对于一些传统技艺，例如藏戏表演与藏靴制作，能够熟练掌握的人非常少。至于雕刻技艺的传承与发展，如果不能与适应市场需求有效地结合，此项传统技艺将会面临失传的危险。

四是缺乏资金支持。笔者在调研的过程中发现，在传统村落社会中文化的传承与发展面临的最大问题就是资金短缺。村落地处偏远，经济发展较为落后，对于当地村民而言，非物质文化遗产的商品化能为他们带来一定的经济效益，但这种经济效益并不能完全满足日常生活的开销，只有适应市场需求对地方文化进行创造性转化才能进一步带来经济收益和发展。因此，相关方面需要大量资金，而传承人作为传统村落的普通农民，显然没有能力承担起这一投入。传统技艺仅仅停留在“传承”层面而不能得到有效“发展”时，既不能满足市场需求，也不能满足技艺人的生活开支，此时的文化对于社会生活而言已失去了其服务社会需求的功能。

（二）方向：地方文化传承的路径优化

作为同一问题两个不同的方面，地方文化的传承与发展是大家所关心的重要议题之一，其共同的目标和方向应该是“提升传统村落的文化认同、培育文化产业、建设文化队伍、构建文化转化合力、保护生态环境”①。为此，有学者提出“要落实相关法规政策，为其发展注入动力；将村落中优秀文化的精髓融入乡村文化发展的过程之中，发展特色文化产业，提升村落的造血功能；建设创新型人才队伍，与高校科研机构合作以规划村落整体格局与核心保护区；倡导村民回归、民俗回乡，促进传统村落的活态利用，同时做好对外宣传工作；增强文化自信，强调居民主体地位的同时，也不能忽视保存于村落中的各种习俗”②。结合江什加村的案例，笔者认为必须要因地制宜，做到具体问题具体分析，针对传统村落在文化创新过程中所面临的问题，有效的努力方向是在乡村振兴背景下通过多方参与主体的共同协作整合各种资源，主要可体现为以下几点。

一是充分发挥传承主体的作用。地方文化发展最大的问题就是“人”的问题，无论是文化传承方式的创新，还是传统技艺的保留都离不开“人”。由于城市化的发展，造成了城乡二元之间的差异。与农村相比，城市有着更多的发展机会，教育又使得人们的思想观念发生了极大的变化，导致传统村落中“空巢化”现象的出现。基于乡村振兴战略规划，政府部门应积极调整产业结构，并出台相应的政策，给予优秀的非物质文化传承人鼓励，使其建立文化自信、

① 张宗芳：《广西传统村落优秀传统文化创造性转化的路径研究》，桂林理工大学，2021年。

② 樊鑫鑫：《乡村振兴战略下山西传统村落文化创新性发展研究》，山西财经大学，2020年。

感受文化魅力。同时，村民作为地方文化传承与发展的主体，绝不能忽视他们在这个过程中所发挥的作用。在政府主导下，江什加村需带领村民充分挖掘当地非物质文化遗产的价值，扩大对当地文化的宣传，加强对村民的引导，以唤醒他们对自身文化价值的集体记忆与认同；此外，可将藏戏与当地民俗文化相结合，使戏剧演述成为维系民族情感的纽带①。毕竟，只有传承主体真正具备文化传承与保护的意识，才能切实地留住地方文化，以避免其消失殆尽。

二是创新传承载体。想要更好地推进乡村振兴，文化振兴是根本，需要以优秀的地方文化为核心，不断推陈出新。江什加村的藏靴和雕刻依然停留在传统技艺层面，村民在面对藏靴和雕刻文化商品化挑战时的举措并不理想。因此，在乡村振兴背景下促进地方文化的发展，只有在其能够服务于生产生活和经济效益的条件下才能得以实现。具体来说，地方文化要想在现代化的潮流中继续发展下去，就要创新以适应现代社会的需求。根据山东临沂的民间柳编经验，“村民在国内外艺术设计人员及编织农户的共同开发之下，传统民间柳编从功能、形式相对简单的农用、日用筐篮转化成了品类品种各异且花色多样的用品，除了筐、篓、篮，还涵盖了餐具、家具、家居装饰、旅游休闲用品等领域，最后还创造了属于自己的品牌”②。而对于江什加村而言，也需要引进一些专家对其传统技艺进行指导，以推进其文化与相关特色产业的融合。藏戏的传承与发展，还需要考虑受众的需求，随着新媒体技术的快速发展，“互联网＋”或许是一种大家喜闻乐见且成本较低的宣传方式。近年来，果洛、四川甘孜等地开始以电影胶片的形式来记录藏戏表演，其纪录片形式体现的正是新时代文

① 邸莎若拉、曹娅丽：《格萨尔马背藏戏的演述与文化阐释》，《青海民族大学学报（社会科学版）》2021年第4期。

② 潘鲁生：《保护·传承·创新·衍生——传统工艺保护与发展路径》，《南京艺术学院学报（美术与设计）》2018年第2期。

化发展的创新与实践。[①] 结合实际，江什加村的村民可借助重大民俗节日的契机，通过抖音短视频等平台将藏戏、藏靴以及雕刻文化的内在魅力直观地呈现出来。也可录制相关传统技艺的教学视频，让感兴趣的人在网上下载学习视频，这样的技艺传承就不再是地方性的，而是普及性和世界性的。[②] 另外，文化展览馆的建立也可成为创新地方文化传承载体的一种尝试，为更好地传承束河古镇皮匠传统手工艺，当地政府在茶马古道博物馆内专门设立了“皮匠历史展览馆”，通过文献、实物、传承人资料的保存全方位向外界展示束河古镇皮匠的历史文化。[③]

三是注重地方文化精英的培养。江什加村藏戏的舞台化是相对成功的案例，尤其是与乡村教育体制的结合使其文化价值得到有效传承和发展。村落内部要持续宣传地方文化的价值和功能，而家庭、学校、村落社会组织的合作能够让学生感受历史文化气息、了解地方发展历程。因此，非物质文化遗产传承人要通过与学校及地方文化中心、图书馆等机构合作的方式，定期开展相关教学、讲座、座谈会等活动，携手传承和发展具有地域特色的文化。与此同时，地方政府与相关专家也要加强对非物质文化遗产传承人的选拔与培养的重视程度。透过江西景德镇传统手工艺的复兴可以看到，其陶瓷文化的传承者与传播者，已不再局限于景德镇当地的工匠，还有来自全国各地毕业于艺术院校的年轻人，他们会给予传承人一些全新的智慧与启发，国外陶艺家所开设的讲座也可以促进学员的学习与交流。[④] 也就是说，地方文化的传承与发展除了可依靠当地的传承人之外，也可以加强与高校相关专业师生的沟通与交流。江什加村

① 丹珍草：《格萨尔藏戏传承实践及文化表征》，《民族学刊》2019 年第 1 期。

② 方李莉：《论“非遗”传承与当代社会的多样性发展——以景德镇传统手工艺复兴为例》，《民族艺术》2015 年第 1 期。

③ 魏孝静：《束河古镇皮匠传统手工艺的传承与活态保护研究》，昆明理工大学，2016 年。

④ 方李莉：《论“非遗”传承与当代社会的多样性发展——以景德镇传统手工艺复兴为例》，《民族艺术》2015 年第 1 期。

对地方文化传承人的选拔和培养，亦可考虑与高校合作，以此建立创新型人才队伍，高校志愿者提供的专业知识与传承人自身的技艺相结合，或许能够更好地促进地方文化的创新与发展。

四是增加资金投入力度。任何技艺的传承和创新都离不开传承人本身的文化自信，更重要的是他者的认同和支持。城乡二元之间的差距，致使传统村落在发展过程中长期存在着资金短缺的问题。没有资金保障，地方文化的传承与发展就会受到制约。需进一步解决传统村落资金短缺的问题，为其文化发展注入动力，即在政府主导下充分利用村落社会网络筹备资金，吸引其他社会组织的加入，与相关人才携手进行地方文化的创造性转化和创新性发展，防止传统村落空巢化，有效传承和发展地方文化，与此同时也需要兼顾产业和文化的平衡关系。

结语

江什加村的地方文化在适应新社会环境的过程中由于受到城市化、过度商业化、传统技艺的缺失、缺乏资金支持等因素的影响，导致了文化传承时出现问题。为此，社会与村落自身必须持续激活多方参与主体的协同动力，通过充分发挥传承主体的作用、创新传承载体、注重地方文化精英的培养、增加资金投入力度等方式对地方文化进行创造性转化与创新性发展，即对其赋予价值才有可能服务于村民的社会生活得到有效的传承和发展，而此时，也不能忽略村落社会自身稳定的自然环境和社会结构。事实上，江什加村在现代社会变迁的空间下以其多元且动态性文化传承模式适应了现代社会，并在现代社会中得到了有效的文化传承，这是一种自觉式的传承模式，其特点是传统村落社会潜在的文化适应功能在发挥作用，是村落社会象征体系在社会结构中的功能，亦是传统村落优秀文化的一部分。然而，地方文化在适应现代社会的过程中必须要积极面对外部因素的冲击并做出相应的创新与整合，不断在其生活方式和文化实践等方面与主流社会规范和价值观保持一致，才能实现地方文化传承与乡村振兴战略的有效衔接。

旦却加，青海民族大学民族学与社会学学院副教授；任菊兰，青海民族大学民族学与社会学学院硕士研究生。

四川阿坝民族传统体育文化与乡村振兴融合共生研究

李金吉

农业强不强、农村美不美、乡村居民富不富，决定着全面小康社会的成色和社会主义现代化的质量。[①] 作为“三农”问题总抓手的“乡村振兴”，其目标涵盖政治、经济、生态、文化、治理等多方面，其中很重要的两个目标是“传承和发展乡村优秀传统文化，基本满足乡村居民精神文化生活需求”“加快乡村产业发展，提高乡村居民收入水平”。文化铸魂，产业铸基，乡村美好生活的实现离不开精神文明与物质文明的比翼齐飞。只有将具有浓郁地域特色和乡土文化气息的优秀养分注入乡村建设中才能达到乡村振兴，才能满足人们日益增长的需求。

一、民族传统体育文化和乡村振兴融合发展的内在逻辑

民族传统体育文化与我国优秀传统文化一脉相承，“是民众生产、生活知识、智慧、经验的展演”，表现为竞技、仪礼、信俗、技艺等，是一种生活文化。作为重要文化资源内核，民族传统体育具有繁荣乡村文化、纯净淳化乡风、提高乡村凝聚力的作用；作为绿色生态产业的物质基础，民族传统体育通过与相关领域、相关产业、相关事业融合，兼具创造经济效益、提供公共服务、保护生态环境等多重作用。

① 郭修金、代向伟、杨向军、刘红建、张樱、尤传豹：《乡村体育文化振兴的价值追求、现实困境与路径选择》，《沈阳体育学院学报》2021 年第 6 期。

（一）乡村是民族传统体育文化空间生成的条件

乡村是民族传统体育文化传承和发展的载体，是实施乡村文化振兴的重要抓手。乡村民族传统体育是乡村居民开展体育活动、进行人际交往、体育文化生产和文化传承的载体，对促进乡村居民形成健康生活方式、价值观念和特色乡村文化等有重要的作用，同时，还发挥着休闲娱乐、心灵慰藉和社会治理等作用。因此，培育和发展民族传统体育文化是乡村文化振兴的重要途径。民族传统体育有参与主体、活动场所和体育活动三个要素。三要素之间有着密切的关系，缺一不可。首先，必须要有乡村的存在。乡村社会是民族传统体育文化生成需要的地理人文环境和社会关系网络，乡村社会文化资源与物质资源的基础，奠定了民族传统体育文化的发展方向。乡村居民作为民族传统体育的参与主体，乡村居民的体育需求、体育体验和体育认同是民族传统体育传承与发展的关键要素。再次，民族传统体育的发展离不开政府的支持。政府通过资源输入、管理制度等嵌入民族传统体育的发展中来，在一定程度上保障了乡村民族传统体育空间的平稳运行。因此，乡村民族传统体育的生成，需要具有三个必要条件，即乡村的存在、民众的参与和积极的政府支持。乡村的存在是乡村民族传统体育生成的地理和文化基础，民众的参与是乡村民族传统体育文化空间生成的出发点和落脚点，政府的支持是乡村民族传统体育文化空间的外部保障。它们从内外因方面共同构成了乡村体育空间的生成条件。

（二）乡村振兴的现实需求

实施乡村振兴战略，是当前解决农业农村乡村居民问题的重要举措。要达到农业强、农村美、乡村居民富的乡村振兴目标，必须根据乡村居民的生产和生活现实情况，从理论创新与实践创新双重角度，推进乡村振兴战略。民族传统体育文化是乡村文化发生、传承的载体，是乡村居民生活的重要场所。乡村民族传统体育文化空间作为文化空间的组成部分，影响着乡村居民物质生活和精神世界的状态，维系着乡村社会的道德价值和秩序体系，对乡村的稳定和发展具有重要意义。随着城市化、工业化的发展，乡村文化空间普遍弱化，出现“乡村文化建设主体的空心化、政府公共文化供给失衡以及传统乡土文化价值认同危机”等问题。乡村正处于社会转型发展时期，实施乡村振兴战略，需要重塑乡村民族传统体育文化空间，尊重乡村居民的主体地位，开展符合农民需求的活动，根据乡村文化背景开展民族传统体育，提高农民的体育参与度，增强村落中百姓的获得感，让人们感受到实实在在的满足感、成就感和幸福感，进而提高人们的生活质量。乡村是注重乡土人情、血缘、地缘的人民共同体。因此保留乡土人情、传统风貌的民族传统体育发挥着主体作用，展现人民的智慧。例如阿坝州的“藏羌锅庄”成为阿坝州祭祀、节庆最常见的活动。开展民族传统体育活动，能够增强乡村居民的荣誉感，加强对乡村共同体的认同和归属感，这对于恢复村落活力有重要意义。同时，参加体育活动还能使人们彼此建立良好的人际关系，特别对农村留守老人、留守妇女，有助于减少孤独寂寞，增进团结互助，更易增进农民的幸福，提高乡村居民生活质量。因此构建乡村民族传统体育文化空间，保护乡村文化生态环境，恰逢其时，意义重大。

（三）阿坝州涉藏地区民族传统体育保护与发展的紧迫性

习近平总书记提出：“民族要复兴，乡村必振兴，实现中华民族伟大复兴，最艰巨、最繁重的任务在农村，最广泛、最深厚的基础依然在农村。”[①] 阿坝州有 12 个县、1 个市，藏族人口占 50% 以上，且多数县是近几年乡村振兴才发展起来旅游业，很多乡村依然保留着传统习俗和文化。这种传统的乡村就是民族传统体育赖以生存的原生空间，代表着阿坝州藏族人民的思维方式、价值观

① http://www.china.com.cn/opinion2020/2020-12/31/content_77068923.shtml

念、文化认同和族群意识。丰富多彩的身体性仪式活动内化为民族精神，承载着民族记忆，彰显着族群向心力，铸牢了民族文化共同体意识。民族传统体育项目往往通过族群口耳相传延续。阿坝州涉藏地区经济社会的发展、劳动力的迁移和乡村人才的流逝加之生活方式逐渐发生了变化，使得部分民族传统体育项目生存与发展处于边缘，濒临消逝。加上竞技体育全球化、城市化加剧，许多民族传统体育项目失去了生存空间。民族传统体育传承面临场域逐渐消失、文化认同弱化、历史脉络中断的现实困难。乡村振兴战略的实施和文化复兴政策的落地，为民族传统体育提供了难得的发展机遇和丰富的场域基础，提供了文化交流与融合的政策依据和制度保障。民族传统体育的源发性、质朴性、易于操作性的特征，体现了“以人民群众为本”的思维理念，展现了对“生命意义”的诠释与表达，给人们的内心深处留下了深刻的烙印。[①] 乡村振兴战略的发展唤起了人们对民族传统体育的内心需求和文化滋养，满足了人们的文化需要。民族传统体育的群体性和参与性能够增强人们之间的沟通与互动，满足人们的健身需求和幸福感，一定程度上契合了乡村振兴战略规划的发展需要。

二、民族传统体育文化和乡村振兴融合共生的现状与问题

（一）生产生活方式改变带来的冲击

阿坝州很多乡村交通不便、物质匮乏、文化闭塞。但随着近几年经济社会的快速发展，交通条件不断完善，涉藏地区居民生活方式发生了巨大的变化，起源于原生环境的民族传统体育也面临着新的挑战。随着科技的发展，人们之间的空间距离缩小，聚居学习、沟通、生活愈加便捷与多样。很多乡村受到外来文化、城市文化、互联网文化等的冲击，导致民族传统体育发展场域逐步萎

① 相金星、王进国、郭振华：《“境遇”抑或“反思”：民族传统体育文化现代传承与发展》，《沈阳体育学院学报》2021 年第 5 期。

缩，现代化步伐趋缓，认同感逐步缺失。随着村民收入方式逐步多元化，放牧已不是其最重要的生存模式，传统体育传承的根基被动消亡。“繁荣兴盛农村文化，焕发乡风文明新气象”[①]是乡村文化振兴的目标。乡村居民需要的文化更加丰富多样，而当前乡村文化发现和居民需要之间存在差距。调查发现民族传统体育项目作为特色资源，在挖掘、整理和传承方面存在许多亟待解决的问题。主要表现在创新慢、现代化程度不够、认同感低；更深层次的文化价值挖掘不够；人才短缺，传承不畅；开发不够。许多村落打造了旅游景点，阿坝州独特的地理位置和丰厚的文化底蕴吸引了许多游客，但这也给民族传统体育的传承与发展带来了压力。

例如四川省阿坝藏族羌族自治州黑水县羊茸哈德村，整村进行总体规划，打造“支部＋公司＋农户”的经营模式，实行统一经营、管理、分配。由于村里青壮年常年在外务工，留下妇女老幼在家经营，传统体育习练群体流失及传承主体缺失加上外来游客影响，玩手机成了他们喜欢的休闲方式。西方现代体育的广泛传播及其所具有的新颖性、时尚性及普及性等特点，众多居民热衷其中，从而对传统体育产生了认同危机。经济有所发展但民族传统体育文化的认同感却在逐步地缺失。“羊茸哈德”并非个别现象，许多歌舞、摔跤等项目濒临消亡，亟须抢救性挖掘、整理。民族传统体育资源保护传承不力，造成了其供给质量不高的现状，无法满足乡村文化建设的需求。

（二）民族传统体育产业化发展与乡村经济发展之间的矛盾

“全面实施乡村振兴战略，要让农民在实现共同富裕上取得更为明显的实质性进展”[②]，农村要全面振兴，经济发展是基础。文化发展是目的也是乡村振

① 崔涛：《民俗体育助推乡村振兴价值审视与实施路径》，《体育文化导刊》2021 年第 12 期。

② 杨文姝、林子淇、李丽：《乡村振兴战略下湘西传统体育传承与发展研究》，《广州体育学院学报》2021 年第 5 期。

兴的终极目标。在乡村振兴进程中，民族传统体育产业化发展或多或少存在着一些问题与挑战。具体表现在：规模较小，产业链发育不完善；结构趋同，布局较散，项目间、地域间协同缺乏；产业核心竞争力不强，缺少创意，缺乏知名品牌；融合能力较差等方面。近几年阿坝州很多乡村开始打造徒步、登山、漂流、赛马健身活动，利用草地、冰雪、山地等优势开展滑雪、攀冰等户外运动。这个过程对民族传统体育产业挖掘不够深入，缺乏协调机制，导致各地区的活动同质化严重，缺少创新和鲜明的“本土化”，直接导致了当地民族传统体育产业无法真正满足乡村经济发展需求的现状。

（三）民族传统体育文化传承人出现断层

民族传统体育通过肢体动作来表达人的思想、情感、生活方式，是一种“身体文化”，因此传统体育的传承主要是练习者通过身体示范、口耳相传或资料记录等方式将其技艺、经验、感受、历史渊源、比赛战术和相应比赛用具的制作工艺等传承下去①。传承人不仅拥有高超技艺及独特能力，是民族传统体育的重要承载者和传递者，而且也在捍卫着传统道德和民族精神，因此这些传承人弥足珍贵，是民族传统体育传承发展的核心和关键。然而随着生产生活方式的改变，阿坝州民族传统体育传承出现后继乏人的断层现象，主要表现为传承人数量少、级别低、年龄偏大等。许多年轻人，倾向于在成都定居，只有极少数会在父母要求下回到村落。

三、阿坝民族传统体育文化和乡村振兴融合发展的实践思路

民族传统体育文化和乡村振兴的融合是一项长期工程，需要站在新时代背

① 杨文姝、林子淇、李丽：《乡村振兴战略下湘西传统体育传承与发展研究》，《广州体育学院学报》2021年第5期。

景下审视三农问题。首先，本着融合共生理念，精准推进“美丽乡村”建设，实现乡村精神文明和物质文明双丰收。乡村振兴背景下，注意民族传统体育文化深耕时与乡村产业、人才培养、资源、技术等融合发展，培育新动能，实现民族传统体育的可持续发展。消除传统边界，给原有的民族传统体育资源与文化赋予新功能，创新形态、强化供给、补充和延伸民族传统体育的价值链，满足乡村振兴的新需求。

其次，遵循以人为本的理念。乡村居民精神富足和生活富裕是乡村振兴的根本。一方面，以乡村居民的需求为出发点，对民族传统体育资源进行挖掘、整理，在保持各地域乡土文化特色的基础上对民族传统体育进行“现代化”加工，增加高质量民族传统体育资源的供给，丰富乡村居民精神文化生活；另一方面，在民族传统体育产业化进程中，要综合考量“经济价值”“景观价值”“文化价值”等方面的因素，兼顾经济效益与社会效益，注重民族传统体育产业平衡发展，为乡村发展提供更多就业岗位，增加农民的收入，增强农民的获得感和幸福感。

再次，强化科学治理的理念。加强相关政策、法律和法规的调研、咨询、制定、评估，突出政策引领，以条理、合理、精准的法律法规约束和规范民族传统体育发展环境。在我国改革的进程中，政府逐步从“全能型政府”向“服务型政府”转变，民族传统体育的发展离不开政府的统筹，以及多元主体的参与。吸引多元主体参与，发挥各自的积极性和主动性，形成“党委领导、政府统筹、社会协同、公众参与”的科学治理格局，构建“民族传统体育”治理共同体，助推乡村振兴。县级政府相关部门在组织人员进行文化遗产搜集整理后，进行编录并开设相关培训，定期对乡村居民进行民族传统体育项目和文化培训，将部分民族传统体育项目纳入乡村小学教学。

最后，创建乡村文化空间共生机制。单一的现代体育，既不能满足群体日益健身的需求，也无法有效带动乡村居民有效参与。有效利用乡土体育资源优势，扩大身体活动的多样性，使身体活动锻炼与农业生产、日常生活等进行紧密融合，促进民族传统体育生活化。在一些传统节日中进行文化资源开发，开展多种多样的民族传统体育活动，促进乡村文化空间多样性，同时也能使部分民族传统体育项目回归生活与现代体育融合，传承文化的同时发展乡村经济。

李金吉，阿坝师范学院体育与健康学院助教。

| 第四部分 |

生态振兴

村庄经济发展水平对村民参与“人畜分离”项目的影响
——西藏中部年楚河流域三村的案例分析*

扎洛

田野调查中发现一些对村民有益的政府惠民工程有时得不到村民的理解和支持，以至于项目推进演变成为政府主管部门与村民之间某种形式的博弈，致使政府决策在执行中出现梗阻。在脱贫攻坚取得决定性胜利后，农村发展进入新阶段，村庄治理从发展经济、维持秩序向多维目标推进（比如乡村振兴战略就有“五大振兴”的目标），各类发展项目密集落地村庄，如果不能很好地解决政府与村民之间的意愿“错位”，各类发展项目的实施效率和最终效果都将受到负面影响。

2020年，笔者随中国藏学研究中心课题组在西藏中部年楚河流域的日喀则市康马（khang-dmar）县、江孜（rgyal-rtse）县、白朗（pa-snam）县、桑珠孜（sems-grub rtse）区8个村就乡村振兴战略实施情况开展调研时，注意到正在推进的农村人居环境整治行动中的“人畜分离”项目试点，在不同村庄的结局出现差异，有的村庄人们欣然接受并很快付诸实施，而在另一些村则进展不顺，

* 本文为中国藏学研究中心重点项目《西藏与涉藏工作重点省实施乡村战略若干重大问题研究》成果。感谢江孜县、康马县、白朗县、桑珠孜区政府相关部门对课题组调研提供的帮助。

推进受阻。同样的政府惠民项目为什么会有不同的结局？如何从学理上解释这种现象？弄清这些问题对于我们改善基层治理，不无裨益。

一、年楚河流域农村的家畜养殖与“人畜分离”

年楚河（myang-chu）发源于喜马拉雅山中段北坡，由江孜县的热龙河（ra-lung chu）、康马县的聂如藏布（nye-ru gtsang-po）、冲巴藏布（grum-pa gtsang-po）、康如藏布（gam-ru gtsang-po）等汇流而成，流经江孜县、康马县、白朗县、桑珠孜区，最终汇入雅鲁藏布江，流经之地形成了宽窄不等的冲积平原，成为西藏中部有名的粮食主产区。年楚河流域农区与西藏其他农区同样，很少单纯经营种植业，一般也有小规模的家畜养殖作为农业经济的补充。究其原因，一是西藏的农田多在宽窄不等的河谷地区，几乎所有村庄都毗邻山地。这些山地无论牧草丰稀，都可作为牧场，这就为兼营畜牧业提供了可能。二是在农业家户经营背景下，农业生产在时间利用上有较大的机动性，只要合理安排就完全有时间从事家畜养殖。特别是非核心劳动力如中老年妇女、老年男性、未成年人等，很难外出找到非农就业机会，他们是小规模家庭养殖的劳动力保障。三是在商品经济不发达的时代，维持高原生存所必须的高热量食物如乳类产品、肉类产品主要由家庭自己解决。因此，农民家庭在种植青稞、小麦、油菜之余，一般都兼营小规模家庭畜牧业，包括几头黄牛、犏牛和十只左右的绵羊、山羊。根据课题组在江孜县班觉伦布（dpal-vbyor lhun-po）村的调研，一头成年奶牛的年产奶量可以制作 80—100 斤酥油，但是由于部分牛奶要用于日常喝奶茶之用，因此，全村 297 头奶牛，共生产酥油 13293 斤，人均生产酥油 30.91 斤，除去市场销售 3881 斤，全村日常消费 9412 斤，人均 21.89 斤。绵羊和山羊，主要是剪羊毛为家人做棉衣，或编织氆氇等，宰杀后的羊皮也可用于加工制作藏袍。如果奶制品和肉类有剩余，则可拿到集市上出售，换取现金。养猪在这一地区较为少见。家畜粪便收集起来制成粪饼，可作燃料。对于植被稀疏地区的家户来说，粪饼是不可或缺的。由此可见，在传统的西藏农民生活中，小规模的家庭养殖是农业生产的有益补充，是家庭经济不可或缺的组成部分。目前，年楚河流域农村的农业耕作中大机械使用已很普遍，而不适合机械耕作的小块田地使用马匹，故家庭养马仍较常见。

家畜的饲养方式，根据各地草场情况、家庭劳动力状况略有不同。比较常见的是，春夏季节羊的饲养一般都是全村或联户（亲戚之间的联合也很常见）合群雇人放养或轮流放养，有的地方还会将羊赶到高海拔草场，度过整个夏季。这种方式既为保留冬季草场，也为避免羊群破坏农田青苗。在秋冬季节农田收割结束后，羊群返回村庄，由各户散养。牛的喂养相对而言较为精心，由于夏季恰好是奶牛的产奶期，一天内要多次挤奶并照料牛犊吃奶，因此农户会割刈青草带回家中喂养，或补充粮食类饲料。有闲暇时，牵着奶牛在田埂上、水渠边挑选水草丰美的地方吃草。其他的牛或在家圈养，或在不会破坏农田青苗的山坡草场放养。在秋收结束后，牛的放养则较为随意，白天赶到村庄周边的草地或收割完后的田地里，晚上赶回自家补充青储草料或粮食类饲料。而马的照料，夏季多栓在田间地头的草地上，每天轮换几个地点，以保证有充足的青草。江孜县农区江热（lcang-ra）乡、达孜（stag-rtse）乡、卡麦（mkhar-smad）乡、卡堆（mkhar-stod）乡等地有夏季 7、8 月将马匹用卡车运往亚东县帕里镇、吉如乡等牧区租地放养的传统。

这种饲养方式有几个特点：一是畜群规模小，难以成为家庭经济的支柱，但是酥油、奶渣、羊毛和肉类对于家庭生活仍十分重要；二是照料家畜主要由非核心劳动力即中老年人、小孩子等承担，对体力、技能要求不高。当然，核心劳动力不外出务工时也会参加家畜照料；三是家畜喂养具有随机性，没有定时定量的要求。由于家畜活动多在自家宅院内，随时喂养，快捷方便，不需要抽出固定、专门的时间照料牲畜。在自家院墙之内，家畜安全也有保障。

值得注意的是，传统农村的住宅结构多为单体二层或三层楼房，一层为畜圈，二层、三层住人或储物，由于隔层密封不良等原因，人畜空间气味串通，影响到人居环境卫生，容易出现炭疽、鼻疽、布氏杆菌病、结核病、口蹄疫、狂犬病等人畜共患的疾病①，因此，在近年来的“安居工程”等住房改善行动中，政府要求实施人畜分离，即不得在一个楼体内人畜混居，必须在宅院内划出专门用于饲养家畜的空间，实施物理隔离。

二、“人畜分离”行动及意见分歧

2015 年始，国家提出农村人居环境改善工程②，2018 年出台的《农村人居环境整治三年行动方案》提出了具体工作要求。西藏自治区在贯彻实施中，认为影响农村人居环境改善“最关键、最直接、最迫切”的问题是人畜混居问题，③为此，出台《西藏自治区人畜分离实施方案（试行）》（藏农环组办发〔2019〕7 号），各地市纷纷出台 2020—2022 年人畜分离 3 年攻坚行动实施方案，开始实质性地推进工作。

“人畜分离”在方法上分为“小分离”和“大分离”两种。所谓“小分离”，即在自家庭院中将人的生活空间与家畜活动空间实施物理隔离，比如设置墙体或栅栏，防止出现人畜共用空间。事实上，在 2006—2013 年实施“安居工程”时，年楚河流域多数农户已经实现了“小分离”。所谓“大分离”，

① 西藏人畜共患的疾病清单，由中国藏学研究中心藏医药研究所副所长罗布扎西博士帮助列出，特此致谢。

② 2015 年出台《水污染防治行动计划》《美丽乡村建设指南》，要求划定畜禽养殖区域，实施人畜分离；农家庭院畜禽圈养，保持圈舍卫生，不影响周边生活环境。2016 年出台《畜禽养殖禁养区划定技术指南》，提出科学划定畜禽养殖禁养区，要求 2017 年底前，依法关闭或搬迁禁养区内的畜禽养殖场（小区）和养殖专业户。2017 年出台《全国农村环境综合整治“十三五”规划》，要求畜禽养殖废弃物资源化利用和污染防治，完成畜禽养殖禁养区划定和整治。2018 年《农村人居环境整治三年行动方案》对人居环境整治提出一系列严格要求。

③ 日喀则市农村人居环境正式领导小组办公室《日喀则市人畜分离弓箭行动实施方案（试行）（2020—2022）》指出，该市 14.18 万农牧户中，人畜混居约有 7.5 万户，占比高达 53%。从该文件上下文看，此处的“人畜混居”既包括楼体内混居也包括同一庭院混居两种情形。

即指在距离村庄 200 米以外的地方建设集中养殖区，以实现“统一防疫、统一粪污资源化利用”，农户庭院中不再养殖家畜。“小分离”在养殖模式上与传统方式并无大的变化，农户很乐意接受。而“大分离”则有两个显著变化，一是畜圈远离家户，喂养、挤奶需要走较远的路，耗费时间，劳动成本激增，村民感觉十分不便；二是家畜不在自家庭院之内，难以随时给予照料，养殖精细程度下降，这就可能造成家畜因为缺乏针对性的照料而膘情下降，甚至病弱死亡。尽管前期文件中强调“大分离”后仍然“分户饲养”，但在实际执行中基层政府很快发现了“大分离”饲养中的劳动力耗费问题。因此，把实施“人畜分离”项目与转变经营方式即合作化养殖结合起来，鼓励农户开展家畜养殖劳动互助，或直接组建养殖合作社，通过专业化养殖、规模化经营，避免多数农户为饲养家畜而奔波辛劳。官方宣传中特别强调加入合作社有助于提高劳动效率，实现富裕劳动力转移就业。应该说，这一设计立足于“大分离”后家畜养殖中出现的新问题，指出了未来发展的合理方向。

尽管政府文件强调实施人畜分离要因地制宜，坚持“大分离”和“小分离”相结合，但在实际操作中特别在试点阶段，基层政府还是倾向于一步到位，实现“大分离”，以便起到示范带动作用。然而，在一些村庄，政府主管部门与村民就实施“大分离”项目产生了意见分歧。

政府主管部门强调人畜分离项目的积极作用，某位乡长的表达最具典型性，他说：

人畜分离符合农村发展方向，具有一定的前瞻性，不仅是为防止人畜共患的疾病，也有助于美化环境，我们的新农村不能还是满街巷的猪屎牛粪。政策适度超前是对的，村民只看眼前，缺乏远见，将来总是要走到这一步。建设集中养殖畜棚，现在有项目支持，国家有资金补贴，一定要抓住政策机遇期，否则将来再想建畜棚，可能就是村民自己掏钱了。

在政府主管部门看来“大分离”有如下好处：1. 有助于改善人居环境卫生，净化村庄空气，避免“满街巷猪屎牛粪”的情况，这是建设美好生活的重要标志；2. 在全球范围内人畜共患疾病多发频发的背景下，“大分离”能有效降低人畜间疫病交叉感染的机率，有助于防控传染性疾病爆发；3. 如果在“大分离”过程中实现专业化养殖、规模化经营，有助于提高劳动效率，解放劳动力，有利于农村经济发展和农民生活改善。总之，“大分离”尽管会给村民带来不便，但是从社会总收益角度看有其积极的意义。

而村民着眼于个人的养殖经验，强调“大分离”造成的养殖不便：

农民养牛养羊，古来的传统就是在自己家里，随时照顾牲畜，病弱的牛羊、新生的牛犊羊羔都必须细心照料，把牛羊圈在那么远的地方，难以随时掌握牛羊的情况。每天喂牛喂羊来回奔波，时间都耽误在路上了，影响其他农活。干部也知道，每天多次往牛圈跑，很辛苦，就让我们成立合作社，但是合作社就跟以前的生产队一样，大家不可能像自己家的牲畜那样照料周到，如果牲畜膘情不好，甚至死亡了，谁来负责？此外，还要给合作社的人开工资。干部说加入合作社，我们不用管牲畜了，可以出去打工挣钱，问题是养牛养羊的主要是中老年人，他们没有文化，没地方找活干，不养牲口就白白闲在家里了。干部说在自家院子里饲养家畜，容易给人传染疾病，也许其他地方有过这种情况，我们这里没有听说过这样的事。说满街巷都是牛粪、羊粪，味道大，不卫生，作为一个农民不可能嫌弃这样的味道，如果连牛粪的味道都嫌弃，那就不要做农民了。当然，如果政府给项目，收益比养牲畜好，那大家也会考虑是否同意“大分离”。

总结村民的观点，除了强调“大分离”造成的时间成本高昂、养殖效果欠佳外，还应注意到农区的家畜养殖从家庭劳动分工角度看，主要是非核心劳动力即中老年人、在家的未成年人等承担，核心劳动力一般较少参加家畜饲养。家畜饲养方式的改变对核心劳动力的转移就业基本不构成重要影响，而非核心劳动力受文化程度低、社会经验少、非农就业技能缺乏等原因，即便不从事家畜养殖也很难获得非农就业机会。而村民加入合作社，将牲畜交给合作社经营，或托管养殖，都包含着家庭资源的转移或某种付费（可能是现金，也可能是实物）行为，在原本承担该劳动的非核心劳动力没有替代性就业和收入的情况下，这种付费在农户看来就是一种亏损。任何能够给家庭经济的贡献对非核心劳动力来说都是弥足珍贵的，因此抵触付费是必然的反应。而传染病防范等科学主义的宣传，对有过实际遭遇验证的人来说自然能够理解人畜分离的必要性，但如果与村民的经验和观察不符，则倾向于拒绝为此付出成本。课题组在年楚河流域 8 个村调研时发现，基层干部和村民都反映当地近年来没有出现过严重的人畜共患传染病爆发的案例，因此，在村民看来为防范人畜共患疫病而付出成本是不必要的，至少并不紧迫。

综合上述情况，可以看到至少有 4 个变量影响年楚河流域村民对待“大分离”的态度，即养殖的时间成本、养殖效果、托管养殖付费、非核心劳动力替代性就业机会。不同村庄的村民对上述 4 个变量的正负效应有不同的评估和判断，从而形成了他们对“大分离”项目的态度差异。下文中，笔者以年楚河流域 3 个典型村庄为例，考察村民对三种养殖方式即分户“小分离”、分户“大分离”、合作社养殖中 4 个变量的预估和判断，对此做具体描述和分析，以揭示不同村庄村民态度差异的原因所在。

三、田野观察：村民态度差异的原因分析

课题组在 4 个县 8 个村庄的调研中发现，政府推动的人居环境整治行动中的“大分离”项目，既有进展迟缓的案例，也有顺利推进的案例，是哪些因素决定着村民的态度呢？我们通过 3 个典型村庄案例，对此略作描述和分析。

案例 1：A 村——“羊可以分离，牛不能分离”

A 村是年楚河流域的古老村庄，共有 104 户 547 人，8 个村民小组，实际是过去三个自然村合并而成的，居住格局大分散、小集中，从村东到村西大约 4 公里。该村 90% 以上家户喂养家畜，在 2006 年启动“安居工程”期间已经基本实现了“小分离”。A 村的村集体经济发展较为滞后，但是，因为村两委在村民中威信较高，因而在 2020 年被选为“人畜分离”项目试点村。但是，在宣传动员过程中，村民一致拥护“小分离”而反对“大分离”，主要认为全村家户居住分散，即便选择中间地点建设集中养殖区，还是会给超过一半的家户造成不便，对村民日常生活影响大。经过反复讨论，A 村给政府主管部门作出如下答复：1. 羊可以“大分离”。根据村里的传统，羊在夏季都交给专人赶到高山牧场放养，秋冬季节回村后集中养殖。村民愿意延续这一模式；2. 牛不能“大分离”。因为居住过于分散，全村共建一个养殖区，照料牲畜很不方便。如果必须分离，至少要修建 3 个养殖区；3. 把牛羊交给合作社养殖势必会造成利益受损，希望政府给予产业支持，如果有足够的替代性产业收入，农户也愿意配合政府。对此，政府主管部门答复：1. 一个村建多个集中养殖区不符合文件规定，配套的专项资金难以支撑；2. 可以考虑给予项目支持，请 A 村提出可行性方案。在全村青壮年劳动力都外出务工的情况下，村委会一时难以提出可行的项目方案。虽然县有关部门对 A 村农机合作社给予了适当资助，但村民并不满意。在协商陷入困境的情况下，村民选择以“拖”来表达抵触。主管部门指出，实施“人畜分离”是国家政策，不允许讨价还价。而村民称，合作社养殖必定会造成村民利益受损，这与政府工作宗旨背离；A 村的田地都属于国家高质量农田，政策明确规定不得占用，因此调整基建土地有困难。如此，A 村与政府主管部门始终难以达成统一意见，项目推进实际陷入困境。

A 村的核心问题，一是家户居住分散，如果只建一个集中养殖区势必会造成饲养牲畜时间成本高昂；二是由于村集体经济发展滞后，家庭畜牧业在家庭经济中仍占有明显的比重。村民对合作社的预期不佳，因此他们不能承受家庭畜牧业效益下滑或失败造成的后果，而他们自己又拿不出一个符合政府支持政策的多种经营项目方案。所以，他们便借用官方话语来搪塞推诿，比如：质疑政府的有关人畜共患疾病的宣传，称本村没有发生过人畜共患的传染病；强调征用高质量农田修建畜圈违反政策等。实际上，许多家户反映，如果有足够的"补贴"（指产业项目），在仔细测算的基础上也有妥协的可能。

假设以家户"小分离"状态为基点，即 0 状态，时间成本、养殖效果、托管养殖付费、非核心劳动力替代性就业机会等 4 个变量的正效应为 +1，副效应为 −1（当然可作进一步精细分析），A 村的决策机理可表述如下表 1。

表 1　A 村的决策机理

变量	"小分离"效应	"大分离"效应	
		分户"大分离"	合作社养殖
时间成本	0	−1	+1
养殖效果	0	−1	−1
委托养殖付费	0	0	−1
非核心劳动力替代性就业机会	0	0	0
效应评价合计	0	−2	−1

显然村民首选分户"小分离"，合作社养殖因为能节省时间成本也为部分农民所接受，而分户"大分离"是村民最不愿意的一种方式。

案例 2：B 村——“感恩政府，我们不反对大分离”

B 村是脱贫攻坚期间由好几个村的贫困户搬迁形成的新村庄，共 127 户 703 人。新建的村庄，区划整齐，但各小组之间有一定间隔，总体看，村庄规模较大。规划建村时给每户配套建有 15 平方米左右的畜圈，面积较小。2020 年 B 村被选为“大分离”试点村，村民大会协商表示同意牛羊都实现“大分离”。不过，前期讨论过程中 B 村也向政府提出了给予额外项目扶持的要求。政府同意给予三项扶持：1. 政府投资购买 19 头优品奶牛，组建集体的养牛合作社，村里把牛分散在村民家饲养，牛奶归饲养户，牛犊归村庄。第一年出售牛犊收入 5 万元；2. 政府投资成立农机合作社，年收入 8 万元；3. 政府支持成立劳务输出合作社，在离村不远的军营建设中安排 B 村农民就业，但是，建筑工地一般不接受中老年人打工。随后在村子北部修建了家畜集中饲养区，后来又在村东修建了小型养殖区，全部由政府出资修建，实现了集中养殖。当问及 B 村支持“大分离”的原因时，村民称，他们原先都属于“一方水土养不活一方人”的贫困村搬迁户，得益于政府照顾，给他们修建了新房，分了田地，还负责安排转移就业。根据西藏自治区对贫困户搬迁实施“一村两地”（即搬迁户除了在安置地享受各种福利外，原居住村的住房、田地、草场都仍给予保留）政策，他们在原村还保留有畜群，在 B 村喂养的家畜只是少量的奶牛，主要是保障日常喝奶茶、打酥油。这些针对贫困户的帮扶政策，切实改善了他们的生活，因此他们对政府怀有感激之情，愿意支持政府提倡的各类项目。

由于 B 村规模较大，多数家户照料牲畜还是要走较远的路。为了节省劳动时间，各小组内部实行了轮流值班制度，即以一头牛一天的频度实施轮班饲养制，值班的人家负责喂养全组的牲畜，负责畜圈的清洁卫生，当天所有的牛粪归值班户所有。但是，挤奶及需要特别照料的牲畜还是由主人家自己负责。对于实施“大分离”的效果，村民反映，有的人只照料自家的牲畜，对别人家的牛羊不够精心，对合作化养殖的效果持有疑虑。有村民称，“塑料材料的棚圈顶盖，透气性差，集中养殖牲畜容易生病，今年就有得病死亡的牛”。56岁的贡桑（化名，女）说她家在村东头，距离集中养殖区约2公里，她家有头牛生病，需要特别照料，由于她不会开三轮车，只好提着饲料桶徒步去养殖区，一个来回差不多3公里多，加上喂牛的时间，要花一个多小时。理论上，B村的决策机理可表述如下。

表2　B村的决策机理

变量	“小分离”效应	“大分离”效应	
		分户大分离	合作社养殖
时间成本	0	−1	+1
养殖效果	0	−1	−1
委托养殖付费	0	0	−1
非核心劳动力替代性就业机会	0	0	0
效应评价合计	0	−2	−1

可见，“大分离”养殖在B村同样不受村民欢迎，但是村民依然支持“大分离”，其原因一是村民普遍对脱贫攻坚过程中的政府帮助心存感激，愿意积极配合政府项目，显然，B村的决策机理有特殊性，但考虑到整个脱贫攻坚期间西藏有26万人实现了搬迁安置，与B村相类似的村庄当不在少数。二是饲养在B村的家畜只是其家庭养殖业的一部分，即便“大分离”养殖效果不佳，对B村村民而言也只是造成部分损失，对家庭经济的冲击较为微弱。

案例3：C村——“把牛都交给合作社，我们赞成”

C村地处日（喀则）江（孜）公路两侧，是2014年的易地搬迁形成的村庄，全村115户597人。村庄规划严整，居住相对集中。近年来在村两委领导下，村集体经济蓬勃发展，有建筑、劳务输出、农机、民族手工艺（卡垫编制等）、蔬菜种植等5个合作社，核心劳动力、非核心劳动力已基本实现充分就业。2020年3月8日，县里开会确定C村为“大分离”项目试点村，3月10日村里开会，村委会决定一步到位，建立股份制养牛合作社，村民有意见分歧。村委会做思想工作，表示根据对县里相关信息的掌握，村两委已有一套与政府谈判的设想，保证能拿到额外的项目支持，村民对村干部能力十分信任。之后，村两委向县里提出项目要求：1.政府投资支持牦牛养殖合作社，配备现代化乳制品加工设备；2.成立生态合作社，承接农村垃圾处理项目，县里支持垃圾运输车辆；3.承接沙棘、柳树育苗项目；4.承诺给予施工项目，确定村建筑队未来3年的建筑项目计划。由于县里预计“大分离”项目在一些村庄会遇到抵触，急需树立正面典型，而C村提出的项目都是当年县里正在推进的工作，有专项经费或资源。于是，县里几乎全盘接受了C村的要求。面对村民对合作社养殖效果的顾虑，村委会承诺绝不让村民亏本，如果亏本就用村集体经济收入补足，解除了村民的后顾之忧，于是全体村民同意参加合作社，在村内通过市场化征地30亩，投资390万元建成集中养殖区，其中政府扶持资金145万元，村集体投资64万元，其他为村民个人投资，雇用本村10人（7人为贫困户）负责集中养殖，实现全村人畜“大分离”。合作社共有奶牛222头，生产的酥油以每斤45元的价格统一销往日喀则市区的超市，村民吃酥油可从合作社以每斤25元的低价购买，提炼酥油之后的“塔热”（酪汁）每天免费分给5户村民，用以制作奶渣。在7个月的过渡期之后，所有家户都放弃自家牲畜饲养。为防止反弹，村委会干脆拆除了各户原有畜棚，这一行动得到县政府主管部门的表扬。

C村坚决实施“大分离”，并实现合作社规模化养殖，是县政府最希望看到的结果。“大分离”项目在 C 村顺利实施，主要有以下原因：1. 村集体经济蓬勃发展已经改变了村庄经济结构。2021 年该村人均收入达 4 万元，远高于西藏自治区当年农村人均收入 16935 元的平均值。非农就业收入提高，使小规模家庭养殖在家庭经济中的重要性日益下降，自产的畜产品主要用于生活消费，而不是为了换取现金。因此，当政府有其他增量福利（项目）注入时，村民对“大分离”不再抵触。2. 全村劳动力包括非核心劳动力已基本实现充分就业，那些过去很难外出就业的中老年妇女因为参加本村的合作社如手工编织、蔬菜种植、苗圃务工等而获得收益，许多家庭都面临为养殖小规模家畜而放弃其他就业机会的困境，通过规模化养殖以解放非核心劳动力已成为 C 村村民的现实需求。正如村民拉桑（化名，女，63 岁）所言：“家里的孩子们参加建筑队都出去打工，我自己参加了村里的民族手工艺合作社编织卡垫，有时还参加苗圃的劳动，只能抽空喂养奶牛、挤牛奶，感觉比较辛苦。现在养牛打酥油只是为了吃到好的酥油，毕竟自己做的酥油吃着放心，我们不会去市场上出售酥油。村里开会，一开始我也反对，觉得这样是养不好牛的，但是村里有承诺，我们可以以较低的价格从合作社购买酥油。现在其他的收入比较多，自己不再养牛，感觉轻松一些”。嘉措（化名，男，70 岁）则称：“把牛都交给合作社，我们可以低价购得酥油，年底还能分红，这我当然是赞成的。过去家家养牛，每天都打酥油，女人们很辛苦，现在村里有加工厂，曲措（化名，女，45 岁）他们 2 个人就把每天 4000 斤鲜奶都加工了，酥油质量也不错。”可见在该村合作社养殖对劳动力解放有显著意义。3. 村委会超强的谈判博弈能力也是一个关键性因素。该村新一届村两委任职两年以来，在村集体经济发展方面能力较强，村长说：“跟县政府谈判，必须得知道现在政府的重点工作是什么，今年会有什么项目下来，哪些项目是我们自己能干的，干不了的项目你去要，领导肯定不会给，要来的项目完不成，领导也有责任。比如申请沙棘育苗项目，我们之前已经有苗圃，培育柳树苗很成功，培育沙棘苗我们派 1—2 个人去学一下就行了，一般的苗圃工作，中老年人都可以干。”正是因为村两委对发展集体经济有规划、有预判，也有较强的组织执行能力，因此，政府主管部门也愿意给该村额外的项目支持，这与A村形成鲜明对比。C村的决策机理可表达如下表3。

表3　C村的决策机理

变量	“小分离”效应	“大分离”效应	
		分户大分离	合作社养殖
时间成本	0	−1	+1
养殖效果	0	−1	−1
委托养殖付费	0	0	0
非核心劳动力替代性就业机会	0	−1	+1
效应评价合计	0	−3	+1

C村村民普遍认为合作社养殖的效果不如分户“小分离”，参加合作社养殖当然会产生委托养殖付费，但是由于村集体承诺利益兜底，还可低价从合作社购买酥油，确保村民不亏损，某种程度上是对委托养殖付费的抵销，因此村民愿意接受“大分离”条件下的合作社养殖。

通过对上述三个村庄案例的观察和分析可知，每个村庄针对“大分离”项目的态度差异受到自然禀赋、经济发展水平、管理能力等复杂因素的影响，但他们都有如下共同关切：。

1. 远距离喂养，是否会因为劳动力成本上涨而导致不经济问题？从年楚河流域农村的家庭养殖从结构上看，很难独立支撑家庭经济，而是镶嵌在农业生产之内，很少有家庭会专门安排人员从事家畜照料，多数情况下都是农业生产者兼顾家庭养殖，因此，喂养照料家畜的便利性是基本前提。“大分离”以行政村为单位修建集中养殖区的做法必然导致村民生活区与养殖区的远离，每个行政村至少有几十户乃至上百户村民，绝大多数的行政村是近年来将原先坐落在不同地点的自然村合并而成的，居住更显分散。远距离喂养造成的劳动力成本上升，必然令村民产生不经济的感觉，这就是为什么A、B、C三个村的村民对“大分离”的第一反应都是抵触。

2. 合作养殖，是否会因为经营不善而出现亏损问题？在现阶段，摆脱上述不经济状态的出路是开展合作互助或组建养殖合作社，通过规模化养殖降低劳动力成本。然而，20世纪60—70年代农村人民公社经营不善的历史记忆，及现有其他合作社经营状况面临种种困境的经验，使村民对合作喂养和合作社经营的收益预期缺乏信心，正如C村村民反映，家户私有条件下的互助喂养中，普遍存在自利行为。而合作社经营，缺乏真正有能力的市场经营人才和其他管理人才，村民对平均主义分配原则的偏好，使村级合作社很难建立有效的激励机制以吸引经营人才。村干部扮演合作社经理人角色，并不能改变人们对合作社收益的悲观预期，因为担任村干部与担任合作社经理人对个人能力禀赋的要求有根本性差异。① 因此，村民普遍认为无论互助喂养还是合作社养殖都有可能造成某种程度的亏损，至少不如家户私养那样能够达到家畜养殖的最佳值。

3. 发展替代性产业，其收益是否足以弥补合作养殖可能造成的亏损？为了解决合作养殖可能造成的亏损，村民普遍希望政府能够给予福利补贴，比如给予发展项目扶持等。事实上，政府部门也把配套项目支持作为试点村庄推动“大分离”的激励措施。但是，配套项目受到政府资源存量的限制，也受到村庄精英团队筹划、经营能力的制约。A村、B村都得到了政府的配套项目，但是，村民认为不足以弥补可能的损失，而精英团队筹划能力的不足，也使他们很难获得额外的帮助。而C村不仅有筹划能力很强的村两委，能获得超过村民

① 扎洛：《股权分红：旅游扶贫新模式——若尔盖县、碌曲县案例分析》，《中国藏学》2020年第4期。

预期的额外帮助，还因为村庄整体经济结构中，家庭养殖业比重进一步降低，合作养殖可能带来的损失完全可以由多种经营收益来弥补，在这种条件下，村民接受“大分离”就顺理成章。C 村案例让我们看到，村庄经济结构不断优化、村民生活水平的不断提高，使该村村民比 A 村、B 村的村民更重视“大分离”合作养殖对村庄环境卫生的改善，及对潜在传染性疫病的防范。

四、政策建议

整治农村人居环境，创建清洁卫生美丽的生活环境，符合广大农牧民根本利益，是推动高质量发展和建设美好生活的重要内容。但是，“好事要办好”并非易事，惠民项目是否能够达到预期效果必须考虑各种制约因素。通过对年楚河流域三种不同类型村庄的考察，不难发现在实施“大分离”项目过程中，政府政策的统一性要求和各村经济发展水平多样性之间有内在张力，村庄经济发展水平不同，村民对“美好生活”内涵的要求也有差异，因此，政策在推进过程出现不同结果在所难免。要顺利推进“大分离”项目，有必要在如下方面作出更多努力。

1. 发展乡村经济，改善经济结构。村民“斤斤计较”的根本原因是收入渠道不多，从而珍视任何有助于家庭经济的生产活动。C 村虽然有良好的村集体经济，但人们还是愿意养殖家畜，不放弃任何能够带来收入的生产活动。按照需求层次理论，在刚刚解决温饱、小康尚未稳固的阶段，村民仍然偏好增加收入而不是美化环境，[①] 因此抵触“大分离”是可以理解的。通过替代性产业发展降低家庭养殖业在村民家庭经济中的比重，有助于消解村民对家庭养殖业的依赖，在切实解决村民温饱问题后，人们自然对自身健康和生活环境有更高要

① 孙前路等通过在西藏日喀则、那曲两地对 721 户村民的问卷调查发现，受农户收入水平整体较低影响，农户参与村庄环境整治意愿较低。见孙前路：《西藏农户参与农村人居环境整治意愿的影响因素研究》，《生态与农村环境学报》2019 年第 8 期。

求，对待“大分离”的态度也会相应地发生改变。

2. 切实改善合作社赢利能力，提高对村民的吸引力。西藏农村有悠久的劳动合作传统，人们普遍认为如果必须实行“大分离”养殖，则只能走合作养殖的路子。但是，在家畜私有条件下，村民倾向于认为合作养殖只能达到次等好的效果，而出让所有权（自主处置权）的合作社经营，由于经营管理措施尚不完备，人们对集体资产流失和经营亏损十分警惕，对未来收益更是持有疑虑。因此，改善合作社赢利能力，树立良性示范，从而吸引村民加入是目前顺利推进“大分离”的关键。

3. 发展多种经营，解决非核心劳动力的转移就业问题。从经济学角度看，家庭就是一个经济合作组织，每个成员都根据劳动分工为家庭经济作出贡献。目前，年楚河流域农村的非核心劳动力主要承担照料老人小孩、田间管理及家畜养殖，其中家畜养殖承担着为全家解决乳制品消费、氆氇原料、生活燃料、农田家肥、少量现金收入等多重功能，直接影响着非核心劳动力的家庭地位和成就感。因此，通过发展合作经济来推动“大分离”，就必须首先解决非核心劳动力的转移就业问题。C 村的非核心劳动力参加了手工编制、蔬菜种植、苗圃育苗等多种就业，替代性产业的收入冲淡了家畜养殖在家庭经济结构中的重要性。不解决这一问题的合作社养殖等于使非核心劳动力部分失业，这是他们难以接受的结果。

4. 坚持“因村制宜、分类施策”的方针，项目推进应保持适当的灵活性。西藏农村受到自然条件限制，很少集中居住，现在的行政村多数是过去几个自然村组合形成的，居住彼此疏离。不考虑村民养殖难度而一刀切地搞统一集中养殖，就容易脱离实际。因此，在项目推进中应保持适度的灵活性，一是在 A 村、B 村这样规模较大的村庄，可以建设多个集中养殖区，根本的目的在于通过“人畜分离”，改善村庄人居环境，阻断人畜间疫病传播，而不应拘泥于一个村只建一个集中养殖区，忽略了对村民养殖造成的困难；二是根据各村经济发展水平等因素，采取有序推进的方式，像 C 村这样条件成熟的村庄可以一步到位，而像 A 村这样条件尚不充分的村庄，可考虑先实施部分家畜的集中养殖，通过周边村庄的示范带动，培育观念，激发合作，逐步实现“大分离”。

中央《农村人居环境整治三年行动方案》（2018 年）指出，要“根据地理、民俗、经济水平和农民期盼，科学确定本地区整治目标任务，既尽力而为又量力而行，集中力量解决突出问题，做到干净整洁有序。……不搞一刀切。”[①] 可见，中央在制定政策时，已经预见到全国各地情况千差万别，不能强求一律。2021 年中央发布的《农村人居环境整治提升五年行动方案（2021—2025 年）》再次强调：“坚持因地制宜，突出分类施策。同区域气候条件和地形地貌相匹配，同地方经济社会发展能力和水平相适应，同当地文化和风土人情相协调，实事求是、自下而上、分类确定治理标准和目标任务，坚持数量服从质量、进度服从实效，求好不求快，既尽力而为，又量力而行。”[②] 要实现中央确定的目标，各地方必须发挥主观能动性，创造性地开展工作，避免简单划一。在乡村治理中应坚持以人为本，多用凝聚共识的方法，慎用谈判博弈的手段，使乡村治理走上良性善治的轨道。

扎洛，中国藏学研究中心社会经济研究所所长、研究员。

① 中共中央办公厅、国务院办公厅：《农村人居环境整治三年行动方案》。

② 中共中央办公厅、国务院办公厅：《农村人居环境整治提升五年行动方案（2021—2025 年）》。

西藏高海拔牧区易地搬迁中的“一村两地”模式探讨

李健

2016年以来，随着脱贫攻坚和极高海拔生态搬迁等一系列政策的实施，西藏自治区开展了较大规模的农牧民易地搬迁行动，其中易地扶贫搬迁超过26.6万人，极高海拔地区搬迁等已完成超过4万人。搬迁总规模超过了西藏全部农牧民人口的十分之一，是一个规模很大的群体。做好这一搬迁群体的后续发展工作，不仅对巩固脱贫攻坚成果十分重要，对推进全区的乡村振兴工作也非常关键。因为这一轮搬迁以贫困户、高海拔特殊困难地区农牧民等为主，其原有的经济基础就很薄弱，在西藏农牧民群体中属于相对弱势群体，抗风险能力较低，保障其搬迁后生计的可持续改善十分重要。通过调研发现，不少移民新村建立后，通过更有效地统筹配置村庄生产资料和生产要素，确实大幅改善了生产生活条件，村集体经济和农牧民家户的收入也显著提高，这类经验值得总结。本文主要关注易地扶贫搬迁中从牧区到农区及城镇的跨乡、跨县搬迁，特别是极高海拔地区的跨地市搬迁等类型。本乡内搬迁安置对农牧民影响相对较小，本文暂不讨论。

一、西藏易地搬迁的背景和进展

从近年的持续跟踪研究看，西藏农牧民搬迁主要是缘于迁出地的自然气候条件严酷、生产生活条件差、资源有限及灾害多发等。具体的搬迁项目虽然有所不同，但总体趋势是从海拔高地区迁向海拔较低的地区、从边远贫困地区迁向相对发达富裕的地区、从牧区迁向农区或城镇郊区。在这三大迁移趋势中，高海拔地区、边远贫困地区往往和牧区是重合的，因此也凸显出当前西藏牧区的发展存在较突出的困难，面临着生态保护与生计转型的双重挑战。经济方面，传统畜牧业难以为继，现代畜牧产业培育困难，牧民可持续增收面临草场载畜量的瓶颈制约；生态方面，牲畜粗放养殖和草原生态保护间的矛盾日益突出，一些地方草场退化较严重；社会方面，牧区地广人稀，社会发育程度低，教育、医疗等基本公共服务成本高、质量低，高海拔牧区人均预期寿命相对短，特别是那曲北部双湖县等极高海拔牧区人均预期寿命不足 60 岁。①

牧区人口分散是适应传统牧业生计方式的自然结果，在游牧时代有很高的合理性，但现代乡村产业发展与基层治理现代化需要有人口的适度聚集。高海拔牧区人口过度分散，超过了政府基础设施和公共服务投入的承受能力，就地发展十分困难。特别是脱贫攻坚完成以后，由搬迁牧民新建立的移民村如何通过制度创新，推进脱贫成果巩固与乡村振兴，是当前西藏农牧区工作中亟待破解的难题。

以西藏近年开展的极高海拔跨地市搬迁为例，截至 2017 年底，西藏海拔 4800 米以上极高海拔地区（不包括边境县）仍生活着 16.5 万牧民，4500 米以上高海拔地区居住牧民达 47.9 万，其中那曲、阿里两地占 78.3%。②2017 年以来，西藏自治区政府启动极高海拔生态搬迁试点工作，主要进行了如下一些探索。一是开展极高海拔牧民向拉萨、山南等河谷地带搬迁的试点工作，拉萨堆龙德庆区古荣乡、当雄县羊八井镇和山南贡嘎县森布日等集中安置点已经有过万人搬迁入住，群众生产生活条件明显改善，公共服务水平有了大幅提升，政府为牧民搬迁提供了优惠的政策和服务。二是通过在雅鲁藏布江及其支流

① 根据中国藏学研究中心课题组 2017 年在那曲地区双湖县调查，双湖县嘎措乡和措折羌玛乡人均预期寿命分别仅有 56 岁和 53 岁，远低于当时全区 68 岁的平均水平。

② 西藏自治区发展与改革委员会 2017 年提供的统计数据。

进行大型水利枢纽工程建设，以期提高藏中河谷地区人口和产业的综合承载能力，如正在加快建设山南江北新区、日喀则拉洛灌区等，计划为下一步牧民的搬迁提供充足的安置空间。三是推动农牧业产业化发展，通过争取国家政策及融资支持，构建沿雅江流域河谷的乡村振兴发展带，重点发展青稞、牦牛等产业，帮助搬迁牧民参与到河谷地区的乡村振兴中，最终实现西藏农牧区人口空间分布的战略调整和城乡融合发展。四是制定《西藏极高海拔地区生态搬迁规划（2018—2025）》，计划到 2025 年完成海拔 4800 米以上约 13 万左右牧民的搬迁工作。

总体上看，西藏易地扶贫搬迁中的高海拔牧区贫困人口搬迁已经完成，但后续的产业发展等目前仍面临较多困难。极高海拔生态搬迁工作仍然处于起步的阶段，面临的困难和挑战会更突出。

二、高海拔地区牧民易地搬迁中面临的困难

西藏的牧区特别是其中的极高海拔牧区是一个集自然、经济、社会、文化为一体的综合性人文生态区域，藏族牧民长期在此生产生活，形成了相对稳定的结构，短期内大批搬离，就会相应产生各种风险。同时西藏又属于我国特殊的边疆民族地区，一些经济社会领域的风险一旦处置应对不当，就极易向其他风险领域传导。过去，学术界对青藏高原地区生态移民的研究已经显示了跨地域的长距离牧区移民会产生的各类问题。具体到西藏牧区，根据实地调研看，搬迁会带来的困难可能集中表现在如下几个方面。

经济适应困难。目前西藏高海拔地区牧民主要依赖传统畜牧业，同时国家的草原生态补助是现金收入的重要来源，草场面积较多的地区草补资金占家庭收入的比重普遍超过 50%。搬迁后生计方式的改变会给牧民收入带来巨大影响。迁入地产业培育、转移就业、农牧转换等都需要一个较长的时间来实现，已建成的配套产业项目也需要通过市场的考验来提升自生能力。2017 年笔者对

那曲牧区计划迁出地牧户进行访谈时发现，牧民最担心的是生计问题。很多牧民反映，“我们祖祖辈辈只会放牧，搬下去以后，靠什么来生活？”大部分牧民都表示，如果能继续保留草场和草补，就愿意搬迁。但从牧区搬迁到河谷农区后，搬迁户再长期保留原有草场又面临一定的制度障碍，这就形成两难困境。

社会融入困难。一般来说，移民在迁入地的社会融入比经济适应更为困难，对牧民来说尤其如此。整村搬迁可降低村庄内部的社会融入风险，但又面临处理与邻村居民关系的问题，社会融入不顺，就有可能引发社会纠纷。拉萨羊八井镇搬迁安置点首批入住牧民就曾反映，因外出到邻村草场上捡拾牛粪而与邻村村民产生紧张关系。如果是分散搬迁集中安置的类型，就会面临来自不同地区的牧民之间如何建立稳定和谐的社会关系问题，特别是让搬迁牧民对迁入地建立起稳定的社区认同感和归属感则需要更漫长的时间。期间如果没有及时建立起促进移民社会融入的机制，就有可能导致社会融入困难的积累。

文化调适困难。一般而言，在社会变迁过程中，价值观念的变迁最难。迁出地牧区与迁入地河谷农区的文化环境差异极大，给牧民的生活方式、语言使用、价值观念和文化重建带来很大障碍，搬迁牧民获得积极的自我认同和心理调适也面临挑战。那曲双湖县牧民就表示，“搬到拉萨附近以后，我们既不是牧民、又不是农民，也成不了市民，那我们该算什么人？”文化心理调适不成功，会给社会稳定带来较大隐患。

生态环境风险。从生态动态平衡理论角度看，牧业生产也是草原生态系统的重要组成部分，草原上人口与牲畜短时间内大量撤离，会改变原有生态系统，完全没有牛羊啃食的草场有可能引发新的生态平衡问题。有学者指出，“牧民和草原是生命共同体。在牧区城镇化进程中，牧民迁出牧区，割裂了牧民与草原之间唇齿相依的联系，带走了蕴藏在牧民身上的有关草原生态环境保护的传统知识和治理能力，从而可能带来一系列政策的意外后果”。[①]调研中发现，藏北很多经验丰富的老牧民也都在强调这一点。生态搬迁是实现草原生态系统再平衡的一种手段，但不能简单理解为搬出去就一定是保护生态。此外，极高海拔牧区人口如果完全搬离，也会造成草原管护能力的下降，不利于对草原上栖息的各类野生动物的保护。

三、目前搬迁村庄在实践中的一些应对策略

在近年的易地搬迁过程中，农牧民通过自发的实践，已经在探索和形成一些有益的成功经验，以主动应对生计方式改变之后如何实现增收致富的问题。2020 年 8 月笔者赴西藏日喀则市农牧区的调研中，同样发现了若干具有启发性的案例。

案例一：日喀则市桑珠孜区 ZS 村

ZS 村是日喀则市桑珠孜区的一个移民搬迁村，共 45 户 275 人。原村属于纯牧区，海拔 4500 米以上，是全乡最贫困落后的村。2001 年和 2007 年政府两次支持引导村民向国道沿线的农区搬迁，但都不太成功，中途搁置了，最后只有 22 户陆续搬到了新村。前几年易地扶贫搬迁工作启动后，国家投入的力度很大，给新迁过来的牧民都盖了新房，实现了整村搬迁。新村与旧村相距约 45 公里，搬迁后，原属扎什伦布寺的 1200 亩雨播地划归该村，开垦后成为良田，亩产青稞可以达到 500—600 斤。原村庄仍然保留，房屋、草场、牲畜都在，畜牧业生产仍在原村，农业生产在新村。村民根据每家每户的实际需要在新村和旧村之间跑，妇女开电动三轮车就可以来回跑。在村庄管理方面，村支部书记主要管理新村，村委会主任主抓旧村的管理，既合作又分工。搬下来后离日

① 包智明、石腾飞：《牧区城镇化与草原生态治理》，《中国社会科学》2020 年第 3 期。

喀则市区很近，所以年轻人多住在这边便于打工，村里进城打工的人从五年前的七八个人增加到了现在的 30 多人。目前全村已经形成一种农业、牧业和打工互相结合的经济形式，村民收入大幅增加，大部分家户都已购置了汽车，成了全乡的先进村。（采访对象为桑珠孜区纳尔乡书记，2020 年 8 月）

ZS 村属于移民搬迁村里十分典型的“一村两地”模式，即在一个村委会和村集体经济组织之下，存在农业和牧业两个生产生活的地域空间。通过易地搬迁项目，村庄既拓展了新的生产生活空间，增加了新的发展资源，享受到了更好的公共服务，又能保留原有生产生活资料。在农业、牧业、外出务工等多元互补生计模式下，村民可以根据实际需要合理调配自己家的人力资源，提高了生产效率，打破了原来单纯依靠传统牧业的村庄经济模式。

案例二：日喀则市江孜县 LS 村

LS 村是江孜县易地扶贫搬迁集中建立的新村，迁出地是位于江孜县北部的卡麦乡的 11 个村。2017 年底来自卡麦乡的 127 户建档立卡贫困户开始陆续迁入新村。2020 年 3 月 LS 村已正式成立新的村两委，村内的宅基地、耕地均已完成确权颁证。迁出地村庄里的耕地和草场目前均保留，并加入原村的合作社里，年终领取分红。原村里房屋如果拆除复垦，政府按照 2.4 万元 / 亩的标准给予补偿。新村里政府划拨了 300 亩土地，一部分由村集体统一交给合作社耕种，另一部分分到每个农户家，农户的耕地则由双联户单位集体耕种。（采访对象为江孜县 LS 村主任旦增旺扎，2020 年 8 月）

LS 村的经验显示，即便是分散搬迁、集中安置的易地搬迁类型，也仍然在一定程度上可以适用“一村两地”模式。只是原村的生产生活功能大大弱化，随着村民在新村生活的扎根，两头跑的频率可能会逐步下降。原村通过生产资料的保留，为搬迁后的村民保留了一个增加收入的渠道，并且通过原村的合作社经营，提升了生产效率，节约了人力资源。当然村民也可以选择完全放弃迁出地的生活资料，在获得补偿的同时实现迁移过程的完结。这种给牧民多几个选择的基层政策实践，往往也能在移民搬迁过程中取得较好的效果。

案例三：日喀则市桑珠孜区 CS 村

CS 村是日喀则市桑珠孜区 2020 年开始正在进行中的一个农村改革试点。该村在村两委的带领下，自发地探索了以“耕地全流程托管”为特点的耕作方式改革。在当地政府的支持下，村里成立了农机合作社，在全村选聘 15 位青壮年专门从事青稞种植。其他村民将自家的耕地全权委托给农机合作社来统一耕作，收获的青稞根据每家的耕地面积进行分配。解放出来的大量劳动力则外出务工经商，获得非农收入。在桑珠孜区，还有更多的耕作方式变革是采用半托管模式，就是把青稞种植的全流程分解成若干环节，农牧民可以根据自家的实际需求选择一到多个环节，委托村集体的或其他村的农机合作社来完成种植工作。（采访对象为桑珠孜区农业综合服务中心主任次旺多吉，2020 年 8 月）

根据桑珠孜区 CS 村及其他村的探索显示，在西藏河谷农区特别是离城市较近的农村，部分农民已经开始具有自发推进集体耕作从而获得劳动力解放的意愿。这种探索事实上已经打破了原来的小农户生产经营方式，可以为村庄的跨地域生产提供经验借鉴，特别是这种耕地托管或半托管的方式，对从牧区迁入农区的搬迁牧民来说也具有较大的适用性。对那些虽然在迁入地分配了耕地但并不熟悉农业种植的牧民来说，村集体统一经营和耕种土地也是一个可供选择的方案。

以上三个来自西藏中部的村庄案例说明，搬迁牧民具有自发地探索某种“一村两地”经营模式的内在动力。事实上，根据笔者对那曲极高海拔搬迁中的拉萨堆龙德庆区集中安置点的调查，已搬迁牧民在牧业生产的繁忙季节从安置点返回那曲迁出地是比较常见的，某种程度上已经建立起一种迁出和迁入地“两头跑”的生产生活方式。事实上，在内蒙古牧区，有学者已经指出要充分认识牧民的流动性特征，可以让牧民在牧区和城镇之间往返流动。[①]

四、构建“一村两地”模式的可行性分析

在西藏牧区易地搬迁过程中，若要有效化解前述的各类困难，确保搬出来的牧民能较为顺利地适应迁入地的环境，就有必要借鉴上述实践探索的经验，进行制度创新，积极探索构建新型的迁出地与迁入地关系，建立“一村两地”模式。

1.“一村两地”模式的基本内涵

“一村两地”模式主要是指，针对西藏的牧区易地扶贫搬迁和极高海拔牧区生态搬迁，在已有的搬迁过渡期政策基础上，统筹考虑搬迁牧民在迁出地和迁入地的生产资料配置，紧紧抓住国家推动乡村振兴战略、城乡融合发展和农村土地制度改革的有利政策契机，探索建立“一个村集体经济组织，两个生产生活地域空间”的特殊形态村庄。“一村两地”模式是一种较能适应西藏牧区特殊实际的创新性制度选择，既不同于临时性过渡政策，也不是一成不变的政策。在该模式下，搬迁牧民可以自主选择在保留迁出地生产资料的基础上，实现在迁出、迁入地之间的适度流动和合理分工，进而带动生产要素在两地之间优化配置，推动城乡融合发展和实现牧区振兴。

2. 构建“一村两地”模式的积极作用

“一村两地”模式有利于在生计、文化、生态和舆论四个方面发挥积极的功能。一是化解目前搬迁过程中群众的担忧。“一村两地”模式可以使目前暂

① 包智明、石腾飞：《牧区城镇化与草原生态治理》，《中国社会科学》2020 年第 3 期。

时保留生产资料的临时过渡期政策转变为更加制度化的安排，有效降低群众因政策不明确而产生的担心，从根本上化解搬迁阻力，平滑搬迁后续风险，保障极高海拔生态搬迁等工作顺利推进。二是减缓跨地域搬迁给牧民带来的经济社会文化冲击，实现平稳过渡。通过保留原有生产生活资料，建立迁入迁出地之间稳定的经济社会联系与情感纽带，可以为搬迁牧民生计方式与社会文化的平顺转型创造条件，化解经济适应风险，最大限度减少社会急遽变迁给牧民带来的阵痛。三是实现迁出地人与自然更加和谐共生。在迁出地适当保留牧业生产活动，是维系高海拔草原牧区生态安全的一种方式。通过进一步调减载畜量，留下部分驻守牧民，有助于加强草原生态看护，实现草原生态系统再平衡，防范草原生态系统骤然改变引发的不可测风险。四是有效应对可能的舆论风险。涉及搬迁问题有时容易引起舆论关注，特别是国外舆论的有意关注。探索运用“一村两地”模式处理复杂敏感的牧民搬迁工作，实现搬迁牧民生产生活平稳有序过渡，有利于通过搬迁的客观事实和效果有力回击国外的舆论攻击。

3. 构建“一村两地”模式的可行性

一是国家法律政策层面。1984 年以来中央在西藏就实行了“两个长期不变”的政策，2005 年又增加了“草场公有、承包到户、自主经营、长期不变”的第三个“长期不变”政策，这是中央赋予西藏不同于内地的特殊政策。2018 年新修订的《农村土地承包法》规定，国家保护进城农户的土地承包经营权，不得以退出土地承包经营权作为农户进城落户的条件。2019 年发布的《中共中央国务院关于建立健全城乡融合发展体制机制和政策体系的意见》指出，维护进城落户农民土地承包权、宅基地使用权和集体收益分配权。如果牧区易地搬迁安置区采取城乡融合的新形式来建设，牧民在具有城镇化特征的安置区统一按照当地城镇户口落户，则继续保留原有生产资料就具备了法律和政策上的依据。

二是地方实践探索层面。2017 年以来拉萨市等地出台了若干政策，针对极高海拔生态搬迁、三岩搬迁等的安置工作，设置了 5 年不等的过渡期。在过渡期内原则上允许搬迁牧民原有的生产资料继续保留和使用，草原生态奖补资金继续发放，保障了搬迁试点工作的顺利推进。当地政府的探索也已经包含了“一村两地”模式的若干初步特征。

三是群众自发实践层面。在已搬迁入住的安置点，牧民自发地形成了迁出地和迁入地双向流动的趋势，相当一部分青壮年劳动力会随季节返回牧区从事牧业生产活动，老人小孩则主要留在迁入地。根据中国藏学研究中心课题组 2017 年底对西藏首个极高海拔搬迁点的调查显示，78 户被访牧民中有 59% 的户有成员返回过迁出地。2019 年对位于拉萨附近的西藏首个整乡搬迁安置点的调查也发现类似现象，显示群众对“两地”生产生活接受度较高。牧民的这种流动性特征与其传统游牧生活方式有一定的关联，可以使搬迁牧民既有机会适应迁入地的现代生活方式，也有机会继续从事牧业生产。

四是基础设施层面。近年西藏交通、通信等基础设施条件大幅改善，海拔最高的那曲市双湖县也已修通柏油路。随着牧民家庭汽车拥有率不断提升，其交通出行能力也显著提高，特别是 2020 年拉萨至那曲高速公路通车，为牧民在迁入迁出两地之间必要的流动提供了更加快捷高效的交通出行方式。极高海拔牧区的行政村所在地均已覆盖手机移动信号和移动网络，不仅使两地的信息联系十分便捷，也可以大大减少不必要的往返流动，节约了牧民的交通成本。

五、关于构建“一村两地”模式的政策思考

1. 在搬迁安置区建设中，前瞻性地进行城乡融合发展规划与治理方式创新。充分考虑搬迁牧民的实际需求和承受能力，由国家支持西藏在迁入地建设城乡融合发展示范区，探索建立一种区别于一般乡村或城市的新型生活聚落形态。在基础设施、公共服务、社会保障和社区化管理等方面与城市标准对接；在街巷格局、居住方式、邻里关系、公共生活和信仰习俗等方面保留村落

形态；在基层治理方面，继续以基层党组织为核心，以村两委为主导，在村集体经济组织下设立迁出地经济合作社和迁入地经济合作社，形成适应“一村两地”的发展与治理架构；在行政管理方面，逐步建立与迁入地新型城乡融合社区相适应的行政建制体系，迁出地乡镇干部绝大部分可逐步转为迁入地社区的管理干部，仅保留少量干部继续在迁出地负责留守牧民的管理服务工作。积极引导搬迁牧民将原牧区户籍转为迁入地城镇户籍，允许保留原草场承包经营权不变。在迁入地如果得到重新分配的耕地，可由村集体统一经营，由农机合作社统一负责耕作，一般不再按户分配和耕种。如果搬迁安置房屋和土地确属农房和宅基地性质，同时在迁出地需要继续保留宅基地的牧户，在迁入地则不享有安置房屋的产权，但可以享有使用权。在迁入地已获得安置房产权的，则迁出地的宅基地和房屋可由村集体统一收回，牧户有需要使用原房屋的，可向村集体租赁，租金可由村集体经济分红抵扣。

2. 在迁出地组建村庄留守合作社，统一经营原村庄的集体资产和家户资产。在具备一定发展条件的迁出地牧区，鼓励村民通过草场、牲畜等入股加入合作社，在充分保护草原生态的前提下，建立集约高效的现代村庄牧场，发展绿色有机畜牧业，牧民获得股权分红收益。由村集体选派适量青壮年牧民留在迁出地负责合作社运营和草原生态管护。政府定期提供培训机会，逐步将有一定文化知识的青壮年牧民培育成新型职业牧民。另一部分留守牧民可转为生态保护员、野生动物保护员等，通过设立生态岗位予以安置，并继续传承当地的游牧文化。鉴于移民搬迁融入的长期性，留守合作社可按 10 年为期进行试运营，之后可根据村民意愿决定是否再延长运营时间。运营期内，针对牧民往返迁出迁入地的，政府适当给予一定比例和次数的交通费用补贴。

3. 在迁入地建立小微型畜产品深加工合作社，一头对接留守合作社，一头利用迁入地优势对接市场。首先在迁出地和迁入地合作社间形成以乡或村为单位的畜产品稳定供应链，再逐步引进优质电商龙头企业，将迁入地分散的小微型合作社整合起来，形成绿色有机畜产品的规模优势，构建迁出地、迁入地和内地市场之间顺畅的产业链循环体系。在龙头企业、村集体和搬迁牧民间建立稳定的利益联结机制与价值链收益分配机制，在壮大村集体经济的同时，确保搬迁牧民能够实现可持续增收并享有发展的主体地位。

4. 实施“一村两地”模式需把握好时间表和路线图。从积极稳妥角度出发，建议首先在 2016 年以来已建成或正在建设的易地扶贫搬迁和极高海拔搬迁安置区中，推广“一村两地”模式，总结相关经验，继续完善“一村两地”的落地模式。在此基础上，适时将该模式推广到“十四五”期间 4800 米以上极高海拔生态搬迁工作中。实施“一村两地”模式的牧区，每 5 年进行一次综合评估，对搬迁后在迁入地融入程度低、经济发展不好的或迁出地合作社运营困难的，可在村民自愿的基础上，适时终止“一村两地”模式的实施。对搬迁牧民退出的草场等生产资料，国家给予一次性资金补偿。

5. 提前筹划做好国内外舆论宣传引导工作。鉴于搬迁工作的高度敏感性，建议未雨绸缪做好舆论引导和应对的预案。在西藏极高海拔生态搬迁等牧区易地搬迁工作的全过程，吸收藏学、社会学、人类学、经济学、生态学及新闻传播等相关领域的专家学者参与跟踪调研，及时总结完善“一村两地”模式，形成系列高质量研究成果，定期在国内外公开发布，以客观有力的事实主动争取积极的国际舆论环境。

李健，浙江大学铸牢中华民族共同体意识研究培育基地副研究员。

农牧结合策略研究综述及其对西藏农村发展的启示

杨涛

土地资源是农牧民安身立命的依靠，也是新时代乡村振兴所依托的重要资源。尤其是像西藏这样的区域，63.39% 的人口是农牧民，35.8% 的就业人口依赖第一产业，34.3% 的可支配收入来源于第一产业。因此，如何在有限的土地上，合理安排种植业、畜牧业的发展，实现总收益最佳，对于西藏农牧民生存发展、增收致富等生计改善来讲至关重要。而且，随着西藏城镇化水平的持续提升，土地流转进程的推进，如何补偿农牧民腾让出来的土地价值，对于维护社会稳定和民族团结都具有重要意义。因此，开展对农牧结合制度的综述，并从中得到未来西藏农村发展的政策启示，成为本文研究目的所在。

一、农牧结合的概念

农牧结合是将种植业和畜牧业两个相互独立的生产系统结合起来，其中一个子系统的废弃物可以转变为另一个子系统的可用资源，如畜牧系统的厩肥是提高种植业系统产量的养分资源，种植业系统的秸秆等副产品是促进畜牧业发展的饲料资源（曾昭海、胡耀高，2010）[①]，从而实现在有限的耕地资源和资金投入前提下获得更大的收益（王希全，杨亚东，张凯等，2020）[②]。有时，农牧结合被延伸到种植业与畜牧业产品相互联系的系统之外，既包括农牧

① 曾昭海、胡耀高：《关于农牧结合的再思考》，《中国农作制度研究进展》2010 年。

② 王希全、杨亚东、张凯等：《农牧结合的意义、发展历程及前景》，《农学学报》2020 年第 1 期。

业生产系统，又包括社会、文化、政治、经济等因素相互作用的复杂动态系统（C.M.McCorkle，1992）[①]。

二、农牧结合的驱动力

农民是否采取农牧结合策略的驱动力，归结于对经济利益、生态利益与社会利益的追求（胡耀高，1995）[②]。经济效益表现在，农业种植业与畜牧业有机结合，发挥两者之间资源互补优势和资源循环利用，从而提高农牧生产的综合经济收益（许承琪，2018）[③]。以及长期保护土地的肥力，实现用地与养地的对立统一（王思明、刘启振，2016）[④]。而且，农牧结合还是充分使用土地的一种方式，粮食生产对土地的要求比较严格，一般坡度过大或酸碱度过大的土地都不适宜种植。但一个农业单元的土地总是多种多样的，如果从事单一粮食生产，往往会使一部分不适宜种植粮食的土地闲置起来。如果同时发展畜牧业，可以把这部分可能闲置的土地利用起来（严瑞珍，1964）[⑤]。

生态效益表现在推动农牧生产的可持续性，例如维护农田生物多样性、固碳减排、养分循环等方面（王希全、胡跃高、赵杰等，2018）[⑥]，减少畜牧业粪便对环境的污染（王希全、杨亚东、张凯等，2020）[⑦]。

社会效益表现在满足人类生存所必需的多样性食物需求、文化的多样性以及抵御自然与社会风险。人类既需要肉、奶、蛋等源于畜牧业的食物，也

① McCorkle.M.C:《 Plants,animals,andpelple. Agropastoral Systems Research 》, Westview Press, 1992, Colorado: 3-4.

② 胡耀高、朱文珊、逄焕成：《论农牧结合的基本理论》，《北京农业大学学报》1995 年 S1 期。

③ 许承琪：《藏南农牧交错带农牧结合模式的效益分析》，兰州大学硕士论文，2018 年。

④ 王思明、刘启振：《论传统农业伦理与中华农业文明的关系》，《中国农史》2016 年第 6 期。

⑤ 严瑞珍：《以粮食生产为主的农业企业农牧关系的初步探讨》，《经济研究》1964 年第 3 期。

⑥ 王希全、胡跃高、赵杰等：《农牧结合的发展现状与趋势》，《中国农学会耕作制度分会 2018 年度学术年会》，2018 年。

⑦ 王希全、杨亚东、张凯等：《农牧结合的意义、发展历程及前景》，《农学学报》2020 年第 1 期。

需要水果、蔬菜、纤维等源于种植业的食物，两者难以完全替代，共同影响着人类体质与健康趋势（胡耀高，1995）①。农牧结合让人类历史长河中游牧文化与农耕文化长期并存，并相互借鉴和交融（胡耀高，1995）②。农牧结合是传统亚洲小农最主要的生产方式之一（王希全、杨亚东、张凯等，2020）③，有利于维护小农经济，对社会弱势群体也起到了一定的慈善和救济作用（孙立田，2011）④。农牧结合还可以作为缩小不同区域经济差异的减震器，减少贫富差距的拉大（余成群、孙维、李少伟，2009）⑤。农牧结合也有助于增强农牧民规避风险的能力（曾邵海，2010）⑥。

三、农牧结合的实现路径

在获取农牧结合综合收益最大化的过程中，国内外形成了农牧结合的诸多实现路径。

从产品或能量等物质流动来看，种植业为畜牧业提供了饲料和饲草，畜牧业为种植业提供了肥料和畜力（胡耀高，1995⑦；李新、李群，2010⑧）。养殖业与种植业之间在饲草、饲料、肥料一个物质经济体系内形成相互促进、相互协调的关系（陶卫民，2007）⑨。因此，肥料、饲料、役力以及农畜产品交易之间的经济关系是联系种植业与畜牧业之间的基本链条（梁业森、周旭英，

① 胡耀高、朱文珊、逄焕成：《论农牧结合的基本理论》，《北京农业大学学报》1995 年 S1 期。
② 胡耀高、朱文珊、逄焕成：《论农牧结合的基本理论》，《北京农业大学学报》1995 年 S1 期。
③ 王希全、杨亚东、张凯等：《农牧结合的意义、发展历程及前景》，《农学学报》2020 年第 1 期。
④ 孙立田：《中古英国敞田制的运作及经济社会效应》，《天津师范大学学报（社会科学版）》2011 年第 1 期。
⑤ 余成群、孙维、李少伟：《西藏农业经济的空间差异分析》，《陕西师范大学学报（自然科学版）》2009 年第 6 期。
⑥ 曾昭海、胡耀高：《关于农牧结合的再思考》，《中国农作制度研究进展》2010 年。
⑦ 胡耀高、朱文珊、逄焕成：《论农牧结合的基本理论》，《北京农业大学学报》1995 年 S1 期。
⑧ 李新、李群：《试论中国古代的“农牧互补”》，《农业考古》2010 年第 1 期。
⑨ 陶卫民：《美国可持续发展农业》，《湖南机械》2007 年第 10 期。

1994）[①]。

从价值转换与增值情况来看，种植业产品价值通过饲料饲草转化成了畜牧业产品的价值，实现了价值或收益从种植业到畜牧业的转换，甚至闲置种植业秸秆的再利用；同样，畜牧业通过牛马及其粪便转化为了种植业的畜力和肥料，实现了价值或收益从畜牧业到种植业的转移，增强了农牧产出系统抵御风险的能力，实现了价值增值（梁业森、周旭英，1995）[②]。欧洲人也认识到农牧结合的好处，认为“二者关系密切，而且由于让株草在自己的农庄里被吃掉，比卖掉对农庄主更合算，同时厩肥对农作物来说又很有用，因此，农庄的人都搞两种经营：农业和牧业，得到丰厚利益（M.T. 瓦罗，1982）[③]。

从农牧结合的空间范围尺度上，农牧结合可以在家庭范围内实现，即一个家庭既从事种植业活动，也从事畜牧业活动。农牧结合也可能超越家庭范围，以跨区域的方式来展开，一地专业化畜牧业、另一地专业化种植业，两区域之间进行种植业与畜牧业的互补结合（许振英，1979[④]；曾韶海，2010[⑤]）。这其中包括牧繁农育，在牧区牧草生长季节里通过放牧进行小家畜的饲养、繁殖或提供架子畜，然后将家畜转移到农区，利用农区丰富的秸秆与精饲料进行集中育肥（徐敏云，2014[⑥]）。

四、农牧结合的演进历史

农牧结合策略在中国农史上历史悠久。《墨子 · 天志上》云：“四海之内，

① 梁业森、周旭英：《论农牧结合的实质与功能》，《中国农业资源与规划》1995 年第 1 期。
② 梁业森、周旭英：《论农牧结合的实质与功能》，《中国农业资源与规划》1995 年第 1 期。
③ M.T. 瓦罗著，王家绶译：《论农业》，商务印书馆，1982 年。
④ 许振英：《我对农牧结合的一些看法》，《东北农学院学报》1979 年第 2 期。
⑤ 曾昭海、胡耀高：《关于农牧结合的再思考》，《中国农作制度研究进展》2010 年。
⑥ 徐敏云：《草地载畜量研究进展：中国草畜平衡研究困境与展望》，《草业学报》2014 年第 5 期。

粒食人民，莫不犓牛羊，豢犬彘。”[①]《管子 · 民》曰：“务五谷则食足，养桑麻、育六畜则民富。”[②]但 20 世纪 80 年代后，随着大量化学肥料的生产、农业机械的普及、现代饲料工业的扩张，农牧结合制度的重要性受到了弱化，其传统的厩肥功能、饲料功能及畜力功能不断地被化肥、复合饲料和机械所替代（曾韶海、胡耀高，2010）[③]。新中国成立以来，中国畜牧业和农业相继发生了三次分离：畜牧业与农户的分离，役畜与农业的分离，畜牧业经营主体与农户的分离，由此撕裂了传统农业下农牧天然融合的关系，农牧之间出现渐行渐远的趋势（郭庆海，2021）[④]。

但是进入 21 世纪，当可持续发展成为当代农业的发展主题，资源节约环境友好型技术开始受到青睐。在节能减排与循环利用颇受推崇的今天，农牧结合以其独特的生态优势，将重新在生态系统健康、生态保护型农业及循环高效农业中，焕发出熠熠光彩（曾邵海，2010）[⑤]。当今世界生态与社会问题互相交织，农场尺度的农牧结合生产系统可以有效替代专业化农业生产系统，提高土壤肥力及土地利用效率（王希全、杨亚东、张凯，2020）[⑥]。

五、农牧结合的西藏实践

相对于中国及世界其他地方，农牧结合策略对于地处青藏高原的西藏农民生计具有特殊意义，既有世界农牧结合的共性，也有地处青藏高原而伴生的特性。青藏高原农牧结合的基本联系主要有 5 个途径，即能源（燃料）、厩肥

① 《墨子》，中华书局，2007 年。
② 《管子》，上海古籍出版社，2015 年。
③ 曾昭海、胡耀高：《关于农牧结合的再思考》，《中国农作制度研究进展》2010 年。
④ 郭庆海：《渐行渐远的农牧关系及其重构》，《中国农村经济》2021 年第 9 期。
⑤ 曾昭海、胡耀高：《关于农牧结合的再思考》，《中国农作制度研究进展》2010 年。
⑥ 王希全、杨亚东、张凯等：《农牧结合的意义、发展历程及前景》，《农学学报》2020 年第 1 期。

（肥料）、饲料、畜力及经济联系（温军，2000）[①]。

与世界其他地方一样，西藏种植业为畜牧业提供饲料和饲草，畜牧业为种植业提供畜力和肥料，从而提升农牧综合产出。青藏高原多山谷，河谷地区土地适宜种植业生产，而海拔较高的土地只适应牧草生长而不能种植。因此，农牧结合能充分利用不同海拔高度的地理特点，提高土地利用效率，获取更多生存资料，这是藏族人为适应高寒自然环境而采取的适宜策略（南文渊，2007）[②]。同时，西藏农牧结合战略还具有 5 个特殊价值。

一是农牧结合为农民提供了不可或缺的燃料。通过将牛羊等牲畜的粪便制作成粪饼，为置身于高寒气候之中的农民抵御严寒提供了取暖、餐饮等生存必需的燃料。藏南河谷农区，海拔高、树木稀少、燃料缺乏，群众利用一部分牛粪和马粪，晒干后作燃料；如果单纯从农业方面考虑，牲畜粪作燃料固然是一种损失，但是在这些地区燃料问题未解决之前，利用牲畜粪代替燃料也是办法之一（安新固，1984）[③]。但是，本来可以用来补给牲畜冬季饲草饲料的大量作物秸秆和用来补给农田有机质的牲畜粪便都作为能源烧掉，割断了农牧结合的内在联系和农牧业系统的生态循环，难以确保耕地资源的可持续利用（李利锋、郑度，2003）。[④]

二是农牧结合为农民提供了必不可少的畜力。西藏农区、半农半牧区地势很高，空气中氧气不足，而农业生产中的许多农活又是劳动强度较大的，如耕、耙、运输、脱粒等。在劳力不足的情况下，用畜力代替劳力是十分重要的。因此在农区、半农半收区发展畜牧业，饲养一定数量的耕牛、马、骡驴等役畜，可以大大减轻人们的劳动强度，提高劳动生产率，又能维护人们的健康

① 温军：《青藏高原农牧结合的功能、模式与对策》，《自然资源学报》2000 年第 1 期。

② 南文渊：《藏族生态伦理》，民族出版社，2007 年。

③ 安新固：《论西藏的农牧结合问题》，《西藏研究》1984 年第 1 期。

④ 李利锋、郑度：《西藏拉萨地区生态环境建设的社会经济措施》，《山地学报》2003 年第 3 期。

水平（安新固，1984）[①]。

三是农牧结合为农民提供了重要的衣料。表面上看，西方传统农业结构中似乎没有衣着原料的生产，但细加分析，西方的畜牧业在很大程度上是为衣着原料的生产而存在的。畜牧业兼有衣食的双重功能，从而得到异乎寻常的发展（曾雄生，1993）[②]。西藏亦是如此，通过将牛羊等牲畜的皮毛制作成衣服、鞋子，为农民抵御严寒提供了蔽体的服装原料。尤其是近代以前，皮毛仍是西藏农民的主要服装原料之一。

四是农牧结合是维持藏族传统文化的重要基础。如果从高原民族食物构成来看，藏、土、羌、撒拉、蒙古、彝、普米等民族的膳食结构属营养成分以高热量食品为主的欧美型，糌粑、茶、手抓羊肉构成藏民族的主要饮食。不论平民还是贵族，俗人还是僧人，农民还是牧民，这种饮食结构是共同的，而且千年来没有改变（许承琪，2018）[③]。由于从畜牧业向种植业演变的历史不算很长，无论农区或半农半牧区都明显地保留着原来经营畜牧业的基本特征，牲畜种类及群众生活习惯和牧区的基本一致就是有力的证明；无论农区、半农半牧区或牧区，牛羊肉，奶和奶制品都是藏族人民日常生活中不可缺少的食品（安新固，1982）[④]。

五是农牧结合是应对高原自然风险较多的一种机制。西藏地势高而复杂，自然灾害频繁；而现阶段，人们对自然灾害的抗御能力是有限的。一旦遇到自然灾害如旱、涝、冰雹、霜冻、病虫害的袭击，种植业遭到严重的损失，就会直接影响到群众的经济收入和生活，单一经济的脆弱性很快暴露出来；而因地制宜地实行多种经营，如发展畜牧业、副业等，在一定程度上可以减轻损失

① 安新固：《论西藏的农牧结合问题》，《西藏研究》1984 年第 1 期。
② 曾雄生：《中西农业结构及其发展问题之比较》，《传统文化与现代化》1993 年第 3 期。
③ 南文渊：《藏族生态伦理》，民族出版社，2007 年。
④ 安新固：《论藏南河谷地区的农牧林相结合诸问题》，《西藏研究》1982 年第 1 期。

（安新固，1984）①。

因此，西藏的农牧结合有着悠久的历史跨度。根据卡若遗址的考古发现，认为“藏绵羊和牦牛这两种高原家畜的遗骸在曲贡遗址的出土，说明农牧结合的经济模式在西藏地区很早就出现了”（拉巴平措，1992）②。尤其是几千年来，在东部低海拔地区一直维持着半农半牧的经济模式（南文渊，2000）③。在长期农牧互惠过程中形成了不同的农牧结合模式，其中“牧繁农育”和“农草牧补”两种农牧结合模式最为普遍，并且“牧繁农育”模式在藏南农牧交错带中更具有应用优势（许承琪，2018 年）④。不过，农牧结合从某种意义上说更是一种策略、一种手段，农牧结合中以农为主还是以牧为主，与一个国家或区域自然、社会、经济发展水平有着密切联系，是一个动态的发展过程（王清先，2002）⑤。

总体来讲，民主改革以来，西藏农牧结合经历了三个阶段：第一阶段（1959—1984 年），农牧业经营主体变革期，农牧结合经营主体由农户家庭到人民公社，又回到农户家庭。第二阶段（1984—2007 年），农牧结构调整期，20 世纪 90 年后期，西藏出现卖粮难问题。为消化剩余粮食，西藏大力推动粮食向饲料粮转化，开启西藏农牧结合以牧为主的进程。第三阶段（2007—2017 年），牧业和农业转型专业化发展期，农牧结合范围上升到地区范围，由农户家庭内向家庭间以及地区间转化。牛羊粪独立成业，被加工成肥料产品，通过市场流通重新还田（余成群、曲云鹤，2017）⑥。

---

① 安新固：《论西藏的农牧结合问题》，《西藏研究》1984 年第 1 期。
② 拉巴平措、陈庆英主编：《西藏通史》，中国藏学出版社，1992 年。
③ 南文渊：《藏族农耕文化及其对自然环境的适应》，《青海民族学院学报（社会科学版）》2000 年第 2 期。
④ 许承琪：《藏南农牧交错带农牧结合模式的效益分析》，兰州大学硕士论文，2018 年。
⑤ 王清先：《农牧结合与西藏可持续发展》，《西藏农业科技》2002 年第 2 期。
⑥ 余成群、曲云鹤：《西藏以农牧结合为基础的畜牧业发展路径探究》，《西藏科技》2017 年第 8 期。

六、对西藏农牧业发展和土地流转的政策启示

高寒气候和多山土地是西藏农牧业发展无法回避的自然背景，农牧民在较长一段时期内仍是西藏居民的主体构成，是西藏农牧业发展长期延续的人口背景，保持农牧区社会稳定安全和生态安全是西藏农牧业发展长期战略的政治背景（温军，2006）[①]。因此，农牧结合在历史、当前以及未来较长时期仍是农牧业发展和土地政策制订与调整时必须考虑的因素，这点与中国内地当前家庭层面农牧分离的情景具有明显差异。

第一，农牧结合在家庭范围内仍会持续较长时期。凡是通过行政力量推动农牧结合范围从家庭转变为跨区域范围的政策调整，或者农牧民种植与养殖分离后的专业化推进，都要因地制宜，慎重稳进。没有市场性劳动力转移的大规模趋势出现，农牧结合在家庭范围内的拆解，只会带来农牧业总产出的下降，农牧民总体收入的降低。随着西藏人口老龄化趋势的越发显现，老龄人口和轻度残疾人口在劳动力市场上的竞争力下降，但是其劳动力价值依然能借助农牧结合机制得到体现，增加家庭收入。

第二，农牧结合综合收益是西藏土地流转补偿计算时必须考虑的因素。对于内地大多数单一种植业区域，土地流转基本以种植业产出为其评估考量；但对于像西藏这样农牧结合制度的区域，土地流转有必要考虑除种植业产出之外的畜牧业因素，以及农牧结合对于西藏生态安全、社会稳定及文化传承等领域的额外影响。因此，引进西藏农牧业大型投资项目时，对农牧民的补偿评估机制有别于内地单一种植业区域，只有当投资赢利充分大时，推进土地流转和农牧业专业化、组织化发展，才能得到来自企业充足、长期的资金保障，实现项目的可持续性发展和协调当地农牧民利益与社会稳定。

杨涛，中国藏学研究中心社会经济所副研究员。

① 温军:《西藏农业可持续发展战略研究》，中国藏学出版社，2006 年。

川西北高原牧区生态振兴的问题、路径与对策*

杨帆　蒋尧　曾维忠

青藏高原被誉为“亚洲水塔”“世界屋脊”“地球第三极”，生态战略价值极高，是中国、亚洲乃至世界重要的生态安全屏障。习近平总书记高度重视和关心青藏高原的生态保护和高质量发展，强调新时代党的治藏方略“必须坚持生态保护第一”①。川西北高原牧区地处青藏高原东南缘，作为我国集中连片重点牧区之一，不仅是长江、黄河上游及主要支流的源头，而且是藏羌回等少数民族主要聚居地，肩负着保护生态、改善民生、维护民族团结和社会稳定等多重重任。但同时，该区域生态环境脆弱、生态问题敏感，在巩固脱贫攻坚成果、治理相对贫困、实施乡村振兴战略、建设生态文明、推进共同富裕中，均需高度关注。为此，课题组通过田野调查，分析川西北高原牧区生态振兴面临的突出问题，提出以“制度供给、科技创新、资源倾斜”为组合拳的川西北高原牧区生态振兴策略。

* 本文系国家社科基金青年项目“川西北牧区农牧民相对贫困识别与长效治理研究”（项目编号：21CMZ007）阶段性研究成果。

① 光明网：《为子孙后代留下美丽家园——习近平总书记关心推动国土绿化纪实》，2022年3月29日，https://m.gmw.cn/baijia/2022-03/29/35620956.html?sdkver=771db3e7，2022年7月26日。

一、川西北高原牧区生态振兴的战略价值

（一）川西北高原牧区生态振兴是乡村振兴的重要组成部分

生态振兴是乡村振兴中五个“振兴”的重要一维[①]。川西北高原牧区生态振兴在完善牧区产业结构，提升产业能级，推动产业振兴；改善牧区发展环境，吸引人才驻留，促进人才振兴；繁荣牧区生态文化，升华生态意识，实现文化振兴；强化牧区基层治理，优化组织功能，落实组织振兴中均具有不可替代的重要作用。生态兴则文明兴，生态衰则文明衰[②]。生态环境是人类生存和发展的根基。尤其在生态极端脆弱、环境承载力严重局限的川西北高原牧区，生态振兴不仅是该区乡村振兴的重要一维，更是其产业、人才、文化和组织振兴的关键前提与核心保障。

（二）川西北高原牧区生态振兴是共同富裕的题中应有之义

共同富裕是多维富裕，不仅包括物质富裕，而且强调精神富足，强调人民群众生活环境的优化、美化，强调环境对个体精神世界的洗礼与升华。川西北高原牧区生态振兴不仅能为区内农牧民发展生产、实现产业生态化和生态产业化、增加经济收入、实现物质富裕提供丰富的自然资本和物质资本，而且能为其生活环境改善、心灵净化、精神升华等提供物质载体，促进精神富足。

（三）川西北高原牧区生态振兴是实现碳中和、碳达峰的重要举措

我国要在2030年前努力实现碳达峰，2060年前力争实现碳中和，必须实行全行业、全链条、全流程节能减排、减碳增汇[③]。川西北高原牧区在增汇减碳

① 五个“振兴”指产业振兴、人才振兴、文化振兴、生态振兴、组织振兴。

② 中国政府网：《习近平出席全国生态环境保护大会并发表重要讲话》，2018年5月19日，http://www.gov.cn/xinwen/2018-05/19/content_5292116.htm，2022年8月1日。

③ 习近平：《在第七十五届联合国大会一般性辩论上的讲话》，2020年9月22日，https://baijiahao.baidu.com/s?id=1678546728556033497&wfr=spider&for=pc，2022年8月1日。

方面独具潜力。首先，通过退化、沙化草原治理，山地治理，植树造林，退牧还草，可以扩大林草面积，巩固提升碳汇能力；其次，通过森林抚育、草场培育，可以提升林草质量，提高碳汇增量；再次，通过技术创新、科学养殖，能够在确保牛羊等牲畜产量的同时，减少碳排放。

二、川西北高原牧区生态环境存在的突出问题及原因

（一）“生态—生计”潜在冲突对垒

调研发现，生态保护政策和措施对长期依赖游牧为生的川西北高原牧区农牧民生产、生活带来了较大程度的冲击和风险。生产方面，由于休牧、禁牧和限牧等生态保护措施的实行，半舍饲或舍饲的牲畜饲养方式导致家庭生产投资扩大、饲养成本增加，从畜牧业中获得的纯收入降低。生活方面，牧区家庭特别是低收入家庭能源消耗种类较为局限，主要依赖薪柴、牛粪等传统非商品能源和煤炭等低质商品能源，为了能源生计，农牧民违反政策规定砍伐、焚烧，对生态环境造成一定程度的破坏。因此，在川西北高原牧区生态保护措施和农牧民家庭尤其是低收入家庭生计之间，存在潜在冲突对垒，不利于巩固脱贫攻坚成果与乡村振兴的有效衔接，不利于高原牧区生态振兴。

（二）气候变化酝酿生态危机

高原牧区对气候变化的反应异常敏感。受全球气候变化影响，青藏高原气温升高，降水格局改变，二氧化碳浓度上升，冰川消融，极端气象灾害增加[①]。相关研究表明，1980—2019 年，青藏高原积雪深度整体呈下降趋势[②]。尤其在 2000 年以后，积雪覆盖日数和雪深明显下降，受天气影响产生的雪灾频次增

① 曾奕丰、张芊妤、侯扶江：《青藏高原气候变化对牧场生产的影响》，《草学》2022 年第 3 期。

② 王芝兰、张飞民、王澄海、孙旭映、吕春艳：《1980—2019 年青藏高原积雪深度时空差异性分析》，《冰川冻土》2022 年第 3 期。

强[①]。这些变化对川西北高原牧区的牧草生长、牧场生产、农业生产、旅游产业发展以及区内人民群众生命财产安全等均带来负面影响。

（三）“两化三害”防控形势严峻

川西北高原牧区草场的“两化三害”，即草原退化、沙化及虫害、鼠害、毒杂草害，具有分布面积大、扩散能力强、易暴发、难控制等特点。据估算，川西北高原牧区草场约 38% 的“两化三害”源自人为草场破坏，约 62% 源自畜牧业失序发展[②]。尽管近年来川西北高原牧区在草场“两化三害”治理和修复中取得了重大突破，但由于该地区生态环境具有多样性、复杂性和脆弱性等特点，容易受地理条件等因素的反复影响，区内天然草场仍然出现不同程度的退化和沙化[③]。草场退化为虫、鼠提供了良好的生存环境，更利其繁殖，从而酿成虫害、鼠害。加之全球气候变化引起区内部分地区干旱化趋势加剧，损害了天然草场的抗干扰能力和恢复能力，原生植被群落的优势种类逐渐减少，大量毒草、杂草趁机涌入。“两化三害”长期防控形势依然严峻，治理任务繁重。

（四）旅游环境公共品属性附着的权利义务失衡

川西北高原牧区风光大美天成，生态农牧得天独厚，农牧业、旅游业融合发展优势明显。旅游环境天然具有公共产品属性，当地农牧民、游客均有利用、享受旅游资源的权利。然而，作为有限理性的经济个体，一方面，部分当地农牧民无视区域旅游资源整体开发规划的有序性，过度利用牧旅资源，乱搭乱建，将牧区草场改造为住宿区、停车场或骑马点，导致生态遭受破坏。另一

① 车涛、郝晓华、戴礼云、李弘毅、黄晓东、肖林：《青藏高原积雪变化及其影响》，《中国科学院院刊》2019 年第 11 期。

② 数据来自对相关政府部门工作人员的访谈。

③ 杨克宁：《健全横向生态补偿机制，筑牢川西北绿色生态屏障》，《中国企业报》2021 年 3 月 10 日第 2 版。

方面，一些游客的不文明旅游行为也对牧区生态环境造成了较大负面影响，如在草地露营后任意丢弃垃圾、在河流溪流中随意清洗物品等，一定程度上加剧了川西北高原牧区生态环境的恶化。因此，当地农牧民和游客保护旅游环境的义务与其享有的权利并不对等，实现区域生态振兴的个体主观能动性仍有待规制、激发。

三、川西北高原牧区生态振兴的路径与对策

（一）激励相容，完善川西北高原牧区生态振兴制度供给

正式制度方面，首先，目前青藏高原生态保护立法已进入国家层面的立法程序，四川省及川西北高原牧区所在地方行政单位应提前谋划，为该法落地实施提供相应制度保障。其次，打破行政边界，建立川西北高原牧区生态振兴联席办公室，建立生态振兴跨区域协同治理长效机制。再次，调动地方基层政府、企业、社会组织、家庭和个体等的参与积极性，实现多元主体共治。第四，正负激励融合，完善绿色生产激励机制，引导区内企业淘汰落后产能，改进生产技术，实现环境友好型绿色生产。第五，通过为生态护林员、护草员等生态岗位提供具有市场竞争力的工资和福利待遇，激发其履职积极性。第六，规范引导，严格管理，加强对当地农牧民和外来游客合理利用旅游资源的约束，减少直至杜绝过度开发旅游资源、随意丢弃垃圾等破坏生态环境的违法违规和不文明行为。

非正式制度方面，充分发挥传统文化、宗教习俗、本土知识、村规民约等在规制当地企业、农牧民生态生产、生活行为方面的重要作用，激励人们做出尊重自然、保护环境、与万物和谐共处的生态选择，并将这种非正式制度的影响融入学校教育，贯穿到个体的全生命周期中，从小约束，潜移默化形成文化自觉。

（二）科技创新，提升川西北高原牧区生态振兴技术手段

第一，科学放牧。通过对卫星通信、卫星遥感等先进科学技术的融合应用，通过“互联网＋放牧”打破牧民游牧时的信息闭塞，打通利用信息技术科学放牧的“最后一公里”，改变“牛羊跟着水草走，牧人跟着牛羊走”的传统草原游牧方式，为牧民选择合理的游牧路线提供科学依据，为管理部门治理局部草场超载过牧现象提供有力的信息技术支撑。

第二，科学治沙养草。除了采用选育技术因地制宜培育优质牧草外，特别将水源供给作为确保高寒牧区牧草生长、草场沙化和退化治理的核心保障，引入、开发自动化、精细化滴灌新技术，构建数字化、智慧化、体系化水网，建设发展更经济、更科学的节水型草原生态文明。

第三，科学监测气候变化。建立川西北高原牧区响应气候变化的监测机制，与相关科研机构合作开发相关监测指标体系、技术体系和预报预警体系，加强对极端天气事件的预报、对气候变化影响的传播，全面提升川西北高原牧区地方政府、企业和农牧民灾害综合防治和气候变化适应能力，将极端天气和气候变化对牧草生长、牧场生产、农业生产、旅游业发展，以及区内人民群众生命财产安全造成的负面冲击降至最低。

第四，科学生活。在维护现有垃圾处理基础设施、完善垃圾处理管理体系的基础上，进一步引入垃圾堆肥、垃圾发电和资源再生等生活、生产垃圾无害化集中处理技术，将农牧民的生活、生产垃圾变废为宝；借助生物循环降解技术克服高寒地区污水处理难题，因地制宜推行“厕所革命”，解决农牧民的如厕卫生问题；促进水能、风能、太阳能发电对接整合，扩大清洁能源的使用覆盖率，将清洁能源效益最大化，实现川西北高原牧区农牧民田园牧歌与现代科技生活有机融合。

（三）资源倾斜，强化川西北高原牧区生态振兴资源保障

第一，财政金融资源倾斜。充分发挥财政资金的杠杆作用，加强政府、金融机构和企业的合作，努力吸引社会投资，撬动社会资金汇聚，支持川西北高原牧区乡村生态振兴；提升政府财政资金利用效率，减少非刚性支出，切实保障生态振兴重点领域支出；跨区域设立川西北高原牧区生态振兴专项基金，专款专用，促进川西北高原牧区生态振兴治理的可持续性。

第二，人力资源倾斜。创新人才引进，打造川西北高原牧区跨区域生态治理人才招引平台，协同制定人才政策，开展人才政策推介、引才对接、项目洽谈等，提升川西北高原牧区人才吸引力度，促进人才在区域内良性循环；创新人才共用，深化与高校和科研院所的科研联合公关和人才合作，在生态环境治理方面实现柔性引才、人才共享、激励相容、合作共赢；创新人才服务，注重优化人才发展治理体系，搭建事业发展平台，畅通职业晋升渠道，完善业余生活服务，改善就学就医条件，让各级各类专业人才安居乐业，为川西北高原牧区生态振兴和高质量发展贡献才智和力量。

杨帆，四川大学公共管理学院研究员（专职科研）、硕士生导师；蒋尧，南开大学周恩来政府管理学院博士研究生；曾维忠，四川农业大学西部乡村振兴研究中心主任、教授、博士生导师。

生态与文化：新时代乡村生态振兴视阈下藏族传统生态观研究*

曾吉卓玛　于宗佩

习近平总书记在党的十九大报告中指出，生态文明的建设必须紧紧围绕“绿水青山就是金山银山”的绿色发展理念。① 为进一步推进生态环境建设，习近平总书记在第十三届全国人民代表大会第一次会议上，提出将乡村生态振兴作为乡村振兴战略的五大振兴之一，是乡村振兴的重要支撑点和着力点，实施乡村振兴战略需要牢固树立绿色的发展理念，坚持人与自然和谐共生，坚守绿色发展的底线。② 藏族作为青藏高原的原住民，在千百年来与青藏高原和谐共处中，建立了一套“人、自然、社会”协调发展的生态文化，在此过程中，形成了该民族独特的生存文化。③ 但是，自改革开放以来，随着市场经济的发展，青藏高原的生态环境受到了一定的冲击，打破了生物多样性和草原生态链的均衡性。

* 本文系国家社科基金冷门“绝学”和国别史等研究专项《十世班禅大师及其训诫教言的整理与研究》（批准号：19VJX087）、青海省“高端创新人才千人计划”培养拔尖人才、青海师范大学教学研究项目“藏族农牧区优秀传统文化传承教育的研究与实践”（项目号：qhnujy2021142）、“涉藏地区历史与多民族繁荣发展研究省部共建协同创新中心”、高科院“青藏高原社会治理”的阶段性成果。

① 习近平在中国共产党第十九次全国代表大会上的报告，《人民日报》2017 年 10 月 28 日。

② 刘镇玮、林美卿、苏百义：《乡村振兴之生态振兴：内生逻辑、关键环节与实践向度》，《山东农业大学学报》2021 年第 2 期。

③ 才让拉措：《马克思主义生态观的地域性发展——论藏族传统生态伦理观的当代价值》，《西藏发展论坛》2019 年第 1 期。

众所周知，青藏高原被称为“国家生态安全的重要屏障”，被誉为“中华水塔”、世界“最后的一片净土”，可见它在国家生态环境建设中具有重要的地位。青藏高原由于地处高寒高维度地带，故其生态环境极其脆弱，植被的结构、地形环境和气候很容易受到人类活动的破坏。据此，近年来青藏高原的生态环境建设受到了很高的关注。[①] 乡村生态振兴建设融合青藏高原生态环境保护，必须立足于本土生态智慧和地方性知识。藏民族传统的生态观久经历史的考验，充分彰显出其在高原生态环境保护中的优越性。藏族的游牧文化协调着他们的生产生活和均衡着草原生态系统，继而实现可持续发展。藏族传统的游牧生活方式和民族信仰的生态观，为青藏高原乡村生态振兴提供了本土智慧和地方性经验。[②]

一、乡村生态振兴视阈下生态建设的时代意义

（一）生态建设是乡村振兴的重要支撑

乡村生态振兴作为乡村振兴的重要支撑，是实现全面建成小康社会和社会主义现代化强国的实际需要。人类在开发自然、社会经济发展和城镇化建设加快推进的过程中，必须遵循自然的发展规律，才能有效地开发和利用自然，人类对大自然的伤害终究会损害人类本身的利益。[③] 在藏民族生活的地区，由于受严酷的地理环境影响，注重人与自然和谐共生的生态文明建设显得尤为重要。因此，在实施乡村振兴战略的同时，应该更加注重生态建设。生态建设是乡村振兴的重要一环，符合社会主义生态文明建设的价值需要，对全面实施新发展理念中绿色发展理念具有重要的意义。

① 冯雨雪、李广东：《青藏高原城镇化与生态环境交互影响关系分析》，《地理学报》2020 年第 7 期。

② 高恩召：《生态治理的本土经验》，兰州大学，2020 年。

③ 段刚辉：《深刻领会习近平新时代中国特色社会主义生态文明建设思想，努力推进西藏生态文明建设》，《西藏民族大学学报》2018 年第 1 期。

生态建设与乡村生态振兴相辅相成。乡村生态振兴归根结底就是在乡村实现经济发展的同时必须坚持走“绿色发展、可持续发展”的道路，始终贯彻“绿色”的新发展理念。与此同时，生态环境的保护取决于经济结构和经济发展方式，在转变乡村经济发展方式必须坚持“绿水青山就是金山银山”的生态建设理念作为乡村振兴战略的实施发展方向。[①]发展生态友好型产业是推进乡村生态振兴的重要途径，相关学者指出生态振兴是产业振兴的重要基础，是人才振兴的重要保障，是文化振兴的重要载体，是组织振兴的监督机制，乡村振兴战略的实施能否成功主要取决于这一过程中是否注重生态环境的建设。贯彻实施乡村振兴战略，在发展产业的过程中走绿色、可持续发展道路，打造生态宜居环境可以增强人才资源的吸引力。美丽有序的乡村生态环境是乡村文明建设的精神支撑，生态环境的建设是乡村组织振兴的衡量标准。[②]习近平总书记认为，乡村生态振兴就是生态文明建设的重要基础，是实现伟大复兴战略任务的根本保证。[③]

（二）生态建设是乡村振兴的关键环节

在乡村振兴战略的实施过程中，如何协调经济社会的发展与生态文明建设相适应，是当下应该着重思考的问题。在乡村现代化建设中，产生的生态环境问题是阻碍乡村振兴战略顺利实施的拦路虎，正确处理乡村经济建设与乡村生态振兴的关系、农业发展现代化与城乡生态环境协调发展的问题，生态文明建设是关键环节。乡村经济发展中的生态环境问题已成为乡村社会治理中的一大难题，如何处理乡村社会经济发展与乡村生态环境建设之间的关系，是贯彻实

① 中共中央文献研究室：《习近平关于社会主义生态文明建设论述摘编》，中央文献出版社。

② 刘镇玮、林美卿、苏百义：《乡村振兴之生态振兴：内生逻辑、关键环节与实践向度》，《山东农业大学学报（社会科学版）》2021 年第 2 期。

③ 中共中央宣传部：《习近平新时代中国特色社会主义思想三十讲》，学习出版社，2018 年。

施乡村振兴战略的根本。乡村社会经济的发展与乡村生态文明建设不均衡主要体现在各个主体环境保护意识薄弱，过分追求经济利益，忽视生态环境建设；乡村经济发展规划缺乏科学性；生态环境建设制度不完善。①

由于青藏高原独特的自然环境条件和生态的脆弱性特征，藏民族在繁衍生息的过程中，与之发展出一套和大自然共生的生态保护文化，并且可以在生态极其脆弱甚至在生物种类有限的高维度环境中生存，故以有效方式保护生态环境成为藏族人民古往今来都需要面临和解决的重要问题。党的十九大将“美丽”作为社会主义现代化强国的重要目标，生态文明建设在国家现代化建设进程中达到了前所未有的高度，坚持人与自然和谐共生，将“绿水青山就是金山银山”写入党章等。对于生活在青藏高原上的藏民族来说，这是推动本民族可持性发展的最佳时机，契合了藏民族传统的生态观念，对加强青藏高原生态文明建设具有重要意义。②同时，相关学者认为涉藏地区乡村生态振兴应当融合藏族传统生态文化，转变经济发展方式，将生态文明制度建设放在第一位，利用制度的规范性和科学性，以科学的生态治理方式和先进的生态保护理念等，推进生态文化建设，构建生态文明。③

二、藏民族传统的生态观概述

藏族主要分布于青藏高原，是一个具有悠久历史的古老民族，具有深厚的文化底蕴和源远流长的历史，其独特的居住环境影响着藏族人民形成别具一格的民族文化。藏族人民传统的生态观念一方面受到原始宗教文化的影响，比如

---

① 张晓冬、石径溪：《乡村振兴战略视野下我国农村经济与生态环境协同发展研究》，《农业经济》2019年第8期。

② 才让拉措：《马克思主义生态观的地域性发展——论藏族传统生态伦理观的当代价值》，《西藏发展论坛》2019年第1期。

③ 张效科：《我国藏区生态文明制度建设问题探析》，《经济研究导刊》2021年第18期。

神山圣湖等，具有自然崇拜意义；另一方面，藏族人民传统的生态观也受到本民族的传统苯教文化和藏传佛教的影响。[①] 可以说，藏民族传统的生态观为乡村生态振兴提供了本土智慧，为青藏高原生态环境的建设提供了地方性经验。

（一）关于原始宗教文化中的生态观

古代藏族人民与其他民族一样，在民族文化形成初期，原始的信仰对本民族的发展产生了深远的影响。藏族人民对自己所处的生活环境有一个清晰的认识，对自然环境的变幻莫测总是赋予其一层神秘的色彩，并对自然界产生一种敬畏和感激之情。这也反映出了在生产水平较为低下的时期，藏族人民主动地去认识世界的一种视角，对自然万物的神化，让藏族人民生活在一个充满神的世界之中。万物有灵的原始信仰是推动藏族先民努力地去认识自然、解读自然，并给藏族人民打开了一个认识自然万物的窗口，当然，这也与藏族人民世代生活的高原环境息息相关。[②] 人们对大自然加以感激和敬畏的情感，促使人们产生了对大自然的崇拜和恐惧，由此转化为行为上的禁忌。在藏族先民看来，整个世界都是有生命的，花草树木等和人们一样有灵魂，因此也要像对待人一样对待它们。[③] 藏族原始宗教的万物有灵论主要体现于藏族人民对大自然的崇拜、动植物的崇拜之上。

从古代藏民族“万物有灵”的生态意识起源来看，万物有灵是藏民族先民对自然界的最初探索，是一种由内而外的原始信仰，主要体现在两方面：一是一种灵魂信仰，认为神祇寄托于世界万物之中，伤害生命体就是亵渎神明，由此逐渐形成自然崇拜；二是一种自然惩罚，古代藏族人民对待自然灾害有敬畏之心，人们面对山水风雷等产生的灾难都归结为对神灵不敬而产生的惩罚，藏

① 李姝睿：《试论藏族传统文化之生态哲学》，《青海民族研究》2009 年第 2 期。

② 马春晖：《论苯教和藏传佛教对高原藏族生态文化的影响》，西北师范大学，2010 年。

③ ［英］弗雷泽：《金枝》，中国民间文艺出版社，1987 年。

族人民想要生存必须屈从世界万物，否则会受到神灵的惩罚。正是这种对大自然最原始的认知成了藏民族生态保护意识的源头。①

在藏族原始宗教信仰对藏族传统生态观的形成与发展的影响中，有学者描述藏族先民在原始信仰的影响下，对大自然充满敬畏和感激之情，"万物有灵"和"玛纳"②作为超自然的神灵信仰，被渗透于高原生态文明建设之中，除此之外，藏族先民还认为各类神灵如"'拉''鲁''念''赞'等"，存在于各个生命体之内，崇拜神山、圣湖、动植物，这种敬畏的心理世世代代地影响着藏族人民，有效地保护了高原的生态环境。③部分学者从图腾和动物崇拜、多神崇拜和自然崇拜出发，指出古代藏民把自己视为是猕猴和罗刹女的后代，雄狮象征藏族人民的精神，白牦牛作为山神化身，创造了山川、大地和森林；多神崇拜和自然崇拜主要是藏民族在长期的生产生活中，把自然界神灵化又把神灵人格化的结果，崇拜对象多为山神、年神、水神等。年神生活在石缝和森林之中，水神和山神都代表着藏族人民对青藏高原山峰和水源的保护，正是藏民族的多神崇拜和自然崇拜形成了他们对生活居住环境的重视与敬畏。④张翠叶指出藏族原始宗教思想的特征主要存在于人与自然的关系之中，自然界的一切物体都有神灵的存在，神山、圣湖、花草树木等是人类社会的一种精神寄托，是人与自然和谐共生的外在表征，宇宙一切生物都有一个共同的来源，一切生命都处于某种联系之中，人与其他生命处于相同的地位。⑤

另外，在藏民族尊崇的自然禁忌对其传统生态观念形成与发展的影响中，才让卓玛从藏族民间信仰的自然崇拜出发，从藏民族对神山的崇拜、对圣湖的

① 方玮蓉、马成俊：《论〈格萨尔王传〉中藏族先民的生态意识》，《文化遗产》2021 年第 04 期。

② "玛纳"是一种内在于人类、动物、植物以及其他物体中的力量。

③ 才让拉措：《马克思主义生态观的地域性发展——论藏族传统生态伦理观的当代价值》，《西藏发展论坛》2019 年第 1 期。

④ 切排、陈海燕：《藏族传统生态观的体系架构》，《吉首大学学报（社会科学版）》2014 年第 3 期。

⑤ 张翠叶：《藏民族传统文化生态观的形成研究》，《林业调查规划》2013 年第 4 期。

崇拜及对动植物的崇拜文化，论述了藏民族对“万物有灵”思想的尊崇及民族禁忌对其传统生态观形成的影响。她指出藏族人民认为山是祖先诞生和山神生活的地方，是人和神交流的必经之地，禁止在神山上进行打猎、伐树、污染及一切破坏神山的事。同时，圣湖也是神生活的场地，禁止污染水源，并且认为动植物都是有生命的，应当同人类一样必须得到相同的尊重与保护。[①] 当人们面对大自然的雪崩、泥石流、冰雪等灾害时，会对大自然产生一种敬畏；古代的藏族人民无法解释自然灾害的现象，于是将其作为一种超自然的力量，认为是神灵的惩罚。此外，藏族人民认为居住于青藏高原上神山、圣湖中的神灵都有无边的法力和数量巨大的神兵保护着神山圣湖的每一寸土地和每一个生灵，为了避免神灵的惩罚，人们必须保护山石和花草树木。[②]

（二）关于苯教文化中的生态观

苯教是涉藏地区土生土长的宗教，也是涉藏地区原始的宗教。在藏传佛教形成和发展之前，苯教在藏族人民的生活中占据主导地位。苯教的信仰核心是万物有灵，信仰基础为自然崇拜，正是藏族人民对苯教自然崇拜而产生一系列的自然禁忌，由此藏族人民初始的生态观应运而生。[③] 苯教传承和发展了藏族原始宗教文化中的万物有灵的文化，形成了苯教独特的“三界观”；苯教文化作为藏民族文化不可分割的组成部分，承继了藏民族原始宗教文化中的生态观。

苯教的三界观是一种类型说，它将世界分为三个部分，即天、地上和地下。“赞神、年神、鲁神”是藏民族早就存在的神祇，苯教对其加以规定，将

① 才让卓玛：《论果洛藏族民间信仰的生态伦理》，《西北民族大学学报（哲学社会科学版）》2010 年第 6 期

② 项庆扎西：《浅谈藏族信仰民俗文化中的环保观》，《楚雄师范学院学报》2012 年第 2 期。

③ 张晓东：《论苯教对藏族生态文化的影响》，兰州大学，2008 年。

“赞”认为是天上的神，“年”是地上的神，“鲁”是地下的神，对神祇的重新排列，赋予了他们新的意义，同时对藏民族的生态保护意识也有了新的发展。①

苯教三界观影响了藏民族生态观的形成与发展。项庆扎西在文章中写道，天上、地上和地下都住着神祇，宇宙的任何地方都是神灵的居住地，神灵都是喜欢干净的，在地上焚烧产生的污秽会污染天上的神，会受到“赞神”的惩罚，人间会受到灾难；而宇宙万物同生共源，生活在地面上所有的生命体都有神灵存在，藏族人民在劳作和行走中，特别注重保护“年神”的栖息地，不破坏花草树木和山石等；藏族人民深信水是“鲁神”的居住地，禁止在水中扔不干净的东西以及大小便等，否则将会受到鲁神的惩罚，身患各种疾病，此外，藏族人民一般不吃水生生物，认为其是神灵的寄托。② 正是苯教多神崇拜观念的要求，藏族人民心中形成了生态保护的观念，保护了青藏高原的生态环境。南文渊认为苯教的三界观构成了一个自然人文生态系统，是一种人与自然和谐共生的方式，他认为三界观其实是一种自然、社会、文化的综合体，正是宗教的这种宇宙模型与人类社会发展相适应，从而助推了藏民族传统生态观的形成与发展。③

从苯教教义和仪式对藏民族生态观形成的影响角度出发，苯教认为破坏环境会杀害生命体，是杀生之罪。在苯教经典《鲁念萨达》对破坏环境的描述中，王妃因修佛堂而破坏了地表环境受到了上天的惩罚。正是藏民族这种对自然界的崇拜和敬畏，要求保护环境，形成了藏民族原始的生态观。④ 傅千吉认为苯教的“拉则”“拉勒”“煨桑”的仪式活动对藏民族生态观的形成也产生了

① 丹珠昂奔：《藏族文化发展史》，甘肃教育出版社，2001 年。

② 项庆扎西：《浅谈藏族信仰民俗文化中的环保观》，《楚雄师范学院学报》2012 年第 2 期。

③ 南文渊：《藏族生态文化的继承与藏区生态文明建设》，《青海民族学院学报》2000 年第 4 期。

④ 切排、陈海燕：《藏族传统生态观的体系架构》，《吉首大学学报》2014 年第 3 期。

一定的影响，“拉则”① 是山神的神宫，人们每年都要定期对山神进行祭祀，祈求山神保护，同时也是对山神崇拜；人们对“拉勒”② 的敬畏，保护着树木的成长，侧面反映了人们对生态环境的保护；藏族人民利用“煨桑”净化空气，供奉神灵，反映了藏族人民对空气纯净的保护。③ 苯教文化对藏民族生态观念的形成具有重要的作用，在加快生态文明建设的今天，我们有必要汲取藏民族的经验，融合民族发展，助力乡村生态振兴建设。

（三）关于藏传佛教文化中的生态观

佛教自传入藏地历经了漫长的发展和本土化进程，与藏民族所处生活环境相适应，最终形成了具有高原风情的藏传佛教，在其取代苯教成为藏地的主要信仰后，不仅将佛教本身的生态文化发扬光大，还汲取了苯教的生态观念，其思想体系的发展对高原生态文明建设的发展提供了清晰的认识，也为高原生态环境的保护提供了经验。藏传佛教中积极的生态保护观念与党的十九大提出的生态文明建设相适应，体现了人与自然和谐共生的生态理念。在高原生态文明建设中，汲取藏传佛教的生态理念，对实现乡村振兴具有重要参考意义，将藏传佛教教义中的生态理念转化为实际行动，对于助推乡村生态振兴建设具有举足轻重的作用。

从藏传佛教的义理对藏族人民生态观念的影响来看，熊坤新等学者认为藏民族是一个在宗教影响下成长起来的民族，尤其是藏传佛教对藏民族影响最大，藏传佛教强调“十善”④ 法，要求藏族人民善待生命；他们指出正是佛教不杀生的观念在藏民族的影响，藏族民众的“放生”意识也逐渐成长起来。此

① 指山顶上插有风旗箭簇（象征物）的石堆。

② 指房前屋后以种植的树木为依托的神灵，离人们的生活区很近。

③ 傅千吉：《白龙江流域藏族传统生态文化特点研究》，《西北民族大学学报》2004 年第 3 期。

④ “十善”法：不杀生、不偷盗、不邪淫、不妄语、不离间、不恶语、不绮语、不贪、不嗔、不邪见。

外，他们还认为正是十善法的反对捕杀动物、破坏生态环境的观念发展成为一种宗教伦理制度，对促进藏民族生态文明建设具有重要的作用。[①] 陈海燕等学者认为藏传佛教是藏文化发展的根基，佛教禁止杀生、放生护生的“五戒十善”构成了藏民族生态观念的基础；众生平等、普度众生的法则维护了藏地的生态平衡；藏族人民对神山圣湖、寺庙、自然保护区的崇拜与敬畏建构了一个和谐的生态系统。[②] 部分学者从藏传佛教“万物一体”的整体生态观念、“万物众生”的缘起论、“无我”的智慧等佛教理念方面来论述藏传佛教对藏民族生态观养成而产生的作用。[③] 贡保扎西等学者从藏传佛教的世界整体性思想、万物因缘生起理论、万物业生论、众生佛心论等佛教理论与藏族人民生活实际相结合，来为高原生态环境保护提供相应的解决方案，协调人与自然和谐发展。[④]

从藏传佛教的思想价值观念和道德准则对藏民族传统生态观的影响来看，噶玛降村从藏传佛教的万物平等和保护世间万物的思想中总结和汲取藏文化中人与自然和谐共生的生态观。[⑤] 桑才让认为藏传佛教的思想影响着藏民族人民思想的平等性，藏民族受佛教思想的影响认为自己和自然界和谐共生，对待生命体应一视同仁、平等对待，认为一切生命体都有成佛的可能性，杀害生命就是在杀害佛性，同时藏民族相信生命轮回，认为杀害的生命体就有可能是自己的前世亲人，从而保护了高原的生物多样性。此外，藏民族还深受佛教乐善好施道德准则的影响，倡导勤俭节约、反对铺张浪费，藏族人民的精神有效地保护了青藏高原脆弱的生态环境。[⑥] 杨哲从藏传佛教“慈爱众生、万物有灵”的思想体系、“索取有度”的价值观念出发，指出藏民族依赖自然而存在，应当

---

① 熊坤新、颜顺新：《藏族生态伦理思想概论》，《青海民族学院学报》2007 年第 2 期。
② 切排、陈海燕：《藏族传统生态观的体系架构》，《吉首大学学报》2014 年第 3 期。
③ 梁霞：《论藏传佛教生态理念的特征及意义》，《青海师范大学学报》2014 年第 6 期。
④ 贡保扎西、琼措：《论藏传佛教的生态思想及其社会影响》，《四川民族学院学报》2011 年第 1 期。
⑤ 噶玛降村：《藏族传统文化中的生态观》，《康定民族师范高等专科学校学报》2005 年第 2 期。
⑥ 桑才让：《藏族传统的生态观与藏区生态保护和建设》，《中央民族大学学报》2003 年第 2 期。

感激大自然的馈赠，在人与自然和谐共生的基础上敬畏自然。除此之外，高原生态环境非常脆弱，正是藏族人民不求享受、索取有度的价值观保持了青藏高原资源环境的可持续发展。①李晓霞从藏传佛教思想影响藏族文化出发，认为藏传佛教融合和汲取了苯教的生态伦理思想，进而对信仰者的内心进行治理，将藏传佛教的日常伦理奉为日常生活中的标准规则，从心理上影响着藏族人民的生态观念；宗教活动和生态之间相互影响，把宗教文化融入现实生活中，影响了藏地人民对生态自然的认识；藏族人民还遵循藏传佛教的善待自然的伦理观念，坚持佛教天人合一的思想。②

从藏传佛教的禁忌对藏民族生态观念的影响来看，梁艳指出藏传佛教追求极乐清净的生态观，认为高原上的山川河流都在神灵的管辖之下，一旦被污染就会惹怒神灵，人们将受到灾难的惩罚。正是人们对该禁忌的敬畏，使得藏族人民养成保护水源、保护空气不被污染，不滥砍滥伐、不乱开垦耕地的生态观。③藏传佛教的禁忌督促着藏民族生态观念的养成，藏族人们传统信仰认为世间万物皆有神灵存在，这些超自然的神灵威慑，使藏族人民养成了根深蒂固的生态环境保护习惯，形成了环保意识和生态价值观。④

三、藏族生态观的特点概述

青藏高原地势高、气温低，自然环境比较恶劣且生态环境较为脆弱。生活在青藏高原上的藏民族为了生存发展，形成具有藏族特色的生态观念。在乡村振兴战略实施的大背景下，如何提高涉藏地区人民的生活水平，改善藏族人民的生活环境，成为当下最紧迫、最重要的问题。千百年来，藏族人民在实践中

① 杨哲：《试论藏传佛教中的生态环境保护思想》，《剑南文学（经典教苑）》2013 年第 9 期。

② 李晓霞：《浅谈藏传佛教文化中的生态自然保护意识》，《攀登》2017 年第 4 期。

③ 梁艳：《藏传佛教中的生态理念和生态实践》，《青藏高原论坛》2014 年第 1 期。

④ 梁霞：《论藏传佛教的生态理念及其践行方式》，《青海师范大学学报》2016 年第 6 期。

形成的生态观念与当今国家生态文明建设相适应，符合“绿色发展”的新发展理念，将藏民族的传统生态观与乡村生态振兴相结合，实为推动涉藏地区绿色发展的一大动力，对高原生态文明建设起到了不可替代的作用。

藏民族形成的一套系统的生态文化理论蕴含着藏族人民智慧的结晶，既符合自然界的客观规律又充分发挥了藏族人民的主观能动性，在保护自然环境的同时充分利用自然，建立了一种人与自然和谐共生的理念。在分析藏民族生态观念的特点上，笔者在对藏文化研究的过程中发现藏民族的生态观始终贯穿于本民族宗教的发展历程中，并且这些宗教的信仰文化体系中所体现出来的生态观具有系统性；同时，藏民族的生态观还体现了人与自然和谐发展的稳定性，人与社会发展的稳定性。此外，藏民族的禁忌文化和崇拜文化更是藏民族传统生态观中的一大特色，这些促使人们形成了一套对自然资源合理利用的价值理念，对实现藏族地区经济可持续发展和维持涉藏地区生态环境平稳运行具有重要的作用。[①] 南文渊教授则认为藏民族传统的生态观主要是以人与自然和社会的关系两大方面展开，高原生态环境的脆弱性和自然资源的缺乏使得藏族人民形成了保护生态、保护生物多样性为前提的物质精神文化；与西方发达工业化相比，藏族人民形成了与西方工业文明对资源过分掠夺相反的具有封闭性和节俭性的生态文化；藏族生态文化还在民族信仰的影响下，具有人与自然高度和谐发展的性质。除此之外，他还认为宗教为藏民族生态文化的形成提供了指导思想。[②] 以上学者都对藏民族生态文化的特点做了总结，前者主要从藏民族的民族信仰方面出发，对藏民族生态观形成过程中宗教文化、禁忌和崇拜文化所扮演的角色进行了分析；而后者主要从藏民族所居住的生态环境及人与社会之间的关系出发，认为藏民族生态观的特点更多的是受藏族人民的生态环境所影

① 曾吉卓玛:《论藏民族的生态观及其特点》,《青海师范大学民族师范学院学报》2020 年第 1 期。

② 南文渊:《从现代生态伦理学的发展看藏族传统生态伦理在现代社会中的作用》,《青海民族学院学报》2004 年第 4 期。

响。总之，我们认为藏民族生态观的特点主要表现在以下三个方面。

（一）“万物有灵论”贯穿藏民族生态观的始终

藏民族的生态文化贯穿于藏族人民日常生活中，生态观念是在藏民族长期历史发展过程中由多重思想观念融合发展形成的一种生态文化，是藏文化的重要组成部分。藏民族的生态观既包含了高原地区形成的本土原始宗教的思想，也具有融合了高原文化的藏传佛教思想，它们都以“万物有灵”作为最基本的思想基础。

从藏族最原始的信仰开始，奉行多神论，崇拜山川河流、日月星辰、花草树木等，认为万物皆有灵；到之后形成系统的苯教，继续发展了藏民族的多神论，并进一步加深了藏族人民神山圣湖的崇拜，之后藏传佛教取代苯教成为藏民族主流的意识形态，并且汲取了苯教的部分教义，奉行“众生平等，尊重生命”的观点，认为一切生物都和人一样存在生命，必须得到同样的尊重与保护。藏民族在长期的历史发展长河中，将“万物有灵论”贯穿于民族发展的始终，是藏族人民生态观的思想基础，也是藏族人民对高原生态环境保护的理论武器。

（二）“人与自然和谐共生”是藏民族生态观的重要体现

藏族人民主要生活在青藏高原，高原自然生态环境的脆弱性和自然资源的有限性，使藏民族形成了一套人与自然和谐共生的生态理念。同时，藏族人民的生态观建构了人、自然、神灵三位一体的生态文化体系，人、自然和神灵相辅相成、和谐共生。藏族人民的生态观念具有明显的客体化思维，是一种以自然为中心的观点。它将自然界的一切生物都认为是平等的，理应受到尊重与关怀，同时也是一种生物中心论的观点，认为自然是有价值和权利的客体，强调人与自然和谐共生。在藏族人民的传统观念中，始终坚持自然至上，它掌握人们的命运。藏族先民认为人在自然面前是无能为力的，是无可奈何的，又因为高原生态环境的独特性，人们敬畏自然的同时又保护自然，由此才得以生存。这对藏族人民的生态保护理念和实际提出了更高的要求，人们将自己的命运与自然紧密地结合在一起，与自然和谐共生成为藏民族生态观念的重要体现。

（三）“宗教文化”在藏民族生态观中扮演着重要角色

藏民族自古以来是一个有信仰的民族，从早期藏族人民对大自然认识的有限性，对于超认知的事物都加以敬畏和尊重，同样，由于高原环境的恶劣影响，藏族先民对自然也充满着敬畏之情，对大自然顶礼膜拜；藏族人民在实际生活中，在认识自然和适应自然的过程中不断地积累经验，藏族本土宗教——苯教应运而生。苯教作为早期藏族政权的统治工具，形成了一套系统的宗教组织体系，具有完备的宗教教义，深刻影响了古代藏族社会的发展。苯教的三界观在藏族人民生态观的形成过程中扮演着重要的角色，引导了人们生态保护意识的形成，利用人们对神灵的崇拜与敬畏，有效地保护了生态环境。佛教在传入藏地后，取代苯教成为统治者意识形态的统治工具之后，摒弃了苯教利用生灵祭祀的习惯，巧妙地改变了苯教的一些祭祀仪式，保护了生灵。此外，佛教“众生平等、慈悲为怀”的思想，要求不杀生、放生护生等，提倡维护生态系统的平衡等观念，深入藏族人民的内心。从原始的信仰、多神论的苯教到融合藏民族地域文化的藏传佛教，都影响着藏族人民价值体系的形成，藏民族的宗教文化贯穿藏族人民系统的生态观念形成始终。

四、总结

（一）藏民族的传统生态观为乡村生态振兴建设提供了理论参考

乡村生态振兴建设应该转变经济发展为重的思想观念，更多地注重生态环境的改善，加强思想宣传教育，充分调动主体的积极性，推动乡村振兴绿色发展。涉藏地区乡村振兴战略的实施必须符合涉藏地区地域文化的特征，也必须符合涉藏地区人民的思想价值体系。藏民族优秀的传统生态文化是藏族人民在发展实践的历史进程中逐渐积累的物质文化和精神文化的重要组成部分，是民族文化的精华。藏民族的传统生态观根植于本民族文化土壤之中，具有稳定性、系统性以及持续性，是藏民族人民的生活习惯、价值理念、行为方式、民族信仰等方面的重要表现。在涉藏地区生态文明建设中，藏民族“万物平等”的理念、“放生和不杀生”的习俗、和“神山圣湖”的禁忌保护了藏地生物多样性，培育了藏族民众对待生命的平等观；承继和发展藏民族传统的生态文化，对牢固树立藏族人民的生态环保意识，维持涉藏地区生态平衡，建设生态涉藏地区具有重要的意义。藏民族的生态文化主要是在民族信仰下发展起来的，发掘民族信仰体系下的生态观念对高原生态文明建设具有重要的意义，对实现乡村生态振兴具有不可替代的现实意义，应积极引导藏民族的民族信仰与社会主义社会相适应，推动实现藏民族生态文化价值观念的转化，适应高原现代化的乡村振兴建设，为现代化生态文明建设提供理论参考。

（二）藏民族的传统生态观为乡村生态振兴建设提供了发展方式

在涉藏地区乡村生态振兴建设过程中，必须进一步正确地认识人与自然的关系，尊重自然、保护自然、合理开发利用自然，坚定实施“人与自然和谐共生”的发展方式；社会经济的发展应与生态文明建设相适应，人们在发展社会经济时，应该转变经济发展方式，注重经济生产方式和发展模式与自然的关系，始终坚持“绿水青山就是金山银山”的发展理念，在保护生态环境的同时推动经济的发展。人与自然并不是处于对立的状态，人们在利用自然的同时也要履行保护自然的义务，自然为人类提供生存的环境，保护自然环境就是保护人类自己。正是藏民族对自然的尊崇，使藏族人民对大自然产生了敬畏之情，千百年来，藏族人民通过对自然的敬畏与感激保护了高原植被的生态平衡，维持着自然与人类社会的有序发展。藏族人民传统生态观符合乡村生态振兴的运行规律，对大自然崇拜和敬畏，有助于高原生态系统的平稳运行。

（三）藏民族的传统生态观为乡村生态振兴建设指明了发展方向

乡村生态振兴建设必须推动生态文明建设，提高藏族人民的环境保护意识，培养藏族人民新时代的生态观，努力将藏族人民传统生态观念与党的十九大的生态文明建设相协调，充分发掘藏文化的生态思想，促进涉藏地区生态文明建设。涉藏地区乡村生态振兴的实施必须以藏民族传统的生态观念为依托，在传承藏民族传统生态理念的同时，保护自然环境，珍惜自然资源，合理利用、开发自然资源，坚持人与自然和谐共生，坚持绿色发展理念。在加快高原生态文明建设的同时，融合乡村生态振兴建设，在青藏高原原有的基础上，努力将高原涉藏地区打造成环境美、生物美、文化美的新格局。

曾吉卓玛，青海师范大学法社学院副教授、民族学博士；于宗佩，青海师范大学法社学院社会学专业硕士研究生。

供需平衡与生态搬迁的精准安置

——西藏森布日高海拔搬迁安置的案例研究*

蒋尉

一、森布日极高海拔生态搬迁安置的基本情况

森布日极高海拔生态搬迁是西藏自治区党委政府贯彻落实中央关心支持西藏发展作出的重大战略决策。根据山南幸福家园发展规划（2019—2035年），安置点的范围西至山南市贡嘎县岗堆镇森布日村，东抵桑日县桑日镇（辐射追塘坝），覆盖雅江北岸区域的贡嘎、扎囊、乃东、桑日等4个县（区），包括9个乡镇32个行政村，规划面积2745.46平方公里，占山南市域面积的3.5%。搬迁安置的目标是建成满足居民发展、实现生活富裕、产业兴旺、美丽生态、彰显文明生活及人文精神的“幸福新家园”。

森布日位于雅鲁藏布江北岸，是西藏极高海拔生态搬迁的重点安置点。该村迁出地位于青藏高原核心区，地广人稀、居住分散、资源匮乏，基础设施和公共服务可及度低，是西藏生态保护任务最重、贫困程度最深、发展难度最大的重点生态功能区。2019年12月，在西藏自治区、那曲市、山南市党委和政府的组织领导下，由区、市两级高海拔搬迁办公室具体指挥，相关部门支持配合，加上社会各界的关心帮助，全体干部群众完成了那曲市双湖县和安多县极高海拔地区957户的搬迁安置，涉及上述2个县的4个乡（嘎措乡、措折羌玛

* 本文为中国社会科学院“西藏社会科学院国情调研基地”项目的阶段性成果。

乡、雅曲乡、色务乡）所辖 13 个行政村的 4058 人，其中劳动力 2159 人，中小学生 1232 人；建档立卡贫困户 212 户 912 人；低保户 65 户 105 人。①

在西藏极高海拔生态搬迁项目全部结束后，西藏将能退出近 35 万平方公里土地，其中保护区 28 万平方公里。这将有利于全面改善迁出地生态环境，草甸覆盖度将提高 10%—20%，荒漠草原覆盖度将提高 5%—10%。② 从目前已完成的第一期搬迁工程来看，搬迁群众从平均海拔 5000 米左右自然条件恶劣的藏北高地搬迁到海拔较低的藏南河谷区域森布日安置点，居住和生产、生活环境都得到了明显改善，生活舒适度显著提高。群众普遍反映住房条件完全改观，睡眠质量和健康状况明显好转，少年儿童受教育机会以及成长环境也得以改善。群众对搬迁安置的满意度普遍较高。

二、森布日生态搬迁安置的既有研究概况

随着对高海拔地区生态环境保护的日益重视，学界对高海拔生态搬迁的研究也在不断增强，近年来文献持续增加。其中森布日生态搬迁安置由于其高海拔、大规模、高难度以及地理位置和政治地缘的重要性而备受关注，现有文献主要集中在对森布日生态搬迁安置的重要意义、主要措施、已有成效以及搬迁后面临的挑战等方面的研究。如弓进梅认为森布日搬迁安置是促进生态保护同民生改善相结合的生动实践，能够促进原来居住在极高海拔的群众共享现代文明和发展成果，后续还要做好群众的社会适应工作③；周建伟等人提到高海拔生态搬迁是跨越半个世纪的两次方向相反的过程，20 世纪 70 年代是缓解草畜矛

① 数据由森布日搬迁安置指挥部提供。

② 周建伟、张京品、田金文：《跨越半个世纪的生命迁徙——西藏极高海拔生态搬迁破解人与自然共生难题》，《中国西藏》2020 年第 4 期。

③ 弓进梅：《极高海拔生态搬迁：实现人与自然和谐共生——生态保护同民生改善相结合的生动实践》，《西藏研究》2020 年第 S1 期。

盾，2019 年底是为破解人与自然共生的难题，开启更美好的生活[①]。但对于森布日搬迁安置的供需匹配问题尚未有深入的探讨，这应该是搬迁后可持续发展的核心问题。本文主要从供需角度展开对森布日极高海拔生态搬迁安置的经验考察和下一步发展的问题讨论。

三、基于马斯洛需求结构模型分析森布日生态搬迁安置的成效

马斯洛的需求层次结构模型呈金字塔状，其中应用最广的五级层次从低到高分别为：基本生理需求（如衣食住行等生存需求）、安全需要、社交需要、尊重（自我尊重及被他人尊重）和自我实现（价值观以及获得感）的需要。[②] 前二者主要集中于物质层面的需求，更具刚性；尊重的需要更侧重于精神层面的需求；自我实现属于人们可持续发展的范畴，兼具物质与精神层面的需求。

在生态搬迁安置过程中，群众需求结构的变化符合上述三级层次的递进结构：从双湖和安多两处 5000 米左右的高海拔牧区搬迁至森布日 3600 米左右的河谷区域后，群众生活生产的场所以及所处的经济社会环境都发生了显著变化，首先必须满足衣食住行等基本生存条件以及安全保障（如安全稳定的社会环境）等，这都可归为基本的生存需求；在满足生存需求的基础上，人们更多地需要适应和融入迁入地新的社会环境，既需要自我认可和自我尊重，也需要被他人尊重。尤其是搬迁群众大多数信奉藏传佛教，他们在搬迁之后也需要获得宗教文化心理的一种认同或者心理出处，在当地相应的政策扶持下更好地适应现代社会。搬迁群众还涉及后续发展的需求，这对于青壮年和儿童群众则更为关键，包括文化教育以及职业转换过程中劳动技能的提升等，都对政府政策提出了更高的要求。对此，本文根据马斯洛需求结构理论的五级层次，结合对

① 周建伟、张京品、田金文：《跨越半个世纪的生命迁徙——西藏极高海拔生态搬迁破解人与自然共生难题》，《中国西藏》2020 年第 4 期。

② Maslow, A. H. A theory of human motivation, *Psychological Review*, Vol.50, No.4, 1943, PP370-396.

森布日极高海拔生态搬迁安置的实地考察，将五级需求层次归类降维至生存及安全的基本需求（物质层次）、精神需求和自我发展三个层次（如图 1 所示），来考察森布日生态搬迁安置中的供需关系以及实践中的匹配情况。文中的数据和资料除特别注明外，均由森布日搬迁安置指挥部提供，以及源自笔者 2021 年 10 月和 2022 年 3 月对森布日的两次调研。

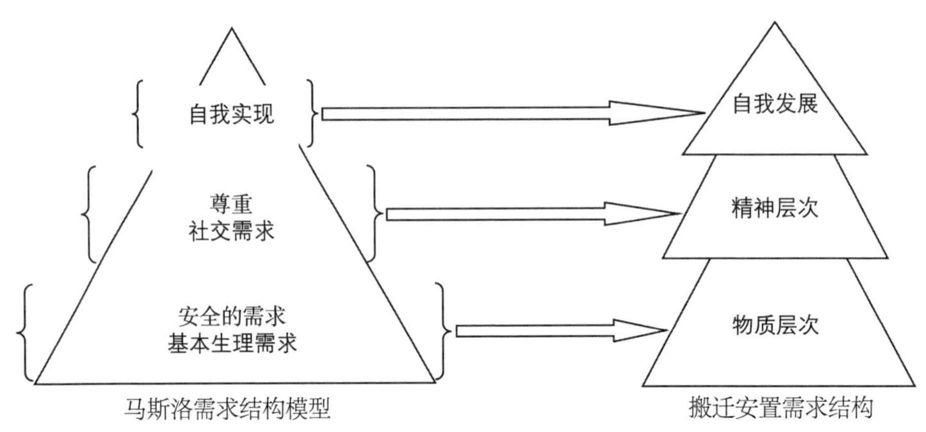

图 1　基于马斯洛需求理论的搬迁安置需求结构模型

（一）物质层次（基本生存和安全）的需求与安置成效

从基本生存和安全层次看，森布日极高海拔生态搬迁安置工作通过物质保障和基础设施的不断完善，增强迁入地物质保障与搬迁群众生产生活需求之间的匹配度，同时营造和谐稳定的社会环境，以满足搬迁群众的基本生活生产和安全等方面的刚性需求。

从调研上看，森布日物质保障与搬迁群众的需求基本实现平衡。搬迁安置点人口集中，是城镇化发展的基础单位。集中搬迁后，安置点难免出现对生产生活资料，包括粮食、蔬菜、燃料、土地利用，以及水、电、气、交通、医疗卫生等基础设施要求的激增，需要当地合理规划、科学安排处理好搬迁群众衣食住行等需求以及群众对现代化社会环境的适应问题。为此，森布日设有生态搬迁安置点指挥部。在指挥部的部署下，安置点一方面完善基础设施，另一方面手把手教会群众使用现代化设施。在分配住房方面，搬迁群众的住房根据每户人口确定住房面积，相同条件的则以抓阄的办法来确定房子分配，群众对此做法表示赞同。安置点组建了劳务派遣公司、物业保洁公司、绿化养护公司，为搬迁群众的生产生活提供了较完善的基础设施保障。目前，森布日安置点设有 3 个警务站，1 所卫生院，1 所九年一贯制学校，1 所幼儿园，此外还建立了便民服务大厅办理各项业务，以方便和满足群众生产生活的需求，确保当地治安良好，推动进一步的城镇化。

对于搬迁安置涉及的生态等利益补偿问题，当地通过巩固脱贫攻坚成果，扩大社会保障覆盖范围，力求搬迁群众的收益最大化。如森布日安置指挥部以迁出地牧业生产、迁入地配套产业项目为抓手，优先为贫困户争取和提供就业岗位，巩固提升脱贫攻坚成果。作为一种搬迁补偿，指挥部按照巩固脱贫攻坚全国大普查相关要求，协助双湖、安多两县完成安置点 218 户建档立卡贫困户的培训及问卷调查工作。按照民政部门“应保尽保”的要求，完成对 4 个乡 957 个搬迁户的逐一排查和上报工作，尽可能地扩大保障范围，满足群众对搬迁补偿的要求。

医疗卫生也是搬迁群众的基本需求，卫生院为群众提供常见病和多发病诊疗。自搬迁以来，安置点卫生院累计西医门诊接诊 6417 人次，藏医门诊接诊 4682 人次；累计完成家庭医生签约 649 户，家庭医生签约覆盖率 70.54%。在疾病预防方面，完成了适龄儿童的疫苗接种，达 799 人 990 针剂次；对低年级学生开展麻腮风疫苗、水痘疫苗专项接种率达到 100% 以上，并对群众和学生开展健康体检。安置点还开展卫生健康教育讲座 5 批次 20 场次，以及卫生健康教育咨询活动，参加人数达 3500 余人。为有效防范新冠疫情，中心卫生院单独成立发热门诊，医护人员 24 小时轮流值班，公共场所做到每日 2 次消毒杀菌工作。安置点设有多个值班室，安排村两委、双联户轮流值班，组织干部职工、村“两委”、联户长入户开展疫情防控知识宣传工作，共入户 4000 余次。医疗卫生设施和服务的改善为保障搬迁群众的基本医疗需求，提高健康水平、促进基本公共卫生服务均等化起到了非常重要的作用。

和谐稳定的社会环境是搬迁安置工作的一项关键内容。为此，森布日安置点实施了综合防范措施，为群众创造安全和谐的新环境。如干部入户走访及法律法规宣传，引导群众一起共建和谐家园；成立由指挥部主要领导负责的领导小组，制定方案、预案，评估各类风险隐患，明确各部门和干部的具体工作任务，维护社会稳定，给群众提供安全的社会环境。在访谈中获知，自搬迁至今，安置点无一起刑事案件和信访事件，社会局势和谐稳定，当地群众满意度高，这与上述措施的综合防范是分不开的。

基础设施保障以及和谐稳定的社会环境为搬迁群众以及迁入地原有居民的生存和安全需求提供了保障。

（二）精神层次的需求与安置成效

社会文化适应及心理认同是森布日搬迁安置中不可忽视的问题。从迁出地到安置点，周围环境的变化和生活方式的转型将会使搬迁群众产生一定的心理落差，乡土情结与现代生活之间的张力势必导致一个文化心理的适应过程。更何况搬迁群众来自不同县的 4 个乡，各地之间的生活方式和宗教习俗也有较大差异，因而群众集中安置聚居生活需要有一个相互适应相互认同的过渡期。满足搬迁群众在精神层次上的需求，是顺利完成过渡期的重要条件。

从调研和访谈中可发现，森布日在搬迁安置中通过网格化的管理模式实现了与搬迁群众的零距离对接，从而更容易关注到群众的社会适应以及心理认同等精神层次的需求。一方面是搬迁后对现代化设施和生活方式的适应；另一方面是对新的社会生活环境的适应和融入，使搬迁群众感受到“被关爱”“被认同”，在心理认同的过程中也进一步加强了干部群众之间，以及不同民族和文化背景群众之间的交往交流交融，有助于铸牢中华民族共同体意识。这主要体现在下述方面。

适应现代社会的需求　搬迁前群众在极高海拔地带，无论是居住条件还是生活设施都与搬迁后存在着显著的差异，因而能否适应现代化设施和生活方式直接影响到搬迁群众的心理状态。森布日安置点主要是通过百分百入户、手把手辅导的方式来帮助搬迁群众逐步适应现代社会。如在搬迁伊始，有的群众尚不会使用自来水和电气等，通过入户走访指导等方式，干部手把手地教群众用电、用水、防盗、文明出行、遵守交通规则、讲究个人卫生等生活常识。为此，平均每周干部职工走村入户 3 次以上，共入户 1 万余次，入户率达 100%，以确保群众能够更好地适应现代化生活方式，消除他们对新环境的不适应和为难心理。

笔者入户搬迁群众达瓦家中，发现从厨房的微波炉、煤气灶、电烤箱，到孩子书房的电脑等现代设备比较齐全，就问他：“这些电器在你搬迁之前有吗？”

达瓦跟我们介绍说，“原来搬家之前没有这些（电器）”，他是从安多县搬迁过来的，原来住的房屋很简陋，只有够应付最基本遮风挡雨的居住条件，谈不上这些现代设施。

“那你自己学会用这些现代电器了吗？”

达瓦说，“简单的可以自己尝试，但大部分都是由干部来家里手把手地教大家，自己学着也就会用了。干部会轮流到每一家去教这些现代设施的用法。我年轻学得快，有时候邻居有拿不准的地方，我也会教他们”。

达瓦带着我们去了邻居家，女主人叫次珍，开了一家很小的超市，主要是售卖日用品。看到一边的微波炉等电器，我们问她是否熟悉怎么用，她说自己可以看着说明书琢磨一个大概，之后干部来家里指导，也就会用了。她说自己不认识汉字，但是说明书上都标有藏文，所以她能看懂，但是希望自己能学习一些汉语，那会更方便。

图 2　达瓦搬迁之前在安多县的住所（达瓦摄于 2019 年）

存在感和归属感的需求　来到一个新的环境，存在感和归属感将是搬迁群众必然的心理需求。安置点指挥部根据搬迁点的辖区分布状况，划分为 42 个区，实行网格化管理。每个网格配备一名乡镇干部，乡镇干部详细了解掌握网格内群众基本情况以及服务需求，定期入户宣传政策法规、安全防范、疫情防控等知识，广泛收集群众反映的问题并及时协调解决，形成了干部与群众零距离的交流模式。这一方面有助于推动各项工作在基层的落实；另一方面通过零距离对接群众的网格化模式，可以有效地抚慰群众的陌生感，增强了他们的归属感。

图 3　达瓦搬迁之后在森布日的住所（笔者摄于 2022 年）

此外，搬迁安置指挥部将每周五的爱国卫生运动常态化，组织发动群众进行房前屋后卫生大扫除及生活垃圾清理，提高搬迁群众在集体活动中的参与度，增强他们的主人翁精神。截至 2022 年春节，共开展 68 次活动，参与干部群众达 7500 人次，营造了干净整洁的生活工作环境，既促进了群众的安居乐业，又帮助他们在新环境中找到存在感和归属感。

弱势群体被关爱和被重视的需求　搬迁中不乏有老弱病残单亲等弱势群体需要特殊的关爱，对此，森布日安置点开展了各种活动，对弱势群体给予更多的关爱。如组织宣讲、专题讲座、文艺表演、开展家庭卫生评比以及创建“美丽家园、幸福人家”等活动打造森布日温馨家园。开展“暖心包”发放活动关爱单亲母亲，帮助单亲母亲解决生活中的一些实际困难，搬迁以来共慰问了 140 名单亲母亲和 17 名环卫工，发放“暖心包”159 件，资金投入 4.77 万元。此外，安置点还组织干部利用业余时间上门对年迈老人及孤寡老人开展志愿服务活动，组织理发、打扫家庭卫生等，每年达50余次。上述集体活动有助于推动社会对弱势群体的关爱，营造群众爱家园、爱生活的温馨氛围，使弱势群体在新的环境中感受到被关爱被重视，增强群众搬迁后的归属感。

被尊重被认同的需求 被尊重和被认同是群众在融入新的社会环境中必然产生的心理需求。为推动搬迁群众顺利融入新的环境，安置点结合当地实际制定出台了《森布日那曲生态搬迁群众服务管理暂行办法》，在加强综合整治、党的建设、宗教领域、生态环保等方面工作的同时，特别注重尊重搬迁群众的文化心理惯性，保留了原有的村规民约。各辖区通过召开会议、走村入户等方式，向搬迁群众宣传管理办法，进一步规范了搬迁群众的行为举止，逐步建设安置点"社会秩序良好、群众安居乐业"的新时代新风貌。在对搬迁群众的访谈中了解到，在平时的社区管理中，他们原有的村规民约得到了尊重和延续，这有助于消除他们在新环境中的陌生感。尊重搬迁群众的文化心理惯性，使他们感受到了被尊重和被认同，极大地增强了搬迁群众的归属感，也有效地增强了铸牢民族共同体意识。

对组织温暖和力量的感受 政治引领和组织建设是搬迁群众获得心理认同和归属感的强大基石，也是安置点各类事业取得成功的组织保障。森布日安置点强化党组织建设，规范体制机制，增强模范带头作用，为民解忧做实事，走群众路线，突出党的政治引领作用。安置点制定出台了《关于在森布日搬迁安置点党员中开展"三包五带五促"活动推进党员包片包户包人工作常态长效实施方案》，制作党员"三包"联系卡，严格按照党员干部"包片、包户、包人"的原则，宣讲中央第七次西藏工作座谈会精神，让群众感受到"惠从何来，惠在何处"，牢固树立五观两论。打造党建走廊文化，使干部职工和群众在潜移默化中受到熏陶和洗礼，"听党话，跟党走，善团结，保稳定"，使群众感受到组织集体的关爱和力量，增强了在新环境中的归属感。

（三）自我发展层次的需求与安置成效

搬迁后，原有的生产资料和生产方式将逐步淡出人们的日常，而新的环境则提出一定的技能要求，因而搬迁群众不可避免地面临对新就业岗位及其技能的需求以及后续发展能力的问题。为此，当地一方面创造就业岗位，另一方面加强对群众的教育与技能培训，多措并举以增强搬迁群众的后续发展能力。

1. 就业岗位的需求与供给

森布日安置点一方面通过搬迁工程项目吸收群众短期务工；另一方面充分利用现有的配套产业项目（如经济种植林平台），协调搭建就业岗位，就地创造就业。一是由安置点"劳务派遣公司"牵头，组织森布日第一期二期搬迁工程的 140 辆机械设备投入到项目建设中，截至目前机械投入 3700 余车次，群众增收 4700 万余元，施工点短期务工 277 人次，增收 5 万元。二是由绿化养护公司牵头，在各绿化项目上固定就业 60 人，每人每天工资 160 元。截至目前，群众参与 4043 人次，增收 64.21 万元。三是由物业保洁公司牵头，在保洁公司固定就业 20 人，人均月增收 2500 元，累计增收 40 万元。四是充分利用森布日一期搬迁安置点现有的配套产业项目经济种植林平台，协调搭建就业岗位，从搬迁至今累计用工 3754 人次，累计为百姓增收约 60 万元。就地就业岗位的创造，为群众的就近就业提供了条件，在提高搬迁群众经济收入的同时，还有助于照顾家庭。

当地矮化苹果种植项目就是一个成功的例子，为当地创造了更多技术门槛相对较低的就业岗位，以便使搬迁群众能够尽快就近获得就业机会。森布日所在的贡嘎县大力发展矮化苹果种植业，在该搬迁地配套建设经济林种植基地。截至 2022 年 3 月，森布日生态搬迁安置点一期二期共种植矮化苹果达到 5777 亩，建成的温室大棚面积达 50 亩。

该产业基地的负责人蓝经理和干部小陈介绍："森布日矮化苹果项目共分

两期实施，种植苹果 4670.4 亩，由那曲市、国家和自治区产业发展资金投入约 2.4 亿元。其中一期 2020 年起开始挂果，2021 年亩产约 1500 斤，主要采取订单模式销售；二期也将在 2022 年开始挂果。目前能够解决搬迁点长期就业 16 人，高峰期每日用工能达到 70—80 人。”

“矮化苹果很适合在这儿种植，我们的种植基地在雅鲁藏布江北岸，不仅日照时间长，阳光充足，而且能够有足够的水源。这儿海拔是 3600 米左右，苹果的质量好甜度高，每年都是供不应求，2020 年带动当地群众增收约 250 万元。”

矮化苹果的种植带顺沿着雅鲁藏布江北岸的搬迁安置点而建，待果树数年成林之后，将在雅鲁藏布江和居民点建筑之间形成一道绿墙，在提高搬迁群众经济收入的同时，又起到了绿化和防风固沙的生态效果。

2. 增强就业能力的需求与扶持

根据安置点居民的劳动力结构，安置指挥部因地制宜地制定技能培训和就业计划，积极开办夜校培训，利用晚上空闲时间组织各村群众参加技能培训，针对群众在外出打工、自主创业、交际沟通等方面的发展需求，传授劳动技能和文化知识，提高搬迁群众的就业能力。

当地积极与拉萨城投、山南市幸福家园建设管理局沟通协调，在安置点组织实施裁缝和烹饪等技能培训，截至目前，共培训 74 名富余劳力，其中裁缝边培训边就业 39 人，增收 44 万元，烹饪培训 35 名。当地还通过“以工代训”“实操实训”等边就业边培训的方式进一步提高群众的劳动技能，带动群众增收，其中钢筋工、混凝土工、抹灰工及绿化保洁等技能培训 80 人，进一步提高了群众的劳动技能，增加了群众的经济收入。

安置指挥部还牵线搭桥为搬迁群众创造外出就业的机会。如与山南市、贡嘎县沟通衔接，搭建就业平台，鼓励搬迁点群众到拉萨、山南等周边外出转移就业，争取各类岗位，实现 91 人就业，共增收 131 万余元。

此外，为提高群众业余收入，当地制定了《关于开办夜市工作的实施方案》，引导支持群众自主创业，在搬迁点商业街摆摊，增加收入。目前通过开设茶馆等创业达 30 余人，增收 100 余万元。

3. 增强后续发展能力的需求与培养

基础教育是搬迁安置中的一项关键内容，也是培养后续发展能力的基础条件。在党中央、国务院和西藏各级党委、政府的关心支持下，森布日安置点建立了高海拔异地生态搬迁学校，即“森布日幸福家园九年一贯制学校”，目前该校就读学生共计 860 名，设 18 个教学班级。学校配备专任在编教师 61 人，安置点小学初中义务教育阶段升学率达到 100%，其中相对贫困学生升学率 100%，一般户升学率 100%。该校为搬迁儿童的受教育机会提供了很好的硬件和软件设施。学校既有汉族教师又有藏族教师，实行国家通用语言和藏语的双语教育，既提高了当地教育的软件和硬件水平，又加深了对党的认识，成为增强铸牢民族共同体意识的一个重要基地。

综上多种方式，如图 4 所示，森布日极高海拔搬迁安置在物质层次、精神层次以及自我发展层次上与搬迁群众的需求实现了较好的匹配，而上述三个层次之间也互相加强。通过各种途径创造就业岗位，推动搬迁地的产业发展，提高了搬迁群众的经济收入；在满足物质层次需求的基础上，群众逐渐适应和融入了现代生产和社会生活环境；从精神层次看，当地重视搬迁群众的社会适应以及文化心理认同、社会和谐稳定以及铸牢中华民族共同体意识等方面，使得群众在自我认可的同时也感受到被他人尊重；在自我发展层次上，当地政府注重通过技术培训和基础教育来增强搬迁群众的后续发展能力，而群众后续发展能力的提升反过来又增强了他们的被尊重感和收获感。上述形成了一个良性循环，因此搬迁安置实现了较高的群众满意度。

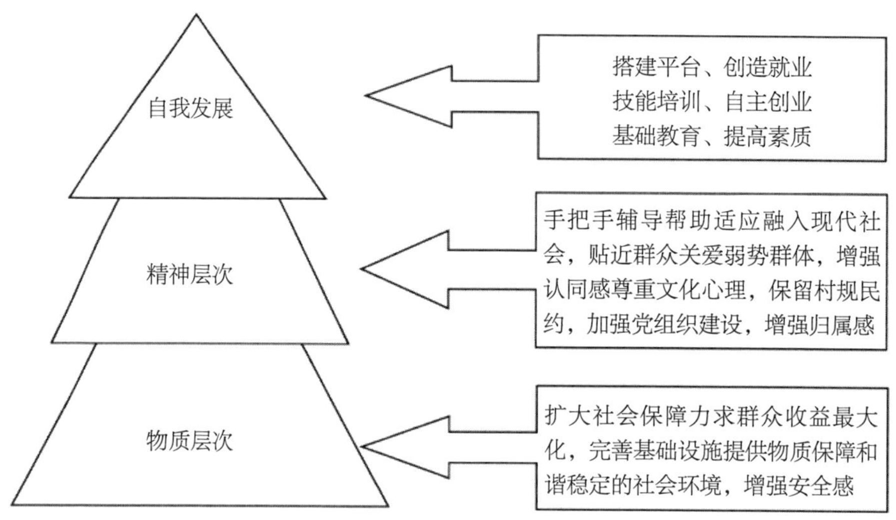

图 4　森布日高海拔生态搬迁安置的供需匹配状况

四、促进搬迁安置中的供需平衡

森布日极高海拔生态搬迁安置工作取得了阶段性成效，但同时从需求结构上看，依然存在需进一步解决的问题。一是，有相当一部分搬迁户尚未完全脱离对迁出地的牧业依赖，然而高海拔生态搬迁跨度大，迁出地和迁入地距离远，因此造成了安置点与这部分群众生产生活空间的脱钩状态。在这种情况下从事牧业生产人员轮换频繁，多数群众无出行交通工具，仅有的车辆车况普遍较差，并且存在一定的交通出行不便和交通安全隐患。二是，搬迁后群众的心理压力还需要进一步缓释；三是，安置点基础设施需要进一步完善，公共服务体系以及管理机制还有待于规范化。四是，森布日生态搬迁规模大，对安置点的生态和气候容量是一巨大冲击，需要与群众的生产生活之间进行平衡，做好生态预算。上述不同层次的需求，需要从供给侧提供相应的对策机制，以便分层次对搬迁安置中的系统性需求加以重点解决。根据调研的情况以及与当地干部群众的交流，下述建议或许可以作为森布日搬迁安置工作的参考。

（一）促进空间转换与职业转型之间的平衡

在搬迁后，牧民的生活空间尽管从极高海拔牧区转移到较低海拔的森布日安置点，但仍有一部分群众依赖于迁出地的生产资料和生产方式，需要在交通不便的两地之间频繁地长途穿梭。其中有的尚未掌握新环境所需要的生产技能，因此搬迁并未使他们脱离高海拔牧区，这也将产生对未来的不安和焦虑。对此，需要进一步加大配套产业的扶持与培育力度，在安置点加快培育和建设与当地资源禀赋相符的配套产业，同时使职业教育技术培训更加有针对性，并使产业与技能之间实现精准对接，解决生活安置与生产空间脱钩的状态，促进空间转换目标与就业（职业）转型需求的衔接。

（二）推动管理体系和运行机制的规范化和标准化

由于在搬迁安置的过渡期，安置点的相关管理体系和运行机制尚存在诸多制度性缺陷，与群众进一步发展的需求未能更好地匹配。在调研中发现，当地干部群众普遍提到“劳务派遣公司”“绿化养护公司”“物业保洁公司”等机构的运行规范性问题、卫生院等公共服务部门的公章和开发票资质问题、安置点领导及办事机构的配置问题等。对此，应该创造条件，逐步按照“政府主导、市场运作”的方式促进其管理和运行方式的规范化和标准化，以尽快形成劳务派遣、绿化养护、物业保洁等三大公司拉动当地就业的长效机制，同时完善相应的硬件设施，推动各项工作的有效协调和落实，逐步走向系统化、规范化和标准化。

（三）精神需求与心理疏导之间的平衡

在搬迁后，群众既要面临适应新环境带来的压力，又要面临职业转换却又缺乏技能而引起的焦虑，需要特殊的心理疏导，进一步加强心理疏导，关注精神层面的工作，关注安置点群众在精神层次的需求。在这方面，森布日安置点尽管在实践中已取得较好的成效，但还需进一步巩固和提升。此外，青少年的心理健康也不容忽视。森布日安置点的九年一贯制学校拥有现代化的硬件设施，但是由于教师人数相对较少，工作压力大。因而，应加强学校的软件配备，同时开展家庭教育活动，促进家长与儿童之间的互动。家校结合促进青少年的健康成长的同时，也加深他们的爱党爱国情怀，及增强铸牢意识。

（四）生态气候容量与发展需求之间的平衡

森布日搬迁安置规模大，安置规划的总人口超过 2 万人，目前已搬迁的人数仅是其中的 20% 左右。从规划上看，包括森布日在内，各安置点均分布在贡嘎、扎囊、乃东、桑日 4 个县（区）雅江北岸的区域，本身就是生态功能核心区。如森布日，海拔超过 3500 米，生态和气候敏感，对人类生产活动的限制会更加明显。生态容量的潜在需求是森布日搬迁安置的关键影响因素，如果处理不当，不仅背离生态搬迁的初衷，而且也容易对安置点生态系统造成威胁。因而，对安置点社会经济发展的潜在需求与生态气候容量之间的平衡尚待进一步的综合考虑和系统谋划，可考虑采用“分布式”安置，缓释生态压力。

森布日搬迁安置点不应是一个“飞地”，应该更多地融入整个区的发展规划中，处理好局部与整体的关系。因此，针对可预见的安置点经济发展需求和生态容量之间的潜在矛盾，同时为了进一步贯彻落实新时代党的治藏方略，不妨将搬迁安置与边疆地区发展繁荣紧密结合起来。例如，对后续待搬迁安置的 80% 人口，可以考虑采用“分布式”代替集中安置，即不过分集中在雅鲁藏布江北岸的生态功能核心区，尤其是禁止开发区内，而以自愿选择的方式分流出一部分到生活环境较好、生态容量适合的地带，以便促使搬迁安置进一步融入自治区高质量发展全局中，同时有助于缓释集中安置点的生态环境压力。

（五）加强基层党组织建设，使搬迁安置与铸牢意识相赋能

森布日安置点的经验也证明了党组织建设的作用，要进一步巩固安置工作的成果，实现安置点的可持续发展，还必须加强基层党组建设的规范化、创新化。加强引导群众增强感恩意识，铭记党的恩情，感恩党的关怀，使广大群众“爱核心、思稳定、盼富裕、谋发展”的思想基础不断夯实，有助于增强群众的归属感。因此，平时还应注重开展多元化的活动，在客观和主观上促进搬迁群众之间、搬迁群众与当地群众之间，以及安置点与其他地区之间不同民族的交流交往交融，在生态搬迁安置和固边强边的实践中铸牢中华民族共同体意识。

总之，西藏生态搬迁安置工作不仅要提升物质层面的保障能力，而且还应关注群众在精神层面的需求，如努力实现迁入地基础设施与搬迁群众的生产生活需求之间的匹配、注重搬迁群众后续发展能力的培养、确保社会和谐稳定、提升搬迁群众社会适应以及心理认同水平。森布日安置工作已取得的上述成效均建立在巩固和加强党组织建设，发挥党员干部的能动性和为民服务的条件之上，这也正是体现了习近平总书记和党中央的关心关怀，体现了社会主义制度的优越性。同时，安置工作中尚存问题的解决也需要进一步在党的领导下，关注基层群众需求的变化，完善相关的政策措施，巩固生态搬迁工作的成果，一方面提升生产生活质量，另一方面加强社会文化认同，从物质、精神以及自我发展的多重维度满足群众的需求，在推动西藏的全国“生态高地”建设的同时，促进搬迁群众的社会适应以及文化心理认同，铸牢中华民族共同体意识。

蒋尉，中国社会科学院习近平新时代中国特色社会主义思想研究中心特约研究员、民族学与人类学研究所研究员。

社会救助在三江源生态移民地区防止返贫中的实践与经验启示

——以玉树市扎西科街道办甘达村为例

琼英　达哇卓尕

2021年2月，习近平总书记在全国脱贫攻坚总结表彰大会上指出："贫困是人类社会的顽疾，反贫困始终是古今中外治国安邦的一件大事，我国创造了减贫治理的中国蓝本，为全球减贫事业作出了重大贡献。"2022年10月，习近平总书记在二十大报告中强调指出："全面建设社会主义现代化国家，最艰巨最繁重的任务仍然在农村。巩固脱贫攻坚成果，增强脱贫地区和脱贫群众内生发展动力。"长期以来，不管是发达国家还是发展中国家都存在贫困问题，为了消除贫困，世界各国采取了各种各样的反贫困措施和政策，而其中社会政策尤其是社会救助政策被广泛采用，并被视为反贫困最为有效的政策之一。[①]

三江源地区作为我国重要的生态屏障，同时也是我国现阶段主要防止返贫的重点区域。有关三江源地区社会救助问题，清华大学解安教授以及由其带领的团队成员田朝晖、孙饶斌、张凯（2012）等人围绕三江源生态移民贫困问题进行了研究，提出了相应的社会救助策略及治理措施。纵观已有的这

① 钟仁耀主编:《社会救助与社会福利》，上海财经大学出版社，2019年。

些研究成果，偏重于宏观政策，并以此探讨脱贫与治理贫困及其构建的治理机制，这为后续相关研究奠定了一定的基础。但总体来讲，还是较缺乏深入基层的实质性研究成果。鉴于此，本文围绕社会救助实践方式、经验成效等问题在玉树市甘达村进行了为期 3 个月（2021 年 9—11 月）[①] 的田野调查，了解到甘达村自 2010 年 5 月搬迁至新村以来，形成了以政府救助为主，社会外界力量及村民主体为辅的多层次社会救助实践方式，防止返贫成效显著。这为今后三江源地区巩固脱贫攻坚成果与乡村振兴有效衔接，提供了有益的经验启示。

一、田野点概况

玉树藏族自治州位于青海省东南部，州府所在地为结古，自古以来是重要的交通要道。2013 年，青海省政府批复撤销结古镇，并于次年 5 月批准玉树市成立 4 个街道办，即结古街道办、西杭街道办、扎西科街道办及新寨街道办，下辖 16 个社区。

扎西科街道办地处玉树市行政中心西大门，东与玉树市结古街道办事处接壤，南与玉树市巴塘乡毗邻，西与玉树市隆宝镇相连，北与玉树市仲达乡相邻，下设 4 个社区，2 个行政村，即扎西科社区、德宁格社区、德秀格社区、西同社区，甘达村和果青村。辖区面积 596.5 公顷，共计 6237 户 32690 人。[②] 其中甘达村和果青村为纯牧业区。

甘达村（dkar mdav），以地名命名村名。“甘达”系藏语音译，“甘”意为白色或牛奶，“达”意为沟口，此山沟是一条水草丰茂、盛产牛奶的好牧场，村子因在此山沟沟口而得名。[③] 甘达村位于玉树州西郊省道 308 沿线，距离州

① 文中所引用的访谈资料，均来自这段时间的田野调查。

② 数据由扎西科街道办工作人员提供，2021 年 9 月。

③ 尼玛才仁主编：《玉树市乡镇村社地名文化释义》，甘肃民族出版社，2019 年。

府所在地约 20 余公里，海拔 4010 米，东与结古镇果青村相连，南与巴塘乡上巴塘村和玉树州国营牧场毗邻，西边与隆宝镇措多村交接，北边与仲达乡电达村和塘达村接壤。生计模式以畜牧业为主。全村 4 个队（自然村）[①]，共有 318 户 1232 人，具体数据如表 1 所示。

表 1　甘达村人口数

单位：户、人

队数	一队	二队	三队	四队	合计
户数	78	67	85	88	318
人数	250	252	309	421	1232

注：数据由甘达村提供，2021 年 9 月。

2010 年玉树发生 7.1 级地震，甘达村受灾严重，被列入玉树市第一批灾后重建项目。按照灾后重建政策，国家出资给灾区灾民每户 80 平米的住房救助。因考虑到村子长远发展，甘达村 90% 的牧民搬迁到新村建房，仅有 10% 牧民选择留在原址，以便于放牧。

二、社会救助在甘达村防止返贫的实践

三江源地区自然地理环境特殊加之经济基础薄弱，如何有效防止返贫是学界和政府各部门极为关注的问题。有学者指出，长期以来，三江源地区的防止返贫更多的是社会救济层面上对贫困村、贫困户的扶助行为，具体目标是针对一些人群物质生活上的贫困解决温饱问题，扶贫在一定意义上是为了实现最低生存保障。但要从根本上解决三江源区牧业、牧民的脱贫乃至发展问题，就必

① 分别为：达日、堪达、尼才、赛普。

须要解决牧区发展的一些基础性制约因素，建设一个生存条件、生活质量有较大改善的新环境。[①] 甘达村自搬迁至新村以来，不仅贫困人员的物质生活得到了保障，而且其他非贫困牧民的生活质量也得到了提升，这主要得益于政府、社会及村民多方面的团结协作。

（一）政府救助

按照我国现行《社会救助暂行办法》，社会救助可概括为生活救助、专项救助、临时救助三大类。扎西科街道办社会救助方式也不无外乎于此，其中生活和临时救助工作主要由街道办工作人员负责完成，而专项社会救助是由街道办与其他相关部门相配合实施进行的救助。

1. 生活救助

生活救助主要包括低保、五保、特困救助。在甘达村搬迁后，村民原来纯牧业的生计模式逐渐转型成第三产业的服务业和旅游业等。如越来越多的年轻人选择外出打工、加入村集体经济等方式来应对新的生存环境。对甘达村贫困人员，当地政府按照相关部门的社会救助政策实施了低保、五保等救助，并进行了相应的生态补偿，基本上保障了贫困人员的物质生活。以低保救助为例，如表 2 所示，施保对象主要是针对重度残疾、重病患者、60 岁以上老人以及 18 岁以下未成年人。

① 贾荣敏：《三江源生态移民对于反贫困问题的意义》，《青海民族学院学报》（社会科学版）2009 年第 9 期。

表 2　2019—2021 年对甘达村实施的低保救助情况

年份	低保对象户数	低保对象人数	低保档次	分类施保对象人数（人）				标准和补差（元 / 月）	
				重度残疾	重病患者	60 岁以上老人	18 岁以下未成年人	低保标准	补助水平
2019	26	84	一	0	0	10	13	432	197.19
2020	30	128	一	0	0	8	12	432	385.41
2021	57	244	一	1	1	7	6	432	407.08

注：数据由扎西科街道办提供，2021 年 11 月。

从表 2 显示的低保救助情况来看，低保户数和人数每年都在发生变化，主要是根据甘达村家庭户数、人口数变化以及家庭生活条件进行的动态管理。施保对象以 60 岁以上老人和 18 岁以下未成年人为主。依照我国当前实施的 432 元低保标准，补差由 2019 年的 197.19 增加至 2021 年的 407.08 元。

2. 专项救助

专项救助包括教育、医疗、住房、法律救助。专项救助主要是由教育、医疗等相关部门对贫困人员进行救助。现年 86 岁的 ZX 老人讲道：

在甘达村跟我同龄的老人还有 3 位（2 男 1 女）。我小时候无依无靠，16 岁那年靠乞讨从小苏莽来到了甘达村，然后结婚生子定居在这里。我有 9 个孩子，现健在的有 7 个，都是五六十岁的老人，一起生活在甘达。我们搬到新村以后，生活上有什么困难，都是由政府部门给我们解决的。如今，生病都不用发愁看不起病，由政府给我们这些人报销医药费。

3. 临时救助

临时救助主要包括临时救济和救灾救助。从下面的案例中可以发现，面对个别突发事件，贫困家庭通过临时救助渠道来解决实际困难。

JC：我今年72岁，有5个孩子，3男2女，现都已经成家。我们老两口跟牧区的儿子一起生活，不过我跟我老伴多半住在新村，干什么都方便。我现在身体还算硬朗，所以有时我还会去牧场给儿子他们帮忙。去年牧区的房子被棕熊破坏。虽然它对我儿子一家没有构成生命危险，但是房子被弄得面目全非。为此，政府在原址上给我家新建了两层楼，我们自己最多也就花了两三万多块钱，其他都是政府出的钱。

除了各类社会救助基金外，当地政府为助推甘达村集体经济发展还给予了资金扶持，如表3所示。

表3　2010—2021年相关部门拨付的扶贫救助资金

单位：万元

年份	政府扶贫基金	年份	政府扶贫基金
2010	300	2016	215.64
2011	10	2017	21.28
2012	10	2018	60
2013	—	2019	32.46
2014	37	2020	83.7601
2015	52.8	2021	1000
总计	1820.0000		

注：数据由甘达村合作社提供，笔者整理，2021年9月。

从表3相关部门扶持资金来看，2010年至2021年，除2013年外，甘达村每年都得到了相应的扶贫资金，这些扶贫资金为甘达村发展集体经济发挥了重要作用。由此来看，政府救助在一定程度上保证了甘达村贫困村民基本的物质生活，与此同时，也为发展集体经济提供了资金保障。

（二）社会外界救助

1.道义人士救助

2010年玉树地震后，甘达村除政府救助外，同时还得到了社会道义人士的救助。天津JDB公司便是其中之一。村委书记口中叫好的JDB公司Z总（河南郑州人），就是甘达村的大恩人。

地震后，政府及社会各界爱心人士为玉树捐款捐资，让我们感受到了伟大祖国和来自四面八方爱心人士莫大的关怀。因禅古和甘达两村是玉树地震重灾区，国家作为重点救助对象，仅在短短半年时间内，为我们盖好了新房，并安排在10月份入住了新房，生活上也得到了政府和社会各界的帮助，我们永远感激党和人民。

也就是在那时期，天津JDB公司Z总来到玉树进行救济，并在结古镇领导引介下与甘达村结识。从2010年开始到今年（2021年），Z总每年对甘达村给予救助。尤其在地震后的头两年，给村学校食堂添置设施，还给我们村买了7辆大车和1辆装载机。村里用这些车跑货物运输创造了不少收入。Z总还带我们这些村领导外出考察学习，交流经验，开阔了我们的眼界。他是我们甘达村的大恩人。

从玉树发生地震到现今的十余年时间里，JDB公司对甘达村给予的救助从未间断。Z总每年都到甘达村慰问村民，村里的老老少少，几乎无人不知这位大恩人。

2. 民间组织（帕卓巴）救助

帕卓巴生态协会是一个民间组织，成立于2015年，兼营牧区产业发展和生态保护。协会自成立以来，主要以牧区的牛毛原料生产各类毛毡物品，像鞋子、帽子、披肩、挂件等。2016年，帕卓巴协会在甘达村建立基地。帕卓巴生态协会不仅推广了三江源生态保护理念，同时还利用自身发展优势开展公益活动、技能培训等为甘达村村民拓宽收入渠道。在协会工作五年之久的成员LS讲道：

甘达村生态马帮①成立到今天，前来甘达村体验生态旅游的游客都是我们协会协助他们做的宣传、找的客源。通过这几年的摸索，发现生态移民要适应新的生存环境，终究还是脱离不了原生环境文化。我个人认为，现在对牧民而言，最大的救助应该是"陪伴"，通过持续的"陪伴"才能使移民掌握某项技能或生存之道，进而使移民传统的思想观念得到转变或提升。

在笔者一行在甘达村调研期间，帕卓巴协会邀请了一名来自云南的手工皮革艺人为协会成员进行培训，甘达村共有3名成员参加。此外，帕卓巴协会还在玉树各县推选1名协会成员参加皮革制作培训。类似的工艺培训，帕卓巴协会每年都会开展，甘达村生态马帮借机让村里闲置的妇女和孩子（辍学）前来参加学习，以便掌握一项生存技能。

（三）村民自助

1. 创办合作社，发展集体经济

在脱离了传统的生产方式之后，一些移民迁移后处于失业状态，由此引发

① 由甘达村村民自行组织建立，主要致力于生态保护，并提出了"净山、净水、净心"的生态保护理念。

了失业性贫困。[①] 以甘达村为例，玉树地震前为纯牧业区，90% 为牧民，不识字，搬迁后为了家庭生计，只能从事一些技术含量低的体力活。为此，甘达村支部书记与其他村领导协商搬迁后的生计出路，于 2010 年 5 月创办了“甘达利众生态畜牧业专业合作社”（以下简称合作社），拉开了集体经济产业发展的序幕。

在甘达村搬迁后，还有 98 余户在从事家庭畜牧业，相比以前养牛的人员数量大大减少。村民的生活来源主要靠挖虫草（每根 30—40 元）、挖蕨麻以及外出务工等。现在就业难，村民只能找一些以体力活为主的临时工作。甘达村很多人都在玉树市环卫公司工作，月薪 1000—1500 元左右。因为不识字，所以外出务工就业人数还是很受限。

合作社创办之初困难重重，但是在政府及社会各界爱心人士的帮助下，得到了很好的发展，加之经验的积累，越办越好。村民们对合作社发展越来越有信心。现在合作社名下主要包括超市、商队、度假村、婚宴厅、车队、舞蹈队等业务范围，年净收益上百万元。每年从合作社的净收益中拿出 40%—50% 用于分红，以分发粮食为主，基本上能够满足村民一年的口粮（访谈对象：村支部书记 QCR；访谈地点：甘达村；访谈时间：2021 年 9 月）。

甘达村合作社的创办，不仅为村民提供了就业岗位，而且保障了贫困人员的基本生活。起初合作社以经营超市为主，经过三四年的发展，合作社经济效益日益提升（如表 4 所示）。鉴于此，甘达合作社理事召集村民把手里的闲置资金，以自愿为前提入股到合作社扩建中，并在原来超市经营基础上，于 2015 年增设炒面加工坊、度假村、宴会厅、民族服装厂等经营业务。随着合作社业

① 田朝晖、孙饶斌、张凯：《三江源生态移民的贫困问题及其社会救助策略》，《生态经济》2012 年第 9 期。

务范围的扩大，就业岗位和人数也随之增加，截至目前共有 300 多人在甘达村合作社就业。事实上，合作社工作人员流动性很强，合作社为牧民提供的就业岗位和人数远不止如此。

表 4　2011—2020 年甘达村合作社收入明细

单位：万元

年份	甘达利众合作社收入	总收入（包括其他救助资助金）	总支出	净收入
2011	142.5227	200.5227	187.6541	12.8686
2012	20.0000	30.0000	37.0650	−70650
2013	19.1727	19.1727	36.5820	−17.4093
2014	23.0420	60.0420	44.1050	15.9370
2015	60.2183	113.0813	62.8167	46.2016
2016	72.1130	269.7529	80.0070	189.7459
2017	87.2132	108.4932	90.6282	17.8650
2018	116.6353	176.6353	97.4829	79.1524
2019	187.6243	332.2643	127.8166	204.4477
2020	280.5703	364.3304	190.9793	173.3511

注：数据由甘达村合作社提供，笔者整理，2021 年 9 月。

如表 4 所示，甘达合作社收入从 2012 年开始逐年增长，尤其从 2015 年扩大经营业务以来，年收入大幅增长。从 2014 年起，年净收益呈正增长。这让甘达村村民深刻意识到摆脱贫困提高生活质量，不能仅依靠外界力量，村民自主参与也极为重要。

2. 成立生态马帮，实现生态扶贫

2016 年，在三江源生态环境保护协会的推动下，为实现社区自我造血的可持续发展，甘达村成立了“生态马帮”协会。协会共有5名管理人员，23个保护小组。马帮队通过发展乡村生态游学，为本地创造了旅游向导、讲解员、骑马导师、手工艺制作者等季节性工作岗位，为甘达村村民实现创收。现年37岁的CW，担任马帮队长已五年之久，他介绍：

甘达村生态马帮成立后，我们在每年的七八月组织一次体验游牧文化生活活动，前来参与体验的都是外地游客。以2019年为例，共有600多名外地游客参加，共创收28万元。这两年因为疫情的缘故，游客有所减少。我们把每年马帮总收入的5%—10%用于救助五保户，购买燃料、生活必需品等，同时也为当地小孩在寒暑假期间成立补习班，支付补习费，购买奖品等。在开展生态马帮活动经济拮据时，合作社会给我们救济，所以甘达村合作社和生态马帮之间是相互协作、相互扶持的合作关系。

事实上，甘达村生态马帮成员均为当地村民，在开展生态保护、实现生态扶贫等工作上主要受惠于上文中提到的三江源帕卓巴生态协会。

综上所述，自2010年甘达村搬迁至新村以来，一方面受惠于政府救助，使贫困人员基本生活得到了保障；另一方面，社会道义人士和民间协会（生态马帮）等外界力量也为甘达村给予帮助，激发牧民积极性发展村集体经济，形成了多层次多渠道的社会救助方式（图1）。这让甘达村切身体验了自我造血、自我救助的优势所在。实现脱贫攻坚与乡村振兴有效衔接在甘达村成为可能。

如今，甘达村在三江源地区产生了深远的影响，并以“甘达模式”向外界广而告之。为营造更好的发展前景，扎西科街道办工作人员为甘达村开通微信公众平台，使“甘达模式”得到了极大推广，吸引了多家媒体对其竞相报道①。

① 如人民网、中国西藏网、中国草原、康巴卫视等。

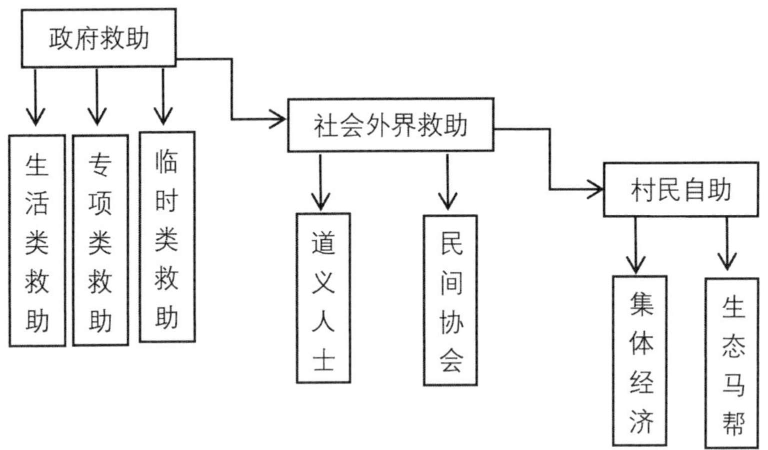

图 1 甘达村多层次的社会救助方式

当地政府也把甘达村作为“乡村振兴”及“基层治理”等考察交流学习的一个重要基地，向外界进行推介，受到了良好的社会评价。

三、经验启示

改革开放以后，我国对整个社会保障事业进行了根本性的改革，使之顺应社会主义市场经济体制的建立和完善。[①] 随着我国生态移民工程的推进和经验总结，越发认识到建立多渠道的社会救助资金筹集机制的重要性。事实上，近年来移民最初“靠”“等”“要”的思想逐步得到了转变。甘达村的案例证实了这一转变。综观上述甘达村社会救助在防止返贫中的实践案例来看，以政府为主导，同时还借助社会外界力量以及村民自主形成的多层次救助形式，为三江源地区在后脱贫阶段有效衔接乡村振兴，提供了可靠的经验启示。

① 钟仁耀主编:《社会救助与社会福利》，上海财经大学出版社，2019 年。

（一）强化并规范地方政府责任

社会救助是政府责任，而实现全体国民平等的社会救助权利必然要以中央政府主导为前提条件，只有中央政府主导，不同地区的国民才能真正公平地享受社会救助权利。[①]地方政府作为中央政府和基层民众之间的“桥梁”，直接参与贫困移民社会救助工作，因此，在中央政府主导下强化并规范地方政府责任尤为必要。

为深入贯彻落实《青海省民政厅关于印发〈青海省脱贫攻坚中央巡视反馈问题低保兜底整改实施方案〉的通知》和《关于印发〈青海省农村低保专项整治实施方案〉的通知》的相关文件精神。扎西科街道办针对“关系保、人情保”等城乡低保不规范问题全面展开了清理规范专项整治工作，主要方式有入户、公示、开民主评议会等，本着“不错保、不漏报”的原则，响应“应保尽保”的政策对有需要救助的对象及时提供随地的生活保障。

（二）加强社会成员技能培训，确立就业优先发展

有效解决三江源地区生态移民脱贫问题，就要有的放矢。实践表明，对于有一定能力的贫困人群来说，提高其生存技能，使之自强自立，形成社会救助与创业帮扶的互补和循坏，才是真正的治本之策。[②]三江源生态移民为生态环境保护作出了贡献，离开了祖祖辈辈熟悉的牧场，放弃了简单、粗放的放牧方式，想在短时间内通过集中培训掌握一项新的谋生技能，比“下岗”工人还要困难。[③]为解决移民的生计问题，需按照基本需求来加强技能培训，确立就业优先发展。三江源地区生态移民，以牧民为主，受教育程度低，对

① 郑功成主编：《中国社会保障改革与发展战略》（救助与福利卷），人民出版社，2011 年。

② 阿玛蒂亚·森著，任赜等译、刘民权等校：《以自由看待发展》，中国人民大学出版社，2013 年。

③ 张凯、孙饶斌：《生态移民基本社会保障效益分析——以三江源地区为例》，《安徽农业大学》2012 年第 16 期。

其进行技能培训，应立足牧民自身的需要。需要是社会工作中核心概念之一，通过向个人提供经济市场中没有得到满足的部分，弥补社会弱势人群的资源短缺。[①] 笔者在甘达村调查期间了解到，真正使移民掌握一项技能，培训应有始有终。也就是说从最初如何“生产”到最后如何“销售”这一整套环节，需要相关技能培训人员手把手教会牧民，正如上文中访谈对象所说的“陪伴”。如此，才能使移（牧）民真正掌握技能，并能依靠技能实现就业，而不至于技能培训半途而废。

（三）社会救助与乡村振兴有效衔接

在后脱贫时代，如何在理论、制度、政策、资金、人文等方面实现社会救助与乡村振兴二者的无缝对接，是一个现实而又紧迫的重要问题。在乡村振兴中，贫困治理将在更大程度上与基层社会治理和发展的整体目标相结合，尤其是加强社会服务的经济赋能角色，对于贫困治理具有重要的意义和作用。[②] 甘达村合作社创办至今，受到了政府和社会各界的极大扶持，基本上保障了村民生产生活稳定，但巩固脱贫成果任务依然艰巨。如今，甘达村合作社创办成效显著，村委会经过协商计划扩建合作社，制造本地特色产品，开拓市场，力争今后在玉树州各县开设一家“甘达超市”。这样不仅能够为甘达村创造更多的经济效益，而且也能够为更多农牧民创造就业平台。除此之外，从近两年开始，村委会通过各种渠道组织村民参加各类培训，学习新的技术，主要是针对闲置在家的村民学习传统工艺，像编织牛绳、制作皮具等，通过产业扶贫的方式实现村民脱贫与乡村振兴有效衔接。

① 荣增举：《三江源自然保护区生态移民社区的居民需要——以玉树县上拉秀乡家吉娘生态移民社区为例》，《青海民族研究》2010 年第 3 期。

② 余少祥：《后脱贫时代贫困治理的长效机制建设》，《江淮论坛》2020 年第 4 期。

（四）秉持公平公正的社会救助政策

社会救助是现代社会保障体系的第一块基石，解除的是困难群体的生存危机，从而维护社会底线公平的制度安排，并具体体现着政府的公共责任和社会的道德良心。[①]正如诺贝尔经济学奖获得者阿玛蒂亚·森所言，有时候，实际出现的后果不仅不是有意造成的，而且是没有预期到的。这种例子不仅表明强调人类期望是有缺陷的重要性，而且提供了制定未来政策的经验教训。[②]但是在重“人情”的中国社会中，社会救助政策还是存在一些“人情保、关系保”等状况，本该获得社会救助的贫困人员被部分“关系户”占用名额，影响了社会救助的公平正义，进而造成贫困人员失去对政府的信任和信心。针对此类问题，现阶段各地方采取措施，如“入户”“摸底”等方式进行多次筛查，确保社会救助政策能够落实到位，让社会救助政策的“福音”能够确实地防止贫困人员返贫，加强贫困人员对政府的信任和信心。笔者一行在甘达村田野调查期间发现，村民一致认为甘达村取得今天这样的发展，是因为村领导秉公办事、齐心协力谋发展的结果。其中一位村民，拿甘达村与M村比较，谈道：

我们村有一个好领导，为民办实事，所以我们村很团结，没有太多的是是非非，不像M村村民对村领导意见很大，上下不齐心。我可以很自信地说，这几年我们村的发展突飞猛进。

如此看来，村领导作为最熟悉村民基本情况的工作人员，公平公正地落实上级部门的社会救助政策，着实重要。

① 郑功成主编：《中国社会保障改革与发展战略》（救助与福利卷），人民出版社，2011年。
② 阿玛蒂亚·森著，任赜等译、刘民权等校：《以自由看待发展》，中国人民大学出版社，2013年。

（五）广泛动员社会力量参与

尽管社会救助是最能够体现政府责任的社会保障制度，在许多国家通常由官方设置的机构负责执行。但从近二十多年的发展趋势来看，它也需要广泛动员社会力量参与进来。[①] 以甘达村为例，合作社创办十多年以来，除了政府给予的各类社会救助以外，还有其他社会力量的介入，形成了多层次的社会救助体系。这不仅起到了防止返贫的作用，同时还促进了不同民族之间的交流交往交融。

四、结语

中国在贫困治理中经历了非建制减贫、区域扶贫和精准扶贫三个阶段，取得了反贫困工作的决定性胜利，创造了人类历史上惠及人口最多、规模最大、持续时间最长的减贫奇迹。[②] 自三江源地区 2004 年实施生态移民搬迁以来，中央政府投入大量的资金实施各类社会救助来帮助贫困移民保障他们的基本生产生活。社会救助对该地区减贫助困取得了一定的成效，但是因三江源特殊的地理环境和生态问题，贫困问题形式复杂多样，不可能在短期内就能够解决所有贫困问题，需要建立长效的机制。本论文以玉树市扎西科街道办甘达村为例，调查了解扎西科街道办实施的社会救助情况，发现资金、技术培训是对三江源地区生态移民的重要救助手段，但是如何选拔基层管理人员来推动社会救助成效是目前三江源地区面临的一个重要课题和难题。

众所周知，世居青藏高原的农牧民为应对恶劣的生存环境，积累了丰富的经验，形成了一套属于牧民的“生存智慧”。但是综合以上内容的分析，我们能够发现，为保护生态环境搬迁至城镇，应对新的生存环境，政府对移民

① 郑功成主编:《中国社会保障改革与发展战略》（救助与福利卷），人民出版社，2011 年。

② 余少祥:《后脱贫时代贫困治理的长效机制建设》,《江淮论坛》2020 年第 4 期。

及贫困移民给予各类社会救助，以此保障他们基本的生产生活，但对牧民以往的“生存智慧”未能进行充分的挖掘和合理利用。藏族本土生态知识是藏族先民为适应青藏高原自然环境，与高原独特的地理环境长期磨合的过程中积累并形成的一套集知识、智慧、经验为一体的重要人文资源。[①] 在三江源地区除对贫困移民给予资金、技术救助以外，合理利用藏族本土生态知识，并建立符合三江源地区的长效管理体制、运行机制和激励制度等，如此才能真正为三江源地区生态移民在物质和精神双重层面实现高质量发展，进而有力推动中国式现代牧业。

琼英，青海民族大学马克思主义学院副教授，研究方向：区域经济、社会与文化；达哇卓尕，中共青海省委党校 2019 级在职研究生。

① 拉先、多杰扎西：《藏族本土生态知识研究述论》，《西藏大学学报（社会科学版）》2021 年第 1 期。

青藏高原草原畜牧业绿色发展路径：产业多元化

——基于青海省祁连县的调查

普华西日布

一、引言

青藏高原高寒牧区自20世纪80年代开始推行草场承包到户制度后，逐渐实现了牧民半定居化，即牧民以家庭为单位在各自的冬季牧场建起房屋和棚圈定居，而夏秋季依然在村内或小组范围内进行转场游牧。21世纪以来随着草场围栏的数量和使用面积的不断扩大，加速了牧民对夏秋季草场界限的明晰化。这一变化一方面促进了草场流转的市场化，提高了牧民的生产积极性，另一方面加剧了草场的破碎化，减少了牲畜在时空上的流动性，进而导致环境恶化。

为抑制环境恶化，国家开始实施了大规模的生态保护与建设项目。2003年建立三江源国家自然保护区，2004年实施三江源生态移民工程。2009年，国家发改委启动西藏、青海等藏族聚居区游牧民定居工程。这些生态移民和游牧民定居工程项目的实施，使得青藏高原高寒牧区的牧民或主动或被动地进入了城镇化和定居化的行列中，一方面推动了牧区城镇化和“现代化”的进程；另一方也造成草原畜牧业发展失衡的问题。2010年实施“减畜禁牧”政策以来，草畜矛盾依然突出，草原畜牧业产业基础比较薄弱，发展方式相对落后，草原生态保护和产业发展面临诸多挑战。按照2022年中央一号文件决策部署，针对草原超载过牧和牛羊肉供给长期偏紧的问题，从2022年开始国家发展改革委将安排部分中央预算内投资，支持牧区半牧区加快推进草原畜牧业转型升级。[①]结合此政策背景，如何实现青藏高原高寒牧区草原畜牧业的产业化发展，推进草原畜牧业转型升级已成为亟待解决的重要问题。

青海省祁连县草原畜牧业同青藏高原其他高寒牧区一样，在近半个世纪以来的发展过程中正在经历着历史性的转变，虽然其整体发展依旧坎坷不平，但有一些尝试性的产业发展趋势为青藏高原高寒牧区草原畜牧业的产业化发展，实现草原畜牧业的转型升级提供了思考的空间。本文以祁连县草原畜牧业为例，探讨草原畜牧业产业多元化发展的可行性路径。

祁连县位于青海省东北、海北藏族自治州的西北部，地处祁连山中段。东以景阳岭与门源回族自治县接壤，南与刚察县、海晏县相连，西南与海西蒙古族藏族自治州的天峻县为邻，北与甘肃省酒泉市、肃南裕固族自治县、民乐县、山丹县为界。地理坐标：东经 98°05′35″ ~ 101°02′06″，北纬 37°25′16″ ~ 39°05′18″。县境沿祁连山南麓呈北西——南东向的不规则长条形，南北宽约 185 公里，东西长约 280 公里。总面积 14781 平方公里，占青海省总面积的 2.05%，海北藏族自治州总面积的 43%。祁连县现辖 3 个镇 5 个乡，分别是八宝镇、峨堡镇、默勒镇、阿柔乡、央隆乡、野牛沟乡、多隆乡和扎麻什乡，其中除八宝镇和扎麻什乡属半农半牧外，其余乡镇均为纯牧区。

二、祁连县草原畜牧业现存发展问题

（一）产业形式单一

当前祁连县草原畜牧业依旧以家庭经营为主，虽有一小部分是合作社，但其占比很小且都处于初步摸索阶段，对祁连县草原畜牧业的整体发展很难产生

① 国家发展改革委、农业农村部、国家林草局联合部署开展草原畜牧业转型升级试点示范，中华人民共和国国家发展和改革委员会官网，2022 年 1 月 21 日。

影响。祁连县草原畜牧业目前最主要的产业形式为活畜出售，包括牦牛、藏系羊和少部分马，其次为初级乳畜产品的出售，主要有牦牛奶、酥油、酸奶和奶渣（曲拉），以及羊毛和牦牛绒的出售。依据笔者于 2021 年抽样调查数据，如图 1 所示，祁连县户均活畜出栏收入占户均家庭总收入的 94.3%；乳制品收入占 1.9%；羊毛收入占 2.3%；牦牛绒收入占 1.5%。乳制品、羊毛和牦牛绒等产业合计收入占比不足牧户家庭总收入的 10%，而仅活畜出售占 90% 以上，因此祁连县草原畜牧业产业形式看起来多样，实则单一，牧民主要只有活畜出栏的收入，其他收入微乎其微。

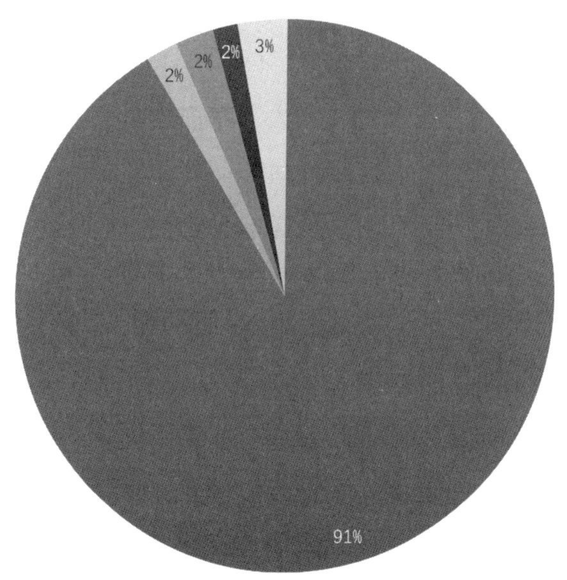

图 1　祁连县牧户家庭收入占比情况

（二）销售渠道单一

祁连县草原畜牧业依然在初级发展阶段，绝大多数畜牧业产品都是未经过加工和包装的初级产品，如活畜、牛羊肉、牦牛奶、酸奶、酥油、奶渣、羊毛、牛绒等。这些很难称为真正意义上的产品的畜牧资源，其销售渠道又极其单一，表现为销售对象单一和销售形式单一。主要靠单户销售给中间商——俗称“二道贩子”，由“二道贩子”倒卖到更大市场。这种销售模式一方面被“二道贩子”压低了产品价格，整体上降低了牧民的收益；另一方面由于单户销售供应不足，很难吸引有大规模购买需求的买家，以及由于牧户对市场的预测和判断能力有限，容易导致初级畜产品的销售困境。

（三）游牧文化资源的经济效益开发不足

在藏族传统的畜牧观念里有“六大基本畜牧资源”之说，即分别是肉、皮、毛（绒）、奶、粪（牛羊粪）和（牲畜）骨。这 6 种畜牧资源共同构成了草原畜牧业的整体价值，包括文化价值和经济价值。在传统的生计型畜牧业中对以上 6 种畜牧资源进行了有效地利用，除了有丰富的奶食品之外，还生产制造出非常多的皮制、毛织、绒制和骨制的生产生活用具，也由此满足了牧民几乎所有的基本生产生活需求。然而在即将转型为经济型畜牧业的过程中，以上 6 种畜牧资源里只有肉和极少部分奶资源被利用了，但这两样开发的也并不充分。近 5 年，祁连县一张羊皮价格不到 10 元，一张牛皮价格不到 100 元，牧民无奈就把成批的皮子扔掉或堆在家里腐烂。羊毛和牛绒勉强能卖得出去但出售价格有时不足剪毛的成本，导致不仅降低了畜牧业的经济效益还造成大量的资源浪费。然而在市场上正宗的皮制和毛制商品都属于高档产品，价格极高，一两件羊毛衫的价格足以买下几百只羊的羊毛。因此，归根结底对于草原畜牧业来说，不是缺少市场而是缺少对畜牧资源的经济开发和产业化发展。此外，草原畜牧业与（集约化）畜牧业最大的区别在于，前者有牧民、草场和牲畜三个主要因素，以及牧民基于牲畜和草场传承下来的丰富的社会生活文化，即所谓的游牧文化。游牧文化也是人与自然和谐相处的青藏高原生态文明的重要部分。这种文化除了其文化价值，在如今的自然科普教育、体验式旅游、文创产业等方面也有极大的经济开发价值。

（四）牲畜与草场生态关系认识不足

截至到 2021 年，祁连县始终在落实“减畜禁牧”政策，县域内多数乡镇牧民的夏季或秋季草场均已被列为禁牧区，在时空上不同程度地限制牧民放牧，如默勒镇海浪村、峨堡镇黄草沟村、阿柔乡草大坂村等。面对有限的草场资源，有的畜牧户不得不通过转租来增加自己的草场面积，部分畜牧户随着放牧压力的不断增加逐渐放弃放牧。另一方面，牧民在放牧行为上逐渐趋向于畜群单一化放牧，祁连县已有超过 50% 的牧户放弃了羊和马的饲养，转为单一的牦牛群，如祁连县央隆乡阿格尔村 2021 年共有 157 户牧民，其中牛羊都有的只有 9 户，6 户为无畜户，其余 142 户都只养牦牛。

从草场生态的稳定性考虑，不断强化禁牧、减少牲畜和畜群单一化都有可能造成严重的生态问题。在青藏高原高寒草原上，草场、牲畜和牧民之间是一个完整的循环性生态系统，三者相互影响又相互促进。“草场植被恢复是由放牧和气候变化共同影响的，禁牧对于草场恢复能够起到一定的作用，但对于草场质量的整体改善不能起到决定性作用。而禁牧时间过长后，由于禁牧打破了原有草地生态系统中（草—畜）之间的关联关系，反而有可能不利于草场的健康恢复。”① “减畜”政策的逻辑来源于对草场承载力的笃信，承载力即单位面积的草场范围内所能承载的牲畜数量。曾经有诸多学者（Frederic clements,

① 谷宇辰、李文军：《禁牧政策对草场质量的影响研究——基于牧户尺度的分析》，《北京大学学报（自然科学版）》2013 年第 2 期。

Heyboer）坚信只要严格控制载畜率就可以成功管理和保护草场生态。但已有学者（Ellis and Swift,1988;Behnke et al, 1993; Sullivan and Rohde, 2002）提出以上的假设仅仅在降水量变化不大，且产草量可预测的草地生态系统中才适用，学术上称之为平衡生态系统，而像青藏高原高寒草原这种气候高度变化的草原生态系统，由于剧烈的降水量变化带来产草量的巨大波动，在很大程度上牲畜数量是由降水量决定的，这样的生态系统被称为非平衡生态系统。“因此固定的承载力在非平衡生态系统中是没有意义的，载畜率是按照降水量变化随时调控的。降水量多时，牲畜量超过所谓承载力也不会引起草场退化；降水量少时，就是将牲畜量控制在承载力范围内也同样会引起退化。”[①] 依照祁连县2021年的放牧状况显然是没有意识到高寒草原的这种非平衡关系，以及牲畜与草场之间的相互关系。

然而有些牧民从自己的经验出发已有了一些基本的认识，祁连县的一位牧民在访谈时说：

众所周知对牲畜而言，草是其维持生命的必要因素，殊不知对草原来说牲畜也是其保持良好环境的重要因素。草原上少了牲畜，则环境问题会更加突出。我认为草要长高、长密有两个关键的因素：一是需要牲畜的粪便作为肥料，二是需要种子入土，种子便是草穗子。身在牧区的人都知道我们一般10月份开始去冬季草场，次年7月份才开始转场，留在冬季草场的时间至少也有8个月，而在夏季草场的时间都不到2个月，然而冬季草场的草远远比夏季草场的草要长得高、长得密，主要原因就是冬季草场一是有足够的牲畜粪便作为肥料，二是冬季草场有充足的长草时间。每到秋季草穗子成熟了，牛羊到冬天

① 李文军、张倩：《解读草原困境：对于干旱半干旱草原利用和管理若干问题的认识》，经济科学出版社，2009年。

才进入草场把草穗子打入地里，保证了两个关键的因素——种子和肥料。而夏季草场一是没有足够的肥料（牲畜滞留时间短），二是它没有机会长出草穗子，小草刚露出头就被牛羊吃掉，缺少了肥料和种子，草自然一年比一年矮，一年比一年稀疏。除此之外，不同的畜种吃草的习性和草的种类也不一样，羊喜欢吃草叶子，或者说喜欢从草的上面往下啃着吃，因此羊吃完的地方草一定还有剩余；而牛喜欢从草的根部嚼着吃，甚至会舔着草地吃，因此牛吃过的地方草会一干二净，马和山羊喜欢吃针刺类的草。

牲畜的存在，尤其是多种畜群的饲养不仅有利于牧民生计和草原畜牧业的发展，还对促进草场生态系统的良性循环，开发和利用不同类型的草原环境，应对环境异质性所带来的挑战，以及降低各种不确定性灾害的影响起着不可忽视的作用。一项对非洲牧区的研究中还指出：“例如，牛的价值在于它们产奶的量，而骆驼的价值在于它们在干旱时至少能产一些奶。少量库存被保留下来，用于日常的国内肉类消费或出售，以满足小额支出。由于山羊可以迅速繁殖，牧民经常在干旱后的恢复年份用山羊来重建他们的畜群。”① 因此，饲养多种畜群的牲畜不仅有利于应对气候多变和自然灾害以分散风险，还有助于提高牧民的经济效益。

① Roy H. Behnke, Grazing into the Anthropocene or Back to the future, [J]Frontiers in Sustainable Food Systems, 30 April 2021.

三、草原畜牧业的产业优势

表 1　草原畜牧业与集约化畜牧业的优劣势对比

	草原畜牧业	集约化畜牧业
基本概念	又称粗放畜牧业，在较大范围的自然草场内多以逐水草而居的季节性游牧为主进行饲养管理放牧的畜牧业。	又叫密集型畜牧业或工厂化畜牧业，是指在一定的土地（草原）面积上以圈养的形式，集中投入较多的生产资料和劳动，采用新的技术措施，进行精心饲养的畜牧业生产经营方式。
特点	投入和产出相对较低，注重产品的质和人畜关系的和谐性。	高投入、高产出，注重的是产品的量，以肉类产品为主。
劣势	风险高，产量少，受季节和自然灾害影响大。	1. 割裂了动物与植物之间的自然联系，忽视了动物生长发育的自身需求，在生产中大量使用添加剂和兽药，加速牲畜的（非自然）生长，降低了畜产品的质量，甚至对人类健康造成危害； 2. 机械式生产，生产过程单调枯燥； 3. 追求规模效应，造成生产集中，致使禽畜粪便污染土壤和水源，造成环境污染。
优势	1. 产品绿色健康； 2. 放牧方式人性化、环保、生态，有利于人与自然和谐相处； 3. 具有丰富的游牧文化，放牧本身就是一种健康的生活方式。 4. 不单以肉类资源的经济效益为主，其他畜牧资源丰富且优质；经济开发价值高，市场潜力巨大。	产量高，经济效益高，受季节影响小，自然灾害风险低，产品可塑性强。

如表 1 所示，集约化畜牧业与草原畜牧业各有不同方面的优劣势，二者根本的差别在于前者的最终目的是经济和效率，而后者的价值更多体现在可持续和绿色的发展模式。考虑到青藏高原生态环境的重要性和未来人与自然和谐发展的美好前景，青藏高原的草原畜牧业应当发挥其本身优势走产业多元化之路而非集约化畜牧业的单一路线。

图 2　祁连县草原畜牧业秋季牧场与集约化畜牧业对比

祁连县草原畜牧业与青藏高原其他地区的草原畜牧业基本相同，在产业优势方面主要有以下几点。

（一）草场优势

对草原畜牧业而言，最重要的发展因素便是草场，祁连县 8 个乡、镇中除了八宝镇和扎麻什乡为半农半牧外，其余都为纯牧区。全县天然草场总面积 1679 万亩，占土地总面积（2088 万亩）的 80.41%，可利用草场面积 1552 万亩，占草场总面积的 92.43%[①]，无论是草场总面积还是可利用草场面积均居海

① 祁连县志编纂委员会编：《祁连县志》，甘肃人民出版社，1993 年。

北州第一位。草场类型丰富，以山地草甸类草场为主，广泛分布在多隆、默勒、峨堡、阿柔等地区的山地、滩地上；其次有高寒草甸类草场、灌丛类草场、山地草原类草场、高寒沼泽类草场、灌丛草甸类草场、沼泽类草场、森林类和疏林类草场，这些草场类型天然牧草资源比较丰富；优良牧草茎叶柔软，适口性好，各类牲畜喜采食，营养成分高适宜发展草原畜牧业[①]。此外，历史上祁连县县域内所有部落都靠游牧为生，具有很好的草原畜牧业传统和基础。

（二）畜牧资源优势

依托于优良的游牧传统，祁连县具有丰富的畜牧资源，尽管如今有畜群单一化现象，但整体上还保留着传统的“三畜”种类，不仅有以上提到的肉、皮、毛、奶、粪、骨 6 种基本物质类畜牧资源，还有更丰富的非物质类畜牧资源，包括织毛、搓绳、制皮等手工艺技术，各种环保技能、生态理念等地方性知识，诸多积极的生活习俗，简单健康的饮食文化等。如果能得到合理有效的开发，这些畜牧资源都有极大的经济价值。

（三）市场优势

随着互联网服务日趋稳定，智能化、信息化席卷传统行业，新需求与新消费作为整个经济生态的最大驱动力，以及一些发达国家和一二线城市的品质化、有机化饮食需求迅速增长，无意间给以高原有机畜产品为代表的无污染、高营养的初级农牧产品提供了极大的市场机遇。越来越多的人追求健康、绿色、有品质的产品，尤其在食品需求上，有机、生态、绿色的农牧产品更受消费者喜欢，并且这种消费需求在未来会逐渐增大。因此，优质、健康、生态型的草原畜牧业肉类、奶类等产品必将在未来市场中占据重要位置。

① 达雪莲：《祁连县草场资源利用现状及建议》，《青海畜牧兽医杂志》2001 年第 6 期。

（四）人力资源优势。

草原畜牧业的主体是牧民，牧民的观念、思想和行动决定着草原畜牧业的整体发展水平和趋势。如今，以祁连县为例的青藏高原上的牧民主体也从 60 后、70 后人群逐渐被 80 后、90 后以及 00 后的青年牧民所取代，而 90 后和 00 后的牧民子女得到了现代教育的培养，甚至少部分已受过高等教育的牧民子女也回到家乡开始从事草原畜牧业。这些新生代牧民子女身上既保留着传统游牧文化中的一些优秀品质，也容易接受新的发展理念、思想和先进的放牧技术，必将为青藏高原上的草原畜牧业从传统的生计型粗放畜牧业转型为经济型生态畜牧业发挥至关重要的作用。

（五）政策优势

2018 年中共中央、国务院印发了《乡村振兴战略规划（2018—2022 年）》，规划提出实施重要生态系统保护和修复重大工程，稳定扩大退牧还草实施范围，继续推进草原防灾减灾、鼠虫草害防治、严重退化沙化草原治理等工程。将草原治理问题列为国家乡村振兴战略中的一个重要环节，为草原生态的恢复和进一步发展生态畜牧业带来了契机。2022 年中共中央、国务院在《关于做好 2022 年全面推进乡村振兴重点工作的意见》中，进一步提出持续推进农村一二三产业融合发展。鼓励各地拓展农业多种功能、挖掘乡村多元价值，重点发展农产品加工、乡村休闲旅游、农村电商等产业，为农牧区多元化发展乡村产业创造了优厚的政策环境。在党的二十大报告中强调，加快构建新发展格局，着力推动高质量发展。高质量发展是生态优先绿色发展的模式。[①] 2021 年习近平总书记在青海考察时指出，“进入新发展阶段、贯彻新发展理念、构建新发展格局，青海的生态安全地位、国土安全地位、资源能源安全地位显得

① 刘鹤：《必须实现高质量发展》，《人民日报》2021 年 11 月 24 日。

更加重要。要立足高原特有资源禀赋，积极培育新兴产业，加快建设世界级盐湖产业基地，打造国家清洁能源产业高地、国际生态旅游目的地、绿色有机农畜产品输出地”。[①] 因此，无论从生态角度还是发展角度，在以青海为例的青藏高原牧区发展生态畜牧业，横向多元化发展草原畜牧产业符合当前国家的总体发展要求和政策走向。

四、草原畜牧业未来发展定位

（一）认清草原畜牧业与集约化畜牧业发展定位的差异

发展是一个值得深思的话题，尤其在当今世界形式下，在科技和信息技术高度发达的 21 世纪，有必要想清楚人类发展究竟要做什么。经济学家阿马蒂亚 · 森提出以自由看待发展的观点，认为发展可以看作是扩展人们享有的真实自由的一个过程，聚焦于人类自由的发展观与更狭隘的发展观形成了鲜明的对照。狭隘的发展观包括发展就是国民生产总值（GNP）增长、个人收入提高、工业化、技术进步或社会现代化等观点。[②] 的确，自工业革命以来人类对发展的定位意味着经济优先、效率优先、产量优先。因此，每一个产业都在这样的驱动下有了超乎想象的“发展”，集约化畜牧业就是一个典型的代表。但是这样的发展是否是可持续的发展、有益的发展？或者说是否意味着所有产业终究要走向狭隘的发展道路？人类学家马克 · 霍伯特（Mark Hobart）说：“发展”意味着一种“文化霸权”，它将第三世界定义为一个贫穷、落后和愚昧的“他者”，将其“问题化”为一个需要无休止的干预、计划与帮助的对象，而西方工业文明成了第三世界国家共同的发展目标。[③] 在过去我们一直以狭隘的发

① 习近平在青海考察：坚持以人民为中心 深化改革开放 深入推进青藏高原生态保护和高质量发展，新华社，2021 年 6 月 9 日。

② 阿玛蒂亚 · 森著，任赜、于真译：《以自由看待发展》，中国人民大学出版社，2013 年。

③ Mark Hobart, An Anthropological Critique of Development: The Growth of Ignorance, [M] Routledge, 1993.

图 3　位于祁连县邻县门源的牦牛集中养殖基地

展观看待草原畜牧业，以经济效益为首要目标，用高效、高产或者规模化、产量化等这些集约化畜牧业应有的标准和视角去要求和“发展”草原畜牧业，甚至草原畜牧业因无法达到以上标准而曾一度背负着“落后”“传统”以及“破坏草场”等的骂名，导致草原畜牧业产品（活畜）至今都以集中饲养为其最终归宿或最优“发展”模式。如今在市场上的牛羊肉 90% 以上都为集约化畜牧产品，甚至流通在西宁、拉萨等地来自青藏高原草原畜牧地区的牦牛肉和藏系羊肉也几乎都是集中饲养之后的产品。因为所有收购牧民牲畜的中间商从各地牧民手中收购活畜之后转运到他们的饲养基地进行为期 1—3 个月的集中强化饲养。据称这样的饲养手段能够在短期内使牛羊的体重翻一倍及以上，然后将其销售到肉类市场，赚取其中的差价。然而，草原畜牧业的价值、优势和潜力并不在于产量和单一的肉类产品上，正如表 1 中所列举的，其最大的优势是健康、可持续和人与自然和谐相处的一种模式。正如经济学家约瑟夫·熊彼特所说："但是，只在研究发展这个现象时处处小心，这还不够，对于用来理解发展的那些概念，我们也不能有丝毫的疏忽大意，但最要留心的，还是（社会发展）这个概念，因为稍不留意，我们就会被它的各种关联引入歧途。"[①] 故此，草原畜牧业的发展定位或发展的概念也需要谨慎思考。在集约化为归宿的发展模式下草原畜牧业本身的劣势被逐渐放大而优势则被无限忽略，很难有与自然和谐相处的可持续发展前景。

（二）草原畜牧业的发展定位

党的十八大以来，在习近平总书记的积极领导下，我国生态保护和经济发展方面的理念和路线有了极大的转变，特别是党的十九大所提出的实施乡村振兴战略和高质量发展等重要论述为我国农牧业的现代化发展指明了方向。加之，习近平总书记于 2018 年在全国生态环境保护大会上明确提出坚持人与自然和谐共生的原则，以及绿水青山就是金山银山，贯彻创新、协调、绿色、开放、共享的发展理念，2021 年在青海考察时又提出坚持以人民为中心深化改革开放深入推进青藏高原生态保护和高质量发展的要求。

结合草原畜牧业过去的发展困境和当前乡村振兴与高质量发展的战略意义，未来的草原畜牧业应当以草场生态保护为前提，在继承优秀的传统放牧思想的基础上通过创新思维和现代科技，以发展绿色、生态和优质的畜牧产品为目标，并且不单以肉类产品去衡量畜牧业的发展水平和经济效益而是深度挖掘和开发其他畜牧资源，探索横向的多元化产业发展路径，综合评估草原畜牧业的发展成果才能实现草原畜牧业的高质量发展。

---

① 约瑟夫·熊彼特著，郭武军译：《经济发展理论》，华夏出版社，2020 年。

五、草原畜牧业产业多元化发展路径

（一）以质量为主，高端化打造生态牦牛肉和藏系羊肉产业

无论从市场需求还是从生产方式思考，草原畜牧业的肉类产业发展应以质为主而非量为主。高品质产品必然通过高端化运营才能在市场中站住脚，在我国具有高端消费能力的人或者对高品质产品有需求的消费群体主要集中在内地一、二线城市中，而以牦牛肉和藏系羊肉为主的草原畜牧业生态肉类产品又在遥远的青藏高原。因此，牦牛肉和藏系羊肉产业在更广泛的市场中高端化运营需要从两个方面入手，即一是需通过供给侧结构性改革研制和开发多种符合牦牛肉和藏系羊肉本身特点且又符合大众口味的健康食用方式和新的肉类食品；二是有效借助互联网技术，采用“互联网＋生态牧场”模式创新经营，将高端生态畜牧产品与高端消费群体连接起来，逐渐拓宽市场渠道。

“互联网＋生态牧场”模式，可分初级模式和高级模式两种，前者指通过淘宝、京东、抖音、快手等当下多种自媒体渠道和网店形式将生态畜牧产品销售和推广到内地市场；后者指随着当下消费者对产品质量和信誉要求的不断提高，可借鉴“QQ 牧场”等网上虚拟模拟养殖系统，让客户拥有线上养殖、线下收货的新型体验。如客户可在线上认养一头牦牛或羊，牧民对该客户所认养的牲畜进行定制化标记、GPS（全球定位系统）定位追踪与摄像监控，并将录入好的相应信息在手机或电脑端在线分享给客户，客户可全程观看牛的生产养殖状况并进行投喂饲料等操作，线上线下全程同步，待牛或羊养成后，针对客户的不同需求将牛肉分类或二次加工成肉肠、肥肉、瘦肉、牛排等不同的产品并实现邮寄到家。这种销售和运营模式既能够展现草原畜牧业的特点，也保证了畜产品的质量，更有利于提高畜产品价格，有助于草原畜牧业的高端化运营。

（二）大力开发其他畜牧资源，拉伸畜牧产业链

当前，青藏高原的草原畜牧业依然停留在对肉、皮、毛、奶、粪、骨 6 种

基本物质类畜牧资源的直接销售阶段，但上文提到在祁连县除肉类之外的其他畜牧资源的收入不足牧民家庭收入的10%，因此提高草原畜牧业经济效益的最佳途径便是加大对肉类之外的以上五种畜牧资源的开发和加工，延伸产业链、增加附加值，提高畜牧业收入。当下已有部分牧区的企业和个体户在尝试对以上畜牧资源的开发和加工，如四川成都拉雅克品牌牦牛皮生产公司致力于用牦牛皮生产和加工各种皮制产品，如皮鞋、皮包、皮衣等，该企业在四川省阿坝州境内收购了大量的牦牛皮，相对提高了牦牛皮的价格；再如甘肃省甘南州夏河县的丹巴达杰纺织厂，致力于利用藏系羊进行羊毛纺织和生产羊毛哈达、围巾等产品，在提高羊毛价值和价格的同时也吸纳了牧区的剩余劳动力，带动了当地的收入水平；又如青海省海北州刚察县iYak牦牛绒开发销售有限公司，致力于用本地牦牛绒生产和制造零染色环保型高端牦牛绒围巾、帽子等。以上这些社会企业的共同点是通过创新，引进新的技术和思想进一步开发了传统畜牧资源，并且将企业建在牧区本地，不仅拉开了畜牧产业链还有效地利用了牧民的剩余劳动力，为牧民创造了能够发挥他们智慧和技能的就业机会，带动了牧区经济的良性发展，值得推广。

（三）挖掘优秀游牧文化，发展游牧文化产业

1. 发展草原体验式生态旅游

草原畜牧业与（集约化）畜牧业最大的区别在于它有绿色、美丽、健康的放牧环境——草场，有上千年传承下来的特色文化——游牧文化，以及承载着丰富游牧文化的主体——牧民。随着现代社会的发展，越来越多的人对“游牧式”绿色发展青睐有加，因此通过充分挖掘和发挥以上草原畜牧业的三个优势特征，发展草原体验式旅游业不仅有助于提高牧民收入也有助于青藏高原畜牧业现代化发展，更有利于将青藏高原打造成国际生态旅游目的地的重大目标。

2. 开发游牧文创产品，发展“后备箱”经济

传统游牧业有各种丰富多样又具有生态环保特点的生产生活用具，虽然其中有一部分在当今的生活中已经被其他现代用具所替代了，但对于旅游业发展而言这又是一个产业机遇，为了增加草原体验式生态旅游的产业附加值可以挖掘传统畜牧资源，利用牦牛骨、牦牛角、牦牛绒和羊毛等开发多种具有游牧文化意义的小型文创产品，如项链、挂件、玩偶，以及各种迷你版的牧区生产用具，以发展“后备箱”经济，提高草原畜牧业的资源利用率和整体经济效益。目前在青海、甘肃等牧区已有一些环保机构在尝试性开发游牧文创产品，如位于甘南藏，族自治州的善觉甘加环保志愿者团队此前推出一批被称为卓贝罗罗的文创产品很受人们喜欢（见图 4）。

图 4　善觉团队用毛毡制作的游牧文创产品：牦牛和旱獭

3. 保护牧民手艺，创新思路，开发牧民手工艺产品

如今，一方面牧民有很多如揉皮、制皮、搓绳、织毛、缝制、打铁等多种传统的手艺或手工艺技术，但由于很多制作出来的传统手工用品已被现代生活用品所取代，所以这些手工艺技术也逐渐在被忽略或面临失传。另一方面，在现代化草原畜牧业发展过程中必将会有大量的牧民剩余劳动力，因此在青年牧民和政府机构等的带动下创新思维，利用牧民的手工艺技术制作出适用于现代

生活的手工艺产品（见图 5），不仅能提升畜牧业的整体经济效益，还能解决牧民的剩余劳动力，提高他们的生活水平。

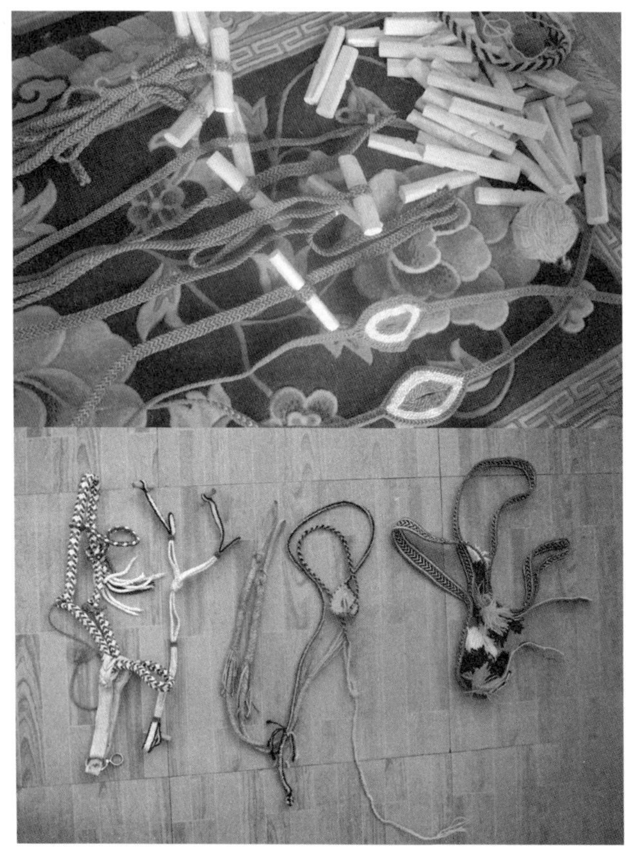

图 5　祁连县牧民制作的手工艺产品：乌尔朵和缰绳

（四）发挥草原教育功能，发展自然和生态教育产业

自然教育和生态教育将成为未来人们学习和关注的一个重要内容，以草原畜牧业传统文化知识为基础在草原牧区各地方建立草原生态教育基地，以培训班、夏令营等形式接待各中小学、大学学生以及相关科研人员等前来学习、考

察，在加强生态教育的过程中也能够发展当地经济，可达到双赢的效果。

结语

以祁连县为主的青藏高原草原畜牧业尽管在现阶段存在着产业形式和销售渠道单一、游牧文化资源的经济效益开发不足以及对牲畜与草场之间生态关系认识不足等问题带来的发展困境，但也具有草场优势、畜牧资源优势、市场优势、人力资源优势和政策优势等 5 个关键优势。因此，在全面推进青藏高原生态保护与高质量发展战略目标下，草原畜牧业发展最关键的点就是先要认准发展方向和发展定位，认清草原畜牧业与集约化畜牧业两者的本质区别与发展目标。未来的草原畜牧业应当以草场生态保护为前提，在继承优秀的传统放牧思想的基础上，通过创新思维和现代科技，以发展绿色、生态和优质的畜牧产品为目标，不单以肉类产品去衡量畜牧业的发展水平和经济效益，而是深度挖掘和开发其他类型的畜牧资源，探索横向的产业多元化发展路径，综合评估草原畜牧业的发展成果才能实现草原畜牧业的高质量发展，走向绿色发展模式。

普华西日布，中国藏学研究中心实习研究员。

| 第五部分 |

组织建设与乡村振兴

青海农牧区乡村组织化路径及其困境调查分析

——以尖扎县昂拉乡德吉村为例*

尕藏　柔旦

一、引言

无论现代社会还是传统社会，都存在很多社会组织。对于学术界来说，社会组织是相对较新的概念，对中国的地方经济社会发展而言，社会组织是地方社会治理和经济高质量发展的重要力量源泉，在促进地方经济增长中发挥着重要的作用。目前学术界对社会组织的定义有不同的解释[①②③]。在国内学术界中最早出现于2006年以后[④]。在此之前，使用民间组织或民间团体概念。

在国内，2017年10月中国共产党第十九次全国代表大会提出“产业振兴、生态宜居、乡风文明、治理有效、生活富裕”为总体要求的乡村振兴战略，成为新时代“三农”工作的指导纲要。在此背景下，“乡村振兴”成为多学科的研究热点。但是，就目前为止，在国内学术界针对“乡村组织化振兴”的研究

* 青海省哲学社会科学规划项目“青海农牧区基层社会组织的功能及其现代化路径研究”（21035）阶段性成果。

① 郁建兴、王名主编:《社会组织管理》，科学出版社，2019年。

② [美] 莱斯特·M. 萨拉蒙著，贾西津、魏玉等译:《全球公民社会：非营利部门视界》，社会科学文献出版社，2007年。

③ 王名:《社会组织概论》，中国社会出版社，2010年。

④ “社会组织”一词在国内最早出现于《中国共产党第十六届中央委员会第六次全体会议公报》（2016年10月11日）中。

成果还不多，大部分研究趋向于政府政策[①②]、宏观实施路径[③④]和基层党组织[⑤]相关的研究。目前国内乡村社会组织振兴研究的主题集中在乡村振兴的社会改革意义、传统社会组织的功能、“三重赋权”的内在逻辑、农村社会组织参与乡村治理路径分析等，其中于健慧[⑥]从乡村治理视角下探讨现代社会组织在基层治理和乡村善治中有提供公共服务、倡导公共政策、捍卫社会价值和建设社会资本等方面的重要功能。她又从两个方面进行分析，一是从现实层面来看，社会组织面临两种挑战，一方面是社会组织在角色定位、自身行动力、可利用资源等方面的作用还没充分发挥。二是社会组织运行的规范性、自律性和合作化较低，因此需要健全相关部门负责机制，加强引导社会组织进入乡村治理领域，推进社会组织融入乡村，健全社会组织与乡村共建共治共享机制。

胡那苏图[⑦]在内蒙古东部脱贫县A镇三村通过调查研究认为，乡村社会组织是村民的社区参与载体，乡村社会组织研究强调“结果和功能”，也要注重“单一”组织的个案研究。他指出乡村社会组织振兴能够促进乡村文明建设、推动产业发展和有效治理乡村社会。因此他建议乡村政府应该尝试多样化的项目推进乡村社会中村民的再组织化、积极建设人才队伍，培养和鼓励乡村社会中的精英，支持乡村社会组织。

---

① 郭元凯、谌玉梅：《组织振兴》，中国农业大学出版社，2019年。

② 殷梅英：《以组织振兴为基础推进乡村全面振兴》，《中国党政干部论坛》2018年第5期。

③ 成婷、陶有祥：《“五个振兴”：乡村振兴战略的路径选择》，《社科纵横》2018年第9期。

④ 苑丰：《行政、社区、市场：乡村组织振兴“三重赋权”的内在逻辑》，《理论与改革》2021年第4期。

⑤ 王春娟、郑慧超：《乡村振兴中农村基层党组织角色研究》，《佳木斯大学社会科学学报》2019年第4期。

⑥ 于健慧：《社会组织参与乡村治理：功能、挑战、路径》，《上海师范大学》2020年第6期。

⑦ 胡那苏图、崔月琴：《组织化振兴：农村社会组织参与乡村治理路径分析——以内蒙古东部脱贫县A镇三村为例》，《理论月刊》2020年第5期。

萧子扬[①]在一个西部留守型村庄调查研究后认为，社会组织是贯彻落实乡村振兴过程中的建设性力量。他从社会资本理论的视角，运用田野调查和案例分析的方法，对其社会组织的类型、社会组织参与、服务领域和乡村振兴的典型经验的可行性路径进行了系统研究，从而指出乡村振兴战略需要社会组织参与；要培育村庄产业组织；大力发展农村特色产业；要发展社会组织的优势，探索“一元多核”“三治并进”的模式。

另外，王韬钦[②]、苏慧[③]、王书慧[④]和吴春梅[⑤]等学者主要围绕农村基层党组织在乡村振兴中的角色与地位、思想和组织引领功能、在推进组织振兴中面临的问题等方面展开了大量研究；霍军亮[⑥]在《农村基层党组织引领乡村振兴的理论与实践》中重点研究当前农村基层党组织在乡村振兴中引领作用发挥的状况、存在的问题以及解决的对策与路径，以期能为更好、更快推进乡村全面振兴提供借鉴和参考。

对于组织振兴的国外研究现状，尤其是“组织振兴”概念的界定，西方学者并没有直接解读和研究。但是，二战结束后，西方工业社会快速发展的同时出现了至今仍有深远影响的社会组织。在此背景下，早在 20 世纪 80 年代初西方学术界开始关注基层社会组织的问题，研究重点主要集中于政治制度变迁和

① 萧子扬：《社会组织参与乡村振兴的现状、经验及路径研究——以一个西部留守型村庄为例》，《四川轻化工大学学报（社会科学版）》2020 年第 1 期。

② 王韬钦：《乡村组织振兴的基本逻辑及实现路径探讨》，《岭南学刊》2019 年第 2 期。

③ 苏慧：《农村基层党组织在乡村振兴中的功能定位及实现路径》，《福州党校学报》2019 年第 4 期。

④ 王书慧、姚桓：《新时代乡村振兴与农村基层党组织的革命性锻造》，《新视野》2021 年第 1 期。

⑤ 吴春梅：《乡村振兴战略背景下的农村基层党组织带头人队伍建设》，《江淮论坛》2018 年第 5 期。

⑥ 霍军亮：《农村基层党组织引领乡村振兴的理论与实践》，武汉大学出版社，2021 年。

权力与民主①、社会组织结构②③、社会资本与基层经济社会发展的关系④等方面。

以上文献综述都是国内外学者围绕乡村社会组织进行的相关研究成果，在一定意义上反映了国内乡村社会组织振兴在基层社会中的实践现状与困境。这些研究成果对本篇论文具有重要的借鉴意义和参考价值。但其研究对象多是政府政策、宏观实施路径和基层党组织，很少选取青海农牧区基层社会组织为研究对象。因此，本文以尖扎县昂拉乡德吉村作为田野调查对象，对当地的183家住户进行入户访谈，了解基层社会组织及其运行模式，分析这种组织的现代化路径和存在问题。

二、田野点概况

本文田野点位于青海省东南部，黄南藏族自治州北部的尖扎县昂拉乡德吉村。尖扎县以黄河为界，东北方向与化隆回族自治县相望，东南方向与循化撒拉族自治县接壤，西面与贵德县相连，南面与同仁县毗邻。全县辖3个镇、6个乡。其中，昂拉乡地处黄河以西，三面环山，东与化隆县德恒隆乡毗邻，南与当顺乡接壤，北与马克堂镇为邻。

德吉村距县城8公里，在藏语中德吉村的意思为“幸福之村”，是由尖扎县7个乡镇中30个村的低保家庭组成的一个易地搬迁村。德吉村现有251户946人，其中家庭结构分别为核心家庭、主干家庭、联合家庭、单亲家庭和单身家庭等5种类型，如表1所示。

① ［法］埃哈尔·费埃德伯格著，张月等译：《权力与规则——组织行动的动力》，格致出版社，2008年。

② W.Richard Scott,Gerald F.Davis. “ Organizations and Organizing:Rational,Natural,and Open System PersPectives” Routledge,2007.

③ James G.March and Herbert A.simon. “Organizations” ,Routledge,1993.

④ Robert D.Putnanm. “Making Democracy Work: Civic Traditions in Modern Italy” ,1994.

表 1　德吉村的家庭结构

家庭结构 户数	核心家庭	主干家庭	联合家庭	单亲家庭	单身家庭
户数	84	40	6	22	7
共 159 户					

2016 年，尖扎县为切实解决浅脑山区一方水土养不活一方人的问题，提出了“山上问题，山下解决”的思路，投入 6730 万元修建住房 251 套，总建筑面积 19076 平方米，将生存条件恶劣的两镇五乡的农牧户 251 户 946 人，包括

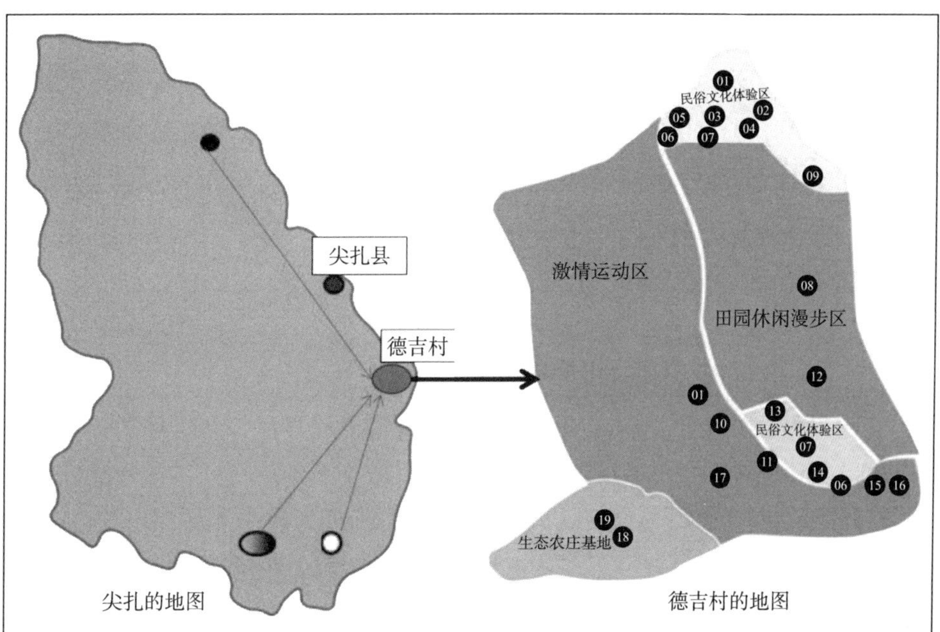

1. 休闲烧烤区　2. 特色林果采摘体验　3. 来玉游客服务点　4. 水上游乐园　5. 人工沙滩乐园　6. 来玉儿童乐园　7. 易地搬迁特色民宿　8. 田园花海　9. 传统藏族民宿　10. 特色美食广场　11. 亲水广场　12. 小三亚自驾营地　13. 五谷画文化体验中心　14. 德吉游客服务中心　15. 德吉水上乐园　16. “五彩神箭”射箭场　17. 激情水上乐园　18. 特色林果采摘　19. 林下休闲农家乐

图 1　德吉村的发展产业

立卡贫困户 226 户 866 人进行集中安置，2017 年 11 月正式搬迁入住。在 2017 年搬迁完成后，德吉村依托区位优势，积极探索扶贫易地搬迁与乡村振兴战略相结合，培育以乡村旅游为龙头，文化、光伏等产业深度融合的扶贫特色产业，如休闲广场、码头、露天沙滩、花海、农家乐、小吃广场等旅游产业项目一应俱全。

2020 年 7 月，文化和旅游部、国家发展改革委确定了第二批拟入选全国乡村旅游重点村名单，德吉村名列其中，成为当地的旅游名片。县委县政府依托德吉村依山傍水的独特优势，以市场需求为导向，以群众脱贫致富为目标，提出了文化旅游加精准扶贫加乡村振兴的发展思路，在村内打造了水上乐园、沙滩垂钓、观赏杏花海、果蔬农事体验园、露天广场、休闲占道等景观设施，培育了 30 户农家乐，积极引导群众发展农家生活和民俗风情，体验集观光、水上娱乐、采摘为一体的乡村旅游业。如图 1 所示，德吉村正努力成为全省乡村振兴战略异地扶贫搬迁乡村文化旅游发展和涉藏地区社会治理文化旅游融合发展的示范点，逐步让搬迁群众走上脱贫致富之路。

三、德吉村乡村组织化路径分析

德吉村自 2017 年建村以来，在县委县政府的长期关怀和当地村民的社会实践中，摸索出了适合本村实际情况的发展模式，通过政府主导下的社会组织和本村群众自行组织的民间组织，进行定期和非定期的村务活动和社会公益活动。

德吉村作为一个新型的乡村社会，其不同于传统的社会组织模式，在当地社会中带来了明显的社会效益和经济效益，有效带动当地村民积极参与相关的社会活动，可以说是相对成熟、较为成功的乡村社会振兴案例。

（一）村党组织的带领下创新“文化旅游 + 精准扶贫 + 乡村振兴”发展路径

2019 年，中共中央印发了《中国共产党农村基层组织工作条例》，规定村党组织领导和推进村民自治、领导本村的社会治理等，赋予村党组织领导乡村治理的职责，明确了通过村党组织思想引领、组织保障、成员带动等方式在乡村治理中发挥核心作用。德吉村党组织通过发展村社集体经济，不仅增加了村民收入，提高了村民生活水平，而且提升了党组织的号召力、凝聚力。突出村党组织在各项工作中的领导核心，对于打赢脱贫攻坚战，深入实施青海地区乡村振兴战略，推进乡村善治，推进全面从严治党向基层延伸，巩固党在农村的执政基础，具有十分重要的作用。

2018 年 10 月，在基层设施完善等外部条件逐渐成熟的基础上，德吉村党组织正式成立，隶属于昂拉乡党委统一管理，但这并不意味着原先村级单位领导的基层党组织的解体。

德吉村的人口来自尖扎县内浅脑山区基础设施落后、生存条件艰苦的 7 个乡镇的农牧民贫困家庭，共有 251 户 946 人，其中党员 41 名，平均年龄为 50.2 岁。2018 年 10 月份开始设立德吉村党支部，由昂拉乡党委统一进行双重监督组织管理。尖扎县委县政府充分利用德吉村的地理方位优势和脱贫的目标，创新了“文化旅游 + 精准扶贫 + 乡村振兴”的战略布局和发展理念，在党支部的带领下联合当地有能力的实干派，有效组织当地社区资源，充分发挥新媒体和信息化的方便快捷作用，创建多种必要的微信群和网络平台，科学监督和管理当地社区的发展动态，实现了社会组织管理模式的科学化、民主化和信息化。

（二）开发传统文化资源与文旅产业化路径

德吉村的原村民生产生活困难，经济收入主要以种地和放牧为主，加之居住在周边高山深沟地区，大部分地区在海拔 3000 米左右，处于滑坡带，年均气温 0 摄氏度以下，冰雹和霜冻灾害频繁，农作物年产量低且极不稳定，十年九灾。受地形影响，降水量在空间和时间分布上有较大差异，经常少雨春旱、多雨春涝，影响农作物及时播种，自然灾害频发，影响基本日常生活。

由于德吉村所辖的区域地理位置具有独特的方位优势，同时富有深厚的民族文化底蕴，它天然地具备了开发文旅产业的潜力。当地政府利用这些自然资源和文化资源创新和开启了“德吉村”模式，即将五彩神箭、锅庄舞、民俗活动等传统文化资源的深度开发与现代旅游业高效快捷的人性化服务进行有效结合，建设了具有尖扎地区民族特色的藏式搬迁住宅群、湖畔沙滩和游艇皮船、花海和婚庆摄影基地、休闲娱乐广场和码头、农家乐和小吃广场等项目，从而实现当地普通民众经济收入的增加，同时具有传播推广本地优秀传统文化的社会文化效益，有利于人民群众物质生活丰富和精神文明建设。

（三）构建新型农牧区经济组织化——以卡哇尕布种植合作社为例

从地方经济发展的角度来看，农牧区乡村社会组织与农牧民合作有着相当的联系，农牧区乡村社会组织是农牧民合作的一种结果，而农牧民参与农牧区社会组织的各项活动有助于乡村经济社会的发展和不断提高其组织能力。在乡村振兴战略实施的过程中，青海农牧民社会组织也不能局限于传统社会交换式的合作，必须向新时代乡村组织化的方向转化。而农牧民经济组织合作化就是农牧区乡村组织，这是一种农牧民集体行动式的合作。对于青海农牧区乡村社会来说，德吉村是比较典型的易地搬迁村，该村是由来自尖扎县 7 个乡镇的 30 个村的低保家庭组成。2017 年搬迁入住后，逐渐成立了一些农牧村集体经济合作社，卡哇尕布种植合作社是其中典型的合作社之一。

德吉村的卡哇尕布种植合作社是在 2018 年注册成立，由当地 20 户村民在当地政府投资 50 万元资金的基础上，每户自筹 2 万元进行运营。该合作社主要以种植、培育不同品种的树苗，三年后可以进行树苗交易而盈利，产生社会经济效益。据当时地村民 A 家的入户访谈，他们在 2018 年至 2020 年期间在 200 亩地上总共种植了 33 万棵树苗，这期间没有盈利，但得到了政府补贴，一亩地 1800 元。他们估计在 3 至 5 年内可以收益 100 万元人民币左右。这对当地村民来说是一笔丰厚的经济收入，表现出非常积极的心态。

（四）构建新型农牧区家庭经济组织化——以农家乐为例

农家乐主要是通过借助其经营地区公共场所的土壤资源优势、生产环境条件、耕种方式，或综合利用乡间农庄庭院、湖泊、塘堰、水果林地等丰富的田园风光景观、自然生态和农村的人文资源，为广大旅游者提供各种形式的以农业生活体验为主要特色的农业观光、休闲、农事活动体验、住宿、饮食、购物等服务，形成一个具有独特的地方民俗和传统特色的经营实体，也是一种乡村级别的经济组织。青海农牧区的农家乐经济发展具有促进农牧区文化产业结构调整、扩大农牧民社会就业、增加农牧民收入的功能，从而受到各地政府部门的大力支持和政策扶持，进入市场发展的快车道。乡村农家乐作为青海农牧区的乡村振兴和乡村旅游的一种特殊组织形式，肩负着发展农牧区经济、优化经济结构的重任与使命。

对青海农牧区特色村落德吉村来说，农家乐的发展为德吉村特色村落建设增添了新的动力元素，是巩固经济收入、提高品质生活不可忽略的一项重大工程。德吉村的农家乐作为近几年旅游业带动的新型家庭经营模式，对当地村民的经济收益带来了很多便利。据对德吉村 N 女士家的入户访谈，她 2018 年在当地村里经营了一家农家乐，由她和雇用的大厨二人经营。她反馈这家农家乐在前两年的经济收益比较可观，2018 年和 2019 年的经济收入平均在 5 万元人民币左右，而 2020 年开始受到新冠疫情的影响，经济收益明显收缩，如表 2 所示。同时这家农家乐还接受当地政府部门组织的相关村民职业技能培训项目，也得到了额外一些资金补贴。

表 2　农家乐收入情况

家庭农家乐	设立时间	服务人数	营业时间	年收入			
				2018 年	2019 年	2020 年	2021 年
案例 1	2018.3	1 人	农历四至九月	6000 元左右	45000 元左右	20000 元左右	50000 元左右
案例 2	2018.7	2 人	农历四至十月	40000 元左右	30000 元左右	20000 元左右	23000 元左右
案例 3	2019.5	2 人	全年		100000 元左右	150000 元左右	30000 元左右
案例 4	2020.5	1 人	全年			90000 元左右	40000 元左右
案例 5	2020.5	1 人	全年			40000 元左右	20000 元左右
案例 6	2021.3	1 人	全年				5000 元左右

（五）着力推动公益性组织事业繁荣发展路径

1. 传承民族优秀传统文化的舞蹈队

锅庄舞作为国家非物质文化遗产在国内受到广泛喜爱，是在藏族人民热爱的文艺活动，尤其在旅游地区成为吸引国内外游客的重要文艺活动。德吉村的锅庄队由当地村民和党组织合作而成，同时为承包德吉村外滩旅游服务的公司进行演出。锅庄队成员主要由社区人员（平均年龄为 30—40 岁）组成，原则上属于公益性组织。据对当地村民 M 女士的访谈，这支锅庄队对加强社区内部成员的互动、凝聚和团结具有重要功能。

2. 本土特色文化的培训班

五谷画作为尖扎县本地的特色手工艺术作品，在民间和市场上同时受到了青睐，以低碳绿色的制作工艺创造出了丰富多彩的艺术作品。在推广和传承本地传统文化的同时，五谷画也为当地普通民众提供了一个不错的就业平台，创造了良好的经济效益。德吉村通过在本村开展五谷画手工技艺培训，鼓励本村村民在经营自家民俗客栈的同时，利用闲暇时间制作五谷画。据对 M 女士的访谈，在德吉村进行了为期十天的三期五谷画培训，每次由 40 个村民参加。经过一段时间的培训，村民们基本上都能做出一些手工作品，偶尔也能卖给有兴趣的游客。

（六）在政府部门和村委会带领下组成的环卫组织

德吉村垃圾清理队是由昂拉乡政府带头，本村村民组成的环卫组织，该环卫组织由 100 人组成，分两组，每组 50 人，一组对尖扎县冬果林场进行定期的环保工作，另一组则对本村进行长期的清洁卫生工作。对德吉村整洁良好的村容建设具有积极意义。该组织成员每人享受的资金补助为 1800 元人民币（年均）。据对当地村民 C 女士的访谈，2019 年由于德吉村荣获了省级“最美乡村”的荣誉称号，她代表德吉村环卫组织到天津去参加相关活动，并唱尖扎当地民歌表示感谢。

（七）联合村内外社会组织解决村民就业问题的路径

德吉村的新建就是扶贫搬迁的一次创举，是实现本地区人民群众脱贫脱困的社会实践。德吉村的新建给当地人民群众带来了多少社会效益和经济效益，需要根据当地实际情况判定，而社会就业成为衡量的客观条件。

德吉村通过市场化运营和招商引资的方式联合省级旅游公司，同时又扶持本地合作社经营户，创造了大量的就业岗位，实现了当地人民群众就近就地就业的目标。这些就业岗位主要有：生态公益性岗位 181 名、旅游业服务员 22 名、环卫工人 15 名、光伏管理员 15 名、保安 10 名、村警 2 名以及其他岗位 7 名，总共提供了 352 名人员的就业岗位，如表 3 所示。

表 3　就业岗位情况

单位：名

岗位	生态公益性	旅游服务业	环卫工人	光伏管理员	保安	村警	其他	总共
人数	181	22	15	15	10	2	7	352

除此之外，在德吉村由本村村民经营的农家乐有 30 户，同时也对 60 多名村民进行厨艺培训，引导 38 户人家经营昂拉土烧馍、牦牛酸奶和酿皮等具有当地特色的传统美食。总之，德吉村模式给当地人民群众创造的就业岗位是空前的，带来的经济收益更是丰厚的，当地村民都感受到了实实在在的获得感。国内疫情还未爆发之前的两年更是创造了当地的历史记录，2018 年创造的经济收益是 215 万元人民币；2019 年创造了 110 万元人民币的经济收益。因此，德吉村获得“中国美丽休闲乡村”的荣誉，同时被评为“全省异地扶贫搬迁安置示范点”。

四、目前存在的主要困境

（一）疫情的影响

2019 年新冠疫情爆发以来，几乎国内外所有地区均受到了严重冲击，德吉村也不例外。根据一段时间的田野调查和入户访谈，当地村民表示相对于前两年，2019 年开始游客人流量急剧下滑，经济收益明显减缩。

（二）能否可持续发展

可持续发展是国家长治久安的基础，也是社会良好运行的基本保障。易地搬迁是为了广大人民群众的长远利益，不仅仅是这一代人，还有子孙后代生存和发展的关键问题。落实得好，运行得好，并且能够长远地执行下去就是为国家立大功，为人民立伟业，为后代谋大略，但若不能可持续发展，则会引起负面效应。

（三）耕地与食材资源的欠缺

耕地对人民群众来说是生存的根本，是一个地区发展的最基本、最重要的物质资源。由于德吉村的人口来源基本上都是农牧区普通百姓，他们最擅长的也是务农、畜牧等传统的物质生产方式。在德吉村，旅游业的旺季主要集中在4月至9月份这一时间段，除此之外，旅游业所带来的经济收益就会产生季节性的收缩，当地村民的收入来源相对单一，因此其他季节只能从事其他劳动来维持生计。据对当地村民老奶奶L的访谈，她反映之前她们家生活在山区，虽然条件艰苦、交通不便，但山上有足够的耕地和广阔的牧场，一年四季都可以吃肉喝奶，这里虽然饮食美味多样，但物价昂贵，消费困难，她表示没有农田，心里就不踏实，吃粮也要省吃俭用。一家农家乐经营户也表示德吉村只有一家蔬菜店，导致他们的菜价高，又不能给游客提供新鲜蔬菜。

五、对策建议

（一）鼓励本地大学毕业生参与

据对当地村民Y的访谈，德吉村村民大多数由于文化水平低下，与外地游客沟通交流困难，学习新型技能比较吃力，导致大量游客来到德吉村基本上除了在沙滩上拍拍照，闲逛几圈之外，即不住民宿，也不用餐。除了几家装修大气的农家乐外，大多数民宿几乎都成了摆设。

根据对村民Y的访谈，可以了解到经营户的个人素养和技能是关键，但短期内无法提升村民的文化知识素养和专业技能。因此，鼓励本地大学毕业生参与是上上之策，一方面是因为大学毕业生在校期间就培养了必要的文化知识水平和相关的大学生创业培训技能，基本上可以掌握最基本的语言交流和人际沟通能力，能够胜任日常工作的任务。另一方面鼓励和资助大学毕业生，给大学毕业生提供就业岗位的实质就是对社区内部的自我投资，就是辅助社区自我提升和成长，这在一定意义上是社区现代化人才队伍建设，是德吉村得以可持续发展的内生动力。

（二）借鉴外地新型乡村的发展经验

我国幅员辽阔地大物博，文化资源丰富多样，不同地区有不同的自然资源和文化底蕴。只有充分发挥本地优势，才能实现长远的发展目标和利益。当然，在经济全球化时代大背景下的今天，仅仅依靠本地有限的资源也难以平衡社会生活中的诸多需求。因此，在充分发挥本地优势，充分挖掘本地资源的基础上，对省外甚至是国内外的新型乡村社区发展模式进行考察学习是明智之举。尤其是在国内经过长久的社会实践，已经摸索出来了很多成功的案例，在这些案例当中有很多值得去参考和借鉴的宝贵经验，可以通过间接性嫁接在德吉村发展快车道上，避免一些不必要的发展弯道，从而实现德吉村的可持续发展。

结论

德吉村模式到目前为止是尖扎县一次发展创举，作为一个新型的乡村社会，实现了尖扎县艰苦地区的贫困农牧民家庭脱贫目标，对人民群众或者对党和政府来说都是双赢互利的伟大实践。该村有效调动传统的社会资源和新型的组织模式创造了明显的社会效益和经济效益，已经成为外界社会广泛认可和当地村民积极参与的一个比较成功的乡村社会振兴案例。当然，任何社会都是向前发展的，矛盾是社会赖以存在和发展的客观规律。德吉村的未来也是如此，需要科学合理地去应对。

尕藏，青海师范大学法学与社会学学院副教授；柔旦，青海师范大学人类学专业硕士研究生。

西藏的乡村医疗建设是推动西藏乡村振兴的关键因素

力毛措

党的十九大报告提出实施乡村振兴战略。乡村振兴不仅是社会、经济、文化方面的振兴，也是医疗卫生、公共服务、生态环境的振兴。2020年中央一号文件提出要加强农村基层医疗卫生服务，为进一步加强农村基层医疗体系建设指明了方向。加强农村基层医疗体系建设，是实现乡村振兴的关键一环，也是乡村振兴战略的内在要求。健康是人类生存和发展的最基本条件。“没有全民健康，就没有全面小康。”在西藏，乡村人口占总人口的绝大多数，2021年西藏自治区国民经济和社会发展统计公报显示：根据人口抽样调查推算，年末全区常住人口总数为366万人。其中，城镇人口134万人，占总人口的36.61%；乡村人口232万人，占总人口的63.39%。而2021年5月11日第七次全国人口普查结果公布：居住在城镇的人口为90199万人，占63.89%；居住在乡村的人口为50979万人，占36.11%。[①]因此，更有必要建设西藏乡村医疗服务，乡村医疗的建设是乡村振兴发展的关键因素。

一、西藏乡村医疗建设的现状

首先在国家层面重视乡村医疗建设。从2003年开始，我国相继建立了新农合、农村医疗救助、重大疾病医疗保障等制度，并出台了相关政策、方案

① 第七次全国人口普查公报（第七号）——城乡人口和流动人口情况，国家统计局国务院第七次全国人口普查领导小组办公室，2021年5月11日。

等。近年来国家在这方面加大了建设力度，2022 年 5 月发布的 14 号文件《国务院办公厅关于印发深化医药卫生体制改革 2022 年重点工作任务的通知》明确了要提升基层医疗卫生服务水平。2020 年西藏自治区卫健委关于印发《西藏自治区 2020 年下半年深化医药卫生体制改革工作要点》的通知中，提出要大力提升基层医疗卫生机构服务能力，推进“优质服务基层行”活动暨村镇卫生院和社区卫生服务中心标准化创建工作。西藏自治区十分重视对村镇卫生院的建设，各级政府对基层乡、镇卫生院投入了不少资金。近年来通过采取新建、改建和扩建等方式，西藏村镇卫生院的基础设施得到了很大的改善。如阿里札达县底雅乡在 2007 年之前只有一名医生和一名临时雇用的护士，租用一间民用房为诊治点。2007 年政府正式投资建立底雅乡卫生院，2019 年招聘大学生 5 名，目前有 9 名医护人员，同时也配备了血氧仪、血糖仪等医疗器械。山南错那县麻麻乡于 2015 年正式成立卫生院，医疗队伍从 2002 年的 2 人扩建到 7 人，卫生院从之前的单间房扩建成现在的三层楼房。另外，西藏农牧区医疗制度是由政府主导，而农牧民基本医疗保障制度是以免费医疗为基础的，保障政策比其他地区较为优惠。

二、西藏乡村医疗建设中存在的问题

由于西藏特殊的地理环境和经济社会发展水平等自身原因，政府虽然在加大力度建设村镇卫生院，但村镇医疗卫生状况依然相对滞后，成为西藏医疗卫生事业发展的制约因素。主要体现在以下几点。

（一）医疗设施设备不足、科室建设不完善

村镇卫生院最基本的 B 超、CT 及心电图等检验设备欠缺；村镇卫生院基本没有治疗室、检验科和放射室等科室，只有一个综合的科室，满足不了不同疾病的诊治需求。另外，村镇卫生院的其他资源也存在不足或陈旧，比如 2019

年 9 月在底雅乡施工的一个工人从二楼坠落，当时卫生院唯一的救护车在地区维修，只得使用工地的普通车把患者送往县医院，但患者途中死亡。518 班公湖事件发生后，日土县人民医院积极参与了受伤官兵的救治工作，但只有 2 辆救护车，满足不了受伤人数的需求，因此政府组织各单位派出近 20 辆越野车参与受伤官兵的接送工作。必备资源不足，影响了基层卫生工作的开展。

（二）基层卫生技术人员严重不足，卫生队伍整体素质和医疗质量水平普遍较低

1. 基层卫生技术人员在数量和质量上都存在不足。首先村镇医务人员紧缺，如阿里扎达县远低于全自治区“平均每千人口执业（助理）医师达到 2.25 人”的标准，医务人员兼职多种岗位，得不到继续深造的机会而无法做到精、专。专业技术人员或分析师不足，即便有了设施设备，因不会操作而闲置，造成资源的浪费。如错那县在 2019 年给麻麻乡卫生院配备了 B 超仪，但没有技术人员操作而闲置。孕妇的孕检都需要去县医院完成，这样给一些患者和孕妇带来很多不便，经济等方面也造成不必要的损失。其次，新入行的医务工作者欠缺临床经验，几乎不能独立开展诊治工作，农牧民最基本医疗服务也很难得到满足。农牧民居住在较偏远地区，甚至有些居住的地方交通不便，如边境一线村什布奇村距札达县城区 260 公里，但需要途经砂石路、高山、弯道等。从乡到扎达县至少需用 6 小时以上，因此往往会使急诊患者得不到及时就诊失去最佳治疗时期。麻麻乡到错那县只有 41 公里，但其中 30 公里是由 188 个大小弯道形成，不利于急诊患者的接送工作。因此，既要提高村镇医护人员的数量，又要提高医护人员的技能是非常有必要的。

2. 工作条件差、编制不均衡、工资待遇不满意。有技能的高级人才不愿到基层工作，大学毕业生也不愿去农牧区。如阿里日土县人民医院李良俊院长所说，“近三年来我招聘了 89 名医务人员，花钱花时间送出去培养几年后，回来

的几乎没几个，目前留下来的只有四五个，而这四五个也是医院在发放工资，因为没有正式编制，所以这几个也有随时溜走的可能”。另外许多卫生院的骨干医师都是公益性或工人岗位，如麻麻乡卫生院的7名医护人员中1名为公益性岗位，管理人员是从2002年起在麻麻乡卫生院从事临床工作，但为工人岗位，没有职称晋级，薪级工资很低。相对来说这里的工作环境较好，编制也不少（9个编制中占了6个），就因为工资待遇低而造成引不进人才的现象，即便引进了技术人员，反而被上级医院借走或调离到其他地方，如麻麻乡卫生院的一名医生被错那县人民医院借走，另一名医生被安排在勒乡卫生院，现有的7名医护人员中常在岗的不超过3人。这种情况不利于激发乡村医生的积极性，也不利于乡村医院的发展。因此整个基层卫生院普遍存在着“引不来、留不住、养不起”人才的现象。

3. 随着新型农村医疗合作制度的推行和“一村一卫生室”建设的开展，西藏农牧区医疗专业人员匮乏的现象更明显。为解决这一问题，西藏采取招募乡村医生的办法，来缓解基层卫生技术人员匮乏的窘境。但这些人员大多数没有接受过系统的医疗卫生教育，文化水平极低，甚至有些被推选为村医后才边学习文字边学医，由此造成村医队伍业务素质和医疗水平整体落后，难以确保基层卫生工作的质量。

（三）藏医药满足不了村民需求，大多数村民更愿意接受藏医的诊治

藏医药在一些慢性病、疑难杂症等方面有显著的疗效，费用也低廉。由于藏族农牧民饮食习惯偏向于肉、酥油等高脂高蛋白饮食，患胆囊炎、慢性胃炎、高脂血症、关节病等患者较多，藏药对这些疾病的疗效比较明显。但乡村卫生院藏药种类少，系统学习藏医药理论的人员更少，如什布奇村卫生室里只有十几种藏药，麻麻乡卫生院也只有40多种，一些常用的药物如六味能消散及常觉等贵重类的藏药都欠缺。在这些村镇卫生院，最基本的藏医外治疗法如

火灸、涂擦等疗法都没有开展。藏医的有些外治疗法如敷疗等在急诊疾病方面有立竿见影的疗效，在抗高原反应中发挥着重要作用，如 2020 年在日土县人民医院对数百个援军部队人员进行藏西医结合治疗高原反应，在短时间内取得了显著的疗效。另外，在札达县人民医院也常有边境部队人员前来接受藏医诊治的情况。介于藏医的特色与优势，有必要在村镇卫生院开展和提高藏医药服务，建设藏医药服务能促进乡村医疗振兴发展。

（四）乡村“空心化、虚心化”，乡村卫生服务体系基础薄弱，医疗卫生资源普遍严重不足，乡村卫生服务不能满足农牧民的医疗需求，导致农牧区人员向城镇迁移

据统计，西藏 2017 年城镇人口占总人口的 30.9%；乡村人口占总人口的 69.1%。2021 年城镇人口占总人口的 36.61%；乡村人口占总人口的 63.39%。城镇人口的比重在持续上升，乡村人口比重处于下降趋势。因此难免会出现人口分布不均而带来一些社会问题。

1. 乡村人口减少直接给乡村振兴人才发展带来极大的挑战，人才作为乡村振兴的关键因素之一，是激活乡村产业的发展动力。农村人口的减少直接影响着乡村发展。

2. 农牧区产生“空心化、虚心化”，尤其西藏边境村村民的流失，将会严重影响“守边、固边、强边、兴边”的推进。如日土县的边境村甲岗村共有 196 户人家，其中近 60 户人家在县或区、市内购买了住宅房。

三、建议

（一）加大力度培养乡村医护人员，提高技术能力

探索和制定乡村卫生人员培养培训的长效机制。尤其在招募乡村医生时选择一些积极向上、文化水平较高的人员，上岗前需要接受系统学习和培训，定

期再培训和考核。根据当地农牧区的医疗需求，学习相关知识和掌握基本技能。定期安排上级医院或技术人员对乡村医护人员进行临床培训和技术指导。

（二）加强乡村医疗卫生服务体系建设，建立健全村卫生室

争取做到每个村卫生室有治疗室、检验科室、诊断室等基本科室，配备基本的医疗设备和足够的医务人员。

（三）均衡编制数量，提高乡村医生的待遇

落实 2022 年 14 号文件提出的："落实和完善村医待遇保障与激励政策。"重点解决公益性岗位技术骨干的待遇问题，改善乡村医疗卫生服务条件，吸引有医学专业技能人才到乡村基层医疗机构工作。

（四）将现代医疗体系与藏医药的发展结合起来，提高西藏乡村医疗卫生服务能力

推动中医药振兴发展，推进中医药综合改革。加强基层医疗卫生机构藏医药服务能力建设，力争实现全部社区卫生服务中心和村镇卫生院中医馆设置，配备中医医师。

（五）重视和加快发展农牧区医疗卫生事业

把发展农牧区医疗卫生事业放在首要，制定出科学合理的、适宜当地的医疗服务发展规划，从政策方面给予充分的支持和倾斜。资源配置方面更要向农牧区倾斜，改善城乡之间不平衡的现象。

力毛措，中国藏学研究中心藏医药研究所副研究员。

乡村振兴战略中传统社会组织的现实价值

——以青海尖扎农牧区传统社会组织“干松”为例

柔旦

一、植根于传统社会结构中的社会组织——干松（ཀན་གསུམ།）

传统社会组织是在长期的社会历史发展过程中形成的，具有深厚的历史背景和社会基础。青海尖扎县地区的传统社会组织经过元、明、清等历代政权的经略，历经数次兴衰而延续至今。

近年来，在乡村振兴战略背景下，在传统社会组织中具有积极作用的干松组织的功能和价值被政府重视并有效利用，其在当地政府的主导和引领下，通过“乡贤赋能”“乡镇干部 + 乡老”等模式积极推动并有效开展乡村振兴战略，干松成员的身影和作为越来越频繁地出现在各大媒体视界和学术界关注乡土社会发展的学者笔下。当下，干松组织紧跟社会发展和群众需求，对自身也进行了合理调整与优化升级，年龄优势和能力优先成为他们的硬性要求和核心素养，在村中成为主力军的乡村“能人”逐渐自动形成或被动被推举为干松组织，对青海尖扎县地区各民族之间空前的社会互动和频繁的经济往来进行有效地“交流、交往、交融”，发挥着重要的现实社会价值。对此，“马克思在《1857—1858 年经济学手稿》导言中将社会结构分为微观社会结构、中观社会结构和宏观社会结构三个不同的层次，经济关系、政治关系、文化关系和社会关系是从人与自然关系中派生出来的，它们高于人们在社会生产中形成的具体社会关系，低于人与自然之间的原生关系。”[1] 笔者认为尖扎农牧区传统社会结构正是该社会组织的发生空间以及能够形成的社会基础，若不了解或厘清该地区传统社会结构，就无法剖析该社会组织在乡村振兴中的现实价值。

青海尖扎县农牧区在地理位置上处于青藏高原东部边缘地区，由于特殊的自然地理环境，在区域内形成了农区、牧区和半农半牧区等三种不同性质的社区形态，导致出现了农业、牧业和林业等并存的生产方式。不同的生产方式建构了不同的生产关系和社会结构，为了有效解决生产关系和社会结构之间的张力，形成了“干松”组织。青海省“无论从地域上还是从经济上，或是从社会文化上，除具备一定意义的城市社会和农村社会二元之外，还具备特殊的一元——牧区社会。像青海这样，不是仅仅具备三种成分，而是整整有分量的三个单元；不是简单的具备三种因素，而是三大部分不可或缺地共同构成完整的青海社会，这样的情况即使在西部恐怕也是不多见的。”[2] 因此，尖扎县与青海省其他农牧区社会存在一定的差异性，而这种差异性的发生背景具有历史和结构的双重性。

按照传统的社区分类模式，尖扎县农牧区大体上可分为：昂拉八庄、坎布拉五部、尕普三族、霍姆两部和贾尼部等五大区域，而每一区域均以德哇措哇为单位，从而形成了干松、宁特和土目等三种不同类型的传统社会组织，其中“干松”是至今依然对该地区发挥重要功能的社会组织。故此，本文注重考察并分析“干松”组织。

社会存在与发展无法脱离土地为基础的社会资源空间，马克思指出“物质生活的生产方式，制约着整个社会生活、政治生活和精神生活的过程。”[3]

① 韩晓倩：《马克思主义社会存在理论探析》，《学理论》2013 年第 22 期。

② 段继业：《三元社会结构：青海省情的基本特征》，《青海社会科学》2001 年第 1 期。

③ 中共中央没开始恩格斯列宁斯大林著作编译局：《马克思恩格斯全集（第二卷）》，人民出版社，1998 年。

为了区别于其他以部族关系为依据的社区分类模式，笔者转而注重以社会生态空间为基础，把整个尖扎县农牧区社会结构分为三种不同的模式，即农区社会结构、牧区社会结构和半农半牧区社会结构。第一，农区社会结构主要由“青宜、青卡和德哇措哇”组成，其中“青宜”是社会组织结构中的最小单元，也可以称之为“家屋空间”，是该社区的社会细胞，在此基础上形成了“青卡”，它是从“青宜”的基础上裂变而来的，而“青宜”和“青卡”的发展导致了“措哇”的产生，最后“措哇”进一步演变为“德哇”。“德哇”是传统社区完整的“行政单位”，与传统社区中的“村落”共同体的形态基本一致。第二，牧区社会结构则由“扎、扎果和扎孜和若雪”组成，其中“扎”意为“帐篷”，是社会组织结构中的最小单元，是该社区的社会细胞，在此基础上形成了“扎果”，由邻近的几家“扎”组成，它是从“扎”裂变而来，而“扎”和“扎果”发展了“若德”。第三，半农半牧区与农区既有共性，又存在个性。这两种社会结构之间的共性体现在以德哇措哇为单位的社会结构方面，因为半农半牧区社会结构也如同农区一样以“青仓、青卡、德哇和措哇”组成，其中的层级关系已在上述农区社会结构中说明，故不再赘述，具体情况如表 1 所示。

尖扎县地区在长期的历史发展进程中，除了作为主体民族的藏族之外，还有汉族、蒙古族、回族、土族和撒拉族等其他民族，形成了多民族格局，各族人民之间长期保持政治、经济、文化、宗教以及婚丧嫁娶等方面频繁互动，“干松”组织发挥了不可替代的重要功能。“干松”组织成员作为“地方精英”，不仅要服务本族内部婚丧嫁娶、社会生产和仪式活动等事项，还要服务外乡和外族人员到当地进行贸易往来等活动。

表 1　三种社会结构的具体情况

区域	行政村	社会结构	干松组织成员
农区	昂拉、坎布拉、尕普等	青卡、青宜、德哇、措哇	扎西拉登等
牧区	尖扎滩、羊直等	日卡、日果、日雪	多杰加等
半农半牧区	古戎、当顺等	青卡、青宜、德哇、措哇	拉金加等

二、“干松”组织的产生、职责和功能

在藏族社会发展史上，“干松”组织充分体现了地区社会中崇贤尚能的文化传统，在尖扎农牧区社会中普遍存在。地处尖扎县农区中心地带的昂拉乡，在过去历史上“干松”组织是昂拉八庄社区中千百户制度下非常重要的社会组织，在该社区权力结构中发挥着十分重要的功能。千户作为该地区一级权力结构，虽然位居权力中心，但基本上无法直接参与社区活动，从而导致决策信息来源的单一性。作为二级权力结构的百户和三级权力结构的百长也仅仅对自己所在庄有所了解，而并不知晓其他庄的社会生活和政治活动。因此，“干松”组织作为该社区共同的代表，能够充分发挥自身的优势。“干松”成员通常直接参加社区生活，身兼两种身份，普通百姓和群众代表。他们通常在各自所在德哇从事社会生产，特殊情况下能够紧急召开议事会，他们又代表群众参政议政，从而能够有效弥补和平衡千百户执政过程中的决策失误，实现社区的政治活动中的民主性。

在尖扎县地区基本上每个德哇都有一位“干布”，这些不同德哇的“干布”组成了当地非常重要的乡老或者乡贤组织。“干松”成员在性别上，均属男性。在年龄上，均已年过六旬，是当地社会德高望重的中老年人。由于考虑社会经验等方面的欠缺，一般不会有青年或壮年成员。干松组织成员并非由昂拉千户直接任命，而是由村民自行推举。当地村民在德哇措哇中把大公无私、助人为乐、交际能力和社会责任感强的人推荐为“干松”或“干布”，通过“干松”

有效调解村社、部落内外矛盾，主持婚丧娶嫁、宗教仪式等各种世俗与神圣的活动。因此，干松组织在当地社会中的地位极高，在村民心中有很高的威望，千户和百户往往都会听取他们的意见和建议。

陈庆英在《藏族部落制度研究》中指出："在藏族部落社会中，氏族、大小部落以及部落联盟均有其议事会。"① 议事会成员中既有措哇头人也有村里有威望的长者，还有德高望重的喇嘛等，其成员并非由千户任命，而是通过部落民众的民主选举产生。他指出："有些地区（如青海省尖扎县）将小部落头人称作'干松'，而'干松'是三位老者的意思，说明当初小部落有议事会，而且通常由三位老者组成，该议事会就称作'干松'，其成员由群众民主选举产生。"② 笔者在田野期间访谈了原昂拉八庄"干松"之一尖扎滩干布多杰加，据他说："当年我们为八庄'干松'时，昂拉阿尼扎西拉旦是八庄'干松'的领头人，在他的带领下，我们昂拉八庄的'干松'们为昂拉八庄的事业赴汤蹈火，大到昂拉八庄的安危、寺院的修复、活佛坐床、法会的进行，小到一个家庭的婚丧嫁娶，我们都任劳任怨，鞠躬尽瘁。"③ 可见，在尖扎地区享有盛名八庄"干松"名副其实，对该社区的团结、稳定和发展发挥重要功能。

因此，"干松"组织在尖扎县农牧区执行内外两种重要职责。对内主要是调解家庭内部、村社、部落之间的矛盾和纠纷。当昂拉八庄社区内部发生冲突时，当地人坚持"遇事闹事，绝不报案"的内部解决的传统方法。对外主要是解决超过庄与庄之间、乡镇之间因水源、土地、草场等因素发生的冲突，"干松"组织会召集所涉及地区的长者和代表进行协商并解决，如同传统社区中的"乡老"，"乡老成为官府审判的实际参与者，并在其中发挥了重要作用。在查办纠纷时，通常传令乡老前往查明事实真相，辨别是非曲直，开导、劝解两

① 陈庆英主编：《藏族部落制度研究》，中国藏学出版社，2002 年。
② 陈庆英主编：《藏族部落制度研究》，中国藏学出版社，2002 年。
③ 引自访谈：2021 年 10 月 2 日访谈尖扎滩干松多杰加，男，时年 83 岁。

造，防止矛盾激化，寻求纠纷解决办法；在审结纠纷时，乡老通常会对两造进行讲理、劝说，促使两造互相让步、妥协，并作出两造均表接受的评议，以为纠纷结方案。”① 昂拉八庄基本上每庄都有几位干松组织成员，能够及时有效地解决当地部落之间因农田和牧场的纠纷而发生的冲突，也能解决村落内部邻里之间发生的矛盾，甚至还包括家庭矛盾等各个方面，有力地维护了当地的社会秩序以及千户百户等的权威。

三、“干松”组织在当下乡村社会中的现实意义

（一）“干松”组织能够有效化解当地的困境

在尖扎县地区千百户制度彻底解体后，“干松”组织的职权也逐渐退出历史的舞台。然而，该组织的根源和动力依然存于民间社会。因此，它不但不会彻底消亡，反而会随着部落社会的现代转型而重新赋能，辅助国家乡村振兴战略在乡村社会中的贯彻落实。基层社会是国家治理中的重要场域，其振兴的成效关乎国家治理的成功与否。处于边缘地区的部落社会在地缘关系、文化模式、经济基础和思想观念等方面与更大范围的基层社会之间存在明显的差异，是国家治理和乡村振兴过程中要面对的最棘手的问题。

自从改革开放以后，国内工业化的不断加强，城市化的不断加速和现代化的发展，导致了这一区域的农耕文明、游牧文明和山地文明等三种传统的文明形态与现代文明之间既存在隔阂又互相融合的局面，对该区域传统社会秩序的结构产生了深刻改变。当地居民原本以血缘关系和地缘关系为主的社会关系也发生了转变，失去了原有村落共同体的认同感和归属感。有些学者认为“传统乡村村落被解构，乡村村落在社会形态上与工业社会、农业社会和现代社会的互相层叠，导致乡村村落的政治、经济和文化生态处于一种被肢解而又尚待

① 张守良：《乡老与晚清循化厅藏区部落纠纷的诉讼审判》，《青海社会科学》2018 年第 2 期。

重构的状态，给我国乡村带来了错综复杂的社会场景。”[①]为了有效加强基层社会的稳定，重建乡村社会的正常秩序，我国进行了长期的社会实践，形成了基于本土社会实际的双重模式或二元模式，即“村庄秩序的生成具有二元性：行政嵌入和村庄内生”[②]。我国社会发展进程中取得的丰富经验证明，行政嵌入和村庄内生有机结合的模式才是最理想的状态，这种状态需要在行政嵌入和引导下，在村庄内生的基础上达到平衡。这样，才能保证行政嵌入的科学性和效能性，又能激发村庄内生的原动力和积极性。如今，在国家乡村振兴战略政策的大力扶持下，地方性社会组织重新得到了重视。“干松组织”在乡村社会走向现代化进程中，践行社会主义核心价值观，积极配合政府工作，在乡土社会中长期努力集中民智、反映民意、体察民情，为地方社会的发展和稳定奉献辅助性力量。

（二）“干松”组织能够借助三种社会角色助推乡村振兴

任何社会的发展既需要紧紧围绕国家大政方针的引领，也不可脱离社会实际情况。任何治理社会的模式都不是万能的，也并不存在唯一标准。根据社会事实，因地制宜因材施教是上策，其中在当地社会掌握一定“地方性知识”的乡贤是地方中重要的信息来源和民间顾问。从古至今，“在传统中国，乡贤必然是国家主流文化秩序的象征性代表，其影响方式和范围因其身份和能力而存在差异。既可以在一村一乡立德、立言、立功，亦可在一县一府立德、立言、立功，更有可能在一省一国立德、立言、立功，进而成为当地或广大百姓怀念、奉祀的乡村”[③]。同样，在尖扎农牧区社会中，大多数“干松”组织成员的身份背景有以下三种社会角色：一是家长；二是族长；三是乡老。他们在当地

① 李建兴：《乡村变革与乡贤治理的回归》，《浙江社会科学》2015 年第 7 期。

② 贺雪峰、仝志辉：《论村庄社会关联——兼论村庄秩序的社会基础》，《中国社会科学》2002 年第 3 期。

③ 吴玉敏：《中国传统社会乡贤治理文化及现代转换》，《青海社会科学》2020 年第 4 期。

家庭、村落和乡镇等三个层面形成了一定的影响力，倘若在乡村振兴战略中能够充分激发这一组织的潜能，必将会在当地社会的微观、中观和宏观三个层面助推这一伟大战略。因此，笔者通过以上三种路径分析“干松”组织在该区域当下现实社会生活中的巨大现实意义。

1. 作为家长角色调解家庭矛盾

家庭往往是人类社会构成要素中最基本的单元，是每一位个体接触社会文化和价值观最初的摇篮和重要载体，更是社会治理中的关键点。“干松”组织成员在各自家庭中是一家之主，他们的立言立德便会直接影响每一位家庭成员的言行举止和思想观念。“干松”作为乡贤，具有一定的社会责任感，在自己的家庭内部常会十分重视家庭美德、社会公德和集体主义等观念，他们的后代也往往表现出积极和正义。此外，社会的外部环境的变化对家庭内部的影响也是巨大的。家庭内部矛盾要是处理得不妥当，就会扩大并影响整个村落的团结和稳定。近年来，该地区的家庭问题与矛盾越来越频发，而当地人又素有“家丑不外扬”的观念，导致很多家庭的内部矛盾无法被驻村干部、村委会和妇联等相关部门发觉，而大多数家庭主妇对此长期忍气吞声，甚至是冷战。然而，干松往往会巧妙地化解诸如此类的家庭矛盾，村民也不会把“干松”拒之门外，反而当成是自己人，认可“干松”的解决方案。

根据田野中一户人家的家庭矛盾案例，可以分析“干松”组织成员在村里的职能。昂拉庄Y村Z家是一户典型的在特殊历史背景下形成的联合家庭类型，由于该家庭的成员结构复杂，人员之间的隔阂较大且三观不一，常常闹矛盾，甚至发生过多次家暴，导致两次严重的家庭分裂，时间长达几个月。最后村民感到这种不正常的家庭关系会导致家破人亡，就请村里的“干松”组织成员去说服调解，让该家庭人员之间达成协议，重回正轨。从此，该家庭虽然偶尔有过小吵小闹，但从未发生过家庭暴力。为此，该家对村里“干布”感恩于怀，常去慰问“干布”老人。诸如此类的案例在当地较为频繁，而村民往往都依赖于以“干松”组织为核心的解决机制。“干松”组织不仅可以调解当地藏族家庭内部矛盾，还能调解回族家庭和汉族家庭的问题。可以说，该组织对当地社会中的价值是超越民族和文化边界的，有力促进了当地社会的整合与民族的团结。

2. 作为族长角色维护村落秩序

藏族传统村落被当地人称为“德哇措哇”，“德哇”是传统的行政单位，德哇相当于一个自然村落，而“措哇”是德哇内部的重要组织，类似于一个家族或血缘集团。在当地社会中有些措哇内部有血缘关系，而某些措哇内部并无直接血缘关系，有血缘关系的德哇措哇中“干松”组织成员有另外一种特殊身份，就是措哇内部的族长，在德哇措哇中有极高的社会地位和威望，拥有十分重要的话语权和决定权。尖扎地区在现代化进程中的起步比较晚，遭受现代化和商业文明的冲击力巨大。以往德哇措哇之间相依为命的良好关系，有时因为互相之间的土地纠纷、灌溉纠纷等利益关系出现过度张力。在这种特殊期间，“干松”作为族长，通常会利用村里举行的度母法会、玛尼法会和白伞盖母法会等活动，用超群的口才、严厉的措辞和大公无私的精神感化双方互相妥协让步，实现有效调解，最终回归正常的村落秩序，调整村民的社会关系，优化邻里关系，防止村民关系发生裂缝。笔者在当地田野调查期间参与了村内举行的一次度母法会，每家每户派来代表聚在当月十五号轮值的村民家中，从上午八点到中午十二点半念诵度母经。午餐期间该村书记、村长来到该家中，与村民共商村里危房修建事宜。村长、书记向村民传达该事宜后，村民都纷纷发表各自的意见和建议，能够深深感受到民主协商的氛围。村书记、村长与村民之间没有距离感，大家有说有笑其乐融融。在浓郁的基层民主氛围中，村书记、村长广泛征求“干布”等村民的意见，最终以民主集中制的原则形成了可行有效的方案。最终，村书记、村长的提议赢得了村民广泛的认可，高效完成了一项重要事宜。因此，在尖扎农牧区社会中的“干松”组织在政府的引导下，能够有效利用村落内生秩序中的特殊身份优势助推政府部门的工作部署，稳定村落秩序。

3. 作为乡老角色协助政府工作的有效落实

基层社会治理需要基层政府的引导，而基层政府的相关政策需要当地群众的广泛认可与积极配合，“干松”组织在这一过程中能够发挥积极作用。例如，有时一些新兴政策的宣传力度不够，当地群众并不知情时，可能会产生两者之间不必要的误解而造成基层工作人员与民众之间的隔阂，导致失去公信力。这些时候，乡老作为当地社会德高望重的精英队伍，能够积极响应国家的号召带动全村力量积极配合政府工作部署，协助相关工作贯彻落实。据对A乡W村A村民的访谈：“乡老是我们民间的带头人，在我们农村他们有一定的影响力和号召力。我们乡政府也支持他们参与相关政策落地，他们也会带动全村的力量协助政府主导的工作。”[①] 在任何时候，乡老在政府的引导下，能够发挥自身社会身份和角色，充分利用当地社会中的血缘关系、人际网络和语言等资源优势，协助政府的乡土社会重建、乡村社会发展以及乡村振兴战略。因此，“干松”组织作为民间的积极力量，在政府的主导下，全力拥护国家乡村振兴战略，积极配合政府工作部署，在当地社会起到了模范的作用。

四、结语

青海尖扎县农牧区社会中的“干松”组织是在当地社会历史发展过程中形成的。由于该地区地处青藏高原东部边缘地带，过去在很长历史时期，广大农牧民群众对外界的接触甚少。“干松”组织能够通过丰富的社会资源和人际关系网络，间接参政议政获取外界信息，成为当地人重要的信息来源。乡村振兴战略在乡村社会的有效贯彻落实，需要当地“乡贤能人”的大力支持与积极

① 引自访谈：2022年5月19日访谈A村民，男（党员），时年72岁。

配合，而这些在当地身经百战的地方精英正是积极响应国家号召，传达中央政策。协助政府工作在基层社会有效落实的群众基础和中坚力量。近年来，随着民族地区社会经济的飞速发展、文化生活与物质财富的空前繁荣，难免会发生新的矛盾和冲突，而怎样去科学、合理、高效地化解新的社会矛盾，促进稳步发展，既是国家与地方社会的共同目标，也是“干松”组织必须要面对的新的挑战和重任。新时代有新的使命，“干松”组织应当紧跟时代的脚步，扎根基层社会，对自身也要提出新的要求，牢记新的使命，积极投身于社会发展和人民幸福的伟大事业中。

柔旦，青海师范大学法学与社会学学院人类学专业硕士研究生。

后 记

2020年，中国藏学研究中心设立了“青藏高原发展论坛”学术交流平台，决定每年选择西藏和四省涉藏州县中的一个典型县份（市、区），召开全国性学术讨论会，凝聚全国藏学研究力量，共同研讨青藏高原地区经济社会发展的理论和实践难题。当年，中国藏学研究中心与青海省社会科学院合作在青海省海北州祁连县召开了首届青藏高原发展论坛，会议论文结集为《青藏高原乡村振兴理论与实践》（郑堆、索端智主编），由中国藏学出版社于2021年出版。2022年，第二届青藏高原发展论坛，由中国藏学研究中心与青海师范大学联合举办，主题是“全面推进乡村振兴战略”。参会论文结集过程中，中国藏学研究中心党组建议将会议论文集编辑成为“青藏高原发展论坛”系列出版物，因此，第二届青藏高原发展论坛的论文集《乡村振兴——实践探索与经验分享》作为“青藏高原发展论坛”系列的第一辑。

编者

2024年9月

图书在版编目（CIP）数据

乡村振兴：实践探索与经验分享 / 扎洛主编 . -- 北京 : 中国藏学出版社 , 2024. 8. -- (青藏高原发展论坛). -- ISBN 978-7-5211-0540-7

Ⅰ . F327.7-53

中国国家版本馆 CIP 数据核字第 2024B32T22 号

乡村振兴——实践探索与经验分享

扎洛　主编

责任编辑　秦婷
封面设计　海龙视觉
出版发行　中国藏学出版社
社　　址　北京市朝阳区北四环东路 131 号
印　　刷　中国电影出版社印刷厂
开　　本　787 毫米 ×1092 毫米　1/16
印　　张　29.5
字　　数　417 千字
版　　次　2024 年 9 月第 1 版
印　　次　2024 年 9 月第 1 次印刷
书　　号　ISBN 978-7-5211-0540-7
定　　价　102.00 元

图书如有印装质量问题　请与本社发行部联系
E-mail: dfhw64892902@126.com　电话: 010-64892902